국제표준 정보보안
+
사이버보안
+
개인정보보호

국제표준 정보보안 + 사이버보안 + 개인정보보호

초판 1쇄 인쇄 | 2023년 2월 10일
초판 2쇄 발행 | 2024년 9월 25일

지은이 | 박억남, 권재욱 공저
펴낸이 | 김휘중
펴낸곳 | 위즈앤북(Wiznbook)
주　소 | 서울시 중구 창경궁로1길 14 충무로하늘N 208호
전　화 | (직통/문의) 070-8955-3716
팩　스 | (주문) 02-6455-5316
등　록 | 제25100-2023-045호
정　가 | 24,000원
ISBN | 979-11-986853-0-8　13000

기획/진행 | Vision IT
표지/내지 디자인 | Vision IT
인스타그램 | www.instagram.com/wiznbook
페이스북 | www.facebook.com/wiznbook
블로그 | blog.naver.com/wiznbook
저자 지식 소통 | 박억남(cybersecuritylab@naver.com), 권재욱(jaeuki74@gmail.com)

> 열정과 도전을 높이 평가하는 위즈앤북에서는 참신한 아이디어와 역량 있는 필자를 항상 기다리고 있습니다. IT 전문서에 출간 계획이 있으시면 간단한 기획안을 메일로 보내주세요. 도서 출간이 처음이신 분들에게도 위즈앤북의 문은 언제나 활짝 열려있습니다.
> 원고 투고 및 문의 : wiznbook@naver.com

Published by Wiznbook, Inc. Printed in Korea
Copyright ⓒ 2024 by 박억남, 권재욱 & Wiznbook, Inc.

이 책의 저작권은 박억남, 권재욱과 위즈앤북에 있습니다.
이 책은 저작권법에 의해 보호를 받는 저작물이므로 무단 복제 및 무단 전재를 금합니다.

※ 잘못된 책은 바꾸어 드립니다.

프롤로그

디지털 데이터 혁명과 사이버 세상에서 디지털 데이터의 패권 경쟁 및 디지털 전환은 현재도 계속 진행 중입니다. 향후 2023~2030년의 미래는 예측할 수 없을 정도로 디지털 세상의 안전과 사이버 위험에 대한 불확실성의 영향으로 위급한 상황에 직면해 있습니다. 이러한 디지털 사회에서는 지금부터 안전하고 신뢰성 높은 사이버 보안 능력을 준비해야 하며, 국가와 조직은 사이버 보안 능력을 키우고 미래 디지털 전환 사회(데이터 경제)의 사이버 위협으로부터 살아남아야 할 인류문명의 중요한 변곡점 시기를 준비해야 합니다.

현재 대한민국의 현실은 20년 전의 구식 보안 프레임워크나 취약한 보안 관행이나 사이버 공격 보호 및 방어 기술의 한계로 사이버 공격과 위협으로부터 약점을 노출하고 있고, 사이버 보안 능력은 글로벌, 미국, 유럽연합(EU) 대비 매우 취약한 수준으로 약점을 노출하고 있는 것이 현실입니다. 또한, 사이버 공격과 위협에 따른 사이버 공간의 위험은 인류문명의 코로나 바이러스에 견줄 만큼 더 강력한 사이버 위협으로 발전하고 있습니다. 따라서 미래 디지털 사회의 변곡점은 향후 20년간 예측할 수 없을 정도로 불확실하고, 여기에 디지털 바이러스 피해는 인류의 위기이자 치명적인 미래가 될 수 있다는 사실을 심각하게 인지해야 합니다.

이에 따라 집필진은 국가와 사회 그리고 기업을 사이버 공격 및 피해로부터 안전하게 지킬 수 있는 실무 방법과 연구 사례를 나누고자 20년 동안 현장에서 쌓은 경험과 노하우를 한땀 한땀 정성과 사명감을 가지고 본 도서를 집필하게 되었습니다.

- 국제표준 정보보안에서는 정보보안 직무자들의 직무 능력에 반드시 필요한 국제표준 ISO 27001, 27002에 대한 이론과 실무 가이드 내용을 담고 있습니다.
- 국제표준 사이버보안에서는 클라우드 보안과 자동차 사이버보안 개념을 중심으로 실무 가이드 내용을 담고 있습니다.
- 국제표준 개인정보보호에서는 글로벌 개인정보보호 GDPR과 함께 ISO 27701 실무 가이드 내용을 담고 있습니다.

이에 국내 정보보안 및 사이버보안 직무 이해 관계자분들은 국가와 조직의 현재 수준을 파악하고 글로벌, 국제표준, 국제기준에 맞는 프레임워크를 적극적으로 활용할 것을 권장합니다.

마지막으로 본 도서를 기획하고 집필 연구에 힘을 실어준 소중한 분들과 사이버 공격 및 위협에서 정보보안과 사이버보안을 위해 중추적인 역할을 담당하시는 모든 분들에게 진심으로 감사드립니다. 더불어 국제표준 정보보안, 사이버보안, 개인정보보호에 대한 저자 특강을 통하여 독자들과 지식을 소통할 수 있기를 진심으로 기대합니다.

- 저자 박억남, 권재욱 -

차례

프롤로그 _3

제 01 장

국제표준 정보보안과 사이버보안 개론

Chapter 01 | 국제표준 정보보안 개론

Section 01 국제표준 정보보안의 개요 • 10

Section 02 국제표준 정보보안 통제 프레임워크 • 17

Chapter 02 | 국제표준 사이버보안 개론

Section 01 국제표준 사이버보안의 개요 • 22

제 02 장

국제표준 정보보안과 사이버보안 실무

Chapter 01 | ISO 27001/ISO 27002 정보보안과 사이버보안 개론

Section 01 ISO 27001 정보보안 프레임워크 • 32

Section 02 ISO 27001 정보보안 통제(ISO 27001 Annex A) • 35

Section 03 사이버보안 프레임워크 • 47

Chapter 02 | ISO 27001/ISO 27002 정보보안과 사이버보안 개정

Section 01 정보보안과 사이버보안 통제 • 56

Section 02 정보보안과 사이버보안 통제의 인적/물리적 보안 • 124

Section 03 정보보안과 사이버보안 통제의 기술적 보안 • 131

Chapter 03 | 정보보안과 사이버보안 실무 사례

Section 01 ISO 27002:2022 프레임워크 • 178

Section 02 사이버보안 통제(AWS, MS, Google) • 181

Section 03 사이버보안 공격 벡터 분석 실무 • 186

제 03 장

국제표준 개인정보보호 및 클라우드 보안 실무

Chapter 01 | 섹터 클라우드 보안 및 개인정보보호

Section 01 섹터 클라우드 보안과 개인정보보호의 개요 • 192

Section 02 섹터 ISMS 표준 구성 원칙 • 193

차례

Chapter 02 | **국제표준 ISO 27701 개인정보보호 실무**

Section 01 정보보안 경영시스템의 개인정보보호 • 196

Section 02 ISO 27701 표준의 이해 • 200

Section 03 PIMS의 추가 요구사항 • 204

Section 04 PIMS의 추가 가이던스 • 208

Section 05 컨트롤러의 추가 가이던스 • 221

Section 06 프로세서의 추가 가이던스 • 234

Chapter 03 | **국제표준 ISO 27701과 GDPR**

Section 01 ISO 27701과 GDPR의 개요 • 243

Section 02 ISO 27701과 GDPR의 연계 • 246

Chapter 04 | **국제표준 ISO 27017 클라우드 정보보안 실무**

Section 01 정보보안 경영시스템의 클라우드 정보보안 • 258

Section 02 ISO 27017 표준의 이해 • 269

Section 03 이용자 및 제공자의 클라우드 정보보안 • 272

Chapter 05 | **국제표준 ISO 27018 클라우드 개인정보보호 실무**

    Section 01 정보보안 경영시스템의 클라우드 개인정보보호 • 298

    Section 02 프로세서의 클라우드 개인정보보호 • 300

제 04 장

자율주행차 사이버 보안 실무

Chapter 01 | **UNECE WP.29 사이버 보안**

    Section 01 UNECE 자율주행차 사이버 보안 법규 • 324

Chapter 02 | **ISO/SAE 21434와 TISAX 사이버 보안**

    Section 01 국제표준 ISO/SAE 21434 • 328

    Section 02 VDA TISAX 보안 • 348

제 **01** 장

국제표준 정보보안과 사이버보안 개론

≫ Chapter 1 국제표준 정보보안 개론
≫ Chapter 2 국제표준 사이버보안 개론

Chapter 01 국제표준 정보보안 개론

| Section 01 | 국제표준 정보보안의 개요

1 사이버보안 트랜스포메이션(Cybersecurity Transformation)

:: 사이버보안 트랜스포메이션의 개요

- 전 세계적으로 사이버 공격의 빈도와 심각성이 증가하고 있는데 향후 10년 동안 가장 우려되는 10대 글로벌 위험 중 하나로 2030년까지 4,330억 달러(519조)의 지출이 예상된다는 것은 사이버 공격 피해로 사이버보안의 중요성을 인식할 수 있다.
- 사이버 공격 방어의 목표에서 데이터 중심 보안(Data Centric Security)의 관리는 데이터가 있는 위치나 공유 대상에 관계없이 정보(데이터) 보호를 강화하는 것으로 데이터의 속성, 등급, 보호 요구사항에 대한 메커니즘이 필요하다(사이버보안의 목적).
- 사이버보안 트랜스포메이션은 디지털 데이터 전환 시대에 사이버 위협의 조직 및 국가를 보호하는 [Stability and Safety]가 핵심 가치이며, 이에 따라 ISO/IEC 27002(3 Edition) 개정은 사이버보안 트랜스포메이션의 가치 있는 변곡점이다.
- 사이버보안 트랜스포메이션 변곡점의 배경은 AI(인공지능), Big Data(빅데이터), Blockchain(블록체인) Cloud(클라우드), Data(데이터) 중심의 디지털 ABCD/디지털 기술 즉, 최신 기술(State-of-the-art)로 사이버 위협(공격)이 디지털 경제에 미치는 불확실성의 영향으로 사이버 공간이 위험하기 때문이다.
- 국가와 기업에서 사이버 위협(공격)을 방어하고 관리하기 위한 전략적인 방법은 체계적인 사이버보안 위험 관리 프레임워크를 모든 조직에 적용하는 것이다(국가의 미션과 사명은 사이버보안 면역 체계와 복원 능력을 강화).
- 사이버 위협 환경과 사이버 공격의 심각성으로 조직 및 국가가 안전한 디지털 미래로 이동할 수 있는 강력한 사이버보안 생태계를 구축하고 통찰력을 제공하는 것이 중요하다.

구분	개념	처리 기준	구현 가이드라인
사이버보안 트랜스포메이션	사이버 공격(위협)에 얼마나 준비되어 있는가?	ISO/IEC 27001 ISO/IEC 27002	2030년까지(목표 성숙도 2~3 Level 수준) 사이버보안 트랜스포메이션의 변곡점으로 AI(인공지능), BigData(빅데이터), Blockchain(블록체인), Cloud(클라우드), Data(데이터) 중심의 사이버보안 방어 및 면역 체계를 강화해야 함
사이버보안 프레임워크	사이버 공격(위협)에 대응할 수 있는가?	ISO/IEC 27001 ISO/IEC 27002	현재의 디지털 자산 및 데이터 자산은 디지털 데이터 경제에서 보호(Protect)해야 할 핵심 가치로 조직 및 국가는 사이버보안 위험 관리 대응과 복원력을 강화해야 함

:: 사이버보안 트랜스포메이션의 가이드라인

- 사이버 위험(Cyber Risk, 사이버 위협) 특성과 디지털 및 데이터 경제 비즈니스의 연속성에 대한 사이버 리질리언스의 중요성을 고려할 때 사이버 위협을 기술적 문제로 보는 조직의 인식은 취약한 보안 관행이며, 중대한 사이버 보안의 현실적 수준이다.
- 디지털 자산과 데이터 자산은 디지털 및 데이터 경제에서 보호해야 할 핵심 가치이자 사명이다.

Sustainability and Sustainable Cybersecurity

미래의 2020~2040년은 사이버보안 및 섹터 사이버보안의 표준으로 확장될 것이나 인류는 지금 지속가능성(Sustainability)이라는 중대한 위기에 직면해 있다. 과거 20년(2000~2020년)의 변곡점을 지나 미래 20년(2020~2040년)은 지속 가능한 사이버보안 트랜스포메이션(Cybersecurity Transformation)의 대전환 디지털 사회 및 디지털 경제 패러다임 시대가 진행되고 있으며, ESG(환경/사회/지배구조)는 사이버보안 전환의 문을 여는 핵심 키워드로 부상하였다. 그 중심은 지속 가능한 사이버보안(Sustainability/Sustainable Cybersecurity) 즉, 사이버보안이 지속 가능한 경영의 중대한 영향을 미치는 경영지표이다.

- 정보보안의 보호 대상은 정보자산 보호 중심이며, Cybersecurity는 사이버공간(Cyberspace)과 연결된 데이터 자산(데이터 중심 사이버보안), 디지털 자산, 지식재산(Intellectual property rights) 보호를 목표로 하고 있는데 이는 사이버보안 전환의 핵심 가치이자 의미 있는 목적이다.
- 국가 및 기업의 사이버보안은 위험하지 않은 상태(보안 및 안전을 보증)를 수립하고 구현하는 사이버보안 트랜스포이션 즉, 사이버보안 예방, 방어 및 대응 태세를 준비해야 한다.
- 국내 1호 정보보안과 사이버보안 검증 심사원이 권장하는 사이버보안 트랜스포메이션의 가이드라인이다.

구분	Security 1.0 정보보안 1.0	Security 2.0 사이버보안 트랜스포메이션	사이버보안 트랜스포메이션 가이드라인
원칙/기준	정보보안 요구사항	사이버보안 및 데이터 보호 요구사항	정보보안에서의 사이버보안 및 데이터 보호(개인정보보호) 국제표준, 규제, 컴플라이언스, 최신 기술이 정보보안 배경 즉, 정보보안 요구사항이 사이버보안으로 전환하고 있음
정보보안 속성	기밀성 무결성 가용성	사이버 복원력 (Cyber Resilience) 안전성 (Safety) 데이터 보호 (Data Protection)	• 정보보안 3가지 속성에서 복원력, 안전성, 보호의 사이버보안 또는 개념 요구사항이 필수적임(국제표준, 국가표준, 규제, 컴플라이언스) • 최근 글로벌 사이버보안 성숙도는 조직 및 국가의 사이버 리질리언스 능력을 요구하고 있으며, 사이버 공격에 대비하고 복구하는 능력을 의미함
사이버보안 컨셉	-	식별, 보호, 탐지, 대응, 복구	• 사이버보안 프레임워크(CSF)의 5가지 사이버보안 속성은 국제표준에서 구현을 권장함(NIST 사이버보안 참조 모델의 추가 통제를 권장) • 사이버 위험(위협)에 대응하기 위한 ISO/IEC 27002 Based 통제가 필요함(국가 및 기업에 모두 해당됨)
보호 대상	정보 자산	디지털 자산 데이터 자산 지식 재산(IP) 데이터(빅데이터)	• 정보 자산 중심 보안에서 디지털 및 데이터 중심 사이버보안 대상으로 확장 • 디지털의 신기술(AI, 빅데이터, 클라우드, 데이터) 및 블록체인, 메타버스, NFT 등 디지털 전환으로 보호 대상을 확장
통제 메커니즘	Risk Based (정보보안 위험)	Risk Based (사이버보안 위험)	• 정보보안 및 사이버보안 프레임워크의 통제 원칙과 기준은 Risk Based 원칙임 • 사이버보안 프레임워크(CSF)의 사이버보안 속성 또는 개념을 추가적으로 구현(조직, 산업별, 섹터 보안 요구사항) • 원칙 및 기준은 Step 3 단계인 위험 평가, 위험 처리(조치, 완화) 단계이고, 위험 완화 메커니즘은 정보보안, 사이버보안 통제를 유효하게(적합성, 유효성) 구현하는 것임
구현 메커니즘	정보보안 통제 (Information Security Control)	사이버보안 통제 확장 및 추가 (Additional Control)	정보보안, 사이버보안, 개인정보보호의 통제 프레임워크(Control Framework)를 권장함

추가 통제	–	사이버보안 클라우드 서비스 보안 개인정보보호	• 사이버보안(Cybersecurity Framework) 통제 – ISO/IEC 27002(3 Edition) 사이버보안 통제 • 클라우드 서비스 보안 및 개인정보보호(ISO/IEC 27017, 27018, 27701)
섹터 사이버보안	–	자동차 사이버보안 컴플라이언스	• UNECE CSMS(사이버보안과 사이버보안 관리 체계) • ISO/SAE 21434:2021(1 Edition)
국제표준	ISO/IEC 27001 ISO/IEC 27002 (1, 2 Edition)	ISO/IEC 27001 ISO/IEC 27002 (3 Edition)	정보보안, 사이버보안, 개인정보보호(정보보안 통제 프레임워크로 확장되어 사이버보안 및 개인정보보호, 클라우드 추가 통제를 권장함)
참조 모델	–	NIST 사이버보안 프레임워크(CSF)	ISO/IEC 27002(3 Edition)의 통제 속성에서 사이버보안 개념(Core)을 구현할 수 있음(5개 Core 컨셉 : 식별, 보호, 탐지, 대응, 복구)
보안 아키텍처	경계망 보안 (Perimeter-based network security)	제로 트러스트 (Zero Trust Architecture)	• 경계 기반 네트워크 보안의 한계로(Network perimeter defenses) 아이덴티티, 엔드포인트, 애플리케이션 및 데이터 중심 보안(Data-centric security)과 사이버보안 아키텍처 모델 • 미국 NIST ZTA 표준(800-207) 및 연방정부 사이버보안 위험을 줄이기 위해 NIST 사이버보안 프레임워크(CSF) 참조 모델을 권장함
컴플라이언스		EU GDPR UNECE CSMS (CS and CSMS)	• EU 데이터 보호 컴플라이언스 및 규제 • 자동차(자율주행차) 사이버보안 규제 및 컴플라이언스

:: 데이터 중심 보안(Data-centric security protection)의 가이드라인

- 정보보호 중심 보안(Information protection-oriented security)에서 향후 2030~2040년까지는 데이터 및 디지털 경제 전환에 따라 데이터 중심 보안이 사이버보안 공격에서 가장 가치 있는 보호 자산(Protection Assets)이 될 것이다.
- 데이터 보호(Data Protection)의 가치는 국제표준/미국/EU GDPR 및 사이버보안 법규와 규제의 흐름에서 사이버 공격 예방 및 보호에 따른 중장기적인(2030~2040년) 규범이자 흐름이다.
- 사이버 트랜스포메이션의 변곡점은 불확실성의 영향으로 인시던트(Incident)에서 디스럽션(Disruption) 용어를 사용하는데 사이버 공격의 피해는 예측할 수 없을 정도로 중단의 영향에 따라 안전성(Stability), 보호(Safety), 복원력(Resilience)의 사이버보안 속성을 갖는다.

- 정보보안 영역의 흐름에서 2022~2040년 사이버 공간(메타버스)의 디지털 및 데이터 경제는 더 강력한 사이버보안 능력(국가, 기업이 대상임)이 필수적인 핵심 경영전략이다.
- 정보보안 및 사이버보안 이해 관계자는 정보보호에서 사이버보안의 국제적인 흐름에 따라 안전성(Stability), 보호(Safety), 복원력(Resilience)의 핵심 원칙과 사이버보안 속성에 관심을 가져야 하며, 그 중심에는 데이터 중심 보안이 있다는 사실을 이해해야 한다.

카테고리	정보 중심 보안(정보보안) (Information-oriented security) Security 1.0 (Information protection)	데이터 중심 보안(사이버보안) (Data-centric security protection) Security 2.0 (Cybersecurity and data protection)
역사 및 패러다임	정보보안(정보보호)에서 사이버보안 트랜스포메이션(Cybersecurity transformation)으로 전환(변곡점)	정보보안 3가지 속성에서 더 강력한 사이버보안 속성(Stability, Safety, Resilience, Data Protection)으로 전환(Cybersecurity transformation) 및 확장(Extension)
원칙 및 속성	3가지 속성을 기반으로 정보의 Confidentiality(기밀성), Integrity(무결성), Availability(가용성)을 보호	• 정보의 기밀성, 무결성, 가용성의 3가지 기본 속성에 사이버보안 속성을 추가 • 안전성(Stability), 보호(Safety), 복원력(Resilience), 데이터 보호(Protection) • 자율주행차 사이버보안 법규 및 국제표준에서 Safety, Resilience, Protection의 사이버보안 속성을 입증해야 함
보호 대상	정보 자산(Information)	• 데이터 자산(Data) • 사이버 공격으로부터 보호(Data Protection)하는 것을 의미함
보호 목표	정보의 기밀성, 무결성, 가용성을 보호하는 것(국제기준/미국 국가표준/EU)	사이버보안 및 데이터 보호(Cybersecurity and Data Protection) 지침(UN)에 따라 데이터 및 통신의 안전한 암호화를 보장해야 함
기술 메커니즘	경계망 보안(Perimeter Security)	제로 트러스트 아키텍처(Zero Trust Architecture)의 모델 및 원칙은 데이터 보호가 핵심 가치임

2 대한민국 사이버보안의 현실과 권장 사항

:: 취약한 보안 관행의 한계

- 대한민국의 현실은 20년 전 구식 보안 프레임워크와 보안 관행, 구식 사이버공격 보호 및 방어 기술의 한계로 사이버 공격(위협)으로부터 약점을 노출하고 있으며, 사이버보안 수준은 미국, 유럽연합(EU) 대비 매우 낮은 수준으로 지능화, 타깃 사이버 공격에 매우 취약하다.

- 중소기업 정보보안 및 사이버보안 수준은 매우 심각한데 최근 10년 동안 사이버보안 수준을 평가한 결과 평균 30점에도 미치지 못하며, 사이버 공격에 무방비로 노출되어 있다.

∷ 대한민국 사이버보안 체질 개선

- 세계경제포럼(World Economic Forum)과 사이버보안센터(Global Cybersecurity Report Policies)에 따르면 향후 10년 디지털 및 데이터 경제 사회에서는 디지털 바이러스 피해가 인류의 위기이자 치명적인 미래의 현실임을 강조하고 있다.
- 미국 바이든 대통령은 국가 사이버보안 개선에 대한 행정 명령(Executive Order on Improving the Nation'Cybersecurity) 중에서 연방정부 사이버보안 체계 현대화를 위한 〈Security Best Practice〉로 취약한 보안 관행을 강력한 사이버보안 현대화라는 사이버보안 목표(이행 의무화)를 제시하였다.
- 사이버 공격으로부터 방어 및 대응하기 위해서 대한민국 사이버보안 강화를 위한 실무적인 방법과 가이드를 본문에서 제시하고 있다.

관점	대한민국 사이버보안 권장 사항
조직의 사이버보안 체질 개선	• 첫째 : 조직 측면에서 지속 가능한 경영을 위해 사회적 책임(ESG)의 사이버보안 활동 강화 • 둘째 : 조직의 사이버보안 문화 및 인식 강화(조직의 사이버보안 대응 능력 강화) • 셋째 : 체크리스트와 컴플라이언스 중심에서 사이버보안의 근본적 문제점을 인식하고 국제기준, 국제표준, 글로벌 표준으로 사이버보안 위험 관리를 인식 및 적용
사이버보안 프레임워크를 기반으로 현대화	• 첫째 : 국제기준, 국제표준에 기반한 사이버보안 위험 관리 및 조직의 사이버보안 관행 강화 • 둘째 : 데이터 보호 원칙의 적법성/투명성/책임성 중심, 데이터 중심의 사이버보안 관행 개선 및 강화 • 셋째 : 프레임워크 방법론 측면에서 최신 ISO 27002:2022 정보보안, 사이버보안, 개인정보보호 프레임워크의 기반 통제 적용 및 보안 수준 강화(ISO 27002:2022 Information Security, Cyber Security Control Framework)
사이버보안 권장 사항	• 첫째 : 20년 구식 체크리스트 기반의 구조적 한계성에서 최신 국제표준 사이버보안 프레임워크의 모범 사례 선택 및 구현 • 둘째 : 조직의 사이버보안 능력을 입증하고, 사이버보안 규제에 대응할 수 있는 조직의 사이버보안 능력과 성숙도 개선 및 강화 • 셋째 : 사이버 공격으로부터 데이터 보호를 위한 20년 구식 체크리스트 중심의 위험 관리에서 국제 수준의 위협 분석 및 위험 평가(TARA) 방법론에 기반한 사이버보안 예방, 보호, 탐지, 대응, 복구의 사이버보안 프레임워크 구현 및 강화(국제표준, 글로벌 미국, EU 사이버보안 프레임워크 모범 사례 권장)

3 국제표준 정보보안 용어 및 원칙

:: 국제표준 정보보안 용어

- 정보보안 위험은 위협이 정보자산이나 정보자산 그룹의 취약성을 악용하여 조직에 피해를 줄 가능성과 관련이 있기 때문에 조직 및 이해 관계자는 정보보안 위험을 관리하는 것이 정보보안의 목표이다.
- 정보보안 위험은 정보보안 목표에 대한 불확실성의 부정적 영향(the negative effect of uncertainty on information security objectives)이다.
- 최신 사이버보안의 공격 패턴 방법으로는 공격 벡터(Attack Vector)와 공격 표면(Attack Surface) 기법(글로벌 기준)을 많이 사용하는데 공격자가 액세스할 수 있는 경로 또는 수단은 공격 벡터이고, 공격에 노출된 시스템 또는 네트워크 지점은 공격 표면이다.
- 저자 사이버보안 가이드에서 권장하는 5가지 위험 분석 방법 중 공격 벡터(Attack Vector) 방법을 활용하여 위협 및 위험 식별, 분석 활동, 사이버 위험을 관리하는 것을 권장한다.
- Human Element 사이버 공격도 공격 벡터이며 공격 패턴으로 내부자 정보 유출, 사회공학 약점의 보안 사고 발생, 취약한 보안 인식 수준(불안전한 상태를 의미)은 전형적인 관행의 취약점이다.
- ISO/IEC 27000 정보보안 용어, 원칙(ISMS Principle) 및 정보보안 위험 평가 내용으로 구성되며 정보보안 및 사이버보안 이해 관계자는 정보보안과 사이버보안의 위험 관리를 이해하고 정보보안 목표를 달성하는 것이 핵심 과제이다.

ISO/IEC 27000 용어	국제표준 정보보안 설명
정보보안	• 정보의 기밀성(Confidentiality), 무결성(Integrity), 가용성(Availability) 보호 • 3가지 정보보안 속성(Properties) 외 추가로 책임성(Accountability), 부인방지(Non-Repudiation), 신뢰성(Reliability)이 포함될 수 있음
정보보안 관리 체계 원칙 (ISMS)	• 조직의 비즈니스 목표를 달성하기 위해 위험 수용 기준(Risk Acceptance)을 기반으로 함 • 정보자산을 보호하기 위해 적절한 통제를 적용하면 ISMS 구현에 기여함 • 정보의 생성, 처리, 저장, 전송, 보호, 파기 단계의 적절한 보호가 필요 • 정보보안 3가지 속성은 정보의 기밀성(Confidentiality), 무결성(Integrity), 가용성(Availability)을 보장해야 함 • 연속성을 보장하고 정보보안 사고를 최소화하기 위한 목적으로 적절한 통제 구현 및 관리가 필요함 • 정보보안 통제(Information Security Controls)는 조직의 비즈니스 프로세스와 원활하게 통합되어야 함 • 정보보안은 적절한 통제를 적용(통제 구현 원칙은 Risk Based 기준을 명시)하고 관리해야 함(출처 : ISO/IEC 27000:2018 4.2.3 정보보안)

정보보안 위험 평가	위협 (Threat)	• 시스템이나 조직에 피해를 줄 수 있는 원치 않는 사고의 잠재적 원인 • 위협은 원치 않는 사건의 잠재적 원인을 의미하며 시스템, 조직 또는 개인에게 영향을 끼칠 수 있음 • 위험 요소는 취약점, 영향, 발생 가능성(Vulnerability, Impact, Likelihood)의 조합임 • 사이버보안 위험 분석 시 공격 표면, 공격 벡터, 위협 및 취약점 조합 등 위험 분석 방법론을 사용(미국, 유럽) • 사이버보안 속성(Cybersecurity Properties), 피해 시나리오(Damage Scenario) 또는 위협 시나리오(Threat Scenario) 용어 사용(ISO/SAE 21434)
	취약점 (Vulnerability)	• 위협에 의해 악용될 수 있는 자산(Asset) 또는 통제(Control)의 약점 • 악용 또는 오용될 수 있는 시스템, 애플리케이션, 네트워크의 약점(NIST 800-30 위험 평가 가이드) • 취약점은 정보시스템, 시스템 보안 절차, 내부 통제 또는 위협 소스에 의해 악용될 수 있는 약점
	위험 (Risk)	• 목표에 대한 불확실성의 영향 • 정보보안 위험은 정보보안 목표에 대한 불확실성의 영향으로 표현함(발생 가능성(Likelihood), 결과의 조합(Consequences of an Event), 잠재적 사건(Potential Events)) • 영국 정부(UK Government) 위험 정의는 원치 않는 사건의 발생 가능성 및 사건으로부터 발생할 수 있는 영향임(likelihood that an unwanted incident will occur and the impact that could result from the incident)
	위험 평가 (Risk Assessment)	• 위험 평가(RA) 활동은 위험 식별, 위험 분석, 위험 평가 프로세스임 • 위험 분석은 자산(Assets) 식별, 위협(Threats) 식별, 기존 통제 식별, 취약성(Vulnerabilities) 식별, 결과(Consequences) 식별의 활동
	위험 처리 (Risk Treatment)	• 위험 처리(RT) 활동은 정보보안 통제인 정보보안, 사이버보안, 개인정보보호 통제를 적용하며, 추가 통제(Additional Control)를 구현해야 함 • 위험 완화(Risk Mitigation)하는 프로세스는 위험 처리(RT) 활동임

| Section 02 | 국제표준 정보보안 통제 프레임워크

1 국제표준 정보보안 통제

:: 정보보안 통제의 구조

- 정보보안 위험은 위협이 정보자산 또는 그룹의 취약성을 악용하여 조직에 피해를 줄 수 있으므로 조직 및 이해 관계자는 정보보안 위험을 관리하는 것이 필요하다.
- ISO 27002 정보보안 통제(Information Security Control)에서 사이버보안 통제 속성은 ISO 27002 Cybersecurity Framework(CSF Core) 또는 Cybersecurity Controls로 표현한다.

통제 프레임워크		통제 프레임워크 적용 방법
정보보안 통제	ISO/IEC 27001 ISO/IEC 27002 (3 edition)	• ISO/IEC 27001 Risk Based 통제 원칙은 국제표준, 국가표준 등 통제 프레임워크를 권장함 • Annex A 통제는 정보보안 통제의 포괄적인 통제 목록이 포함되어 있음 • ISO/IEC 27001 Annex A 통제 프레임워크(Control Framework)는 추가적인 통제(Additional Control)를 권장함 • ISO 27002:2022 Information Security, Cyber Security Control Framework
사이버보안 통제	ISO/IEC 27001 ISO/IEC 27002 (3 edition)	ISO 27002 사이버보안 CSF Core 구성은 5개 Function, 23개 Category, 108개 Sub Category, 프로파일(현재, 목표), Tier(4단계) 5가지 속성으로 구성되며, 조직의 Context에 따라 사이버보안 통제를 구현함(NIST CSF 참조 모델)
개인정보보호 통제	ISO/IEC 27001 ISO/IEC 27701	• ISO/IEC 27001 Risk Based 통제 원칙은 국제표준, 국가표준 등 통제 프레임워크를 권장함 • ISO/IEC 27701 Annex A, B 통제는 추가적인 통제(Additional Control)를 권장함
클라우드 보안 통제	ISO/IEC 27001 ISO/IEC 27017 ISO/IEC 27018	• ISO/IEC 27001 Risk Based 통제 원칙은 국제표준, 국가표준 등 통제 프레임워크를 권장함 • ISO/IEC 27017, 27018 Annex 통제는 추가적인 통제(Additional Control)를 권장함

:: 정보보안 통제의 실무 지침

- 위험 평가에서 식별된 통제만 적용성 보고서에 포함할 수 있으며, 위험 평가와 별개로는 보고서에 추가할 수 없다(ISO/IEC 27005:2022(4th edition) 개정 통제 유효성, 정당성 강화 기준).
- 조직은 적용성 보고서의 정당성을 효과적으로 관리하기 위해 인증 기준에서 권장하는 추가 통제를 선택 및 구현(부분 구현, 구현되지 않음, 모든 통제 구현)하며, 이행 여부를 정기적으로 업데이트(위험 평가 프로세스 활동 시)하는 것이 필요하다.
- 업무 처리 모범 규준(Best Practice)은 조직의 보안 목적 및 목표에 따라 추가 통제와 섹터 통제(국제기준, 국가기준, 산업표준 등)에서 사이버보안 통제, 개인정보보호 통제, 클라우드 서비스 보안 및 개인정보보호 통제를 적합한 수준으로 선택 및 구현한다.
- 추가 통제(Additional Control) 방법 및 통제 메커니즘은 ISO/IEC 27017, 27018, ISO/IEC 27701, NIST 사이버보안 프레임워크(CSF) 등의 조직에서 위험 수용과 위험 감수 원칙에 따라 선택 및 구현할 수 있다.

구분	통제 프레임워크 (ISO 27002) (3 Edition)	통제 프레임워크 (NIST CSF)	핵심 포인트
1	속성 기반 (Attribute-Based)	ISO/IEC 27001 ISO/IEC 27002 (3 Edition)	• 114개 통제 항목에서 5가지 속성 기반으로 개정 (Attribute-Based로 위험 평가 결과를 기반으로 통제를 선택 및 구현해야 함) • Context 기반(ISO/IEC 27005 Risk Based Concept) • 정보보안 통제 기반 추가 통제(Additional Control) - 개정된 통제 프레임워크(Control Framework) • 국제표준, 국가표준 Best Practice Standard Reference Model 통제 구현
2	사이버보안 통제 (신규 개정)	ISO/IEC 27001 ISO/IEC 27002 (3 Edition)	• 정보보안 및 사이버보안 통제는 식별, 보호, 탐지, 대응, 복구의 5가지 핵심 개념으로 선택 및 구현할 수 있음(ISO/IEC TS 27110 Cybersecurity Concept) • NIST 사이버보안 프레임워크 통합(ISO/IEC 27002) • ISO/IEC 27002 기반 통제 프레임워크(Annex A) 확장 및 추가 통제(원칙 : Risk Based 통제 구현) • 섹터 자동차 사이버보안 법규/규제(UNECE R.155)에서는 조직의 사이버보안 위협 완화로 ISO/SAE 21434:2021, ISO/IEC 27001, 27701 국제표준을 인증 참조 표준으로 입증을 권장하고 있음
3	추가 통제 (클라우드 서비스 보안 개인정보보호 통제)	ISO/IEC 27017 ISO/IEC 27018 ISO/IEC 27701	• 클라우드 서비스 보안 및 개인정보보호 통제 (Additional Control) 권장 • 클라우드 서비스(CSP/CSC) 사업자 및 클라우드 서비스 이용자는 책임 공유 모델에 따라 추가 통제를 고려하여 구현함 • 실무적 관점에서 클라우드 서비스 이용자(IaaS, PaaS, SaaS) 또는 사업자는 클라우드 사이버보안 위협에 대응하는 보안 통제를 필수적으로 구현해야 함(클라우드 보안 위험의 완화 전략은 효과적임)

2 국제표준 정보보안 통제 방법론

:: 정보보안 통제 메커니즘

- ISO 27002 정보보안 통제(information Security Control)에서 사이버보안 통제 속성은 ISO 27002 Cybersecurity Framework(CSF Core) 또는 Cybersecurity Controls로 표현한다.
- ISO 27002:2022 국제표준의 명칭은 정보보안, 사이버보안, 개인정보보호 - 정보보안 통제이 며 사이버 공격을 예방, 탐지, 대응하는 것은 데이터 보호와 함께 고려되어야 한다.

- ISO 27002:2022 Information Security, Cyber Security Control Framework의 가이드이다.
- 다음의 그림은 ISO/IEC 27001:2022 Annex A(ISO/IEC 27002:2022) 및 추가 통제와 섹터 전체의 프레임워크이다(ISO 27001/27002 정보보안, 사이버보안 프레임워크).

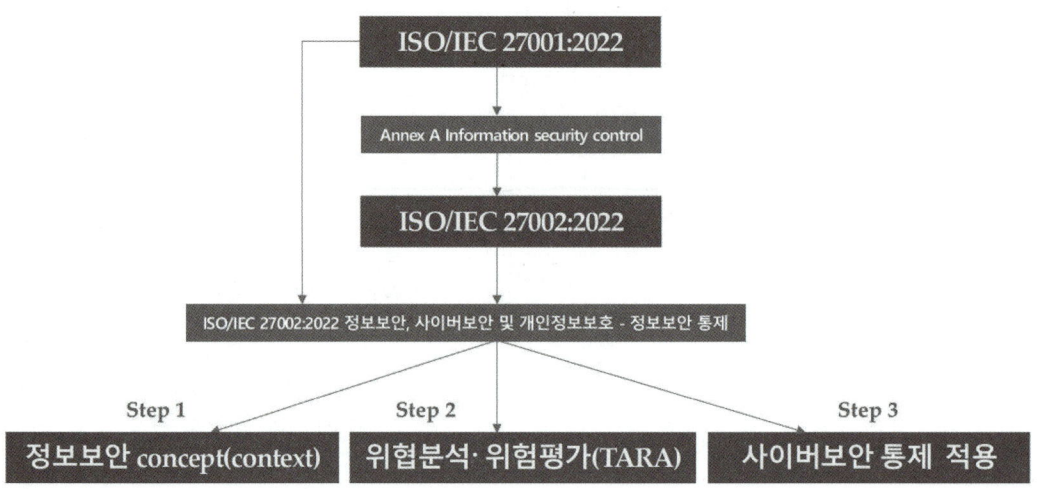

- NIST 사이버보안 프레임워크는 국제표준 사이버보안 표준과 호환되며, 참조 모델로 적용 및 구현할 수 있다.
- 최근 사이버 위협의 피해로 사이버보안 통제가 충분하지 않기 때문에 사이버 리질스언스(Cyber Resilience)는 Resilience Engineering, 외부 충격, 사이버 공격 후에 복구하고, 원래 상태로 복구하는 시스템 또는 조직의 능력을 요구하고 있다.
- 입문 실무를 적용하는 방법은 정보보안, 사이버보안, 개인정보보호 통제, 추가 통제 메커니즘(Additional Control Mechanisms)을 이해하고 조직에 적용하는 것을 고려해야 한다.
- 조직은 추가 통제 메커니즘을 고려하지 않아 발생하는 정보보안 및 사이버보안 사고에 대해 위험(Risk)을 수용하거나 감수해야 한다.
- 국제표준에서는 위험 완화(Risk Mitigation) 방법 및 통제(Controls) 기법을 적극 권장(가이던스 정보보안 및 사이버보안 지침 포함)하고 있다.

:: 정보보안 통제 메커니즘 개정

카테고리	ISO 27002:20222 통제 메커니즘의 개정 사항 (The concept of attributes to controls)

ISO 27002:2022 통제 메커니즘	• ISO 27002:2013 정보보안 통제에서 Information Security, Cyber Security, Privacy Protection Control 사이버보안 및 개인정보보호 통제가 확장된 부분이 개정의 핵심임
	• Risk assessment and treatment approach(The concept of attributes to controls)
	  – 위험 평가와 위험 처리의 선택 및 구현 방법에서는 통제에 대한 속성이 개정됨
	  – 사이버보안 속성에 따라 보호, 탐지, 대응, 복구의 사이버보안 통제를 구현할 수 있으며, NIST 사이버보안 추가 통제 개념을 통해 섹터 자율주행차 사이버보안 통제도 구현이 가능함(통제 프레임워크를 기반으로 섹터 사이버보안 통제도 정교하게 구현할 수 있는 프레임워크 기반의 통제가 부각될 수 있음)
	  – 국제표준 : ISO 27002:2022 Information Security, Cyber Security Control Framework

Chapter 02 국제표준 사이버보안 개론

Section 01 국제표준 사이버보안의 개요

1 정보보안과 사이버보안

:: 정보보안과 사이버보안의 비교

- 사이버보안 프레임워크는 다양한 이해 관계자(조직, 기관, 정부 등)가 통합할 수 있는 지침을 제공한다.
- ISO/IEC 27002((3 Edition)는 NIST 사이버보안 프레임워크(CSF)가 국제적으로 인정된 결정 기준이다.
- ISO/IEC TS 27100과 ISO/IEC TS 27110은 사이버보안 프레임워크 5개 Core(식별, 보호, 탐지, 대응, 복구) 개념을 명확히 하여 원하는 정보보안 및 사이버보안의 통제 활동에 유용한 지침을 제공한다.

구분	정보보안	사이버보안	가이드라인
정의	정보의 기밀성, 무결성, 가용성 보호	사이버 위험으로부터 사람, 사회, 조직 및 국가를 보호	조직의 사이버보안 능력 및 성숙도가 지속 가능한 경영(ESG 경영)의 핵심 가치로 책임성, 투명성, 적법성의 3원칙을 보증하는 것이 필수 요소임
보호 대상	정보자산	정보자산, 디지털 자산, 데이터 자산, 지식재산 (신지식재산권)	사이버 공간의 모든 자산은 사이버보안의 보호 대상에 해당되어 디지털 자산, 데이터 자산으로 보호 대상이 확장됨에 따라 조직의 책임성이 강화되어야 함
보호 목적	정보보호 개인정보보호	디지털 자산 보호, 데이터 자산 보호, 데이터 보호(GDPR), 신지식재산 보호	정보자산 중심 보호에서 데이터 중심의 사이버보안 패러다임 변화로 디지털 자산, 데이터 자산 보호가 사이버보안의 핵심 가치임
디지털 최신 기술 (State-of-the-art)	클라우드 서비스	AI, 빅데이터, 클라우드, 데이터(ABCD)+DT, 블록체인, NFT, 메타버스	사이버보안의 목적은 디지털 신기술에 따른 사이버 위협 피해로 디지털 경제에 사이버보안 위험이 관리되어야 함

거버넌스 (법률)	정보통신망법 데이터 3법	GDPR과 사이버보안 기본법(국내외), 데이터 기본법, 데이터 3법	사이버보안 컴플라이언스 및 규제, 법률이 강화되어 조직은 사이버보안 대응과 복구 프레임워크를 필수적으로 구현해야 함
메가 트랜드 (변곡점)	–	디지털 트랜스포메이션 (Digital Transformation)	데이터 중심의 디지털 전환(DT)과 데이터 경제 시대의 변곡점으로 디지털 혁신 및 리더십(디지털 인재, 디지털 플랫폼)이 핵심 경쟁력임

2 국제표준 사이버보안 업무 처리 기준

:: 국제표준 사이버보안의 모범 규준

- 사이버보안은 사이버 위험(위협)으로부터 사람, 사회, 조직 및 국가를 보호하며, 보호는 사이버 위험을 허용 가능한 수준으로 유지하는 것을 의미한다.
- 사이버보안의 구현 방법은 조직의 비즈니스 목표를 달성하도록 조직 능력으로 사이버보안 프레임워크(정보보안 및 개인정보보호 추가 통제 선택과 구현)를 통합하는 것을 권장한다.

국제표준 사이버보안		국제표준 사이버보안 업무 처리 가이드라인
ISO/IEC 27002 (3 Edition)	정보보안, 사이버보안 및 개인정보보호 – 정보보안 통제	• 속성 기반(Attribute-Based), Context 기반(Risk Based Concept) • 정보보안 통제 기반 추가 통제(Additional Control) • 국제표준, 국가표준 Best Practice Standard Reference Model 통제 확장 또는 추가 권장(정보보안, 사이버보안, 개인정보보호 통제) • 정보보안 및 사이버보안 통제는 식별, 보호, 탐지, 대응, 복구의 5가지 사이버보안 핵심 개념으로 선택 및 구현할 수 있음
ISO/IEC TR 27103 (1 Edition)	사이버보안 및 ISO/IEC 표준	• 사이버보안 Risk Based Approach 접근 방법 및 사이버보안 프레임워크 프로그램의 활동 • 사이버보안 5가지(식별, 보호, 탐지, 대응, 복구) ISO/IEC 27001 인증 기준의 매핑 • 경영진을 위한 사이버보안 3가지 원칙 및 10가지 필수 요소
ISO/IEC TS 27100 (1 Edition)	사이버보안 통제	• 속성 기반(Attribute-Based), Context 기반(Risk Based Concept) • 정보보안 통제 Based Additional Control(추가 통제) • 국제표준, 국가표준 Best Practice Standard Reference Model 통제 확장 또는 추가 권장(정보보안, 사이버보안, 개인정보보호 통제)
ISO/IEC TS 27110 (1 Edition)	사이버보안 프레임워크 지침	
ISO/IEC 27032 (1 Edition)	사이버보안 지침	ISO/IEC 27032 사이버보안 지침에서 정의하는 공격 메커니즘을 이해하고, 사이버보안 통제를 선택 및 구현하는 것을 권장함

ISO/IEC 27036 (2 Edition)	사이버보안 공급망 (Cybersecurity Supplier Relationships)	• Supplier Relationships(Supplier, Tier1, Tier2, Customer) 정보보안 및 사이버보안 위험 관리 지침 • IaaS, PaaS, Saas 클라우드 서비스 보안 지침(ISO/IEC 27036-4) • ISO/IEC 27036-2 요구사항은 제품 및 서비스 공급자 관계에서 계약 요구사항으로 ISO/IEC 27001 인증을 권장함(Supplier Chain, Supplier Relationships 공급망 채택 권장) • Supplier Relationships(Supplier Chain) 제품 및 서비스를 제공하는 해당 조직은 사이버보안 평가(CSA)와 ISO/IEC 27001 인증 또는 사이버보안 프레임워크(CSF)를 적용하는 것을 권장함
ISO/SAE 21434 (1 Edition)	자동차 사이버보안	• 자동차 사이버보안 표준으로 위험 기반 접근(Risk Based Approach) 방법론임 • UNECE WP.29 자동차 사이버보안 법규(사이버보안과 CSMS) • 공급망은 사이버보안에서 가장 취약한 연결 고리(Supply chain is only as good as the weakest link)
ISO/SAE 8475 (1 Edition)	자동차 사이버보안 보증 수준 및 표적 공격 가능성	사이버보안 보증 수준 및 표적 공격 가능성(Cybersecurity Assurance Levels (CAL) and Target Attack Feasibility(TAF))

:: 정보보안과 사이버보안의 국제표준 통제 프레임워크

통제 프레임워크 (Control Framework)		통제 프레임워크 적용 방법
정보보안 통제	ISO/IEC 27001 ISO/IEC 27002 (3 Edition)	• ISO/IEC 27001 Risk Based 통제 원칙은 국제표준, 국가표준 등 통제 프레임워크를 권장함 • Annex A 통제에는 정보보안 통제의 포괄적인 통제 목록이 포함되어 있음 • ISO/IEC 27001 Annex A 통제 프레임워크는 추가적인 통제 (Additional Control)를 권장함
사이버보안 통제	ISO/IEC 27001 ISO/IEC 27002 (3 Edition)	ISO 27002 사이버보안 CSF Core 구성은 5개 Function, 23개 Category, 108개 Sub Category, 프로파일(현재, 목표), Tier(4단계) 5가지 속성으로 구성되며, 조직의 Context에 따라 사이버보안 통제를 구현(NIST CSF 참조 모델)
자율주행차 사이버보안 통제	ISO/SAE 21434	ISO/SAE 21434 자동차 사이버보안(Automotive Cybersecurity)
	UNECE WP29 (R.155, 156, 157)	• 사이버보안 위험 관리 Risk Based 원칙을 강조하고 있음 • 참조 모델은 ISO/SAE 21434, ISO 27000 시리즈를 권장함 • 미국, EU NIST CSF, ISO 27000, ISO 31000 위험 평가 방법론을 선호함(Assets 기반 Based와 위협 시나리오 기반)

개인정보보호 통제	ISO/IEC 27001 ISO/IEC 27701	• ISO/IEC 27001 Risk Based 통제 원칙은 국제표준, 국가표준 등 통제 프레임워크를 권장함 • ISO/IEC 27701 Annex A, B 통제 프레임워크는 추가적인 통제(Additional Control)를 권장함
클라우드 보안 통제	ISO/IEC 27001 ISO/IEC 27017 ISO/IEC 27018	• ISO/IEC 27001 Risk Based 통제 원칙은 국제표준, 국가표준 등 통제 프레임워크를 권장함 • ISO/IEC 27017, 27018 Annex 통제 프레임워크는 추가적인 통제(Additional Control)를 권장함

3 ISO/IEC 사이버보안 표준

:: ISO/IEC TR 27103 및 ISO/IEC 사이버보안 프레임워크

사이버보안 (Core Function)	카테고리(23개)	사이버보안 가이드	ISO/IEC 27001 ISO/IEC 27002
식별 (Identify)	자산 관리	조직의 비즈니스 목적을 달성할 수 있도록 데이터, 인력, 디바이스, 시스템과 시설 식별, 데이터 흐름 매핑, 목록화, 우선순위 지정	자산 관리
	비즈니스 환경	조직의 목표, 이해 관계자 우선순위, 사이버보안 역할 및 책임(R&R) 정의	조직 Context
	거버넌스	조직의 규제, 법률, 위험, 운영 및 모니터링 정책, 절차, 프로세스, 사이버보안 위험 경영진과 의사소통	거버넌스
	위험 평가	조직의 사이버보안 위험 평가(비즈니스 영향, 가능성, 위협, 취약점, 위험 결정)	위험 평가
	위험 관리 전략	위험 관리 프로세스, 위험 수용 및 완화에 대한 관리	위험 처리(관리)
	공급망 위험 관리	• 사이버 공급망 위험 평가 프로세스 식별 및 평가 • 사이버보안 프로그램 및 위험 관리 계획 • 사이버보안 보안 감사(사이버보안 평가) • 사이버보안 대응 및 복구 계획, 테스트 수행	공급망 보안

보호 (Protect)	계정 및 접근 통제	ID 관리, 인증 및 접근 제어(액세스 관리), 네트워크 분리(Segmentation), MFA, 보안 로그인 사용자 인증 및 관리(사용자, 디바이스, 기타 자산 종료점 통제)	접근 관리 (접근 통제, 네트워크 통제)
	인식 제고 및 훈련	조직의 직원 및 파트너 사이버보안 인식 교육 수행	인적 자원 보안
	데이터 보호	정보 및 데이터의 기밀성, 무결성, 가용성 보장과 데이터 유출에 대한 보호 구현	정보보호
	정보보호 프로세스 및 절차	정보시스템과 자산 보호를 위한 정보보안 정책 및 절차 유지(정책 및 규정 준수)	조직의 관리적/기술적 통제 위협 및 취약점 관리
	유지보수	정보시스템의 유지보수는 정책 및 절차에 따라 수행	물리적 통제
	보호 기술	보안(Security) 및 복원력(Resilience)을 보장하기 위해 네트워크 시스템을 관리함	정보보호 네트워크 통제
탐지 (Detect)	비정상 행위 및 이벤트	탐지 이벤트를 분석하여 공격 벡터, 영향, 사고 임계치를 설정	
	지속적인 보안 모니터링	잠재적인 사이버보안 이벤트 모니터링, 직원 모니터링, 물리적인 환경 모니터링, 악성코드(멜웨어) 탐지, 취약점 탐지(스캐닝)	
	탐지 프로세스	탐지 R&R 정의, 탐지 프로세스 테스트, 탐지 프로세스의 지속적인 개선	
대응 (Respond)	사고대응 계획	사이버보안 사고를 보장하기 위한 프로세스와 절차 실행 및 유지	정보보안 침해사고 관리의 연속성
	보고 및 상황 전파	사이버보안의 대응 활동에서 내외부 이해관계자의 의사소통 및 정보 공유	
	분석	사이버보안 사고 대응 및 복구 활동을 지원하기 위한 분석 활동 실시(포렌식 수행)	
	완화	사이버보안의 사고 완화 및 방지하기 위한 활동 수행	
	개선	탐지 및 대응 활동에 학습, 사고 완화 및 대응 전략 업데이트	
복구 (Recover)	복구 계획	사이버보안 사고에 영향을 받는 시스템, 자산의 복구 프로세스와 절차 실행 및 유지	
	개선	사이버보안 복구 계획 및 프로세스 개선(복구 전략 업데이트)	
	보고 및 상황 전파	• 복구 활동 내외부 이해 관계자의 의사소통 • 사이버보안(정보보안) 및 데이터 유출 보고의 법적 기준 준수	

4 국제표준 사이버보안의 용어와 의미

:: 국제표준 사이버보안의 용어

카테고리	사이버보안 표준 주요 내용
사이버 공간 (Cyber Space)	• 사이버 공간은 디지털 기술을 기반으로 하는 복잡한 환경 • 네트워크, 서비스, 시스템, 사람, 프로세스, 조직이 상호 연결된 디지털 환경 • 사이버 위험은 사이버 공간에서 목표에 대한 불확실성의 영향으로 표현될 수 있음
사이버 공격 (Cyber Attack)	사이버 공간에서 정보시스템 또는 물리적 시스템의 취약성을 악용하고 이러한 시스템에 대한 손상, 중단 또는 무단 액세스를 얻으려는 악의적인 시도
사이버 위협 (Cyber Threat)	사이버 공간의 시스템, 사람, 사회, 조직에 따른 사이버보안 사고의 잠재적인 원인(위협이라는 용어가 사이버 위협으로 수정됨)
사이버 보안 (Cyber Security)	사이버 위험으로부터 사람, 사회, 조직 및 국가 보호(Safeguarding of people, society, organizations and nations from cyber risks)
사이버 보안 사고 (Cyber Security Incident)	사람, 사회, 조직 또는 국가에 손해(Damage, Loss)를 끼칠 수 있는 사이버보안 이벤트(정보보안이 사이버보안으로 수정됨)

:: 국제표준 사이버보안의 의미

- 사이버보안은 정보보안과의 관계에서 사이버 위협이 잠재적인 원인이며 사람, 사회, 조직 및 국가를 보호하는 것이 핵심 가치이다.
- ISO/IEC TS 27100(1 Edition) 사이버보안 개념을 이해하고, ISO/IEC 27002 사이버보안 프레임워크를 구현하는 것이 조직의 정보보안 및 사이버보안의 직무 능력이다.
- 사이버보안 통제에서 정의하는 3가지 목적은 사이버 공간에서 허용이 가능한 수준의 안정성(Stability), 연속성(Continuity), 안전성(Safety)을 유지하는 것이다.
- ISO/IEC TS 27100 사이버보안 프레임워크에서는 Cybersecurity Concepts이 정의되어 있으며, 적용 방법은 식별, 보호, 탐지, 대응, 복구가 포함되어 있다.
- 기업 및 조직, 국가는 사이버보안의 3가지 목적에 따라 사이버 위험으로부터 ISO/IEC 27002 정보보안 및 사이버보안 통제를 구현해야 사이버보안 목적을 달성할 수 있다.

카테고리	표준 주요 내용
사이버보안	• 사이버보안은 사람, 사회, 조직 및 국가를 사이버 위험으로부터 보호하지만 정보보안은 정보의 기밀성, 무결성, 가용성을 보장하는 것이 주요 목적임 • 사이버 위험에 대한 보호, 통제, 구현, 모니터링, 탐지, 대응 등 위험을 관리할 책임이 있음
정보보안과 사이버보안의 관계	• 정보보안은 3가지 속성 또는 정보의 기밀성, 무결성, 가용성을 보장하고, 사이버보안은 사이버 공간에서 허용이 가능한 수준의 안정성(Stability), 연속성(Continuity), 안전성(Safety)을 유지함 • 정보보안의 통제, 방법, 기술을 사이버 위험 관리에 적용할 수 있음 • 사이버보안은 위험 기반(Risk Based) 원칙으로 사이버보안 프레임워크를 참조함
사이버보안 프레임워크 (ISO/IEC TS 27110)	• ISO/IEC TS 27110(사이버보안 프레임워크 지침)에 기반한 사이버보안 프레임워크는 식별, 보호, 탐지, 대응, 복구를 통해 사이버보안 통제를 선택 및 구현함 • 사이버보안 프레임워크 사용자가 사이버 위험을 관리할 수 있도록 우선순위를 지정하고, 유연하면서 비용이 효율적인 접근 방식을 제공함 • 사이버보안 프레임워크는 ISO/IEC 27001(ISMS)과 함께 사용할 경우 내부 및 외부 이해관계자에게 추가적인 가치를 제공할 수 있음 • 공격을 방지, 탐지, 대응하면서 정보를 보호하는 프로세스임(NIST 사이버보안 프레임워크 용어 정의)
사이버보안 위험 관리의 접근 방법	• ISO/IEC 27005(정보보안 위험 관리) 사이버 위험 관리 방법을 참조할 수 있음 • 사이버보안의 5가지(식별, 보호, 탐지, 대응, 복구) 개념은 위험 관리 프로세스를 적용할 수 있음
사이버보안의 위험	• ISO/IEC 사이버보안 위험은 정보 및 기술에 대한 불확실성의 영향 • 정보, 데이터 또는 정보시스템의 기밀성, 무결성, 가용성은 잠재적인 영향임 • 영향을 미칠 수 있는 자산은 데이터, 시스템, 시설, 디바이스, 사람이 해당됨

5 국제표준 ISO/IEC 27032 사이버보안

:: 국제표준 ISO/IEC 27032 사이버보안의 의미

- ISO/IEC 27032 사이버보안 지침에서 정의하는 사이버보안 공격 메커니즘을 이해하고, 사이버보안 통제를 선택 및 구현하는 것이 사이버보안 이해 관계자의 핵심이다.
- 정보보안과 사이버보안의 공통 메커니즘은 정보 및 데이터의 기밀성, 무결성, 가용성을 보장하는 것이고, 차이점은 사이버 공간에서의 사이버 공격이 보호 범위에 해당된다.
- 정보보안과 사이버보안의 속성은 같지만 사이버 공간에서 기밀성, 무결성, 가용성의 영향은 사이버 공격의 피해로 산정할 수 있고, 보호 방법에는 사이버 공격을 예방, 보호, 탐지, 대응하는 메커니즘이 필요하다.

- 정보보안과 사이버보안 통제를 적절한 수준으로 선택 및 구현하는 방법은 보안 속성이 어디에 해당되는지, 사이버보안 속성을 가진 자산은 무엇인지를 정확하게 식별하는 것이 ISO/IEC 27002 사이버보안의 첫 번째 미션이다.
- 두 번째 미션은 사이버보안 속성 자산에 따라 위험 식별 및 위험 분석을 수행하여 사이버 위협(공격)에 대한 방어 즉 보호, 탐지, 대응, 복구 체계를 구현하는 것이다.
- 정보보안 및 사이버보안의 이해 관계자는 사이버보안 표준에서 정의한 컨셉에 따라 조직의 사이버 위협 및 공격에 대한 사전 예방, 보호, 대응 체계를 적절한 수준으로 구현한다.

:: 국제표준 ISO/IEC 27032 사이버보안의 지침

카테고리	ISO/IEC 27032 사이버보안 지침 가이드라인
사이버보안	사이버 공간에서 정보의 기밀성, 무결성, 가용성을 보장하는 것으로 사이버 위협과 사이버 위험을 분석하고, 사이버보안 통제를 적절하게 구현하는 것이 필요함
사이버보안과 정보보안의 관계	정보보안, 애플리케이션 보안, 네트워크 보안, 인터넷 보안, 중요 인프라 보호 등 사이버보안과의 관계에서 정보의 기밀성, 무결성, 가용성을 보장하는 것으로 사이버 공간 공격 메커니즘, 사이버보안 통제 방법을 구현하는 것을 권장함
공격 메커니즘	• 사설망 내부에서 시작되는 공격과 사설망 외부에서 시작되는 공격으로 분류함 • 사이버 위협은 개인 자산의 위협과 조직 자산의 위협으로 분류하고, 취약성 및 위험은 ISO/IEC 27005 위험 관리 지침을 참조 모델로 하여 조직은 공격 메커니즘 즉, 공격 표면, 공격 벡터, 위협 벡터 분석을 통한 위험 완화 정책을 구현하는 것을 권장함
사이버보안 통제	애플리케이션 레벨, 서버 보호, 종료점, 사회 공학적 공격에 대한 사이버보안 통제 지침을 제공함에 따라 통제 방법은 위험 기반(위험 평가 결과를 기반한 사이버보안 통제 권장)과 ISO/IEC 27002 사이버보안 통제를 선택 및 구현하는 것을 권장함

제 **02** 장

국제표준 정보보안과
사이버보안 실무

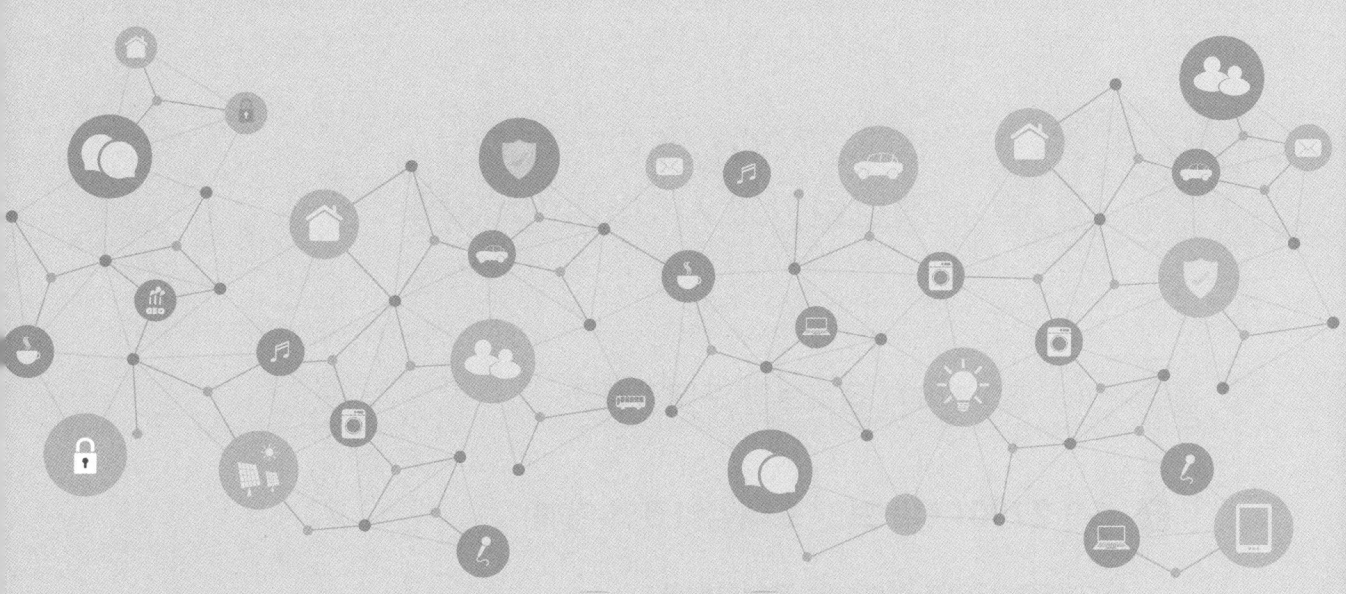

정보보안
사이버보안
개인정보보호

≫ Chapter 1 ISO 27001/ISO 27002 정보보안과 사이버보안 개론

≫ Chapter 2 ISO 27001/ISO 27002 정보보안과 사이버보안 개정

≫ Chapter 3 정보보안과 사이버보안 실무 사례

Chapter 01
ISO 27001 / ISO 27002 정보보안과 사이버보안 개론

| Section 01 | ISO 27001 정보보안 프레임워크

1 ISO 27001 정보보안 프레임워크의 이해

:: ISO/IEC 27001 정보보안 프레임워크

- ISO/IEC 27001:2022 개정의 의미는 정보보안, 사이버보안, 개인정보보호의 국제표준에서 정보보안 관리 체계의 요구사항으로 사이버보안 및 개인정보보호 영역으로 확장된다.
- ISO 27001:2022 Annex A 통제는 정보보안, 사이버보안, 개인정보보호의 정보보안 통제로 ISO 27001:2022의 위험 기반(Risk Based) 추가 통제를 고려하여 적용성 보고서를 작성해야 한다.
- 다음은 ISO/IEC 27001:2022 Annex A(ISO/IEC 27002:2022)의 추가 통제와 섹터 전체의 프레임워크이다.

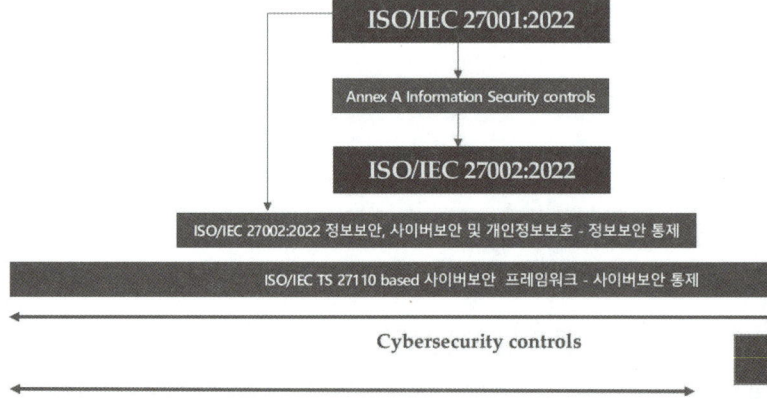

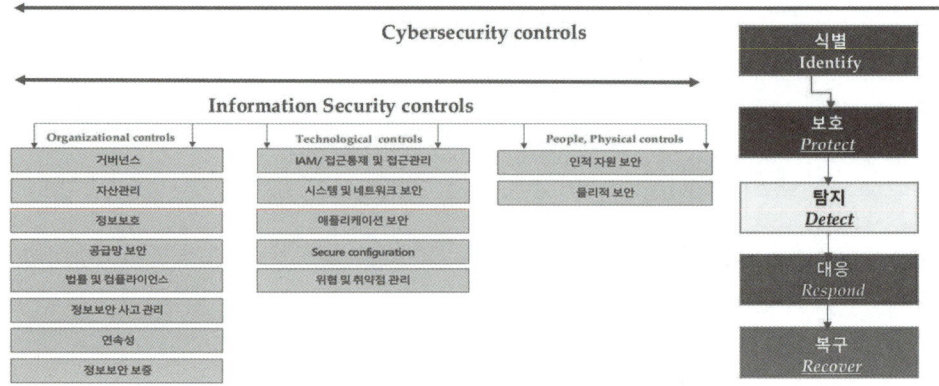

:: ISO 27001:2022 정보보안/사이버보안/개인정보보호의 요구사항

ISO/IEC 27001 프레임워크		프로세스 및 산출물		요구사항 및 가이드
	정보보안 개념	프로세스	산출물(WP)	
1항	1. Scope	–	–	정보보안 경영시스템의 수립, 구현, 유지 및 지속적인 개선을 위한 요구사항
2항	2. Reference	–	–	ISO 27000 참고 문헌이 적용됨
3항	3. 용어 정의	–	–	ISO 27000 용어 및 정의가 적용됨
4항	4. 조직의 상황	인증 범위 정의	인증 범위 정의서	• 인증(적용) 범위 정의 3가지 원칙 – 내부 및 외부 – 이해 관계자 요구사항 – 외부 인터페이스 및 의존성(예 : IaaS, PaaS, SaaS 클라우드 서비스 소프트웨어 개발(외주 개발), 데이터 또는 개인정보의 수집 및 이용)
5항	5. 리더십	정책	정보보안 정책	• 정보보안 정책 수립 • 정보보안 조직 역할 및 책임, 권한 할당
6항	6.1.2 정보보안 위험 평가	Risk Assessment(RA)	위험 평가 보고서	위험 평가 프로세스 정의 및 적용
		위험 식별	위험 식별 결과	Assessment Process 정의
		위험 분석	위험 분석 결과	• Threat Analysis(TA, 위협 분석) – 위협 시나리오 분석(공격 유형, 공격 표면, 공격 벡터 등 업무 처리 기준 권장) • Vulnerability Analysis(VA, 취약점 분석)
		위험 평가	위험 평가 결과	• Risk Assessment(RA)에서 Risk = Potential Consequence × Likelihood(영향 평가) • Risk Level(위험도) 결정 • Risk Prioritize(우선순위) 결정

6항	6.1.3 정보보안 위험 처리	Risk Treatment(RT)	위험 평가 보고서	위험 처리 프로세스 정의 및 적용
		Risk Treatment Option	적용성 보고서 (추가 통제 포함)	위험 처리 옵션 선택 및 결정
		Annex A Control (ISO 27001 & 27002)	적용성 보고서 (Specific Control 포함, 적용 시)	Annex A Control의 선택 및 구현 (적절한 조직의 정보보안 목표를 달성할 수 있는 통제 선택 및 구현)
		Statement of Applicability		정당한(타당한) 원칙 중심의 적용성 보고서(SoA) 작성

		Additional Control		• 특별한 추가 통제
				  – 클라우드 보안, 개인정보보호, 사이버보안
				  – ISO 27701, ISO 27017, ISO 27018

	6.2 정보보안 목표	정보보안 목표	정보보안 목표 결과	• 3가지 핵심 요구사항 가이드
				  – 적용이 가능한 정보보안 요구사항
				  – 위험 평가 및 위험 처리 결과를 고려한 요구사항
				  – 측정이 가능한 요구사항

7항	7.1 Resources 7.2 Competence 7.3 Awareness 7.4 Communication 7.5 Documented Information	5가지 프로세스 활동	5가지 프로세스 활동 결과	• 리소스(Resources) • 적격성(Competence) • 인식(Awareness) • 의사소통(Communication) • 문서화(정책 개정, 이력 관리, 업데이트)
8항	8.2 정보보안 위험 평가 8.3 정보보안 위험 처리	위험 평가 및 위험 처리	위험 평가 보고서 또는 결과	• 6항(6.1.2와 6.1.3항) 위험 평가, 위험 처리 활동 이행(계획된 주기) • 계획된 주기에 따라 위험 평가 및 위험 처리(년 1회)
9항	9. 업무 수행 평가	성과 평가	• 내부 심사 보고서 • 경영 검토 결과	• 정보보호 성과의 모니터링, 측정, 분석, 평가 활동 • 내부 심사 및 경영 검토 활동
10항	10. 개선	개선 및 지속적 개선	시정 조치 결과	• 부적합 및 시정 조치 활동 • 지속적 개선(적합성, 적절성, 효과성 유지 및 개선)

| Section 02 | ISO 27001 정보보안 통제(ISO 27001 Annex A)

1 ISO 27001 Annex A 정보보안 통제 가이드

:: ISO 27001 정보보안 통제의 선택 및 적용

- ISO/IEC 27001:2013 6.1.3 d)항에 근거하여 적용성 보고서를 작성하는 기준, 원칙, 방법, 사례를 설명한다.
- 조직은 적합한 통제를 식별하고 구현하려면 ISO 27002:2022(ISO 27001 Annex A 통제)를 참조해야 한다.

카테고리	ISO 27001 정보보안 통제의 선택 및 적용 가이드
ISO 27001 적용성 보고서 작성 기준, 원칙, 모범 사례	• Clarifying the reference details and scope of the ISMS certificate and Statement of Applicability 인증서 표기(Certificate and Statement of Applicability) 및 적용성 보고서(SoA) 참조 내용(Reference Details), 범위(Scope)를 명확히 함 • 인증 문서는 ISO/IEC 27001:2013 6.1.3 d)항에 의거하여 조직의 적용성 보고서에서 필요하다고 결정된 통제 집합의 출처로 국가와 국제표준을 참조함(조직은 ISO/IEC 27001 Annex A Information security controls reference와 Additional Controls를 적용 및 구현할 수 있음) • 인증 문서의 참조에는 해당 인증이 아닌 적용성 보고서에 적용되는 통제 집합(Control Set)의 출처라고 명확히 명시해야 함
해설	• 적용성 보고서에 적용되는 통제 집합의 출처라고 명시해야 국가와 국제표준을 참조할 수 있음 • 인증 계획의 요구사항은 ISO/IEC 27001 Annex A 또는 ISO/IEC 27002(ISO/IEC 27001 Annex A)와 추가 통제 국제표준 ISO 27701, ISO 27017, 27018, ISO 27002 Reference NIST 사이버보안 프레임워크(Cybersecurity Framework, CSF) 통제 집합(Control Set)을 적용 및 구현할 수 있음(미국은 통제 집합을 통제 프레임워크로 EU 유럽연합은 통제 카탈로그로 사용함) • 조직은 가장 효과적인 통제 프레임워크 또는 추가 통제와 국가표준 통제를 적합한 수준으로 적용 및 구현하여 정보보안과 사이버보안의 목적을 달성함
권장 사항	• 조직은 정보보안 및 사이버보안의 목적, 계약 요구사항, 글로벌 규제를 미국과 유럽연합(EU)의 정보보안에서 사이버보안의 법률 및 규제에 따라 제품 및 서비스 공급자는 사이버보안 인증과 조직의 사이버보안 능력을 입증해야 함(조직은 선택이 아니라 필수적인 사항으로 대비해야 함) • 최근 자동차 사이버보안 섹터는 ISO 27001, VDA TISAX, ISO/SAE 21434 정보보안과 사이버보안 인증을 계약 요구사항 및 보안 규제에서 증거로 입증을 요구하거나 입증 증거로 채택하고 있음 • 사이버보안 능력을 입증할 수 있는 방법과 조직의 사이버보안 능력을 확보하는 것이 필수적임(지속 가능 경영 ESG 핵심 원칙에도 포함됨)

- 모범 사례로 AWS, Google, MS 글로벌 조직(CSP)은 국제표준 ISO 27701, ISO 27017, 27018과 국가표준 NIST 사이버보안 프레임워크(CSF) 등을 유럽 표준과 미국 국가표준에서 적용 및 구현하고 있다.
- 조직은 정보보안 및 사이버보안의 목표(High Level 3)에 따라 국제표준 ISO 27701, ISO 27017, 27018과 개정된 ISO 27002:202 사이버보안 프레임워크(CSF)를 적용 및 구현하는 것을 권장한다.

ISO 27002:2022 사이버보안 프레임워크 (사이버보안 속성)	ISO 27002:2022 운영 능력 (15개 서브 카테고리)	NIST CSF 사이버보안 프레임워크	적용성 선택 및 구현		
			정보보안 통제	사이버보안 통제	추가 통제
식별 (Identify)	거버넌스	거버넌스			
	자산 관리	자산 관리			
	공급망 보안	공급망 위험 관리			
	법률 및 컴플라이언스	거버넌스			
	정보보안 보증	거버넌스			
보호 (Protect)	정보보호 및 데이터 보호	데이터 보호			
	식별 및 접근 관리	계정 및 접근 통제			
	시스템 및 네트워크 보안	정보보호 프로세스 및 절차			
	애플리케이션 보안	정보보호 프로세스 및 절차			
	안전한 설정	정보보호 프로세스 및 절차			
	위협 및 취약점 관리	정보보호 프로세스 및 절차			
	사람 보안	인식 및 훈련			
	물리적 보안	정보보호 프로세스 및 절차			
탐지 (Detect)	정보보안 사고 관리	비정상 행위 이벤트 지속적인 보안 모니터링 탐지 프로세스			
대응 (Respond)	정보보안 사고 관리	사고 대응 계획 보고 및 상황 전파 분석 완화 개선			

| 복구
(Recover) | 정보보안 사고 관리의
연속성 | 복구 계획
개선
보고 및 상황 전파 | | | |

:: ISO 27001 정보보안 통제 선택 및 적용

- 데이터 보호의 사이버보안 목표를 달성하기 위한 Best Practice Example로 예시는 통제 속성, 통제 목적, 사이버보안 개념(사이버보안 속성), 통제에 관련된 위험 및 데이터 보호와 사이버보안 법률, 규제, 데이터 보호에 따른 고객 계약의 요구사항(예 : 독일 VDA TISAX 데이터 보호 통제)을 모두 고려한 구성이다.
- 자산 속성은 데이터, 정보보안 및 사이버보안 속성은 기밀성, 데이터 보호의 목표 수준은 High, 추가 통제는 법적 요구사항인 GDPR, ISO 27002, 27701, 27017, 27018을 적용 및 구현하는 것이다.
- 모범 사례는 AWS, Google, MS 사례(글로벌 Top 10 최고 ISO 27001 적용성)를 분석하였으며, 추가 통제 예시와 함께 사이버보안 목표 수준을 High, Very High Protection으로 적용하여 강력한 데이터 보호 통제를 구현하고 있다.

Asset Category	정보보안 속성			사이버보안 속성			사이버보안 개념	Protection Classes	Additional Control			
	C	I	A	C	I	A			ISO 27002	ISO 27701	ISO 27017 ISO 27018	GDPR
Data	○			○			Protect	High	○	○	○	○

- 데이터 유출 방지 조치는 데이터나 정보를 처리, 저장, 전송, 네트워크, 기타 디바이스에 적용해야 하고, 통제 목적은 데이터 유출 탐지와 예방을 하기 위함이다(조직은 데이터 유출 위험을 완화하기 위해 정보보안 및 사이버보안 통제를 적용 및 구현해야 함)
- 통제에서 위험 완화는 보호할 데이터, 정보의 식별과 분류, 데이터 유출 경로 조치, 모니터링(예 : 이메일, 파일 전송, 모바일 디바이스 및 이동형 저장 매체)에 해당되며, 데이터 보호(GDPR 포함) 및 개인정보보호 법률과 규제 요구사항을 고려하여 적용한다.
- 적용성 보고서(Statement of Applicability)를 작성하는 목적은 조직의 정보보안 목표에서 ISO/IEC 27001:2013 6.1.3 d)항에 있는 통제의 정당성과 타당성을 입증(제3자 및 이해 관계자)하고, 인증기준에 따라 적용 및 구현한다.

- 작성 원칙과 기준은 위험 평가 결과를 근거로 적용(인증기준 27001:2013 6.1.3)하며, 적용성(Applicability)에 대한 근거는 '구현', '일부 구현', '구현하지 않음'으로 통제 제외의 정당성을 설명한다.
- 고려사항은 추가 통제(Additional Control) 적용 선택과 ISO 27001, 27002 개정된 기준에 따라 선택할 수 있는 사이버보안 통제 적용 및 구현을 권장한다.
- 조직은 정보보안 통제 원칙과 기준에 따라 적용성 보고서를 작성하고, 개정된 인증기준에 따라 정보보안 및 사이버보안 목표를 달성할 수 있는 가장 효과적인 방법을 입증할 수 있다.

Control	Applicability	Additional Control	Information Security	Cyber Security	Applicability Description
ISO 27001 ISO 27002 (Annex A)	적용성 선택 및 적용	추가 통제 선택 및 적용	Property	Concept	통제 구현 현황 작성 (구현, 일부 구현, 구현하지 않음)
8.12 Data Leakage Prevention	Y	Y	#Confidentiality	#Protect #Detect	

2 ISO 27001:2022 Annex A 정보보안 통제

:: Organizational Controls Governance

A.5	Organizational Controls	
거버넌스(Governance)		
A.5.1	정보보안 정책 (Policies for information security)	정보보안 정책 및 특별한 정책을 정의하고 경영진의 승인을 받아야 하며, 관련 직원 및 이해 관계자에게 공표, 전달, 승인해야 함(계획된 주기로 중대한 변경 사항이 발생하는 경우 검토해야 함)
A.5.2	정보보안 역할 및 책임 (Information security roles and responsibilities)	정보보안 역할 및 책임은 조직의 요구사항에 따라 정의되고 할당되어야 함
A.5.3	직무 분리 (Segregation of duties)	서로 상충되는 직무와 책임 영역은 분리되어야 함
A.5.4	경영진의 책임 (Management responsibilities)	경영진은 모든 직원이 조직의 수립된 정보보안 정책, 조직의 절차에 따라 정보보안을 적용하도록 요구해야 함

A.5.5	당국과의 연락 (Contact with authorities)	조직은 관련 당국과의 연락을 수립하고 유지해야 함
A.5.6	이해 관계자 그룹과의 연락 (Contact with special interest groups)	조직은 이해 관계자 그룹 또는 기타 전문가와의 연락을 수립하고 유지해야 함
A.5.8	프로젝트 관리 정보보안 (Information security in project management)	정보보안은 프로젝트 관리에 통합되어야 함

:: Organizational Controls - 자산관리

A.5	Organizational Controls	
	자산관리(Asset Management)	
A.5.9	정보 및 기타 관련 자산 목록 (Inventory of information and other associated assets)	소유자를 포함한 정보 및 기타 관련 자산 목록을 작성하고 유지해야 함
A.5.10	정보 및 기타 관련 자산의 허용 가능한 사용 (Acceptable use of information and other associated assets)	정보 및 기타 관련 자산을 처리하기 위한 허용 가능한 사용 및 절차에 대한 규칙(식별, 문서화 및 구현)을 유지해야 함
A.5.11	자산 반환 (Return of assets)	직원 및 기타 이해 당사자는 고용, 계약, 계약의 변경 또는 계약 종료 시 소유 중인 모든 조직의 자산을 반환해야 함
A.6.7	원격 근무 (Remote working)	조직 외부에서 액세스, 처리 또는 저장된 정보를 보호하기 위해 직원은 원격으로 근무할 때 보안 조치를 구현해야 함

:: Organizational Controls - 정보보호

A.5	Organizational Controls	
	정보보호(Information Protection)	
A.5.12	정보 분류 (Classification of information)	정보는 기밀성, 무결성, 가용성 및 관련 이해 당사자의 요구사항을 기반으로 조직의 정보보안 요구사항에 따라 분류되어야 함
A.5.13	정보 라벨링 (Labelling of information)	조직에서 채택한 정보 분류 체계에 따라 정보 라벨링에 대한 적절한 절차를 수립하고 구현되어야 함
A.5.14	정보 전송 (Information transfer)	모든 유형의 정보 전송에 대해 정책 및 절차 또는 계약이 마련되어야 함

A.8.1	사용자 엔드포인트 디바이스 (User endpoint devices)	사용자 엔드포인트 디바이스에 저장, 처리, 액세스할 수 있는 정보는 보호되어야 함
A.8.10	정보 삭제 (Information deletion)	정보시스템, 장치 또는 기타 저장 매체에 저장된 정보는 더 이상 필요하지 않을 때 삭제되어야 함
A.8.11	데이터 마스킹 (Data masking)	데이터 마스킹은 해당 법률을 고려하여 액세스 제어 및 기타 관련 주제별 비즈니스 요구사항에 대한 조직의 정책에 따라 사용되어야 함
A.8.12	데이터 유출 방지 (Data leakage prevention)	데이터 유출 방지 조치는 민감한 정보를 처리, 저장, 전송하는 시스템 네트워크 및 기타 장치에 적용되어야 함
A.8.33	테스트 정보 (Test information)	테스트 정보는 적절하게 보호 및 관리되어야 함
A.8.34	감사 및 테스트 중 정보시스템 보호 (Protection of information systems during audit testing)	운영 시스템의 평가와 관련된 감사 테스트 및 기타 보증 활동을 계획해야 함

:: Organizational Controls - 연속성

A.5	Organizational Controls	
	연속성(Continuity)	
A.5.29	중단 시 정보보안 (Information security during disruption)	조직은 중단 중에 적절한 수준에서 정보보안의 유지 방법을 계획해야 함
A.5.30	비즈니스 연속성을 위한 ICT 준비 (ICT readiness for business continuity)	ICT 준비는 비즈니스 연속성 목표 및 ICT 연속성 요구사항에 따라 계획, 구현, 유지관리, 테스트 되어야 함
A.5.37	문서화된 운영 절차 (Documented operating procedures)	정보처리 시설의 운영 절차를 문서화하여 이를 필요로 하는 인원이 이용할 수 있도록 함
A.8.6	용량 관리 (Capacity management)	자원 사용은 현재 또는 예상 용량의 요구사항에 따라 모니터링 및 조정되어야 함
A.8.13	정보 백업 (Information backup)	정보, 소프트웨어 및 시스템 백업 사본은 백업에 대한 합의된 정책에 따라 관리되고 정기적으로 테스트 되어야 함
A.8.14	정보처리 시설의 이중화 (Redundancy of information processing facilities)	정보처리 시설은 가용성 요구사항을 충족할 경우 이중화로 구현되어야 함

:: Organizational Controls - 공급자 관계 보안

A.5	Organizational Controls	
	공급자 관계 보안(Supplier relationships security)	
A.5.19	공급자 관계(공급망)에서의 정보보안 (Information security in supplier relationships)	공급자 제품 또는 서비스 사용과 관련된 정보보안 위험을 관리하기 위해 프로세스와 절차를 정의하고 구현해야 함
A.5.20	공급자 계약 내 정보보안 문제 해결 (Addressing information security within supplier agreements)	공급자 관계 유형에 따라 정보보안 요구사항을 수립하고 공급자와 합의해야 함
A.5.21	ICT 공급망 정보보안 관리 (Managing information security in the ICT supply chain)	ICT 제품 및 서비스 공급망과 관련된 정보보안 위험을 관리하기 위해 프로세스와 절차를 정의하고 구현해야 함
A.5.22	공급자 서비스의 모니터링, 검토 및 변경 관리 (Monitoring, review and change management of supplier services)	조직은 공급업체의 정보보안 관행 및 서비스 제공의 변경 사항을 정기적으로 모니터링, 검토, 평가, 관리해야 함
A.5.23	클라우드 서비스 이용을 위한 정보보안 (Information security for use of cloud services)	클라우드 서비스의 이용, 관리, 종료 프로세스는 조직의 정보보안 요구사항에 따라 설정되어야 함

:: Organizational Controls - 정보보안 이벤트 관리 및 정보보안 보증

A.5	Organizational Controls	
	정보보안 이벤트 관리 및 정보보안 보증 (Information security event management and Information security assurance)	
A.5.24	정보보안 사고 관리 계획 및 준비 (Information security incident management planning and preparation)	조직은 정보보안 사고 관리 프로세스, 역할 및 책임을 정의, 설정, 전달하여 정보보안 사고 관리를 계획하고 준비해야 함
A.5.25	정보보안 사고에 대한 평가 및 결정 (Assessment and decision on information security events)	조직은 정보보안 사고를 평가하고, 이를 사고로 분류할지 결정해야 함
A.5.26	정보보안 사고 대응 (Response to information security incidents)	정보보안 사고는 문서화된 절차에 따라 대응해야 함
A.5.27	정보보안 사고로부터의 학습 (Learning from information security incidents)	정보보안 사고에서 얻은 지식은 정보보안 통제를 강화하고 개선하는 데 활용되어야 함

A.5.28	증거 수집 (Collection of evidence)	조직은 정보보안 이벤트와 관련된 증거의 식별, 수집, 획득, 보존을 위한 절차를 수립하고 이행해야 함
A.5.35	정보보안에 대한 독립적인 검토 (Independent review of information security)	사람, 프로세스 및 기술을 포함한 정보보안 및 구현 관리에 대해 조직의 접근 방법은 계획된 주기 또는 중대한 변경이 발생할 경우 독립적으로 검토되어야 함
A.6.8	정보보안 이벤트 보고 (Information security event reporting)	조직은 직원이 관찰되거나 의심되는 정보를 보고할 수 있는 메커니즘을 제공해야 함(적절한 채널을 통한 보안 이벤트를 적시에 제공)
A.8.15	로깅 (Logging)	활동, 예외, 결함, 기타 관련 이벤트를 기록하는 로그를 생성, 저장, 보호, 분석해야 함
A.8.16	모니터링 활동 (Monitoring activities)	네트워크 시스템 및 애플리케이션은 잠재적인 정보보안 사고를 평가하기 위해 비정상적인 행위와 적절한 조치를 모니터링해야 함
A.8.17	시간동기화 (Clock synchronization)	조직에서 사용하는 정보처리 시스템의 시간동기화는 증명된 시간 소스와 동기화되어야 함

:: Organizational Controls - 법률 및 컴플라이언스

A.5	Organizational Controls	
법률 및 컴플라이언스(Legal and compliance)		
A.5.31	법적, 규제 및 계약 요구사항 (Legal, statutory, regulatory and contractual requirements)	정보보안과 관련된 법적, 규제 및 계약 요구사항과 이러한 요구사항을 충족하기 위한 조직의 접근 방법을 식별 및 문서화하고 최신 상태로 유지해야 함
A.5.32	지식재산권 (Intellectual property rights)	조직은 지식재산권을 보호하기 위해 적절한 절차를 이행해야 함
A.5.33	기록 보호 (Protection of records)	기록은 손실, 파괴, 변조, 무단 접근, 무단 액세스로부터 보호되어야 함
A.5.34	개인정보보호 및 PII 보호 (Privacy and protection of PII)	조직은 관련 법률 및 규정과 계약 요건에 따라 개인정보보호 및 PII 보호와 관련된 요구사항을 식별하고 충족해야 함
A.5.36	정보보안 정책 및 표준 준수 (Compliance with policies and standards for information security)	조직의 정보보안 정책, 주제별 정책, 절차 및 표준의 준수 여부를 정기적으로 검토해야 함

:: People Controls - 인적자원 보안

A.6	People Controls	
인적자원 보안(Human resource security)		
A.6.1	적격 심사 (Screening)	고용할 지원자에 대한 검증은 해당 조직에 입사하기 전 가능한 법률, 규정, 윤리를 고려하여 지속적으로 수행하며, 비즈니스 요구사항, 액세스할 정보의 분류 및 인지된 위험에 비례해야 함
A.6.2	고용 계약 (Terms and conditions of employment)	계약서에는 정보보안에 대한 직원과 조직의 책임이 명시되어야 함
A.6.3	정보보안 인식, 교육 및 훈련 (Information security awareness, education and training)	조직의 직원과 이해 관계자는 직무와 관련하여 적절한 정보보안 인식, 교육, 훈련을 받고, 조직의 정보보안 정책 및 절차에 대해 정기적인 업데이트를 수행해야 함
A.6.4	징계 절차 (Disciplinary process)	정보보안 정책을 위반한 직원 및 관련 이해 관계자는 해당 조치를 취하기 위해 징계 절차를 수립하고 전달해야 함
A.6.5	고용 책임의 종료 또는 변경 (Responsibilities after termination or change of employment)	고용 종료 또는 변경 후에도 유효한 정보보안 책임과 의무를 정의 및 시행하고, 관련 인력과 이해 관계자에게 전달해야 함
A.6.6	기밀 또는 NDA 계약 (Confidentiality or non-disclosure agreements)	정보보호에 대한 조직의 요구를 반영하는 기밀 또는 NDA 계약은 직원과 관련 이해 당사자가 식별하고, 문서화하고, 정기적으로 검토하고 서명해야 함

:: Physical Controls - 물리적 보안

A.7	Physical Controls	
물리적 보안(Physical security)		
A.7.1	물리적 보호구역 (Physical security perimeters)	보호구역은 정보 및 기타 정보가 포함된 영역을 보호하기 위해 정의되고 사용해야 함
A.7.2	물리적 출입 통제 (Physical entry)	보호구역은 적절한 출입 통제와 액세스 포인트로 보호되어야 함
A.7.3	사무실 보안 (Securing offices, rooms and facilities)	사무실, 시설에 대한 물리적 보안을 설계하고 구현해야 함
A.7.4	물리적 보안 모니터링 (Physical security monitoring)	허가되지 않은 물리적 접근을 위해 보호구역을 지속적으로 모니터링해야 함
A.7.5	물리적 및 환경적 위협으로부터 보호 (Protecting against physical and environmental threats)	보호구역에서 작업하기 위한 보안 조치를 설계하고 구현해야 함

A.7.6	보호구역에서의 작업 (Working in secure areas)	자연재해 및 기타 의도적/비의도적 기반 시설에 대한 물리적 위협과 환경적 위협에 대한 보호를 설계하고 구현해야 함
A.7.7	클린 데스크 (Clear desk and clear screen)	서류 및 이동식 저장 매체에 대한 클린 데스크 규칙 및 정보처리 시설 클린 데스크 정책을 적절하게 시행해야 함
A.7.8	장비 배치 및 보호 (Equipment siting and protection)	장비는 안전하게 배치되고 보호되어야 함
A.7.9	오프 사이트 자산 보호 (Security of assets off-premises)	오프 사이트 자산은 보호되어야 함
A.7.10	저장 매체 (Storage media)	저장 매체는 조직의 분류 체계 및 취급 요구사항에 따라 획득, 사용, 운송, 폐기의 수명 주기를 통해 관리되어야 함
A.7.11	지원 유틸리티 (Supporting utilities)	정보처리 시설은 정전 및 장애로부터 보호해야 함
A.7.12	케이블 보안 (Cabling security)	전력, 데이터 또는 지원 정보 서비스를 전달하는 케이블은 감청으로부터 보호되어야 함
A.7.13	장비 유지보수 (Equipment maintenance)	장비는 정보의 가용성, 무결성, 기밀성을 보장하기 위해 관리되어야 함
A.7.14	장비의 안전한 폐기 및 재사용 (Secure disposal or re-use of equipment)	저장 매체가 포함된 장비 항목은 폐기나 재사용 전에 민감한 데이터와 라이선스 소프트웨어가 제거되었는지 또는 안전하게 덮어쓰기가 되었는지 확인해야 함

:: 기술적 보안(Technological Controls) - ID 및 액세스 관리

A.8	Technological Controls	
ID 및 액세스 관리(IAM, Identity and Access Management)		
A.5.15	접근 통제 (Access control)	정보나 관련 자산에 대한 물리적 및 논리적 액세스를 제어하는 규칙은 비즈니스와 정보보안 요구사항에 따라 수립 및 구현되어야 함
A.5.16	정체성(신원) 관리 (Identity management)	ID의 전체 수명 주기(Full life cycle of identities)를 관리해야 함
A.5.17	인증 정보 (Authentication information)	인증 정보의 할당 및 관리는 적절한 처리에 따라 직원의 조언을 포함하여 관리 프로세스에 의해 통제되어야 함

A.5.18	접근 권한 (Access rights)	정보나 관련 자산에 대한 액세스 권한은 액세스 제어에 대한 조직의 정책 및 절차에 따라 프로비저닝, 검토, 수정, 제거되어야 함
A.8.2	특권 접근 권한 (Privileged access rights)	특권 접근 권한의 할당과 사용을 제한하고 관리해야 함
A.8.3	정보 접근 제한 (Information access restriction)	정보나 관련 자산에 대한 액세스는 해당 정책에 따라 제한되어야 함
A.8.4	소스 코드 액세스 (Access to source code)	소스 코드, 개발 도구, 소프트웨어 라이브러리에 대한 읽기 및 쓰기 액세스 권한은 적절해야 함
A.8.5	보안 인증 (Secure authentication)	보안 인증 기술 및 절차는 정보 접근 제한과 접근 제어에 대한 정책(Specific Policy)을 기반으로 구현되어야 함

:: 기술적 보안(Technological Controls) - 시스템 네트워크 보안

A.8	Technological Controls	
시스템 네트워크 보안(System and network security)		
A.8.7	맬웨어(악성코드)로부터 보호 (Protection against malware)	맬웨어로부터 보호는 적절한 사용자 인식(User Awareness)에 의해 구현되고 지원되어야 함
A.8.18	권한 있는 유틸리티 프로그램 사용 (Use of privileged utility programs)	시스템 및 애플리케이션 제어를 무시할 수 있는 유틸리티 프로그램 사용은 제한되고, 엄격하게 통제되어야 함
A.8.20	네트워크 보안 (Network security)	네트워크와 네트워크 디바이스는 시스템 및 애플리케이션 정보를 보호하기 위해 보안, 관리, 통제되어야 함
A.8.21	네트워크 서비스 보안 (Security of network services)	네트워크 서비스의 보안 메커니즘과 서비스 수준 및 요구사항을 식별하고, 모니터링해야 함
A.8.22	네트워크 분리 (Segregation in networks)	정보 서비스, 사용자 및 정보시스템은 조직의 네트워크에서 분리되어야 함
A.8.23	웹 필터링 (Web filtering)	악의적인 콘텐츠에 대한 노출을 줄이기 위해 외부 웹사이트에 대한 액세스를 관리해야 함

:: 기술적 보안(Technological Controls) - 애플리케이션 보안

A.8	Technological Controls	
애플리케이션 보안(Application_security)		
A.8.25	개발 단계 보안 (Secure development life cycle)	소프트웨어 및 시스템의 안전한 개발을 위해 정책을 수립하고 적용해야 함
A.8.26	애플리케이션 보안 요구사항 (Application security requirements)	정보보안 요구사항은 응용 프로그램을 개발하거나 획득할 때 식별, 지정, 승인되어야 함
A.8.27	안전한 시스템 아키텍처 및 엔지니어링 원칙 (Secure system architecture and engineering principles)	안전한 시스템 엔지니어링 원칙을 수립, 문서화, 유지관리 및 정보시스템 개발 활동에 적용해야 함
A.8.28	시큐어 코딩 (Secure coding)	시큐어 코딩 원칙은 해당 소프트웨어 개발에 적용되어야 함
A.8.29	개발 및 승인 시 보안 테스팅 (Security testing in development and acceptance)	보안 테스팅 프로세스는 개발 단계(Life Cycle)에서 정의되고 구현되어야 함
A.8.30	외주 개발 (Outsourced development)	조직은 아웃소싱 시스템 개발과 관련된 활동을 지시, 모니터링, 검토해야 함
A.8.31	개발, 테스트 및 프로덕션 환경의 분리 (Separation of development, test and production environments)	개발, 테스트 및 프로젝션 환경은 분리되어야 함
A.8.32	변경 관리 (Change management)	정보처리 시설 및 정보시스템 변경은 변경 관리 절차에 따름

:: 기술적 보안(Technological Controls) - 보안 구성

A.8	Technological Controls	
보안 구성(Secure Configuration)		
A.8.9	구성 관리 (Configuration management)	하드웨어, 소프트웨어, 서비스 및 네트워크 보안 구성을 포함하여 구성을 문서화, 구현, 모니터링, 검토해야 함
A.8.19	운영 체제 소프트웨어 설치 (Installation of software on operational systems)	정보보안 요구사항은 응용 프로그램을 개발하거나 획득할 때 식별, 지정, 승인되어야 함
A.8.24	암호화 사용 (Use of cryptography)	암호화 키 관리를 포함하여 암호화의 효과적인 사용에 대한 규칙이 정의되어야 함

:: 기술적 보안(Technological Controls) - 위협 및 취약점 관리

A.8	Technological Controls	
위협 및 취약점 관리(Threat and vulnerability management)		
A.5.7	위협 인텔리전스 (Threat intelligence)	정보보안 위협과 관련된 정보를 수집하고 분석하여 위협 인텔리전스를 수집해야 함
A.8.8	기술적 취약점 관리 (Management of technical vulnerabilities)	사용 중인 정보시스템의 기술적 취약점에 대한 정보를 수집하고, 해당 취약점에 대한 조직의 노출을 평가하여 적절한 조치를 취해야 함

| Section 03 | 사이버보안 프레임워크

1 사이버보안 프레임워크의 이해

:: 국제표준 사이버보안 프레임워크(ISO/IEC TS 27110)

- ISO/IEC TS 27100 사이버보안 표준에서 정의하는 것으로 정보보안과의 관계에서 사이버 위협이 잠재적인 원인이며 사람, 사회, 조직, 국가를 보호하는 것이 핵심이다.
- 사이버보안 프레임워크 사용자가 ISMS를 구현할 경우 두 가지 접근 방식이 함께 작동하여 정보보안과 사이버보안 활동의 조직 및 커뮤니케이션을 효과적으로 구축할 수 있다.
- 다음은 ISO/IEC 27001:2022 Annex A(ISO/IEC 27002:2022)의 추가 통제와 섹터 전체 프레임워크이다.

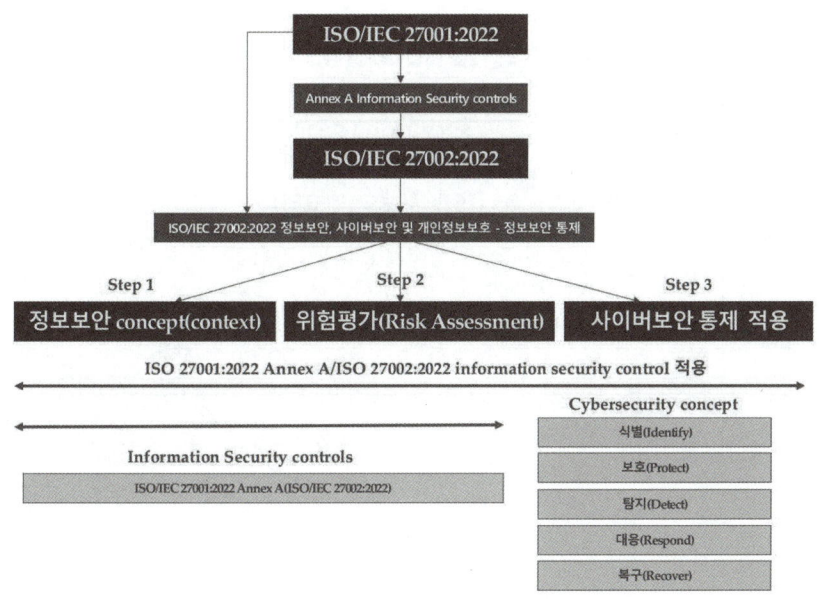

:: 국제표준 사이버보안 프레임워크의 구성

- ISO/IEC 27001 정보보안 프레임워크(ISMS)와 사이버보안 프레임워크(CSMS)는 독립적이지만 접근 방법이 관련되어 있어 ISMS와 통합할 수 있고, 사이버보안 통제 활동을 구현할 수 있다.
- ISO/IEC TS 27110 사이버보안 프레임워크의 지침은 유연성(Flexible), 여러 사이버보안 프레임워크와 정렬이 가능한 호환성(Compatible), 사이버보안 프레임워크의 다수 사용이 허용된 상호운용성(Interoperable)이 있다.
- 모범 사례에서 AWS, Google GCP, Microsoft Azure CSP는 업무 처리 규준 사이버보안 프레임워크를 유연하게 구현하여 강력한 사이버보안 수준을 유지하고 있다.
- 국내 기업도 AWS, Google GCP, Microsoft Azure와 같은 강력한 사이버보안 프레임워크를 적용할 수 있으며, 사이버보안 목표를 최고 수준으로 유지할 수 있다.
- ISO/IEC 27002:2022 사이버보안 프레임워크 개념(Identify, Protect, Detect, Respond, Recover)을 적용하여 정보보안 및 사이버보안 목표 수준을 입증해야 한다(가장 가치 있는 사이버보안 트랜스포메이션).
- 조직은 사이버 공격에 식별, 보호, 탐지, 대응, 복구 개념을 구현하여 사이버보안 조직의 능력을 강화하고, 사이버 위험 비례 원칙에 따라 사이버 복원력(Cyber Resilience)도 고려해야 한다(사이버보안 성숙도에 따라 적용 가능).

ISO/IEC 27001 정보보안 프레임워크(ISMS) VS 사이버보안 프레임워크(CSMS)
Annex A Cybersecurity Framework Concept(Identify, Protect, Detect, Respond, Recover) 고려사항
Annex B Cybersecurity Framework 통합 시 고려사항(글로벌 모든 사이버보안 프레임워크 적용 가능)

:: 사이버보안 프레임워크(ISO/IEC TS 27110)와 NIST 사이버보안 프레임워크

ISO 27002:2022 사이버보안 프레임워크 (신규 사이버보안 속성)	통제(Controls) 카테고리 (4개 카테고리)	ISO 27002:2022 운영 능력 (15개 서브 카테고리)	NIST CSF 사이버보안 프레임워크
식별 (Identify)	Organizational Controls	거버넌스	거버넌스
		자산 관리	자산 관리
		공급망 보안	공급망 위험 관리
		법률 및 컴플라이언스	거버넌스
		정보보안 보증	거버넌스

보호 (Protect)	Technological Controls	정보보호/데이터 보호	데이터 보호
		정체성 및 접근 관리	계정 및 접근 통제
		시스템 및 네트워크 보안	정보보호 프로세스 및 절차
		애플리케이션 보안	정보보호 프로세스 및 절차
		안전한 설정	정보보호 프로세스 및 절차
		위협 및 취약점 관리	정보보호 프로세스 및 절차
	People Controls	사람 보안	인식 및 훈련
	Physical Controls	물리적 보안	정보보호 프로세스 및 절차
탐지 (Detect)	Organizational Controls	정보보안 사고 관리	비정상 행위 이벤트 지속적인 보안 모니터링 탐지 프로세스
대응 (Respond)		정보보안 사고 관리	사고 대응 계획 보고 및 상황 전파 분석 완화 개선
복구 (Recover)		정보보안 사고 관리 연속성	복구 계획 개선 보고 및 상황 전파

2 NIST 사이버보안 프레임워크

:: NIST 사이버보안의 이해

- NIST 사이버보안은 공격을 예방, 탐지, 대응하여 정보를 보호하는 프로세스이고, 국제표준 사이버보안 정의(ISO/IEC TS 27100 사이버보안 프레임워크)는 사이버 위험으로부터 사람, 사회, 조직, 국가를 보호한다.
- 사이버보안 프레임워크 모델에서는 통제(Control)의 정의를 IT 및 OT 자산과 정보자산의 기밀성, 무결성, 가용성을 보호하기 위해 규정된 관리, 운영, 기술 방법, 정책, 절차(수동 또는 자동화)로 정의하고 있다.
- 사이버보안 직무 이해 관계자는 사이버 위협으로부터 보호, 대응, 복구, 복원력(조직 및 국가에 해당)을 강화하고, 사이버 대응 체계를 구현하는 것이 핵심 미션이다.

카테고리	NIST 사이버보안 프레임워크(CSF) 용어 정의
사이버보안 (Cybersecurity)	공격을 예방, 탐지, 대응하여 정보를 보호(The process of protecting information by preventing, detecting, and responding to attacks)
프레임워크 (Framework)	프레임워크 코어, 프레임워크 프로필, 프레임워크 구현 계층으로 구성되어 사이버보안 위험을 줄이기 위한 위험 기반 접근 방법(사이버보안 프레임워크라고도 함)
프레임워크 코어 (Framework Core)	기능(Functions), 범주(Categories), 하위 범주(Subcategories), 유용한 기준(Informative References)의 네 가지 유형으로 구성(Core의 핵심은 수행 작업의 체크리스크가 아니고, 위험 기반임)
프레임워크 구현 (Framework Implementation Tier)	위험에 대한 조직의 접근 방식으로 조직이 사이버보안 위험을 보는 방식과 해당 위험을 관리하기 위해 프로세스를 볼 수 있는 관점
프레임워크 프로필 (Framework Profile)	특정 시스템이나 조직이 프레임워크 카테고리(Categories) 및 하위 카테고리(Subcategories)에서 선택한 결과의 표현
Function	프레임워크의 주요 구성 요소 중 하나로 사이버보안 활동을 카테고리 및 서브 카테고리로 구성하기 위해 최고 수준의 구조를 제공함(식별, 보호, 탐지, 대응, 복구)
Identify (Function)	시스템, 자산, 데이터 및 5가지 Function에 대한 사이버보안 위험을 관리하기 위해 조직 상황과 관련된 위험이 식별됨
Protect (Function)	식별된 위험을 기반으로 적절한 통제를 선택하고 구현함(보안 요구사항에 따라 추가 통제를 권장함)
Detect (Function)	사이버보안 이벤트 발생을 식별하기 위해 적절한 활동을 개발하고 구현함
Respond (Function)	탐지된 사이버보안 이벤트에 조치를 취하기 위해 적절한 활동을 개발하고 구현함
Recover (Function)	복원력 계획을 유지하고 사이버보안 이벤트로 손상된 기능이나 서비스를 복원하기 위해 적절한 활동을 개발하고 구현함
Risk	• 기업이 잠재적인 상황이나 사건에 의해 위협받는 정도를 측정 • 상황이나 사건이 발생할 경우 존재하는 부정적인 영향(Event occurs, Impacts, Likelihood of occurrence) • 기업이 잠재적인 상황이나 사건에 의해 위협받는 정도의 척도(The likelihood of occurrence)
Risk Management	위험을 식별, 평가, 대응하는 프로세스
Cybersecurity Event	조직 운영(임무, 능력, 평판 포함)에 영향을 미칠 수 있는 사이버보안 변경
Cybersecurity Incident	조직에 영향을 미치는 것으로 사이버보안 이벤트의 대응 및 복구가 필요함

:: NIST 사이버보안 프레임워크의 구현

- NIST 사이버보안 프레임워크는 코어(Core), 구현(Implementation Tier), 프로필(Profile)로 구성된다.
- 프레임워크 식별(Identify)이 의미하는 사이버보안 속성은 사이버보안 위협 또는 공격에 보호 및 대응하기 위한 위험 식별 단계로 이해된다.
- 식별(Identify)의 또 다른 측면은 사이버보안의 부정적인 발생 가능성(Likelihood), 영향(Impact)에 따른 위험 식별이 보호 및 통제의 인과 관계성(위험 비례 원칙)에 있다.
- 사이버보안 프레임워크 Annex A 프레임워크 코어(Core)는 사이버보안 위험을 관리하기 위한 공통의 활동 통제(NIST에서는 Sub Category로 Core 통제를 의미함)로 조직의 보안 요구사항에 따라 확장이 가능하다.
- NIST 사이버보안 프레임워크는 조직이 사용자 정의 프로필을 개발하도록 권장하고 있으며, 이에 따라 ISO/IEC TS 27110(사이버보안 프레임워크 지침)을 사이버보안 개발 지침의 참조 모델로 권장하고 있다.
- 실무적인 적용 방법은 식별, 보호, 탐지, 대응, 복구의 사이버보안 코어(Core)를 기반으로 조직보안 및 사이버보안 요구사항에 따라 카테고리와 서브 카테고리의 통제 항목을 추가 통제로 선택하는 것이 가장 효과적이다(예 : 데이터 보호 사이버보안 통제에서 개인정보보호, 클라우드 서비스 통제를 추가로 구현함).
- 프레임워크 구현(Implementation)은 사이버보안 위협 및 위험의 평가 결과를 기반으로 사이버보안 위험 관리 관행을 구현(4단계 Level)하는 것을 권장한다.
- 프레임워크 프로필(Profile)은 사이버보안 위험을 완화하기 위한 목적으로 구현되며, 조직의 보안 목표를 달성하는 데 도움이 된다(위험 기반 접근 방식으로 사이버보안 목표 수준(Current Status, Target Profile)을 구현).

구현 단계	사이버보안 통제	ISO/IEC 27001 ISO/IEC 27002	NIST 사이버보안 프레임워크 가이드라인
Step 1	식별(Identify)	상황 분석 위험 평가 단계(RA)	조직의 비즈니스 환경, 사이버보안 위협 및 위험을 식별하고, 위험 평가와 위험 완화 활동을 수행해야 함
Step 2	보호(Protect)	위험 처리 및 위험 완화 단계(RT)	• 보안 및 복원력을 보장하기 위한 기술적, 관리적, 물리적 보안 활동을 수행해야 함(통제 방법 또는 ISO/IEC 27002 통제 기준 사이버보안 원칙에 따라 구현하는 것을 권장) • 통제와 위험 완화는 보호 메커니즘 이행 및 모니터링 수준에 따라 조직의 사이버보안 사고 운명을 결정함

Step 3	탐지(Detect)	정보보안 사고 관리 단계(ISIM)	사이버보안 사고 이벤트를 식별하기 위한 활동을 구현해야 함
	대응(Respond)		사이버보안 대응, 사이버보안 사고 완화 및 방지를 위한 활동을 이행해야 함
	복구(Recover)		사이버보안 복구 계획 및 프로세스 개선 활동을 수행해야 함(사이버 리질리언스)

∷ NIST 사이버보안 프레임워크의 구성

- 정보보안과 사이버보안 직무 이해 관계자는 위험 관리 프로세스의 일부로 사이버보안 위험을 고려하여 위험 완화(Risk Mitigation) 활동을 수행한다.
- 사이버보안 프레임워크의 구성은 코어(Core Function), 프로필(Current Status, Target Profile), 구현(Tier 1에서 Tier 4 단계)으로 사이버보안 위험을 줄이기 위한 위험 기반(Risk Based) 프레임워크이다.
- 사이버보안 프레임워크의 적용 및 구현 방법에서 코어는 ISO/IEC 27002 사이버보안 5개 개념을 적용할 수 있고, 프로필은 5개 개념(식별, 보호, 탐지, 대응, 복구)에 대해 사이버보안 통제 수준을 평가할 수 있으며 공급자 사이버보안 평가(총점 방식)에도 적용할 수 있다.
- 구현은 사이버보안 성숙도 모델을 참조로 성숙도 측정(Level 1~Level 5)을 통해 적용 및 구현할 수 있고, 추가적인 통제는 코어 서브 카테고리를 추가하여 확장 프레임워크로 활용할 수 있다(예 : ISO/IEC 27701, 27017, 27018 국제표준 Annex 통제).
- 사이버보안 프레임워크는 사이버보안 위험을 줄이고, 위험 기반의 구현을 제공하기 위해 모든 조직에서 적용이 가능한 업무 처리 규준(Best Practice)이다.
- 조직은 사이버보안 프레임워크를 ISO/IEC 27002(3 Edition) 사이버보안 개념과 통합하여 정보보안 및 사이버보안 통제(통제의 Control Set은 통제 Framework를 명칭)를 효과적으로 구현하여 위험을 완화한다.

사이버보안 (Core Function)	카테고리(23개)	NIST 사이버보안 프레임워크(CSF) 가이드
식별 (Identify)	자산 관리	• 조직 자산 재고(Inventoried) 식별 • 조직 소프트웨어, 애플리케이션 재고 및 목록 식별 • 데이터 흐름 매핑(Data Flows are Mapped) • 외부 이해 관계자 정보시스템 식별 및 목록화(External Information Systems are Catalogued) • 리소스 자산 식별(중요도), 분류, 등급화(우선순위 산정)

식별 (Identify)	자산 관리	• 비즈니스 가치에 따라 데이터, 하드웨어, 소프트웨어, 디바이스, 인력에 해당 • 조직의 인력 및 제3자 이해 관계자(e.g., Suppliers, Customers, Partners) 사이버보안 역할 및 책임 정의(적절한 수준은 조직 및 이해 관계자 사이버보안 정책에 사이버보안 역할 및 책임을 정의해야 함)
	비즈니스 환경	• 조직의 목표, 이해 관계자 우선순위. 사이버보안 역할 및 책임(R&R) 정의 • 핵심 서비스 제공을 위한 복원력 요구사항(Critical Services Resilience)
	거버넌스	• 사이버보안 정책 수립 • 사이버보안 역할 및 책임(R&R) • 사이버보안 법률 및 규제 요구사항 식별 관리 • 사이버 위험 관리(위험 관리 프로세스)
	위험 평가	• 취약점 진단과 사이버 위협 인텔리전스 • 위협 식별 및 문서화(내부, 외부 위협) • 잠재적인 비즈니스 영향 및 가능성 • 위협, 취약점, 가능성 및 영향 공식을 사용하여 위험을 결정 • 위험 대응 식별 및 우선순위 지정(Risk Responses)
	위험 관리 전략	• Risk Tolerances의 목적을 달성하는 것이 위험 관리 전략의 목표임 (예 : 위험 임계치 설정 및 관리) • 위험 관리 프로세스 수립 및 관리 • 조직의 위험 허용이 가능한 수준(Risk Tolerances)을 결정 • 허용 가능한 수준의 결정 범위는 기반, 시설 및 섹터 위험 분석 결과에 따라 결정
	공급망 위험 관리	• 사이버 공급망 위험 평가 프로세스 식별 및 평가 • 사이버보안 프로그램 및 위험 관리 계획 • 사이버보안 감사(사이버보안 평가) 수행 • 사이버보안 대응 및 복구 계획, 테스트 수행
보호 (Protect)	계정 및 접근 통제	ID 관리, 인증 및 접근 제어(액세스 관리), 네트워크 분리(Segmentation), MFA, 보안 로그인 사용자 인증 및 관리(사용자, 디바이스, 기타 자산 종료점 통제)
	인식 제고 및 훈련	조직의 직원 및 파트너에 대한 사이버보안 인식 교육 수행
	데이터 보호	• 저장 데이터와 전송 데이터의 보호(정보 전송) • 데이터 기밀성, 무결성, 가용성을 보장 • 데이터 유출에 대한 보호 구현(예 : DLP, EDR) • 개발 및 테스트의 환경과 분리

보호 (Protect)	정보보호 프로세스 및 절차	• 보안 원칙(사이버보안 개념) 정의 • 개발 라이프 사이클(Development Life Cycle) 구현 • 구성(Configuration) 변경 제어 프로세스의 수립 및 통제 • 정보 백업 수행, 유지 관리 및 테스트, 데이터 파기 • 보호 프로세스 개선 • 보호 기술의 유효성과 효과성 공유 • 사고 대응 및 비즈니스 연속성(Incident Response 및 Incident Response and Business Continuity)의 복구 계획(사고 복구 및 재해 복구) 수립 및 관리 • 대응 및 복구 계획 테스트 • 사이버보안 인적 자원 관행 • 취약점 관리 계획의 수립 및 구현
	유지보수	• 정보시스템의 유지보수는 정책 및 절차에 따라 수행 • 원격 유지보수 승인, 기록 및 수행
	보호 기술	• 감사, 로그 기록 정책에 따라 구현 및 검토 • 이동식 저장 매체 보호, 정책에 따라 사용 제한 • 보안 설정(Configuring), 최소 기능 원칙 • 통신 및 네트워크 제어 • 복원력 메커니즘을 구현 • 보안 및 복원력을 보장하기 위해 네트워크 시스템을 관리함
탐지 (Detect)	비정상 행위 및 이벤트	• 사용자 및 시스템의 데이터 흐름 설정, 관리 • 탐지 이벤트 분석, 공격 타겟 방법 • 이벤트 데이터는 소스 및 센서에서 수집(상관분석) • 이벤트 영향 결정과 사고 경보 임계치 설정
	지속적인 보안 모니터링	• 잠재적인 사이버보안 이벤트 모니터링, 직원 모니터링, 물리적 환경 모니터링 • 악성코드(멜웨어) 탐지, 승인되지 않은 모바일 코드 탐지 • 외부 서비스 공급자 활동 모니터링 • 승인되지 않은 사람, 연결, 디바이스, 소프트웨어 모니터링 • 취약점 탐지(스캐닝)
	탐지 프로세스	• 탐지 R&R 정의, 탐지 프로세스 테스트 • 이벤트 탐지, 사고 전파(신고 및 공유) • 탐지 프로세스의 지속적인 개선

대응 (Respond)	사고 대응 계획	사이버보안 사고에 보장하기 위한 프로세스 및 절차 실행
	보고 및 상황 전파	사이버보안 대응 활동의 내외부 이해 관계자 의사소통 및 정보 공유
	분석	• 사이버보안 사고 대응 및 복구 활동을 지원하기 위한 분석 활동 실시 • 포렌식(Forensics) 수행
	완화	• 사이버보안 사고 완화 및 방지를 위한 활동 수행 • 신규 취약점을 완화하거나 허용 가능한 수준의 위험으로 문서화
	개선	탐지 및 대응 활동의 학습, 사고 완화 및 대응 전략 업데이트
복구 (Recover)	복구 계획	사이버보안 사고에 영향을 받는 시스템, 자산의 복구 계획 실행 및 유지
	개선	사이버보안 복구 계획 및 프로세스 개선(복구 전략 업데이트)
	보고 및 상황 전파	• 복구 활동 내외부 이해 관계자의 의사소통 • 사이버보안(정보보안) 및 데이터 유출 보고 법적 기준 준수

Chapter 02

ISO 27001/ISO 27002 정보보안과 사이버보안 개정

| Section 01 | 정보보안과 사이버보안 통제

1 ISO/IEC 27002:2022 개정 핵심 가이드

:: ISO/IEC 27002 정보보안과 사이버보안 개정

- ISO 27001과 ISO 27002:2022 국제표준은 조직에서 적용 및 전환 시점으로 10년 만에 개정(인증)되는 이정표이자 변곡점이 되는 표준이다.
- 다음은 ISO/IEC 27001:2022 Annex A(ISO/IEC 27002:2022)의 추가 통제와 섹터 전체의 프레임워크이다.

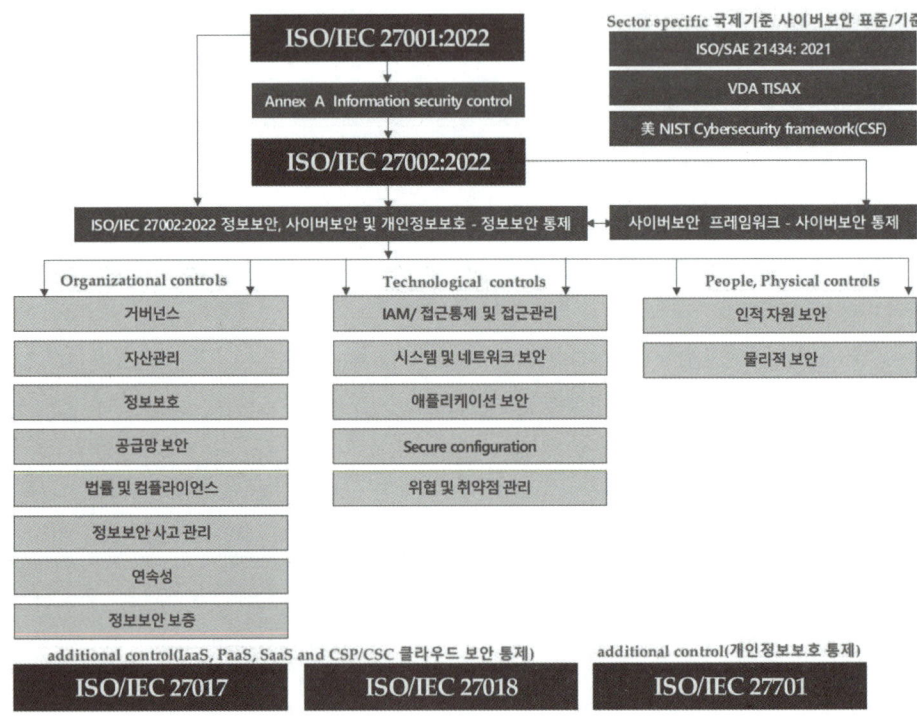

- ISO/IEC 27002 정보보안, 사이버보안, 개인정보보호의 정보보안 통제가 공식 명칭으로 본문에서 ISO/IEC 27002:2022는 ISO 27001, ISO 27002로 표시한다.

국제표준 카테고리	ISO/IEC 27001/27002:2022 영문 명칭
ISO/IEC 27001:2022	Information Security, Cyber Security and Privacy Protection – Information Security Management Systems – Requirements
ISO/IEC 27002:2022	Information Security, Cyber Security and Privacy Protection – Information Security Controls

- 개정 제목은 [정보보안 실무 지침]에서 [정보보안, 사이버보안, 개인정보보호 – 정보보안 통제]로 정보보안이 사이버보안으로 확장되었다.
- Annex A(Based on ISO 27002) is the control set in 27001, Annex A(ISO 27002 기반)는 ISO 27001에서 위험 평가 기반으로 통제를 적용하고, 국가별로 사이버보안 법규 및 규제에 따라 통제 방법이 다르다(예 : 미국, EU는 사이버보안 법규 및 규제에 따라 해당 국가 NIST 사이버보안 프레임워크를 적용하고, EU는 ISO 27002 및 TISAX 보안 통제를 적용).

카테고리	ISO 27002:2022 정보보안, 사이버보안, 개인정보보호 – 정보보안 통제 개정
정보보안	• ISO 27002:2013 정보보안 통제의 정보보안, 사이버보안, 개인정보보호 통제에서 정보보안 통제가 확장된 부분이 개정의 핵심임(ISO 27002:2022 Information Security, Cyber Security, Privacy Protection – Information Security Controls) • 적용 범위는 정보보안 + 사이버보안 + 클라우드 보안 + 개인정보보호 통제임(ISO 27001 Annex 통제 및 특유의 추가 통제를 확장할 수 있음)
사이버보안	• ISO 27002:2013 정보보안 통제의 정보보안, 사이버보안, 개인정보보호 통제에서 사이버보안 통제가 확장된 부분이 개정의 핵심임 • ISO/IEC TS 27110(사이버보안 프레임워크 지침), NIST 사이버보안 프레임워크(CSF)를 기준으로 사이버보안 프레임워크는 식별, 보호, 탐지, 대응, 복구라는 5가지 컨셉을 통해 사이버보안 통제를 선택 및 구현할 수 있음 • 추가 통제로 클라우드 서비스 보안 ISO 27017, ISO 27018 통제를 권장함(CSP/CSC)
개인정보보호	• ISO 27002:2013 정보보안 통제의 정보보안, 사이버보안, 개인정보보호 통제에서 개인정보보호 통제가 확장된 부분이 개정의 핵심임 • ISO 27701, ISO 27001, ISO 27002 확장 개인정보보호 통제 요구사항 및 지침

- 데이터 보호 및 사이버 공격의 예방, 탐지, 대응, 복구 사이버보안 프레임워크를 구현하여 사이버 위험을 관리할 수 있다.

정보보안	사이버보안 트랜스포메이션	핵심 키워드	정보보안과 사이버보안 관점
ISO 27001:2005 ISO 27002:2005 (1 Edition)	N/A	정보자산 중심 및 네트워크 중심 보안	1 Edition, 11개 영역 133개 통제 항목의 국제표준 정보보안 경영시스템으로 활용됨
ISO 27001:2013 ISO 27002:2013 (2 Edition)	N/A	클라우드 및 개인정보보호 통제로 확장 (IaaS, PaaS, SaaS)	• 클라우드 서비스(CSP/CSC) 보안 및 개인정보보호 통제(ISO/IEC 27017:2015, ISO/IEC 27018:2019) • 개인정보보호 통제(ISO/IEC 27701:2019)
ISO 27001:2022 ISO 27002:2022 (3 Edition)	ISO 27002:2022 (3 Edition)	보호 대상이 디지털 자산으로 확대되었으며 섹터 사이버보안으로 확장(디지털 자산, 데이터 자산 등 디지털 신기술의 출현으로 섹터별 사이버보안 요구사항(법규, 규정, 계약, 고객 요구사항)이 핵심 가치로 부상함(ESG 경영 포함)	• 5가지 정보보안 속성 선택 및 구현(정보보안 통제) – 정보보안 및 사이버보안 속성 신규 개정 강화 • 5가지 사이버보안 속성 선택 및 구현(사이버보안 통제) – 식별, 보호, 탐지, 대응, 복구 CSF 사이버보안 통제 선택 및 구현 기준이 강화됨(Risk Based 통제 원칙) • 섹터 사이버보안 표준 참조 모델(Best Practices) – UNECE 사이버보안 법규(규정) 및 ISO/SAE 21434:2021 자동차 사이버보안 표준 • 데이터 경제 및 디지털 전환(DT), 데이터 자산 보호 • 보호 대상의 확장으로 사이버보안, 데이터 보호 (개인정보보호 포함), 데이터 자산 보호 영역으로 확장 • 디지털 신기술 ABCD(AI, 빅데이터, 클라우드, 데이터) 및 디지털 경제(블록체인, 메타버스, NFT) 보호를 위한 사이버보안이 핵심 기술로 향후 2040년까지 데이터 경제의 핵심 가치로 전환함

∷ ISO/IEC 27002:2022 정보보안 통제의 5가지 속성

- 정보보안 및 사이버보안 환경에 부합되도록 통제 속성(Attributes to Controls)이 신규로 추가되었는데 통제 목적 및 통제가 14개 카테고리의 114개 통제 항목에서 4개 카테고리의 93개 통제 항목으로 개정되었다.
- 11개의 신규 통제와 기존 ISO 27002:2013 통제에서 24개의 통제가 병합되고, 58개 통제가 업데이트되었다.
- ISO 27001 6.1.2, 6.1.3 위험 평가 및 위험 처리 접근 방식을 향상시키기 위해 통제 속성이 신규로 추가되었다.

- 조직은 개정된 통제 속성을 기반으로 정보보안과 사이버보안 속성을 적용 및 구현할 수 있다.

	속성 (Attributes)	구현 가이드라인 (Implementation Guidelines)	Best Practice Reference	
			ISO 27002:2022	사이버보안 프레임워크
1	통제 타입 (Control Types)	• 통제가 보안 사고 발생의 위험 결과에 언제, 어떻게 영향을 미치는가의 관점에서 통제를 보기 위한 속성임 • 정보보안(사이버보안) 사고를 사전에 예방 및 보호하기 위한 통제(Protection 보호/Preventive 예방) • 정보보안(사이버보안) 사고 발생 시 적용됨 (Detective) • 정보보안(사이버보안) 사고 발생 후 적용됨 (Corrective)	○	○
2	정보보안 속성 (Information Security Properties)	정보보안의 기밀성(Confidentiality), 무결성(Integrity), 가용성(Availability) 속성 정보 및 데이터 중요도 영향 등 위험 평가 시 임펙트 타입으로 그룹핑하여 관리하는 것을 권장함	○	○
3	사이버보안 컨셉 (Cybersecurity Concepts)	• 5개 프레임워크 코어 식별, 보호, 탐지, 대응, 복구의 사이버보안 핵심 개념으로 ISO/IEC 27002 통제 선택 및 구현하는 것을 권장(근거: ISO/IEC TS 27110 사이버보안 컨셉) • 개정된 ISO 27006 인증 기준에 따라 NIST 통제의 적용성이 인증서에 표시됨(추가 통제에 해당) • 국제, 국가, 통제 프레임워크를 적용하고, 적용성 보고서를 업데이트함 • AWS, Google, MS 50개 이상 통제 프레임워크 적용 및 구현으로 사이버보안 수준을 유지하고 있음 • 조직의 사이버보안 목적 및 목표에 따라 ISO 27002:2022 기반 NIST 사이버보안 프레임워크를 통합하거나 추가 통제 구현을 권장함	○	○
4	운영 능력 (Operational Capabilities)	• 15개 운영 능력의 통제 속성 분류를 권장함 (ISO/IEC 27002:2013 14개 도메인 114개 통제) • NIST 사이버보안 프레임워크의 100% 상호운용성	○	○
5	보안 도메인 (Security Domains)	4개 거버넌스, 보호, 방어, 복원력 속성에 해당되며, 정보보안과 사이버보안의 공통 속성임	○	○

:: ISO/IEC 27002:2022 개정 핵심 사항

- 정보보안 실무 지침(2 Edition)에서 정보보안, 사이버보안, 개인정보보호 – 정보보안 통제 제목으로 사이버보안, 개인정보보호 통제(3 Edition)를 적용한 정보보안과 사이버보안 프레임워크이다.
- 조직은 기존 정보보안 통제에서 10년 만에 정보보안과 사이버보안 프레임워크를 적용 및 구현하여 사이버보안(정보보안 포함) 조직의 능력을 강화할 수 있다.
- 정보보안, 사이버보안 직무 관련 이해 관계자는 ISO/IEC 27002 정보보안 통제 기준을 이해하고, 실무에 최적화된 방법으로 적용하는 것을 권장한다.
- 통제 목적 및 통제가 14개 카테고리의 114개 통제에서 4개 카테고리의 93개 통제로 개정되었고, 11개의 신규 통제와 기존 ISO/IEC 27002:2013 통제에서 24개의 컨트롤을 병합하여 58개 통제가 업데이트되었다.

구분	개정된 5원칙	표준 모델	중요도	주요 핵심 포인트
1	속성 기반	ISO/IEC 27001 ISO/IEC 27002 (3 Edition)	상	• 114개 통제 항목에서 5가지 속성 기반으로 개정(위험 평가 결과를 기반으로 통제를 선택 및 구현) • Context 기반(ISO/IEC 27005 Risk Based Concept) • 정보보안 통제 기반으로 추가 통제(개정된 통제 프레임워크) • 국제표준, 국가표준 Best Practice Standard Reference Model 통제 구현 권장
2	사이버보안 통제 (신규 개정)	ISO/IEC 27001 ISO/IEC 27002 (3 Edition)	상	• 사이버보안 통제 방법은 ISO/IEC TS 27110 사이버보안 프레임워크에 정의된 개념을 적용(NIST 사이버보안 프레임워크를 적용 또는 통합할 수 있음) • 조직은 사이버보안 통제를 적용할 경우 위험 평가 기반으로 해야 함 • 섹터 자동차 사이버보안 법규/규제(UNECE R.155)에서는 조직의 사이버보안 위험 완화로 ISO/SAE 21434:2021, ISO/IEC 27001, 27701 국제표준을 참조 표준으로 입증을 권장함
3	클라우드 서비스 보안 개인정보보호 통제	ISO/IEC 27017 ISO/IEC 27018 ISO/IEC 27701	상	• 클라우드 서비스 보안 및 개인정보보호 통제를 권장 • 클라우드 서비스(CSP/CSC) 사업자 및 이용자는 책임 공유 모델에 따라 추가 통제를 고려하여 구현함 • 실무적 관점에서 클라우드 서비스 이용자(IaaS, PaaS, SaaS) 및 사업자는 클라우드 사이버보안 위협에 대응하는 보안 통제를 구현함(클라우드 보안 위험 완화 전략이 효과적임)

4	표준 제목 변경	정보보안, 사이버보안, 개인정보보호 – 정보보안 통제	상	정보보안 실무 지침(2 Edition)에서 정보보안, 사이버보안, 개인정보보호 – 정보보안 통제 제목으로 사이버보안, 개인정보보호 통제(3 Edition)를 적용한 표준으로 확장됨(국제표준, 국가표준 참조 모델)
5	위험 평가 기준 개정 (정보보안, 사이버보안 공통)	ISO/IEC 27005 (4 Edition)	상	• 정보보안, 사이버보안 공통으로 Context 기반의 위험 평가 및 위험 처리(완화) 프로세스를 개정 • 위협 시나리오 기반과 자산 기반 기준을 개정 • 정보보안, 사이버보안 위험 처리 및 위험 완화 기준 강화(위험 평가에서 식별된 통제만 적용성 보고서에 포함할 수 있으며, 위험 평가와 별개로는 적용성 보고서에 추가할 수 없음)

2 ISO/IEC 27002:2022 정보보안과 사이버보안 통제 메커니즘

:: 기술적 통제 메커니즘

정보보안과 사이버보안 프레임워크는 접근 관리(통제), 시스템 및 네트워크 보안, 애플리케이션 보안, 안전한 설정, 위협 및 취약점 관리의 운영 능력으로 구성된다.

ISO/IEC 27002:2022 기술적 통제 카테고리	공격 벡터 (Attack Vectors)	공격 표면(Attack Surface)								
		Infrastructure	Application	Endpoints	Device	클라우드 서비스(IaaS, PaaS, SaaS)	Supply Chain 서비스	People	PII	Data
접근 관리 접근 통제	취약한 사용자 인증	○	○	○	○	○	○	○	○	○
	취약한 계정 관리	○	○			○		○	○	○
	취약한 권한 관리	○	○	○	○	○		○	○	○
	취약한 로그인	○	○	○	○	○		○	○	○
	취약한 특권 관리	○	○	○	○	○		○	○	○
	취약한 소스 코드 접근 제어	○	○	○	○	○		○		○
	취약한 정보 접근 제한	○		○	○	○		○	○	○

시스템 및 네트워크 보안	맬웨어 (Malware)	○		○		○	○	○	○	○
	랜섬웨어 (Ransomware)	○		○		○	○	○	○	○
	취약한 네트워크 접근 제어	○		○		○	○			○
애플리케이션 보안	취약점 (CVE, CWE, CCE)		○				○			
안전한 설정	취약한 보안 설정		○			○	○			○
위협 및 취약점 관리	통제의 약점 (기술적 취약점)		○	○	○	○	○		○	○

:: 조직 통제 메커니즘

- 조직의 취약한 보안 관행(Weakness of Control)은 국제표준 취약점 용어에 따라 위협에 악용될 수 있는 자산(Asset) 또는 통제(Control)의 약점으로 통제 목적 및 통제 활동을 계획, 이행, 구현(부분적, 불완전한, 통제 목적을 달성하지 못한) 시 관리하지 않는 상태를 의미한다.
- 취약점이 조직에 미치는 부정적인 영향과 심각성에 따라 취약점의 보안 관행 우선 순위도 식별이 가능하며, 위험 처리 및 위험 완화 활동에서 사이버보안 능력의 척도가 된다.
- ISO 27001 심사 통계 분석 결과 취약한 보안 관행으로 보안사고 발생빈도 및 결과에 직접적인 영향이 있으므로 원칙과 프레임워크 중심의 정보보안 및 사이버보안 목적에서 적절한 통제를 구현하는 것이 보안사고를 예방하는 지름길이다.

구분	공격 표면(Attack Surface)								
공격 벡터 (Attack Vectors)	Infrastructure	Application	End points	Device	클라우드 서비스 (IaaS, PaaS, SaaS)	Supply Chain 제품 서비스	People	PII	Data
취약한 보안 관행									
취약한 데이터 보호									

구분									
취약한 연속성 (RPO/RTO)									
취약한 공급망 보안									
취약한 컴플라이언스									
...									

:: 사람 통제 메커니즘

- 사람은 가장 약한 고리가 아니라 주요 공격 벡터라는 사람 공격 메커니즘 원칙처럼 조직에서 사람 공격 벡터는 내부자 위협, 취약한 보안 인식 수준으로 인적 보안 사고의 원인은 권한 오남용, 특권 권리 오남용, 취약한 보안 문화가 원인이다.
- 조직은 사람 통제에서 조직에 부정적인 영향을 미치는 프로세스 및 서비스 관련 사람(직원, 이해 관계자, 공급망 보안 이해 관계자)을 식별하고, 적절한 정보보안 및 사이버보안 통제를 효과적으로 구현해야 한다.

구분	공격 표면(Attack Surface)								
공격 벡터 (Attack Vectors)	Infrastructure	Application	Endpoints	Device	클라우드 서비스 (IaaS, PaaS, SaaS)	Supply Chain 제품 서비스	People	PII	Data
내부자 위협									
취약한 보안 인식 (내부 직원, 공급자)									
취약한 모니터링 메커니즘									
...									

3 조직 통제와 거버넌스

∷ 조직 통제 구성

Clause	통제 카테고리		Operational Capabilities	통제(Controls)
Clause 5	Organizational Controls	거버넌스	Governance	5.1 정보보안 정책 5.2 정보보안 역할 및 책임 5.3 직무 분리 5.4 경영진의 책임 5.5 당국과의 연락 5.6 이해 관계자 그룹과의 연락 5.8 프로젝트 관리 정보보안
		자산관리	Asset Management	5.9 정보 및 기타 관련 자산 목록 5.10 정보 및 기타 관련 자산의 허용 가능한 사용 5.11 자산 반환 6.7 원격 근무
		정보보호	Information Protection	5.12 정보 분류 5.13 정보 라벨링 5.14 정보전송 8.1 사용자 종료점 디바이스 8.10 정보 삭제 8.11 데이터 마스킹 8.12 데이터 유출 방지 8.33 테스트 정보 8.34 감사 및 테스트 중 정보시스템 보호
		연속성	Continuity	5.29 중단 중 정보보안 5.30 비즈니스 연속성을 위한 ICT 준비 5.37 문서화된 운영 절차 8.6 용량 관리 8.13 정보 백업 8.14 정보처리 시설의 이중화
		공급망 보안	Supplier Relationships Security (Supplier Chain 공급망 보안으로 지칭함)	5.19 공급자 관계 정보보안 5.20 공급자 계약 내 정보보안 문제 해결 5.21 ICT 공급망에서 정보보안 관리 5.22 공급자 서비스 모니터링, 검토 및 변경 관리 5.23 클라우드 서비스 이용을 위한 정보보안

Clause 5	Organizational Controls	법률 및 컴플라이언스	Legal and Compliance	5.31 법적, 규제 및 계약 요구사항 5.32 지식 재산권 5.33 기록 보호 5.34 개인정보보호 및 PII 보호 5.36 정보보안을 위한 정책 및 표준 준수
		정보보안 이벤트 관리 (前 정보보안 사고 관리)	Information Security Event Management	5.24 정보보안 사고 관리 계획 및 준비 5.25 정보보안 이벤트에 대한 평가 및 결정 5.26 정보보안 사고 대응 5.27 정보보안 사고로부터 학습 5.28 증거 수집 6.8 정보보안 이벤트 리포팅 8.15 로깅 8.16 모니터링 활동 8.17 시간 동기화
		정보보안 보증	Information Security Assurance	5.35 정보보안에 대한 독립적 검토

:: 5.1 정보보안 정책

- Topic-Specific 정책이란 정보보안 통제 정책, 지침, 절차 수립을 의미하며, 섹터별 추가 통제인 사이버보안 정책, 클라우드 보안 정책, 개인정보보호 정책 수립도 고려해야 한다.
- ISO 27001 통제 목적은 정책 준수의 적합성, 적절성, 효과성을 보장하고 정보보안 속성은 기밀성, 무결성, 가용성 원칙이 적용되어야 하며, 조직의 운영 능력은 거버넌스에 해당된다.
- 조직은 정보보안 정책(Information security policy and specific policy)을 정의하고, 경영진의 승인은 주기적인 정책 검토를 통해 수행해야 한다(정보보안 정책은 정보보안 목표 달성을 위한 프레임워크로 구현).
- 정보보안 위험 관리는 위험 기반, 정보보안 정책은 프레임워크 기반이며 정보보안 및 사이버보안 통제 활동의 적합성, 적절성, 효과성이 핵심 요인이다(Information Security Objectives).

통제 (Controls)	5.1 정보보안 정책(Policies for information security)
ISO 27001 통제	ISO 27001 통제는 정보보안 정책 및 Topic-Specific 정책을 정의하고 경영진의 승인을 받아야 하며, 관련 직원 및 이해 관계자에게 게시, 공표, 전달, 승인해야 함(계획된 주기로 중대한 변경 사항이 발생하는 경우는 검토)

목적	비즈니스 요구사항, 법적, 규제 및 계약 요구사항에 따라 지속적인 적합성, 적절성, 효과성을 보장

ISO 27002 속성	통제 유형	정보보안 속성	사이버보안 통제	운영 능력	보안 도메인
	Preventive	Confidentiality Integrity Availability	Identify	Governance	Governance

가이드라인	• 조직은 최고 경영진이 승인하고, 정보보안 정책을 정의해야 함
	• 정보보안 정책은 다음의 요구사항을 고려해야 함
	  – 비즈니스 전략 및 요구사항
	  – 규정, 법률 및 계약 요구사항
	  – 정보보안 위험 및 위협 요구사항
	• 정보보안 정책에는 다음에 관한 사항이 포함되어야 함
	  – 정보보안 정의(Definition of information security)
	  – 정보보안 목표(Information security objective)
	  – 정보보안 목표를 위한 프레임워크
	  – 정보보안과 관련된 모든 활동의 안내 원칙
	  – 정보보안과 관련된 해당 요구사항을 충족시키겠다는 책임성
	  – 정보보안 관리 시스템의 지속적인 개선에 대한 책임성
	  – 정의된 역할에서 정보보안 관리에 대한 책임 할당
	  – 예외 처리 절차
	• 정보보안 정책 검토는 조직의 비즈니스 전략, 기술 환경, 법률 및 계약 요구사항, 정보보안 위험 및 위협 환경을 고려하여 업데이트함
	• 정보보안 정책(Specific Policies)의 예시(정보보안 통제 구현 의무)
	  – Asset management, Information classification and handling
	  – Information transfer
	  – Secure configuration and handling of user endpoint devices
	  – Management of technical vulnerabilities
	  – Access control
	  – Network security
	  – Cryptography and key management
	  – Backup
	  – Secure development
	  – Physical and environmental security
	  – Information security incident management

- ISO/IEC 27002:2022 정보보안 정책, 지침, 절차의 수립 가이드라인은 다음과 같다.

ISO/IEC 27001 프레임워크		정보보안 정책 지침/절차	정보보안 정책 지침
Information Security Concept		Process/Procedure	
4항	4.3 ISMS 인증 범위 정의	ISMS Scope	조직의 적용(인증) 범위를 정의해야 함
5항	5. 리더십(leadership)	정보보안 정책 수립	조직의 정보보안 정책을 수립, 개정 및 이력 관리(현행화)해야 함
6항	6.1.2 정보보안 위험 평가	Risk Assessment(RA) (TARA 위협 분석 및 위험 평가)	정보보안 위험 평가 프로세스 및 방법을 정의하고, 위험 평가 활동을 수행해야 함
	6.1.3 정보보안 위험 처리	Risk Treatment(RT)	• 위험 평가(RA)를 근거(정당성 입증)로 적용성 보고서(SOA ; Statement Of Applicability)를 작성해야 함 • 적용성 보고서 작성 및 이력 관리
	6.2 정보보안 목표	Information Security Objectives	조직의 적절한 단계 수준의 정보보안 목표를 수립해야 함
7항	7. 지원(Support)	자원, 적격성, 인식, 의사소통	조직은 자원, 적격성, 인식, 의사소통 활동을 수행해야 함
8항	8.2 정보보안 위험 평가 8.3 정보보안 위험 처리	Risk Assessment(RA) Risk Treatment(RT)	조직은 계획된 주기(1년 1회)에 따라 위험 평가 및 위험 처리 활동을 수행해야 함
9항	9. 성과 평가	Information Security Performance Internal Audit	조직의 정보보안 성과(KPI)를 측정, 분석, 평가해야 함
10항	10. 지속적인 개선	Continual Improvement	조직은 ISMS의 적합성, 적절성, 효과성을 지속적으로 개선해야 함

:: 5.2 정보보안 역할 및 책임

- ISO 27001 통제 목적은 조직 내에서 정보보안 요구사항을 구현, 운영, 관리하기 위해 정의(Defined), 승인(Approved), 수립(Establish)하기 위함이다.
- 정보보안 속성은 기밀성, 무결성, 가용성이 적용되어야 하며, 조직의 운영 능력은 거버넌스에 해당된다.
- 조직은 정보보안 정책에 따라 정보보안 역할과 책임을 정의하고, 정보보안 조직을 구성 및 운영해야 한다.

통제(Controls)	5.2 정보보안 역할 및 책임(Information security roles and responsibilities)
ISO 27001 통제	정보보안 역할 및 책임은 조직의 요구사항에 따라 정의되고 할당되어야 함
목적	조직 내에서 정보보안의 구현, 운영, 관리를 위해 정의, 승인, 수립하기 위함
ISO 27002 속성	<table><tr><th>통제 유형</th><th>정보보안 속성</th><th>사이버보안 통제</th><th>운영 능력</th><th>보안 도메인</th></tr><tr><td>Preventive</td><td>Confidentiality Integrity Availability</td><td>Identify</td><td>Governance</td><td>Governance</td></tr></table>
가이드라인	• 정보보안 역할 및 책임 할당은 정보보안 정책에 따라 수행되어야 함 • 조직은 다음에 대한 책임을 정의하고 관리해야 함 　— 정보 및 기타 관련 자산의 보호 　— 정보보안 프로세스 이행 　— 정보보안 위험 관리 활동, 잔여 위험 수용(예 : Risk Owners) 　— 조직의 정보 및 기타 관련 자산을 사용하는 모든 직원 　— 정보보안 역할 및 책임 할당은 정의, 문서화, 이해 당사자에게 전달되어야 함
권장 사항	• 정보보안 역할 및 책임 할당은 조직 규모에 따라 CISO, CPO, 정보보안 관리자/담당자, 개인정보보호 관리자/담당자, 부서별 정보보안 관리자/담당자 등으로 조직 상황에 따라 정의할 수 있음 • 조직의 정보보안 역할 및 책임 할당에서 정의(R&R)와 문서화는 RACI(Responsible, Accountable, Consulted, Informed) 차트로 정의할 수 있음(적용 범위 : 조직 내부, 이해 관계자, 클라우드 서비스 등) • 잔여 위험(Residual Risks) 및 위험 책임자(Risk Owners)를 정의하고 관리해야 함 • 내외부 이해 관계자(정보보안 R&R에 해당되는 팀/부서/담당자)를 모두 식별하고, 책임을 할당 및 관리함 • 클라우드 서비스 제공자 및 이용자(CSP/CSC)는 별도로 책임 공유 모델(Shared Responsibility Model) 기준을 준용해야 함(추가 통제 사항에 해당)

• RACI(Responsible, Accountable, Consulted, Informed)의 샘플은 다음과 같다.

Asset Category	정보보안과 사이버보안 요구사항		Requirement Applicability (ISO 27001 Annex A)	RACI(R&R Responsibility Definition)			
	정보보안	사이버보안		정보보안 책임부서 (○○부서)	개인정보보호 책임부서 (○○부서)	내부 이해 관계자 (○○부서)	외부 이해 관계자 (Supplier)
정보 (○○정보)	○						
데이터 (○○데이터)		○					

개인정보 (○○ 개인정보)	○				

:: 5.3 직무 분리

- ISO 27001 통제 목적은 정보보안 통제 우회의 위험을 줄이기 위함이며 정보보안 속성은 기밀성, 무결성, 가용성 원칙이 적용되고, 조직의 운영 능력은 거버넌스에 해당된다.
- 조직은 직무 분리 원칙을 적용해야 하지만 분리가 어려울 경우 활동 모니터링, 감사 추적, 관리 추가 통제를 고려해야 한다.

통제(Controls)	5.3 직무 분리(Segregation of duties)				
ISO 27001 통제	상충되는 직무와 책임 영역은 분리되어야 함				
목적	정보보안 통제 우회의 위험을 줄이기 위해 사용				
ISO 27002 속성	통세 유형	정보보안 속성	사이버보안 통제	운영 능력	보안 도메인
	Preventive	Confidentiality Integrity Availability	Protect	Governance	Governance
가이드라인	• 조직은 직무 분리 의무와 책임 영역을 결정해야 함 　- 접근 권한 요청, 승인, 구현 　- 코드 설계의 구현 및 검토 　- 애플리케이션 사용 및 관리 　- 정보보안 통제 설계 및 감사				

:: 5.4 경영진의 책임

- ISO 27001 통제 목적은 모든 직원이 정보보안 책임을 인식하고 이행할 수 있는 조치를 취하도록 보장하는 것으로 정보보안 속성은 기밀성, 무결성, 가용성 원칙이 적용되어야 하며, 조직의 운영 능력은 거버넌스에 해당된다.
- 경영진의 책임은 모든 직원이 조직의 수립된 정보보안 정책, 절차에 따라 정보보안을 적용하도록 요구해야 한다.

통제(Controls)	5.4 경영진의 책임(Management responsibilities)				
ISO 27001 통제	경영진은 모든 직원이 조직의 수립된 정보보안 정책, 절차에 따라 정보보안을 적용하도록 요구해야 함				
목적	경영진이 정보보안에서 자신의 역할을 이해하고, 모든 직원이 정보보안 책임을 인식 및 이행할 수 있는 조치를 취하도록 보장				
ISO 27002 속성	통제 유형	정보보안 속성	사이버보안 통제	운영 능력	보안 도메인
	Preventive	Confidentiality Integrity Availability	Identify	Governance	Governance

가이드라인	• 경영진은 정보보안 통제에 지원을 입증해야 함
	  - 조직의 정보보안 정책을 이행해야 함
	  - 조직 내에서 정보보안 인식 수준을 달성해야 함
	  - 정보보안 정책 준수 및 고용 계약 또는 계약 조건을 준수
	  - 지속적인 전문 교육을 통해 정보보안 기술 및 자격 보유
	  - 정보보안 위반(내부 고발)을 보고할 수 있는 기밀 채널 제공
	  - 정보보안 통제를 구현하기 위해 적절한 자원 제공				

:: 5.5 당국과의 연락

- ISO 27001 통제 목적 및 통제 속성은 정보보안 사고(예 : 사이버 공격, 개인정보 유출)에 대한 적절한 대응을 보장한다.
- 정보보안 속성은 기밀성, 무결성, 가용성 원칙이 해당(정보보안 사고 피해 속성에 해당)되며, 사이버보안 통제는 식별, 보호, 대응, 복구 속성에 따라 사고 관리를 할 수 있다.
- 조직은 정보보안 사고에 적절한 대응을 보장하고, 조직의 운영 능력은 정보보안 사고 관리 또는 비즈니스 연속성 프로세스에 해당된다.

통제(Controls)	5.5 당국과의 연락(Contact with authorities)				
ISO 27001 통제	조직은 관련 당국과의 연락을 수립하고 유지해야 함				
목적	조직과 관련 법률, 규제 및 감독기관의 정보보안과 관련하여 정보의 적절한 흐름이 이루어지도록 보장				
ISO 27002 속성	통제 유형	정보보안 속성	사이버보안 통제	운영 능력	보안 도메인
	Preventive Corrective	Confidentiality Integrity Availability	Identify Protect Respond Recover	Governance	Defence Resilience

가이드라인	• 조직은 언제, 누구에 의해 당국(예 : 법 집행 기관, 규제 기관, 감독 기관)에 정보보안(사이버보안) 사고를 적시에 보고해야 하는지를 결정해야 함 • 정보보안 사고 관리(5.24~5.28 참조) 또는 비즈니스 연속성 프로세스(5.29 및 5.30 참조)를 지원하기 위한 요구사항일 수 있음

:: 5.6 이해 관계자 그룹과의 연락

- ISO 27001 통제는 위협 정보 및 취약점 정보를 공유하기 위한 통제에 해당된다.
- ISO 27001 통제 목적 및 통제 속성은 위협 정보에 최신 정보 유지를 보장하며 정보보안 속성은 기밀성, 무결성, 가용성 원칙이 적용되고 사이버보안 통제는 보호 속성에 따라 위협 정보를 활용한 대응 활동이다.
- 조직은 위협 정보의 최신 유지, 위협 및 취약점 정보 공유를 위한 전문가 그룹과 협력하여 정보를 공유해야 한다.

통제(Controls)	5.6 이해 관계자 그룹과의 연락(Contact with special interest groups)				
ISO 27001 통제	조직은 이해 관계자 그룹 또는 기타 전문가와 연락을 수립하고 유지해야 함				
목적	정보보안과 관련하여 정보의 적절한 흐름이 이루어지도록 보장				
ISO 27002 속성	통제 유형	정보보안 속성	사이버보안 통제	운영 능력	보안 도메인
	Preventive Corrective	Confidentiality Integrity Availability	Protect Respond Recover	Governance	Defence
가이드라인	• Best Practices 정보 공유(외부 전문가 활용) • 위협 정보에 대한 최신 정보 유지 • 위협 및 취약점 정보 공유				
권장 사항	• 조직의 사이버보안 능력을 검증하기 위한 독립적인 평가 및 검증에 외부 전문가 활용을 권장(사이버보안 수준의 조력자 역할) • 위협 정보의 공유 체계 유지				

:: 5.8 프로젝트 관리 정보보안

- ISO 27001 통제는 프로젝트 수명주기(Project Life Cycle)에서 정보보안 요구사항을 관리해야 한다.
- ISO 27001 통제 목적 및 통제 속성은 정보보안 위험(정보보호 목적)이 보장되는 것으로 정보보안 속성은 기밀성, 무결성, 가용성 원칙이 적용되고 조직의 운영 능력은 거버넌스에 해당된다.

- 조직은 프로젝트 수명주기 정보보안 요구사항 및 자산에 필요한 보호 요구사항을 식별하고 관리해야 한다.

통제(Controls)	5.8 프로젝트 관리 정보보안(Information security in project management)				
ISO 27001 통제	정보보안은 프로젝트 관리에 통합되어야 함				
목적	프로젝트 및 결과물에 관련된 정보보안 위험이 프로젝트 수명주기의 프로젝트 관리에서 효과적으로 해결되도록 보장				
ISO 27002 속성	통제 유형	정보보안 속성	사이버보안 통제	운영 능력	보안 도메인
	Preventive	Confidentiality Integrity Availability	Identify Protect	Governance	Governance Protection
가이드라인	• 프로젝트 관리의 정보보안 요구사항에서 다음의 사항을 고려해야 함 　- 정보보안 위험은 프로젝트 초기 단계에서 평가되고, 프로젝트 수명주기에 걸쳐 위험을 처리 　- 정보보안 요구사항(예 : 응용 프로그램 보안 요구사항) 　- 프로젝트와 관련된 정보보안의 역할 및 책임 정의 • 정보보안 요구사항은 다음의 항목을 고려해야 함 　- 기밀성, 무결성, 가용성을 보장하는 자산에 필요한 보호 요구사항 　- 사용자 인증 및 권한 부여, 사용자 책임 명시 　- 로깅 및 모니터링 　- 법적, 규제 요구사항 및 계약 요구사항				

4 자산 관리

:: 5.9 정보 및 기타 관련 자산 목록

- ISO 27001 통제 목적은 조직의 정보 및 기타 관련 자산을 식별(Identify)하는 것으로 정보보안 속성은 기밀성 무결성, 가용성을 보장하고, 조직의 운영 능력은 자산 관리에 해당된다.
- 정보 및 기타 관련 자산 목록(Inventory of information and other associated assets)은 보호해야 할 자산을 식별하고 정기적으로 업데이트해야 한다.

통제(Controls)	5.9 정보 및 기타 관련 자산 목록 (Inventory of information and other associated assets)	사이버보안 컨셉	식별
ISO 27001 통제	소유자(Owners)를 포함한 정보 및 기타 관련 자산 목록을 작성하고 유지해야 함		
목적	정보보안을 유지하고 적절한 소유권을 할당하기 위해 조직의 정보 및 기타 관련 자산을 식별함		

ISO 27002 속성	통제 유형	정보보안 속성	사이버보안 통제	운영 능력	보안 도메인
	Preventive	Confidentiality Integrity Availability	Identify	Asset Management	Governance Protection
가이드라인	• 정보 및 기타 관련 자산을 식별하고 자산 목록은 정확성, 최신성을 유지해야 함 • 자산 목록(Asset Inventory)은 정기적으로 업데이트함(년 1회 이상 권장) • 자산 소유권(Asset Owner), 정보보안 요구사항 할당, 접근 권한 주기적 검토, 폐기 자산 목록 업데이트 • 자산 속성 기반으로 위험 식별 및 분석(자산 취약점, 공격 벡터 등) • 해당 프로세스는 위협 분석 및 위험 평가 프로세스에서 수행해야 함					
권장 사항	ISO/IEC 27002:2022 개정된 기준에 따라 기존 자산 분류 관행을 개선해야 하며 자산 유형, 정보보안 속성, 사이버보안 속성, 사이버보안 통제, 보호 단계, 보호 등급 등을 고려해야 함					

- 자산 분류 샘플(자산 유형, 정보보안 속성, 사이버보안 속성 및 개념 정의, 보호 단계 등)은 다음과 같다.

Asset Category	정보보안 속성			사이버보안 속성			사이버보안 통제	Protection Classes	Classification Level	Classification Rating	Asset Owner
	C	I	A	C	I	A					
Data				○	○	○		High	Confidential		

- Asset Category는 조직에서 취급하는 모든 유형의 자산을 분류하며 Data, Applications, Network, Devices, Users(본인 ID 속성 분류), 사람, 하드웨어, 소프트웨어, 클라우드 자산(VM 인스턴스) 등으로 나누어 정보보안 속성 및 사이버보안 속성을 구분하고, 보호 등급(Protection Classes)을 식별한다.
- 보호 등급을 식별하는 목적은 조직의 사이버보안 개념을 정의하고, 정보보안 및 사이버보안 통제를 구현하면서 정보 및 데이터 보호 레벨(등급)의 데이터 중요도에 따라 차등화된 통제를 구현한다.
- 보호 등급은 3가지로 Normal protection need, High protection need, Very high protection need이다.
- 자산 식별 프로세스에서는 자산 소유권 책임이 할당되고, 위험 평가 프로세스에서는 위험 소유권 식별 및 책임이 할당되어 정보보안 및 사이버보안 목표를 달성할 수 있다.

- 자산 등급은 글로벌 Best Practice 샘플을 참고할 수 있으며 Public, Internal, Confidential, Strictly Confidential은 1등급(Strictly Confidential) ~ 4등급(Public)으로 분류할 수 있다.
- TISAX(Trusted Information Security Assessment Exchange)는 Information Security Assessment 기준에서 정보보안과 사이버보안 통제 카테고리로 분류할 수 있으며, 사이버보안 통제 카테고리 중 접근 통제, 네트워크 통제, 암호화, 정보전송, 로그 관리, 정보보안 사고 관리, 공급망 보안은 ISO 27001 통제 요구사항보다 높은 수준의 Protection Class 〈High〉, Protection Class 〈Very High〉를 고려해야 한다.
- 기술적인 접근 통제, 네트워크 통제, 암호화, E-mail 전송 시 암호화, 로그 관리는 High Level 수준의 사이버보안 요구사항과 사이버보안 목표 달성을 입증해야 한다.

통제 카테고리		Cybersecurity Concept ISO 27002:2022	Protection Class High	Protection Class Very High	ISO/IEC 27002
사이버 보안	접근 통제	Protect	접근 권한 관리(3개월 액세스 권한 검토)	특권 권한 관리	• 접근 통제 • 접근 권한 • 특권 권한 관리
	네트워크 통제	Protect	네트워크 관리 및 제어는 확장된 요구사항에 따라 결정되고 구현됨 (인증, 액세스 제한)	-	• 네트워크 통제 • 네트워크 분리
	암호화	Protect	암호 키 관리(클라우드 위험을 고려해야 함)	-	암호화
	정보 전송	Protect	정보 전송 시 암호화	전송 시 이메일 암호화(End-to-End Encryption)	• 정보 전송 • 데이터 유출 방지
	로그 관리	Protect	이벤트 로그는 계약 요구사항에 따라 적용 및 기록	법적 요구사항에 해당되는 로그는 매우 높은 수준으로 보호	로그 및 모니터링
	정보보안 사고 관리	Detect	비즈니스 관계로 인한 요구사항(고객에 대한 보고 의무)을 결정하고 구현함	-	정보보안 사고 관리
	공급망 보안	Identify	공급망 보안 수준 입증 (ISO 27001, TISAX)	-	공급망 보안 관리

- ISO/IEC 27002:2022 사이버보안 속성 분류, 개념을 정의하여 사이버보안 프레임워크를 구현하는 방법이다.

사이버보안 (ISO 27002)	카테고리	정보보안 속성	사이버보안 속성	ISO/IEC 27002 정보 및 데이터 보호를 위한 사이버보안 가이드
식별 (Identify)	자산 식별	○	○	정보 및 데이터 자산, 정보시스템 유형에 따라 기밀성, 무결성, 가용성의 속성을 정의
	CIA 속성	기밀성, 무결성, 가용성의 3가지 속성은 공통 (국제표준, 미국, 유럽 EU, UN 기준)		• 기밀성, 무결성, 가용성의 속성 정의(조직별) • 데이터는 분류, 민감도, 등급, 보호 방법에 따라 속성이 다를 수 있음(데이터 전송 및 클라우드에 데이터 저장 및 전송 시 사이버보안 속성으로 분류하여 관리)
	영향 속성	○	○	정보 및 데이터의 Impact Type(속성)을 5점, 3점 척도로 민감도 산정, 유출 시 위협 시나리오로 산정
	보호 대상 등급 산정	○	○	정보보안 및 사이버보안 속성과 영향 속성을 곱하여 자산의 보호 등급 산정(예 : 1~3등급)
	데이터 흐름 식별 (정보 흐름)		○	• 정보 및 데이터 흐름(저장, 전송(국외 이전 포함)), 제공 또는 제3자 제공 및 이용(데이터 공유, 취급, 복제), 보호, 관리(파기) 등 데이터 흐름 생명주기 기준에 따라 취약점을 식별하고 관리해야 함 • 데이터 중심 보호와 데이터 중심 사이버보안 활동을 권장(인증, 암호화, 접근 통제, 보안 로그인, 비정상 행위 모니터링, 탐지 및 대응 복구 등 사이버보안 핵심 활동)
	위험 분석 위험 관리	○	○	정보 및 데이터의 적절한 보호를 위해 목적 달성 필수 사항으로 위협 및 취약점 조치와 위험 완화 활동을 권장
보호 (Protect)	데이터 보호		○	데이터 보호 유출 방지 및 인증, 암호화, 접근 통제 등 데이터 보호 기술을 구현해야 함(조직에 따라 다름)
탐지 (Detect)	비정상 행위 탐지	○	○	조직은 정보 및 데이터 보호를 위해 사이버 공격으로부터 탐지 프로세스 및 비정상 행위에 대한 지속적인 모니터링을 수행해야 함
대응 (Respond)	사고 대응 및 계획	○	○	조직은 정보 및 데이터의 사이버 공격으로부터 대응 계획을 수립하고 유지해야 함
복구 (Recover)	데이터 복구	○	○	조직은 정보 및 데이터, 정보시스템 복구 계획을 수립하고 유지해야 함(BIA, RTO, RPO)

- 자산 보호 수준(Protection Level) 및 자산 분류 등급(Classification Level)을 결정할 때 다음의 기준을 참고 및 활용할 수 있다.
- 보호 목적(Protection Objectives)은 정보보안(사이버보안) 통제 적용 시 사이버보안 목표에서 조직의 위험 평가 결과에 따라 통제 수준을 강력한 수준으로 적용할 수 있다.
- 사이버보안 원칙 및 제로 트러스트 아키텍처 성숙도에 따라 최상의 단계로 사이버보안 통제를 적용한다.
- 통제 구현 방법은 High Level 수준으로 5개 코어(Identity(IAM, MFA), Device, Network, Application, Data)와 Zero Trust Architecture(ZTA)에서 가장 강력한 사이버보안 통제를 구현한 글로벌 Google, AWS, MS이다(국내는 Protection Level 5개 Core(ZTA Optimal 단계)에서 적용 사례 없음)

Protection Level		Protection Objectives (Classification Level)	정보보안과 사이버보안 통제 실무
Protection 카테고리	사이버보안 목표		
N/A	N/A	Confidentiality Classification 〈Public〉	Public으로 보호 등급 및 자산 등급에 대한 사이버보안 목표 해당 없음
Protection Class 〈Normal〉	Normal	Confidentiality Classification 〈Internal〉	Normal로 최소한의 보호 수준 및 사이버보안 목표 적용
Protection Class 〈High〉	High	Confidentiality Classification 〈Confidential〉	High로 High 보호 수준 및 사이버보안 목표 적용
Protection Class 〈Very High〉	Very High	Confidentiality Classification 〈Strictly Confidential〉	Very High로 Very High 보호 수준 및 사이버보안 목표 적용

5.10 정보 및 기타 관련 자산의 허용 가능한 사용

- 정보 자산을 분류하는 목적은 정보보안의 보호 목표로 정보보안 속성(기밀성, 무결성, 가용성)이 결정되고, 조직은 적절한 보호 조치를 하는 것이다.
- ISO 27001 통제 목적은 정보 및 기타 관련 자산을 적절하게 보호하는 것으로 정보보안 속성은 기밀성, 무결성, 가용성을 보장해야 하며, 조직의 운영 능력은 자산 관리에 해당된다.
- 조직은 정보보안 목적에 따라 자산 관리 정책을 수립하고, 정보 및 기타 관련 자산을 적절하게 보호할 수 있도록 식별(정보보안 요구사항, 보호 요구사항을 고려한 등급 분류), 문서화 및 구현해야 한다.

통제(Controls)	5.10 정보 및 기타 관련 자산의 허용 가능한 사용 (Acceptable use of information and other associated assets)				
ISO 27001 통제	ISO 27001 통제는 정보 및 기타 관련 자산을 처리하기 위해 허용이 가능한 사용 및 절차에 대하여 식별, 문서화 및 구현해야 함				
목적	정보 및 기타 관련 자산을 적절하게 보호하여 사용 및 처리되도록 함				
ISO 27002 속성	통제 유형	정보보안 속성	사이버보안 통제	운영 능력	보안 도메인
	Preventive	Confidentiality Integrity Availability	Protect	Asset Management Information Protection	Governance Protection

가이드라인	• 자산을 보호하고 처리하기 위한 자산 관리 정책은 다음의 사항을 명시해야 함
	  – 등급 분류에 대한 보호 요구사항을 지원하는 접근 제한
	  – 정보 및 기타 관련 자산의 승인된 사용자 기록 유지
	  – 조직이 수행하는 활동 모니터링
	  – 정보 및 기타 관련 자산의 폐기 승인과 지원되는 삭제 방법
	  – 클라우드 서비스 자산도 식별되고 통제되어야 함				

모범 사례	• VDA 정보보안 데이터 보호 대상 및 분류 기준(3등급)
	• 보호 등급(Protection Level)
	  – General/Norma(G), High Protection Need(H), Additional High Protection(AH)
	  – 조직의 정보 및 데이터 중요도, 민감도, 비즈니스 영향을 고려한 보호 등급에 따라 통제를 적절한 수준으로 구현하고 유지하는 것을 권장함				

:: 5.11 자산 반환

- ISO 27001 통제 목적은 고용, 계약 또는 계약을 변경하거나 종료하는 과정의 일부로 조직의 자산을 보호하고 정보보안 속성은 기밀성, 무결성, 가용성을 보장해야 하며, 조직의 운영 능력은 자산 관리에 해당된다.
- 조직은 자산 반환(Return of Assets)에서 자산 관리 정책을 수립하고, 고용 계약 종료 시 조직이 소유하거나 위탁한 모든 물리적/전자적 자산 반환 절차에 따라 자산 관리 활동을 수행한다.

통제(Controls)	5.11 자산 반환(Return of assets)
ISO 27001 통제	직원 및 기타 이해 당사자는 고용, 계약 또는 계약의 변경이나 종료 시 소유 중인 모든 조직의 자산을 반환해야 함
목적	고용, 계약 또는 계약을 변경하거나 종료하는 과정의 일부로 조직의 자산을 보호함

ISO 27002 속성	통제 유형	정보보안 속성	사이버보안 통제	운영 능력	보안 도메인
	Preventive	Confidentiality Integrity Availability	Protect	Asset Management	Protection

가이드라인	<td colspan="5">• 조직이 소유하거나 위탁한 모든 물리적/전자적 자산 반환을 포함하도록 변경 또는 종료 프로세스를 공식화해야 함
	• 조직은 다음을 포함하여 반환될 모든 정보 및 기타 관련 자산을 식별하고 문서화해야 함
	  - 사용자 종료점 디바이스
	  - 휴대용 저장 장치
	  - 정보시스템과 물리적 아카이브용 인증 하드웨어
	  - 접근 권한 관리, 정보 사용 제한 조치</td>

:: 6.7 원격 근무

- ISO 27001 통제 목적은 원격으로 근무할 때 정보보안을 보장하는 것(정보보호 및 데이터 보호)으로 정보보안 속성은 기밀성, 무결성, 가용성을 보장해야 하며, 조직의 운영 능력은 Asset Management, Information Protection, Physical Security, System and Network Security에 해당된다.
- 조직은 정보보안 목적에 따라 원격 근무 보안 정책을 수립하고 액세스, 처리 또는 저장된 정보를 보호하기 위해 직원이 원격으로 근무할 때 보안 조치를 구현한다.

통제(Controls)	6.7 원격 근무(Remote working)			사이버보안 컨셉	Protect
ISO 27001 통제	<td colspan="5">조직 외부에서 액세스, 처리 또는 저장된 정보를 보호하기 위해 직원이 원격으로 근무할 때 보안 조치를 구현해야 함</td>
목적	<td colspan="5">직원이 원격으로 근무할 때 정보보안을 보장하기 위해 사용</td>
ISO 27002 속성	통제 유형	정보보안 속성	사이버보안 통제	운영 능력	보안 도메인
	Preventive	Confidentiality Integrity Availability	Protect	Asset Management Information Protection Physical Security System and Network Security	Protection

가이드라인	• 원격 근무 정책 수립 및 적용 시 다음의 사항을 고려해야 함 　- 원격 근무는 재택 근무, 가상 근무 환경, 원격 유지보수가 포함됨 　- 원격 액세스의 필요성, 액세스 및 전달되는 정보의 민감도, 시스템 및 애플리케이션의 민감도를 고려한 보안 요구사항 　- 가상 데스크톱 액세스(VDI)와 같은 원격 액세스의 사용 　- 방화벽 및 맬웨어 탐지와 같은 보안 조치 　- MFA(Multi Factor Authentication) 사용자 인증 　- 감사 및 보안 모니터링 　- 백업 및 비즈니스 연속성을 위한 절차

5 정보보호 및 데이터 보호

:: 정보보호 및 데이터 보호 가이드

- 정보보안 및 사이버보안 통제는 정보와 데이터 식별, 분류, 보호 등급(중요도, 민감도), 정보 전송(저장 및 전송 데이터 보호), 사용자 종료점 디바이스, 정보 삭제, 데이터 마스킹, 데이터 유출 방지(DLP), 테스트 정보보호 등을 조직의 보안 및 사이버보안 요구사항에 따라 구현할 수 있다.
- 통제 방법은 정보보안의 기밀성, 무결성, 가용성 보장 원칙(적절한 보호 수준의 목표 달성)과 사이버보안의 위험 기반 원칙으로 사이버보안 프레임워크를 참조하여 정보보호 및 데이터 보호 활동을 권장한다.
- 사이버보안 통제 메커니즘은 데이터 보호 목적이 원칙이며 기준은 사이버 공격을 예방, 탐지, 대응하여 정보 및 데이터를 보호하는 것이 사이버보안의 핵심 활동이다.
- 조직은 정보와 데이터의 기밀성, 무결성, 가용성 및 복원력 정보보호 및 사이버보안 원칙에 따라 보호 메커니즘으로 정보보안과 사이버보안의 능력을 강화한다.
- 정보보안과 사이버보안 직무 이해 관계자는 ISO 27001 사이버보안 컨셉을 적용 및 구현한다.

구현 단계	사이버보안 컨셉	정보보호 및 데이터 보호 카테고리	정보보호와 데이터 보호 가이드
Step 1	식별 (Identify)	Asset Management (AM)	• 정보 및 데이터 식별 　- 조직에서 보호해야 할 보호 대상의 정보 및 데이터 식별 　- 데이터 중요도와 민감도에 따라 데이터 보호 등급 식별 　　(데이터 기밀성, 무결성, 가용성, 데이터 중심 보안) 　- 정보 및 데이터 위협 및 취약점 식별 　- 정보 및 데이터 보호를 위한 역할과 책임(R&R) 정의

Step				

Step 2	보호
	(Protect)
		정보보호 및
		데이터 보호
			• ISO/IEC 27002 정보보호 통제 컨셉 가이드
			  - 데이터 유출 방지(DLP)
			  - EDR(Endpoint Detection and Response)
			  - 전송 중인 데이터 보호
			  - 데이터 마스킹 및 데이터 삭제
			  - 테스트 데이터(정보) 보호
			• 데이터 보호를 위한 사이버보안 컨셉 가이드
			  - 저장 및 전송 중인 데이터 보호 메커니즘 구현
			  - 데이터 가용성 보장
			  - 데이터 유출에 대한 보호
			  - 정보 및 데이터 무결성 보장	

Step 3	탐지 (Detect)	비정상 행위 및 이벤트 탐지 및 모니터링	• 정보와 데이터 보호를 위한 탐지 프로세스, 데이터 유출 모니터링 • 정보와 데이터 유출 사고 임계치 설정, 이벤트 영향 결정, 상관관계 분석	
	대응 (Respond)		사이버보안 대응, 사이버보안 사고 완화 및 방지를 위한 활동 이행	
	복구 (Recover)		• 사이버보안 복구 계획 및 프로세스 개선 활동을 수행 • 사이버 리질스언스(Cyber Resilience)	

:: 5.12 정보 분류

- ISO 27001 통제 목적은 조직에 대한 정보의 중요성에 따라 정보보호 요구사항을 식별하는 것으로 정보보안 속성은 기밀성, 무결성, 가용성을 보장해야 하며, 조직의 운영 능력은 정보보호에 해당한다.
- 정보 분류는 조직의 정보보안 요구사항에 따라 분류되어야 한다.

통제(Controls)	5.12 정보 분류(Classification of information)				
ISO 27001 통제	정보는 기밀성, 무결성, 가용성 및 이해 당사자 요구사항을 기반으로 조직의 정보보안 요구사항에 따라 분류되어야 함				
목적	조직에 대한 정보의 중요성에 따라 정보보호 요구사항을 식별하고 이해하도록 보장				
ISO 27002 속성	통제 유형	정보보안 속성	사이버보안 통제	운영 능력	보안 도메인
	Preventive	Confidentiality Integrity Availability	Identify	Information Protection	Protection Defence

가이드라인	• 조직은 정보 분류에 대한 정책을 수립하고, 정보보안 요구사항에 따라 분류되어야 함 　– 정보보안 속성 기밀성, 무결성, 가용성을 고려해야 함 　– 자산 소유자를 식별(자산 소유자는 자산을 보호하고 책임져야 함) 　– 자산 분류 기준은 정보의 중요도, 민감도에 따라 업데이트함 　– 적절한 보호(Appropriate Protection)를 적용해야 함 　– 보호 요구사항은 적절한 정보보안 통제를 적용하는 것임(적절한 통제에 따라 정보보안 및 사이버보안 목표를 달성함) 　– 고객 계약 요구사항이 있는 경우 정보 분류 및 취급 절차가 포함되어야 함
권장 사항	• 자산 분류와 취급은 데이터 생명주기(생성, 수집, 이용, 제공, 저장, 전송, 파기)에 정보보안 및 사이버보안 속성이 다르므로 이를 기반으로 자산 분류와 적절한 보호 기준을 결정함 • 보호 기준에 따라 적절한 정보보안 통제를 적용(구현)하고, 조직의 정보보안 및 사이버보안 목표를 달성함(정보 분류(데이터 또는 정보)는 정보보안 및 사이버보안 목표를 달성하기 위한 출발점임)

:: 5.13 정보 라벨링

- ISO 27001 정보보안 속성은 기밀성, 무결성, 가용성에 해당되며, 사이버보안 통제(Concept)는 보호(Protect)를 고려하여 적용할 수 있다.
- 조직의 운영 능력은 정보보호에 해당되어 정보 분류 기준에 따라 전자적/물리적 형식에 의해 저장 및 전송하는 경우 라벨링을 구현해야 한다(정보 라벨링도 동일).

통제(Controls)	5.13 정보 라벨링(Labelling of information)				
ISO 27001 통제	조직에서 채택한 정보 분류 체계에 따라 정보 라벨링에 대한 적절한 절차를 수립하고 구현해야 함				
목적	정보 분류의 원활한 의사소통 및 정보처리 및 관리의 자동화 지원				
ISO 27002 속성	통제 유형	정보보안 속성	사이버보안 통제	운영 능력	보안 도메인
	Preventive	Confidentiality Integrity Availability	Protect	Information Protection	Protection Defence
가이드라인	• 정보 라벨링은 분류 체계를 반영하며, 절차는 정보 및 기타 관련 자산을 다루어야 함 　– 전자적/물리적 형식에 의해 전송되거나 저장된 정보에 레이블을 지정하는 방법 　– 라벨링이 불가능한 경우(예 : 기술적 제한) 처리하는 방법 　– 라벨링 기술의 예는 물리적 라벨, 머리글/바닥글, 메타데이터, 워터마크, 스탬프 등이 있음 　– 디지털 정보는 기밀성과 관련하여 정보를 식별 및 관리하기 위해 메타 데이터를 활용할 수 있음				

:: 5.14 정보 전송

- ISO 27001 통제 목적은 조직 및 외부 이해 관계자와 전송된 정보보안을 유지하기 위한 것으로 정보보안 속성은 기밀성, 무결성, 가용성을 보장해야 하며, 조직의 운영 능력은 Asset Management Information Protection에 해당된다.
- 조직은 정보 전송 정책에 따라 전송 시 정보와 데이터를 보호해야 한다.

통제(Controls)	5.14 정보 전송(Information transfer)			사이버보안 컨셉	Protect
ISO 27001 통제	모든 유형의 정보 전송에 대해 정책 및 절차는 계약이 마련되어 있어야 함				
목적	조직 및 외부 이해 관계자와 전송된 정보보안을 유지함				
ISO 27002 속성	통제 유형	정보보안 속성	사이버보안 통제	운영 능력	보안 도메인
	Preventive	Confidentiality Integrity Availability	Protect	Asset Management Information Protection	Protection
가이드라인	• 정보 전송 정책(절차)을 수립하고, 정보와 데이터를 보호해야 함 - 정보 전송 시 보호 요구사항은 데이터 및 정보에 해당(자산 분류 기준) - 정보 전송 방법은 E-mail 전송, 물리적 저장 매체 전송, 문서 정보가 해당 - 정보와 데이터를 보호하는 기술은 접근 제어, 암호화, 부인방지 등이 있음 - 사용자 인증, 보안 로그인, 멀티 팩터 인증(MFA) 기술을 적용 - 정보 전송(E-mail 전송) 시 법적, 계약 요구사항을 고려해야 함 - 중요 정보 전송 시 정보 라벨링(예 : 워터마킹)을 적절한 보호 수단으로 사용함				

:: 8.1 사용자 엔드포인트 디바이스

- ISO 27001 통제 목적 및 통제 속성은 데이터와 정보 유출 위험 방지로 정보를 보호하는 것으로 정보보안 속성은 기밀성, 무결성, 가용성에 해당되며, 사이버보안 통제는 보호 속성에 따라 데이터 보호 및 유출에 대한 사이버보안 통제를 적용할 수 있다(조직의 운영 능력은 자산 관리 정보보호에 해당).
- 조직은 데이터 및 정보 유출 위험 방지로 정보보호 원칙에 따라 Endpoint Data Protection Technology 보호 기술, DLP(Data Loss Prevention), EDR(Endpoint Detection Response) 기술을 적용할 수 있다.
- Endpoint의 구성 요소에는 Client Devices, Client Device Apps, Internet of Things (IoT) Devices, Network/Infrastructure Devices, Services and Applications High Level Architecture가 포함된다.

통제(Controls)	8.1 사용자 엔드포인트 디바이스(User endpoint devices)	사이버보안 컨셉	Protect
ISO 27001 통제	사용자 엔드포인트 디바이스에 저장, 처리, 액세스할 수 있는 정보는 보호하되 데이터의 생성, 저장, 전송 시 데이터 보호가 이루어져야 함		
목적	사용자 엔드포인트 디바이스를 사용하여 발생 위험으로부터 정보를 보호함		
ISO 27002 속성	<table><tr><th>통제 유형</th><th>정보보안 속성</th><th>사이버보안 통제</th><th>운영 능력</th><th>보안 도메인</th></tr><tr><td>Preventive</td><td>Confidentiality Integrity Availability</td><td>Protect</td><td>AssetManagement Information Protection</td><td>Protection</td></tr></table>		
가이드라인	• 사용자 엔드포인트 디바이스 정책을 수립한 후 관련 직원에게 전달하고, 다음을 고려해야 함 　- 엔트포인트 디바이스의 처리 및 저장 또는 정보 유형 및 분류 수준 　- 사용자 엔드포인트 디바이스의 등록 　- 소프트웨어 설치 제한과 소프트웨어 설치 및 업데이트 　- 인터넷망 연결 시 정책 또는 절차 　- 접근 통제 및 저장 장치 암호화 　- 악성코드로부터 보호(Malware Protection) 　- 원격 비활성화와 백업 　- 웹 서비스 및 웹 애플리케이션 사용 　- 사용자 비정상 행위 분석(Endpoint User) 　- 이동식 저장 매체의 비활성화(USB 포트) • 사용자 책임(User Responsibility)에서 모든 사용자는 사용자 엔드포인트 장치를 보호하기 위한 보안 요구사항과 절차 및 보안 조치의 구현 책임에 대해 알고 있어야 함 • 무선 연결 장치의 무선 연결 구성(예 : 취약한 프로토콜 비활성화)		
권장 사항	• Endpoint Data Protection Technology(보호 기술) 　- DLP(Data Loss Prevention) 　- EDR(Endpoint Detection Response)		

:: 8.10 정보 삭제

- ISO 27001 통제 목적은 민감한 정보의 불필요한 노출을 방지하고, 정보 삭제에 대한 법적, 규제, 계약 요구사항을 준수하는 것으로 정보보안 속성은 기밀성을 보장해야 하며, 조직의 운영 능력은 정보보호 및 법률 및 컴플라이언스에 해당된다.
- 조직은 정보 삭제에 대한 법적, 규제 및 계약 요구사항을 준수해야 한다.

통제(Controls)	8.10 정보 삭제(Information deletion)				
ISO 27001 통제	정보시스템, 장치 또는 기타 저장 매체에 저장된 정보는 필요하지 않을 때 삭제해야 함				
목적	민감한 정보의 불필요한 노출을 방지하고 정보 삭제에 대한 법적, 규제 및 계약 요구사항을 준수함				
ISO 27002 속성	통제 유형	정보보안 속성	사이버보안 통제	운영 능력	보안 도메인
	Preventive	Confidentiality	Protect	Information Protection	Protection
가이드라인	• 시스템, 애플리케이션, 서비스에 대한 정보를 삭제할 때 다음의 사항을 고려해야 함 　- 업무 요구사항에 따라 삭제 방법(예 : 전자 덮어쓰기 또는 암호 삭제)을 선택하고, 관련 법률 및 규정을 고려함 　- 삭제 결과를 증거로 기록 　- 더 이상 필요하지 않을 때 정보를 안전하게 파기하도록 시스템을 구성 　- 포렌식 도구를 사용하여 정보를 복구할 수 없도록 승인된 보안 삭제 소프트웨어를 사용 　- 승인(인증)된 안전한 폐기 서비스 제공업체를 사용 　- 폐기되는 저장 매체 유형에 적합한 폐기 메커니즘을 사용(예 : 하드 디스크 드라이브 및 기타 자기 저장 매체의 소자 제거) 　- 정보 삭제 기록은 정보 유출 사건의 원인을 분석할 때 유용함 　- 클라우드 서비스에서 데이터 삭제에 대한 정보는 ISO/IEC 27017을 참조				

:: 8.11 데이터 마스킹

- ISO 27001 통제 목적은 PII(개인 식별 정보)를 포함한 민감한 데이터 노출을 제한하고 법적, 규제 및 계약 요구사항을 준수하는 것으로 정보보안 속성은 기밀성을 보장해야 하며, 조직의 운영 능력은 정보보호에 해당된다.
- 데이터 마스킹은 해당 법률을 고려하여 액세스 제어 및 조직의 정책에 따라 데이터 마스킹 기술을 구현해야 한다.

통제(Controls)	8.11 데이터 마스킹(Data masking)				
ISO 27001 통제	데이터 마스킹은 해당 법률을 고려하여 액세스 제어 및 기타 관련 주제별 비즈니스 요구사항에 대한 조직의 정책에 따라 사용되어야 함				
목적	PII(개인 식별 정보)를 포함한 민감한 데이터의 노출을 제한하고 법적, 규제, 계약 요구사항을 준수함				
ISO 27002 속성	통제 유형	정보보안 속성	사이버보안 통제	운영 능력	보안 도메인
	Preventive	Confidentiality	Protect	Information Protection	Protection

가이드라인	• 민감한 데이터(예 : PII) 보호가 우려되는 경우 조직은 데이터 마스킹, 가명화, 익명화와 같은 기술을 사용하여 데이터 비식별화를 고려해야 함
	• 데이터 마스킹 기술을 구현할 때 다음의 사항을 고려해야 함
	  - 최소한의 데이터만 표시되도록 쿼리 및 마스크를 설계
	  - 데이터 난독화 메커니즘을 설계하고 구현
	  - 법적 또는 규제 요구사항
	• 데이터 마스킹, 가명화, 익명화를 사용할 때 다음의 사항을 고려해야 함
	  - 처리된 데이터 사용에 따른 데이터 마스킹, 가명화, 익명화의 강도 수준
	  - 처리된 데이터 사용에 따른 동의 또는 제한
	  - 처리된 데이터에 대한 액세스 제어
	  - 처리된 데이터의 제공 및 수신을 추적

∷ 8.12 데이터 유출 방지

- ISO 27001 통제 목적은 데이터 유출 탐지와 예방하기 위한 것으로 조직은 데이터 유출 위험을 완화하기 위해 정보보안과 사이버보안 통제를 적용 및 구현한다.
- ISO 27001 통제 목적은 데이터 유출 위험 탐지와 예방으로 정보보안(사이버보안) 사고를 예방 및 탐지하기 위한 통제로 적용된다.
- 정보보안 속성은 데이터 보호 기밀성에 해당되고, 사이버보안 통제는 보호와 탐지를 고려하여 적용할 수 있으며 조직의 운영 능력은 정보보호에 해당되어 데이터 유출 위험 탐지 및 방지 통제가 구현되어야 한다.
- 조직은 ISO 27002:2022 정보보안, 사이버보안 통제 속성을 고려하여 데이터 유출 위험 탐지(방지) 기술을 구현하고, 모니터링 활동을 수행해야 한다.
- 사이버보안 목표, 추가 통제 원칙에 따라 High Level 수준의 데이터 보호 및 개인정보보호, 사이버보안 통제 활동을 권장한다.

통제(Controls)	8.12 데이터 유출 방지(Data leakage prevention)			사이버보안 컨셉	Protect Detect
ISO 27001 통제	데이터 유출 방지 조치는 민감한 정보를 처리, 저장, 전송하는 시스템과 네트워크 및 기타 장치에 적용되어야 함				
목적	개인 또는 시스템에 의한 정보의 무단 공개 및 유출을 탐지하고 방지(데이터 유출 위험 탐지 및 방지가 목적임)				
ISO 27002 속성	통제 유형	정보보안 속성	사이버보안 통제	운영 능력	보안 도메인
	Preventive Detective	Confidentiality	Protect Detect	Information Protection	Protection Defence

구분	내용
가이드라인	• 조직은 (정보)데이터 유출 위험을 줄이기 위해 다음을 고려해야 함 　- 정보 유출을 방지하기 위해 정보 식별 및 분류(데이터 또는 정보 유출 범위가 적용 범위에 해당, 정보에는 데이터 및 정보가 포함됨) 　- 데이터 유출 경로 모니터링(이메일, 파일 전송, 모바일 장치, 휴대용 저장 장치) 　- 정보 유출 방지 조치(민감한 정보가 포함된 이메일 격리) 　- 무단 공개의 위험이 있는 민감한 정보(사용자 시스템의 비정형 데이터)를 식별하고 모니터링 　- 민감한 정보의 공개를 탐지(정보가 신뢰할 수 없는 타사 클라우드 서비스에 업로드되거나 이메일을 통해 전송되는 경우) 　- 민감한 정보를 노출하는 사용자나 네트워크 전송을 차단 　- 조직은 데이터 유출 방지 기술을 구현해야 함(예 : DLP, EDR) 　- 데이터 유출 방지에는 직원 및 이해 당사자 모니터링을 포함하고, 데이터 보호와 개인정보보호(개인정보 유출) 법률 및 규제 요구사항을 고려해야 함 　- 데이터 유출 방지의 맥락에서 모니터링, 데이터 처리, 주제별 정책(Access Control)을 지원할 수 있음(예 : 접근 제어 정책)
권장사항	• 정보보호 및 데이터 보호(데이터 보호 기술) 　- DLP(Data Loss Prevention) 　- EDR(Endpoint Detection Response) • 데이터 유출 방지 기술은 데이터를 식별하고, 데이터 사용과 이동을 모니터링하며 데이터 유출 방지를 위한 조치를 취함 • 위험 평가에 따라 데이터 유출에 대한 사이버보안 속성으로 데이터 보호 기술을 구현하고, DLP 또는 EDR 기술을 선택할 수 있음 • 데이터 보호 국제기준, 글로벌 표준은 데이터의 저장, 전송, 이동, 파기 단계 메커니즘을 적용하고, 데이터 유출에 대한 모니터링 활동을 권장함 • 글로벌 기준 데이터 보호 원칙에 따라 데이터 흐름 매핑의 네트워크 다이어그램 식별과 데이터 흐름에서 위협 및 취약점을 식별해야 함(SOC2, NIST 사이버보안 프레임워크, PCI)
의존성 통제 및 요구사항	• 5.12 Classification of Information • 5.15 Access Control • EU GDPR(클라우드 서비스 이용자, CSP, CSC 해당 시 GDPR 24조, 28조, 32조) • 데이터 유출 위험 완화를 위한 (정보)데이터 식별, 분류, 수집, 이용, 제공, 저장(관리), 전송, 데이터 국외 이전(클라우드 서비스 사용 시) 등 데이터 생명주기 정보보안과 사이버보안 요구사항을 고려해야 함
추가 통제	• 5.23 Information security for use of cloud services • 5.34 Privacy and protection of PII

• 위험 기반 및 추가 통제 원칙에 따라 데이터 보호 정보를 처리, 저장, 전송 시 데이터 유출 방지를 위한 정보보안 및 사이버보안 통제를 적합하게 구현해야 한다(추가 통제 NIST CSF, CIS, GDPR 3원칙, ISO 29100 11 원칙).

- 데이터 보호 사이버보안 목표를 달성하기 위한 Best Practice 샘플(자산 유형, 정보보안 속성, 사이버보안 속성/통제 정의, 보호 수준 등)은 다음과 같다.

Asset Category	정보보안 속성			사이버보안 속성			사이버보안 통제	Protection Classes	추가 통제			
									ISO 27002	ISO 27701	ISO 27017 ISO 27018	GDPR
	C	I	A	C	I	A						
Data	○	○		○			Protect	High	○	○	○ (AWS, GCP, MS)	○

- 데이터 보호, 사이버보안 목표를 달성하기 위한 기술적인 접근 통제, 네트워크 통제, 암호화, E-mail 전송 시 암호화, 로그 관리는 High Level 수준의 사이버보안 통제를 고려하여 적용한다.
- 다음은 사이버보안 통제의 예시로 조직의 사이버보안 목표에 따라 사이버보안 통제의 구현 수준은 달라질 수 있다.

통제 카테고리		Cybersecurity Concept ISO 27002:2022	Protection Class High	Protection Class Very High	ISO/IEC 27002
사이버 보안	접근 통제	Protect	접근 권한 관리	특권 권한 관리	• 접근 통제 • 접근 권한 • 특권 권한 관리
	네트워크 통제	Protect	네트워크 관리 및 제어는 확장된 요구사항에 따라 결정되고 구현됨 (인증, 액세스 제한)	ZTA(Zero Trust Architecture) 원칙 고려	• 네트워크 통제 • 8.27(ZTA 원칙)
	암호화	Protect	저장, 전송 시 암호화	–	암호화
	정보 전송	Protect	정보 전송 시 암호화	전송 시 이메일 암호화(End-to-end encryption)	• 정보 전송 • 데이터 유출 방지
	로그 관리	Protect	이벤트 로그는 계약 요구사항에 따라 적용 및 기록	법적 요구사항에 해당되는 로그는 매우 높은 수준으로 보호	로그 및 모니터링

:: 데이터 유출 공격 벡터 및 데이터 보호

카테고리	데이터 유출 공격 벡터 및 데이터 보호 가이드
데이터 유출 공격 벡터	• SO 27002:2013 정보보안 통제의 정보보안, 사이버보안, 개인정보보호에서 사이버보안 및 개인정보보호 통제가 확장된 부분이 개정의 핵심임 • 데이터 유출에 따른 ENISA 위협 환경 분석(2022년) 　– Verizon에 따르면 데이터 침해의 85%는 인적 요소와 관련이 있는데 사회 공학적 공격 벡터는 70%이고, 나머지 취약한 보안 설정 공격 패턴은 15%임 　– 웹 애플리케이션 공격, 오류, 시스템 침입이 주요 패턴으로 전체의 83%를 차지함 　– 공급망 공격의 약 58%는 데이터(주로 개인 데이터 및 지식 재산권을 포함한 고객 데이터)에 대한 액세스 권한 획득을 목표로 하고, 약 16%는 사람에 대한 액세스 권한 획득을 목표로 함(랜섬웨어 공격)
데이터 보호	• Zero Trust Principles 　– 위험 평가(처리) 선택 및 구현 방법에서 통제에 대한 속성이 개정됨 　– 사이버보안 속성에 따라 보호, 탐지, 대응, 복구의 수행 정책 　– 국제표준 ISO 27002:2022 정보보안, 사이버보안 통제 프레임워크
사이버보안 권장 사항	• 사이버 공격 보호, 탐지, 대응, 복구, 복원력에 따른 사이버보안 능력을 강화하기 위한 조직 레벨에서 사이버보안 인식 프로그램의 핵심 활동을 수립하고 이행하는 것을 권장함 • ENISA 데이터 보호 권장 사항 　– 데이터 암호화, 멀웨어 방지/DLP, 강력한 인증 및 접근 제어(MFA, Zero Trust) 　– Transport Layer Security(TLS) 프로토콜 버전 1.3 적용

:: 8.33 테스트 정보

- ISO 27001 통제 목적은 테스트의 관련성을 확인하고, 테스트에 사용되는 운영 정보를 보호하는 것으로 정보보안 속성은 기밀성, 무결성을 보장해야 하며, 조직의 운영 능력은 정보보호에 해당된다.
- 조직은 테스트 정보를 적절하게 보호 및 관리해야 한다.

통제(Controls)	8.33 테스트 정보(Test information)				
ISO 27001 통제	테스트 정보는 적절하게 보호 및 관리되어야 함				
목적	테스트의 관련성을 확인하고, 테스트에 사용되는 운영 정보를 보호함				
ISO 27002 속성	통제 유형	정보보안 속성	사이버보안 통제	운영 능력	보안 도메인
	Preventive	Confidentiality Integrity	Protect	Information Protection	Protection

가이드라인	• 테스트 결과의 신뢰성과 운영 정보의 기밀성을 보장하기 위해서 테스트 정보를 선택해야 함
	  – 테스트에 사용되는 경우 제거 또는 마스킹(8.11 참조)으로 민감한 정보를 보호
	  – 운영 환경에 적용된 동일한 접근 제어 절차를 테스트 환경에도 적용
	  – 운영 정보가 테스트 환경에 복사될 때마다 별도의 승인
	  – 테스트 정보의 무단 사용을 방지하기 위해 테스트가 완료된 직후 테스트 환경에서 운영 정보를 적절하게 삭제
	  – 테스트 정보는 안전하게 저장되어야 하며, 테스트 목적으로만 사용해야 함

:: 8.34 감사 및 테스트의 정보시스템 보호

- ISO 27001 통제 목적은 운영 시스템 및 비즈니스 프로세스에 대한 감사와 기타 보증 활동 영향을 최소화하는 것으로 정보보안 속성은 기밀성, 무결성, 가용성을 보장해야 하며, 조직의 운영 능력은 시스템 및 네트워크 보안, 정보보호에 해당된다.
- 조직은 감사 및 테스트의 정보시스템 보호(Protection of information systems during audit testing) 정책에 따라 감사 및 테스트 목적의 모든 액세스를 모니터링하고 기록해야 한다.

통제(Controls)	8.34 감사 및 테스트의 정보시스템 보호 (Protection of information systems during audit testing)					
ISO 27001 통제	운영 시스템의 평가와 관련된 감사 테스트 및 기타 보증 활동을 계획해야 함					
목적	운영 시스템 및 비즈니스 프로세스에 대한 감사와 기타 보증 활동 영향을 최소화함					
ISO 27002 속성	통제 유형	정보보안 속성	사이버보안 통제	운영 능력	보안 도메인	
	Preventive	Confidentiality Integrity Availability	Protect	System and Network Security Information Protection	Protection	

가이드라인	• 조직은 다음의 지침을 준수해야 함
	  – 적절한 관리를 통해 시스템과 데이터에 대한 액세스 감사 요청에 동의
	  – Technical Audit Tests의 범위에 대한 동의 및 통제
	  – 감사 테스트를 소프트웨어와 데이터에 대한 읽기 전용 액세스로 제한
	  – 액세스를 허용하기 전 시스템(랩톱, 태블릿)에 액세스할 때 사용되는 장치의 보안 요구사항(예 : 바이러스 백신 및 패치)을 설정하고 확인
	  – 시스템 파일의 격리된 복사본에 대한 읽기 전용 이외의 액세스만 허용
	  – 감사 및 테스트 목적으로 모든 액세스를 모니터링하고 기록
	  – 감사 테스트 및 기타 보증 활동은 개발과 테스트 시스템에서도 발생할 수 있음					

6 비즈니스 연속성

:: 5.29 중단 시 정보보안

- 비즈니스 연속성(Business Continuity)은 비즈니스 중단적 사고 후 사전에 규정된 수용 가능 수준에서 제품 또는 서비스 공급을 지속할 수 있는 조직의 능력이다(ISO/IEC 22301 용어 정의).
- 비즈니스 연속성 관리는 조직에 대한 잠재적 위협이 실제로 발생할 경우 비즈니스 운영 위협에 대한 영향을 파악하고, 조직의 핵심 이해 관계자 이익, 조직의 명성, 브랜드 및 가치 활동을 보호하는 효과적인 대응능력으로 조직 회복력을 구축하는 프레임워크를 제공하는 프로세스이다(정보보호 측면에서 비즈니스 연속성 관리는 연속성(Continuity)으로 명칭이 변경된 통제임).
- ISO 27001 통제 목적은 중단 중에 정보 및 기타 관련 자산을 보호하는 것으로 정보보안 속성은 가용성을 보장하며, 조직의 운영 능력은 연속성에 해당된다.
- 조직에서 고려할 사항은 사고(Incident)에서 중단(Disruption)으로 연속성에 대한 통제가 불확실성의 영향으로 범주가 확대된 부분이다.
- 조직은 중단 중에 적절한 수준의 정보보안을 유지하는 방법, 비즈니스 연속성 관리 프로세스, 비즈니스 연속성 계획을 수립 및 구현해야 한다.

통제(Controls)	5.29 중단 시 정보 보안(Information security during disruption)				
ISO 27001 통제	조직은 중단 중에 적절한 수준에서 정보보안을 유지하는 방법을 계획해야 함				
목적	중단 중에 정보 및 기타 관련 자산을 보호하기 위해 사용				
ISO 27002 속성	통제 유형	정보보안 속성	사이버보안 통제	운영 능력	보안 도메인
	Corrective	Availability	Respond	Continuity	Resilience
가이드라인	• 조직은 다음을 구현하고 유지해야 함 　- 정보보안 요구사항은 비즈니스 연속성 관리 프로세스에 포함되어야 함 　- 복원(Restore)하기 위해 계획을 개발, 구현, 테스트, 검토, 평가해야 함 　- 정보보안 통제, 비즈니스 연속성, ICT 연속성 계획 내의 지원 시스템 및 도구 　- 중단 중에 기존 정보보안 통제를 유지하기 위한 프로세스 　- 중단 중에 유지될 수 없는 정보보안 통제의 보완 　- 비즈니스 영향 분석 및 위험 평가를 기반으로 정보의 기밀성, 무결성 손실 결과를 고려하고, 가용성을 유지해야 할 필요성과 우선순위를 지정해야 함 　- 비즈니스 영향 분석(BIA)에 대한 추가 지침은 ISO/TS 22317을 참조				

- 비즈니스 영향 평가(BIA), Recovery Time Objective(RTO), Recovery Point Objective(RPO)는 다음과 같다.

Step	ISO/IEC 27002:2022 정보보안 통제	Continuity Activity	국제표준 연속성 가이드라인
Step 1	식별 (Identify)	비즈니스 영향 평가 (BIA)	• 비즈니스 영향 분석(Business Impact Analysis) – 비즈니스 중단이 미칠지 모르는 활동 및 결과를 분석하는 프로세스 – 정보 및 데이터, 보안 사고 및 시스템 중단 위험의 위험 소스 식별과 분석(정보보안 및 사이버보안 사고 및 공격으로 발생할 수 있는 위험 식별, RTO/RPO 식별)
		RTO	• Recovery Time Objective(RTO) • 사고 이후의 목표 시간(Target time following an incident)
		Recovery Point Objective(RPO) 또는 Maximum Data Loss(MDL)	• Recovery Point Objective (RPO) • 활동 재개 시 작동할 수 있도록 활동에서 사용하는 정보를 복원해야 하는 시점과 시간
Step 2	보호 (Protect)	데이터 보호 (Data Protection)	• 식별 및 인증, 보안 로그인(MFA) • 네트워크 보안 정책(지침, 절차서)의 수립 및 운영 • 악성코드에 대한 보호(Malware Protection) • 암호화 • 비즈니스 연속성 관리(BIA, RTO, RPO)
Step 3	탐지 (Detect)	데이터 복구 (Data Recovery)	네트워크 보안 사고 이벤트를 식별하기 위한 활동을 구현해야 함
	대응 (Respond)		네트워크 보안 사고 대응, 사고 완화 및 방지하기 위한 활동 이행해야 함
	복구 (Recover)		네트워크 보안 사고 복구 계획 및 프로세스 개선 활동을 수행해야 함

- Recovery Time Objective(RTO), Recovery Point Objective(RPO)의 샘플은 다음과 같다.
  - RTO : 사고 후 시스템, 애플리케이션 또는 기능을 복구해야 하는 복구 목표 시간이다.
  - RPO : 사고 후 데이터가 복원되는 시점, 활동 재개 시 작동할 수 있는 데이터와 정보의 목표 시간이다.

Asset Category	정보보안 속성			사이버보안 속성			RTO	RPO	사이버보안 통제	Protection Classes
	C	I	A	C	I	A				
Data				○	○	○				High

∷ 5.30 비즈니스 연속성을 위한 ICT 준비

- ISO 27001 통제 목적은 중단 중에 조직의 정보 및 기타 관련 자산의 가용성을 보장하는 것으로 정보보안 속성은 가용성을 보장하며, 조직의 운영 능력은 연속성(Continuity)에 해당된다.
- 조직은 정보보안 목적에 따라 가용성을 보장하는 자산을 범주로 BIA, RTO, RPO를 식별하고, ICT 연속성 요구사항에 따라 계획, 구현, 유지관리, 테스트 되어야 한다.

통제(Controls)	5.30 비즈니스 연속성을 위한 ICT 준비(ICT readiness for business continuity)				
ISO 27001 통제	ICT 준비는 비즈니스 연속성 목표 및 ICT 연속성 요구사항에 따라 계획, 구현, 유지 관리, 테스트 되어야 함				
목적	중단 중에 조직의 정보 및 기타 관련 자산의 가용성을 보장함				
ISO 27002 속성	통제 유형	정보보안 속성	사이버보안 통제	운영 능력	보안 도메인
	Corrective	Availability	Respond	Continuity	Resilience

가이드라인	• ICT 연속성 요구사항은 비즈니스 영향 분석(BIA)의 결과로 BIA 프로세스는 영향 유형과 기준을 사용하여 제품 및 서비스를 제공하는 비즈니스 활동의 중단 시간 경과에 따른 영향(BIA)을 평가해야 함
	• 가용성을 보장해야 하는 자산(정보보호 및 사이버보안 속성에서 보호 대상을 식별하는 것이 원칙임)을 범주로 RTO, RPO를 식별
	• 조직은 다음을 보장해야 함
	  – ICT 연속성 계획, 복구 계획, R&R
	  – Recovery Time Objective(RTO), Recovery Point Objective(RPO)의 식별
	  – 연습과 테스트를 통해 정기적으로 평가(예 : 재해 복구 모의훈련)				

∷ 5.37 문서화된 운영 절차

- ISO 27001 통제 목적은 정보시스템의 정확하고 안전한 운영을 보장하는 것으로 정보보안 속성은 기밀성, 무결성, 가용성을 보장하며, 조직의 운영 능력은 자산 관리에 해당된다.

- 조직은 정보처리 시설(정보시스템 운영)의 운영 절차를 문서화하고, 조직의 정보보안 목적 및 목표 수준은 적절한 통제 수준을 고려하여 운영 절차를 수립한다.

통제(Controls)	5.37 문서화된 운영 절차(Documented operating procedures)				
ISO 27001 통제	정보처리 시설의 운영 절차를 문서화하여 이를 필요로 하는 인원이 이용할 수 있도록 처리함				
목적	정보 처리 시설의 정확하고 안전한 운영을 보장함				
ISO 27002 속성	통제 유형	정보보안 속성	사이버보안 통제	운영 능력	보안 도메인
	Preventive Corrective	Confidentiality Integrity Availability	Protect Recover	Asset Management	Governance
가이드라인	• 정보보안과 관련된 조직의 운영 활동을 위해 다음과 같은 문서화된 절차를 수립해야 함 - 책임자 그리고 시스템의 안전한 설치 및 구성 - 자동화 및 수동화의 정보 처리, 백업 및 복원력 - 시스템 장애 발생 시 사용하기 위한 시스템의 재시작 및 복구 절차 - 감사 추적 및 시스템 로그 정보 - 용량, 성능 및 보안과 같은 모니터링 절차 - 문서화된 운영 절차를 검토하고, 주기적으로 업데이트				
권장 사항	ISO 27002:2013 A.12.1.1(운영 절차 문서화) 통제 항목(前)으로 조직의 운영 활동을 지원하기 위해 절차를 수립함(조직의 정보보안 목적 및 목표 수준, 적절한 통제 수준을 고려하여 절차를 수립)				

:: 8.6 용량 관리

- ISO 27001 통제 목적은 정보 처리 시설, 인적 자원, 사무실 및 기타 시설의 요구 능력을 보장하는 것으로 정보보안 속성은 기밀성, 무결성, 가용성을 보장하며, 조직의 운영 능력은 연속성에 해당된다.
- 조직은 정보보안 목적에 따라 시스템 및 프로세스의 비즈니스 중요도를 고려하여 정보처리 시설, 인적 자원, 사무실 및 기타 시설에 대한 용량 요구사항을 식별하고, 시스템의 가용성과 효율성을 보장한다.

통제(Controls)	8.6 용량 관리(Capacity management)
ISO 27001 통제	자원 사용은 현재와 예상 용량 요구사항에 따라 모니터링 및 조정되어야 함
목적	정보 처리 시설, 인적 자원, 사무실 및 기타 시설의 요구되는 능력을 보장함

ISO 27002 속성	통제 유형	정보보안 속성	사이버보안 통제	운영 능력	보안 도메인
	Preventive Detective	Integrity Availability	Identify Protect Detect	Continuity	Governance
가이드라인	• 시스템 및 서비스에 대한 스트레스 테스트(Stress Tests)를 수행하여 최대 성능 요구사항을 충족하기에 충분한 시스템 용량을 확인해야 함 • 클라우드 컴퓨팅은 특정 애플리케이션 및 서비스에 사용할 수 있는 리소스를 주문형으로 빠르게 확장하고 줄일 수 있는 탄력성과 확장성을 가지고 있음				

:: 8.13 정보 백업

- ISO 27001 통제 목적은 데이터 또는 시스템의 손실로부터 데이터의 가용성을 보장하는 것으로 정보보안 속성은 기밀성, 무결성, 가용성을 보장하며, 조직의 운영 능력은 연속성에 해당된다.
- 조직은 백업 정책을 수립하고, 데이터 무결성 및 가용성을 보장하는 백업 데이터의 테스트 활동을 수행한다.

통제(Controls)	8.13 정보 백업(Information backup)		사이버보안 컨셉	Recover	
ISO 27001 통제	정보, 소프트웨어 및 시스템의 백업 사본은 백업에 대한 합의된 정책에 따라 유지 관리되고, 정기적으로 테스트 되어야 함				
목적	데이터 또는 시스템의 손실(Loss)로부터 복구할 수 있음(데이터 가용성 원칙)				
ISO 27002 속성	통제 유형	정보보안 속성	사이버보안 통제	운영 능력	보안 도메인
	Corrective	Integrity Availability	Recover	Continuity	Protection

가이드라인	• 백업 정책을 다루기 위해 조직이 정보, 소프트웨어, 시스템을 백업하는 방법에 대한 계획을 수립하고 구현해야 함(백업 정책 및 절차)
	• 백업 계획(정책)을 수립할 때 다음의 항목을 고려해야 함
	  - 조직의 비즈니스 요구사항(예 : BIA, RTO, RPO), 관련된 정보보안 요구사항 및 지속적 운영에 대한 정보의 중요성 반영(예 : 전체 또는 차등 백업, 백업 빈도)
	  - 백업을 안전한 원격 위치에 저장하고, 주요 사이트의 재해로 인한 피해를 피할 수 있는 충분한 거리 유지
	  - 백업 미디어를 정기적으로 테스트하여 필요시 비상용으로 사용할 수 있는지 확인
	  - 백업 또는 복원 프로세스가 실패하고, 복구할 수 없는 데이터 손상이나 손실이 발생한 경우 원래의 저장 미디어를 덮어쓰는 것이 아니라 백업된 데이터를 테스트 시스템에 복원하는 기능을 확인
	  - 기밀성이 중요한 상황에서 식별된 위험에 따라 암호화를 통해 백업 보호				

가이드라인	- 운영 절차는 백업 실행을 모니터링하고, 예약된 백업 실패를 해결하여 백업에 대한 주제별 정책에 따라 백업의 완전성을 보장해야 함 - 백업 조치는 사고 대응 및 비즈니스 연속성 계획의 목표를 충족하는지 확인하기 위해 정기적으로 테스트 되어야 함 - 중요한 시스템 및 서비스의 경우 백업 조치는 재해 발생 시 전체 시스템을 복구하는 데 필요한 모든 시스템 정보, 애플리케이션, 데이터를 포함해야 함 - 클라우드 서비스의 일부로 제공되는 정보 백업 서비스를 사용할 때 백업 요구사항의 충족 여부와 방법을 결정해야 함
권장 사항	• 조직은 가능한 경우 데이터 중요도, 민감도에 따라 자동 백업을 수행함 • 조직이 백업에서 리소스를 복원하는 데 필요한 시간 RTO와 백업 간 시간 RPO 및 백업 시간에 대한 요구사항을 정의하여 백업 데이터의 보호 정책을 권장함 • 백업은 정의된 백업 일정에 따라 수행되고, 백업 테스트 빈도의 일정에 따라 테스트되며 백업 테스트의 성공적인 복구를 보장하는 복원이 포함되어야 함(데이터 무결성 보장 원칙 및 무결성 테스트)

:: 8.14 정보처리 시설의 이중화

- ISO 27001 통제 목적은 정보처리 시설의 지속적인 운영을 보장하는 것으로 정보보안 속성은 가용성을 보장하며, 조직의 운영 능력은 연속성, 자산 관리에 해당된다.
- 정보처리 시설의 이중화는 비즈니스 서비스 및 정보시스템의 가용성에 대한 요구사항을 식별하고, 적절한 이중화로 시스템 아키텍처를 설계 및 구현해야 한다.

통제(Controls)	8.14 정보처리 시설의 이중화(Redundancy of information processing facilities)				
ISO 27001 통제	정보처리 시설은 가용성 요구사항을 충족하기에 충분한 이중화로 구현되어야 함				
목적	정보처리 시설의 지속적인 운영을 보장함				
ISO 27002 속성	통제 유형	정보보안 속성	사이버보안 통제	운영 능력	보안 도메인
	Preventive	Availability	Protect	Continuity Asset Management	Protection Resilience
가이드라인	• 조직은 중복 시스템(Redundant Systems)을 구현할 때 다음을 고려해야 함 - 두 개 이상의 네트워크 공급업체 및 인터넷 서비스 제공업체 같은 중요 정보처리 시설과의 계약 - 중복 네트워크 사용(Redundant Networks) - 미러링된 시스템이 있는 지리적으로 분리된 두 개의 네트워크 존(Zone)을 사용(클라우드 서비스의 경우 지역(Region), 가용 영역(Availability Zone)) - 물리적으로 이중화된 전원 공급 장치 또는 소스 사용 - 소프트웨어 구성 요소의 여러 병렬 인스턴스를 사용하여 이들 사이의 자동 로드 밸런싱 - 시스템(CPU, 하드 디스크, 메모리) 또는 네트워크(방화벽, 라우터, 스위치)에 복제된 구성 요소				

7 공급자 관계 보안

∷ 5.19 공급망 정보보안

- 공급망 보안(Supply Chain, Supplier Relationships)은 글로벌 사이버 위협으로 글로벌 디지털 데이터 경제에서 밸류 체인(Value Chine)에 해당하는 제품 및 서비스는 유럽, 미국 등 글로벌 공급망 관계에서 사이버보안과 데이터 보호 수준을 입증해야 한다.
- 자율주행차, 의료기기, 커넥티드 모빌리티 서비스, 디지털 자산 등은 사이버보안의 규제 대상으로 향후 모든 제품, 서비스들이 사이버보안 컴플라이언스 및 규제를 준수해야 한다.
- 공급망 침해는 정보시스템의 기밀성, 무결성, 가용성을 위태롭게 하기 위해 공격자가 활용할 수 있는 정보시스템에서 공급망 내부의 사고를 의미한다(시스템이 처리, 저장, 전송하는 라이프 사이클 중 어느 시점에서든 발생할 수 있음).
- 통제 명칭은 공급자 관계에서 공급망으로 지칭하는데 속성(Attribute)은 데이터 유출 방지의 예방 통제 및 사후 통제로 데이터 기밀성을 보장하며, 사이버보안 속성은 사이버 위협(공격 표면, 공격 벡터, 위협 및 취약점)에 대한 위험 완화(Risk Mitigation) 활동으로 데이터 보호 통제를 구현한다.
- 공급망 보안에서 가장 취약한 연결 고리(공격 벡터)를 식별하고, 강력한 정보보안 및 사이버보안 능력을 입증한다.
- 사이버 공격의 영향으로 새로운 공격 벡터와 기술은 공급망 보안의 요구사항을 변화시키는데 향후 10년 동안 가장 우려되는 10대 글로벌 위험 중 하나에 공급망 보안이 포함되면 사이버 공격에 대응하기 위한 공급망에서는 위험 기반 접근 방식을 권장한다.
- ISO 27001 통제 목적은 공급업체 관계(Supplier Relationships)에서 합의된 수준의 정보보안을 유지하는 것으로 정보보안 속성은 기밀성, 무결성, 가용성을 보장하며, 조직의 운영 능력은 공급업체 관계 보안에 해당된다.

통제 (Controls)	5.19 공급자 관계(공급망)에서의 정보보안 (Information security in supplier relationships)		사이버보안 컨셉	Identify	
ISO 27001 통제	공급자의 제품 또는 서비스 사용과 관련된 정보보안 위험을 관리하기 위해 프로세스와 절차를 정의하고 구현해야 함				
목적	공급업체 관계(Supplier Relationships)에서 합의된 수준의 정보보안을 유지함				
ISO 27002 속성	통제 유형	정보보안 속성	사이버보안 통제	운영 능력	보안 도메인
	Preventive	Confidentiality Integrity Availability	Identify	Supplier Relationships Security	Governance Protection

가이드라인	• 조직은 공급자가 제공하는 제품 및 서비스 사용과 관련된 정보보안 위험을 관리하기 위해 프로세스와 절차를 식별 및 구현해야 함 – 공급업체에 대한 보안 정책을 수립하고, 관련 이해 당사자에게 전달해야 함 – 정보의 기밀성, 무결성, 가용성에 영향을 미칠 수 있는 공급자 유형을 식별하고 문서화(예 : ICT 서비스, 물류, 유틸리티, 금융 서비스, ICT 인프라 구성 요소) – 정보, 제품, 서비스의 민감도에 따라 공급자를 평가하고 선택하는 방법을 설정 – 적절한 정보보안 통제가 있는 공급업체의 제품과 서비스를 평가하고 검토 – 정보의 기밀성, 무결성, 가용성에 영향을 미칠 수 있는 공급자가 제공하는 ICT 기반 시설의 구성 요소 및 서비스 유형 정의 – 공급자가 제공하는 제품(제품에 사용되는 소프트웨어 구성 요소 포함) 또는 서비스의 오작동과 취약점 – 제3자 검토 및 제품 검증을 포함하여 각 유형의 공급업체와 액세스 유형에 확립된 정보보안 요구사항의 준수 – 공급업체 정보 및 정보처리의 가용성, 복원력에 따라 조직 정보의 가용성을 보장하기 위한 복구 및 비상 조치 – 공급자의 적절한 정보보안 통제 검토
권장 사항	공급망 사이버보안 참조 모델(ISO/IEC 27036 사이버보안 – 공급자 관계)

:: 5.20 공급자 계약 내 정보보안 문제 해결

- ISO 27001 통제 목적은 공급업체 관계에서 합의된 수준의 정보보안을 유지하는 것으로 정보보안 속성은 기밀성, 무결성, 가용성을 보장하며, 조직의 운영 능력은 공급자 관계 보안에 해당된다.
- 공급자 계약 내 정보보안 문제 해결은 공급업체 계약을 수립 및 문서화하고, 정보보안 요구사항을 충족해야 한다.

통제 (Controls)	5.20 공급자 계약 내 정보보안 문제 해결 (Addressing information security within supplier agreements)				
ISO 27001 통제	공급업체 관계 유형에 따라 정보보안 요구사항을 수립하고, 공급자와 합의해야 함				
목적	공급업체 관계에서 합의된 수준의 정보보안을 유지함				
ISO 27002 속성	통제 유형	정보보안 속성	사이버보안 통제	운영 능력	보안 도메인
	Preventive	Confidentiality Integrity Availability	Identify	Supplier Relationships Security	Governance Protection
가이드라인	• 정보보안 요구사항을 충족하기 위해 다음의 조건을 계약에 포함할 수 있음 – 조직의 분류 체계에 따른 정보 분류 – 조직 자체의 분류 체계와 공급자의 분류 체계간 매핑 – 데이터 보호, 개인 식별 정보(PII) 처리, 지적 재산권 및 저작권을 포함하는 법적, 규제 및 계약적 요구사항				

- 계약 당사자의 의무와 조직의 정보보안 요구사항을 준수하는 공급자의 의무
- 계약자가 요건을 충족하지 못한 경우의 배상금
- 정보보안 요구사항에 대한 제3자 증명의 증거와 보증 메커니즘 및 통제 효과에 대한 독립적인 보고서
- 계약과 관련된 공급자 프로세스와 통제를 감사할 권리
- 정보 분류에 상응하는 물리적 보안 통제
- 물리적 전송 또는 논리적 전송 정보를 보호하기 위한 정보 전송 제어

- 공급자 정보보안 및 사이버보안 계약의 요구사항 예시는 컨트롤러(위탁사)와 프로세서(이해관계자)이다.
- RACI(Responsible, Accountable, Consulted, Informed)의 샘플은 다음과 같다.

Asset Category	정보보안과 사이버보안 요구사항		Requirement Applicability (ISO 27001 Annex A)	Protection Level	RACI(R&R)		
	정보보안	사이버보안			Organization	Supplier 1	Supplier 2
정보 (○○정보)	○			High	R	I	I
데이터 (○○데이터)		○		High	R	I	I
개인정보 (○○개인정보)		○		High	R	I	I

:: 5.21 ICT 공급망 정보보안 관리

- Gartner는 2025년까지 전 세계 조직의 45%가 소프트웨어 공급망에 대한 공격(Supply Chain Risk)을 경험할 것으로 예측하며, 글로벌 사이버보안 법률 및 규제 요구사항은 사이버보안 공급망 위험 관리를 섹터별 산업 분야(반도체, 자동차, 의료기기, 소프트웨어, 클라우드 서비스 등)에서 입증(공급망 사이버보안 규제 및 법률)을 요구하고 있다.
- ISO 27001 통제 목적은 공급업체 관계에서 합의된 수준의 정보보안을 유지하는 것으로 정보보안 속성은 기밀성, 무결성, 가용성을 보장하며, 조직의 운영 능력은 공급자 관계 보안에 해당된다.
- ICT 공급망의 정보보안 관리는 ICT 제품 및 서비스 공급망과 관련된 정보보안 위험을 관리하기 위해 프로세스와 절차를 구현해야 한다.

통제 (Controls)	5.21 ICT 공급망 정보보안 관리 (Managing information security in the ICT supply chain)				
ISO 27001 통제	ICT 제품 및 서비스 공급망과 관련된 정보보안 위험을 관리하기 위해 프로세스와 절차를 정의하고 구현해야 함				
목적	공급업체 관계에서 합의된 수준의 정보보안을 유지해야 함				
ISO 27002 속성	통제 유형	정보보안 속성	사이버보안 통제	운영 능력	보안 도메인
	Preventive	Confidentiality Integrity Availability	Identify	Supplier Relationships Security	Governance Protection
가이드라인	• 공급업체 관계에 대한 정보보안 요구사항 외에도 ICT 공급망 보안 내 정보보안을 다루기 위해 다음의 주제를 고려해야 함 　- ICT 제품 또는 서비스 획득에 적용할 정보보안 요구사항 정의 　- ICT 제품 및 서비스가 명시된 보안 요구사항의 준수 여부를 확인하기 위해 모니터링 프로세스 및 허용 가능한 방법을 구현 　- ICT 공급망과 제공되는 제품 및 서비스에 중요한 영향을 미치는 모든 문제를 이해하기 위해 공급업체와 협력				

:: 5.22 공급자 서비스 모니터링, 검토 및 변경 관리

- ISO 27001 통제 목적은 공급업체 계약에 따라 합의된 수준의 정보보안 및 서비스 제공을 유지하는 것으로 정보보안 속성은 기밀성, 무결성, 가용성을 보장하며, 조직의 운영 능력은 공급자 관계 보안에 해당된다.
- 공급자 서비스의 모니터링, 검토 및 변경 관리는 공급업체 정보보안 관행과 서비스 제공의 변경 사항을 정기적으로 모니터링, 검토 평가 및 관리해야 한다.

통제 (Controls)	5.22 공급자 서비스 모니터링, 검토 및 변경 관리 (Monitoring, review and change management of supplier services)				
ISO 27001 통제	조직은 공급업체 정보보안 관행 및 서비스 제공의 변경 사항을 정기적으로 모니터링, 검토, 평가, 관리해야 함				
목적	공급업체 계약에 따라 합의된 수준의 정보보안 및 서비스 제공을 유지함				
ISO 27002 속성	통제 유형	정보보안 속성	사이버보안 통제	운영 능력	보안 도메인
	Preventive	Confidentiality Integrity Availability	Identify	Supplier Relationships Security Information Security Assurance	Governance Protection

가이드라인	• 공급업체 서비스의 모니터링, 검토 및 변경 관리는 계약에서 정보보안 조건이 준수되고, 정보보안 사고와 문제를 관리하며 공급업체 서비스 또는 비즈니스 상태의 변경이 서비스 제공에 영향을 미치지 않도록 함
	• 다음을 포함한 공급업체의 변경 사항을 모니터링함
	  – 새로운 애플리케이션 및 시스템 개발
	  – 공급업체 정책과 절차의 수정 또는 업데이트
	  – 정보보안 사고를 해결하고, 정보보안을 개선하기 위해 변경한 통제
	  – 합의된 서비스 연속성 수준이 유지되도록 설계된 실행 계획과 함께 충분한 서비스 기능을 유지하도록 보장
	  – 공급업체가 준수를 검토하고, 계약의 요구사항을 실행할 책임을 할당
	  – 공급자가 적절한 정보보안 수준을 유지하고 있는지 정기적으로 평가
	  – 계약의 요구사항이나 정보보안 요구사항이 충족되고 있는지 모니터링할 수 있는 충분한 기술과 리소스가 제공되어야 함

∷ 5.23 클라우드 서비스 이용을 위한 정보보안

- ISO 27001 통제 목적은 클라우드 서비스 사용에 대한 정보보안을 명시하고 관리하는 것으로 정보보안 속성은 기밀성, 무결성, 가용성을 보장하며, 조직의 운영 능력은 공급자 관계 보안에 해당된다.
- 클라우드 서비스 이용을 위한 정보보안은 클라우드 보안 정책, 클라우드 추가 통제 원칙에 따라 클라우드 보안 요구사항을 적용한다.
- CSP, CSC는 추가 통제 원칙에 따라 ISO/IEC 27017, 클라우드 개인정보보호 ISO/IEC 27018 적용성을 고려하여 적용한다.

통제 (Controls)	5.23 클라우드 서비스 이용을 위한 정보보안 (Information security for use of cloud services)		사이버보안 컨셉	Protect
ISO 27001 통제	클라우드 서비스의 이용, 관리, 종료 프로세스는 조직의 정보보안 요구사항에 따라 설정되어야 함			
목적	클라우드 서비스 사용에 대한 정보보안을 명시하고 관리함			
ISO 27002 속성	통제 유형	정보보안 속성	사이버보안 통제	운영 능력	보안 도메인
	Preventive	Confidentiality Integrity Availability	Protect	Supplier Relationships Security	Governance Protection
추가 통제 국제표준	ISO/IEC 27017, ISO/IEC 27018			

가이드라인	• 조직은 클라우드 서비스 사용에 대한 정책을 수립하고, 모든 이해 당사자에게 전달해야 함
	• 클라우드 서비스 제공자(CSP)와 클라우드 서비스 고객/이용자(CSC) 역할에서 조직 모두의 책임(Shared Responsibility)을 적절하게 정의하고 구현함
	• 조직은 다음을 정의해야 함
	  – 클라우드 서비스 사용과 관련된 모든 정보보안의 요구사항
	  – 클라우드 서비스 선정 기준 및 클라우드 서비스 이용 범위
	  – 클라우드 서비스 사용 및 관리와 연관된 역할과 책임
	  – 클라우드 서비스 제공자가 관리하는 정보보안 통제와 클라우드 서비스 고객인 조직에서 관리하는 정보
	  – 클라우드 서비스 제공자가 제공하는 정보보안 기능의 획득과 활용 방법
	  – 클라우드 서비스 제공자가 구현한 정보보안 통제의 보증 방법
	  – 클라우드 서비스 이용 시 발생하는 정보보안 사고 처리 절차
	  – 정보보안 위험을 관리하기 위한 클라우드 서비스의 지속적인 모니터링, 검토 및 평가의 접근 방식
	  – 클라우드 서비스 계약은 적절한 클라우드 서비스 목표와 함께 조직의 기밀성, 무결성, 가용성 및 정보처리 요구사항을 다루어야 함
	  – 클라우드 서비스 사용과 관련된 모든 잔여 위험은 조직의 적절한 관리자가 명확하게 식별하고 수용해야 함
	• 클라우드 서비스 제공자와 클라우드 서비스 고객 역할을 하는 조직간 계약에는 조직의 데이터 보호 및 서비스 가용성에 대한 다음의 조항을 포함해야 함
	  – 클라우드 서비스의 액세스 제어를 관리
	  – 맬웨어 모니터링 및 보호 솔루션 구현
	  – 조직의 민감한 정보를 승인된 위치(특정 국가 또는 지역)나 특정 관할권 내 또는 해당 관할 구역에서 처리 및 저장
	  – 데이터 및 구성 정보의 필수 백업을 제공하고, 백업을 안전하게 관리
	  – 서비스 제공 중 서비스 종료나 요청 시 클라우드 서비스 고객 역할을 하는 조직이 소유한 구성 파일, 소스 코드, 데이터 등의 정보 제공 및 반환

:: **클라우드 서비스의 구현**

통제(Controls)	클라우드 서비스(CSP, CSC)의 구현 가이드라인
클라우드 서비스 제공자(CSC)	책임 공유 모델 원칙에 따라 IAM, 네트워크 보안, 데이터 보호, 애플리케이션 보안 영역은 필수적인 CSC 조직 책임으로 ISO 27017 클라우드 보안 관리 활동을 수행하는 것을 권장함
클라우드 서비스 사업자 (IaaS, PaaS, SaaS)	• IaaS 사업자는 ISO/IEC 27001, 27017, 27018 국제표준에 따라 안전성, 신뢰성, 책임성, 투명성을 보증(Assurance)하고, 클라우드 보안을 강화함 • PaaS, SaaS CSP, CSC는 책임 공유 모델 원칙에 따라 수행
클라우드 서비스 매니지드 사업자 (MSP)	MSP 사업자도 사이버 공격(클라우드 서비스 위협) 보호 대책으로 CSP와 동등하게 ISO/IEC 27001, 27017, 27018 국제표준에 따라 안전성, 신뢰성, 책임성, 투명성을 보증하고 클라우드 보안을 강화함

모범 사례 (Best Practices)	AWS, MS, GCP 클라우스 서비스 제공자(CSP)는 ISO 27001 추가 통제 그리고 클라우스 서비스 이용자(CSC)는 ISO 27001, ISO 27017, 27018 클라우드 추가 통제를 기반으로 클라우드 보안 위협 및 사이버보안 위험을 관리함
추가 통제 가이드라인 (Additional Control)	• 클라우스 서비스 제공자(CSP)는 사이버보안 위협에 대해 강력한 클라우드 보호 대책(사이버보안 통제) 및 위험을 고려하여 추가 통제를 적용함 • 클라우스 서비스 이용자(CSC)는 ISO 27017, 27018 추가 통제를 고려하여 적용함
해외 동향 (AWS, MS, GCP)	• 사이버보안 행정 명령(대통령 행정 명령, 21.5)으로 2024년까지 클라우드 서비스 제공자(CSP)는 제로 트러스트, 강력한 접근 통제, 암호화 등 보안을 강화함 • 적절한 수준에서 강력한 보안 수준으로 강화되어 CSC, IaaS, PaaS, SaaS, MSP 등도 클라우드 보안을 강화함

:: 클라우드 추가 통제

ISO 27002:2022 사이버보안	ISO 27002:2022 운영 능력 (15개 카테고리)	추가통제 (Additional Control)			추가 통제	추가 통제 상세 항목
		ISO 27701	ISO 27017	ISO 27018		
보호 (Protect)	ISO/IEC 27002:2022 A.5.34(개인정보보호 및 PII 보호)					
	ISO/IEC 27701	○			Annex A 컨트롤러 (PII Controllers)	통제 선택 및 구현
	ISO/IEC 27701	○			Annex B 프로세서 (PII Processors)	통제 선택 및 구현
	ISO/IEC 27002:2022 A.5.23 클라우드 서비스 사용을 위한 정보보안					
	ISO/IEC 27017		○	○	Annex A Cloud Service Extended Control Set(클라우드 서비스 추가 통제)	통제 선택 및 구현
	ISO/IEC 27018		○	○	Annex A 개인정보보호를 위한 퍼블릭 클라우드 PII 프로세서 추가 통제	통제 선택 및 구현

:: 클라우드 추가 통제의 모범 사례

국제표준 클라우드 보안	ISO/IEC 27017 클라우드 서비스 제공자(CSP)	ISO/IEC 27018 클라우드 서비스 이용자(CSC)
클라우드 서비스 유형	IaaS, PaaS, SaaS	IaaS, PaaS, SaaS
모범 사례	책임 공유 모델로 클라우드 서비스 이용자(CSC)의 클라우드 서비스 책임 부분과 데이터 보호 부분에서 CSC 관련 통제 항목을 많이 활용함(추가 통제로 데이터를 보호하려는 목적)	책임 공유 모델로 클라우드 서비스 이용자(CSC)의 클라우드 서비스 책임 부분과 데이터 보호 부분에서 CSC 관련 통제 항목을 조직에서 구현함(추가 통제로 데이터 보호 목적을 달성)

:: 클라우드 기반의 사이버보안 트랜스포메이션

카테고리	클라우드 기반의 사이버보안 트랜스포메이션
클라우드 서비스 전환으로 예측하는 2025, 2030년의 사이버보안 전략	• 향후 2025, 2030년 EU(유럽연합), 미국의 글로벌 클라우드 로드맵을 보면 그 중심에 사이버보안 트랜스포메이션(Cybersecurity Transformation)의 가치가 입증될 것임 • 웹 3.0 기반의 인터넷 사이버 스페이스는 플랫폼 디지털 및 데이터를 중시하지만 사이버보안 트랜스포메이션의 신뢰와 목표 달성 수준은 현재 유효하지 않음 • 2025, 2030년에 사이버보안의 변곡점 시기가 올 것으로 예측되므로 사이버보안 직무 및 이해 관계자는 사이버보안의 가치를 달성하기 위한 전략 수립을 권장함
CSP, CSC 클라우드 서비스 2025년의 권장 사항	• 국제표준 정보보안, 사이버보안, 개인정보보호 표준에서 사이버보안 섹터에 포함되는 클라우드 보안 표준 ISO 27017, 27018은 향후 2025년까지 순차적으로 개정이 진행 • 표준의 핵심은 사이버보안 목표 수준을 달성할 수 있는 방법과 최신 기술이 반영되므로 클라우드 보안 목표 수준을 국제표준 글로벌 수준으로 유지하는 것을 권장함 • 클라우드 종속성이 강한 AWS, MS, Google GCP 클라우드 서비스는 플랫폼 클라우드 보안 책임 공유 모델로 CSP, CSC가 클라우드 보안 수준을 보장하고 유지하는 것이 데이터 보호와 사이버보안의 핵심 가치임(클라우드 서비스 제공자 또는 이용자는 국제표준 ISO 27017/27018 CSP, CSC 책임을 입증해야 함)

8 법률 및 컴플라이언스

:: 5.31 법적, 규제 및 계약 요구사항

• ISO 27001 통제 목적은 정보보안과 관련된 법적, 규제 및 계약 요구사항을 준수하는 것으로 정보보안 속성은 기밀성, 무결성, 가용성을 보장하며, 조직의 운영 능력은 법률 및 컴플라이언스에 해당된다.

- 조직은 정보보안과 관련된 법적, 규제 및 계약 요구사항을 식별 및 문서화하고 최신 상태로 유지한다.

통제 (Controls)	5.31 법적, 규제 및 계약 요구사항 (Legal, statutory, regulatory and contractual requirements)				
ISO 27001 통제	정보보안과 관련된 법적, 규제, 계약 요구사항을 충족하기 위한 조직의 접근 방법을 식별 및 문서화하고 최신 상태로 유지해야 함				
목적	정보보안과 관련된 법적, 규제 및 계약 요구사항을 준수함				
ISO 27002 속성	통제 유형	정보보안 속성	사이버보안 통제	운영 능력	보안 도메인
	Preventive	Confidentiality Integrity Availability	Identify	Legal and Compliance	Governance Protection

가이드라인	• 조직은 클라우드 서비스 사용에 대한 정책을 수립하고, 모든 이해 당사자에게 전달해야 함
	• 법적, 규제 또는 계약적 요구사항을 포함한 외부 요구사항을 고려해야 함
	• 조직은 다음의 사항을 정의해야 함
	  – 정보보안 정책 및 절차 개발
	  – 정보보안 통제를 설계, 구현, 변경
	  – 공급자 계약은 정보보안 요구사항을 설정하기 위한 프로세스의 일부로 정보 및 기타 관련 자산을 분류
	  – 정보보안 위험 평가를 수행하고, 정보보안 위험 처리 활동을 결정
	  – 정보보안과 관련된 역할 및 책임 그리고 프로세스를 결정
	  – 제품 및 서비스 공급 범위와 관련된 공급자의 계약 요구사항을 결정
	• 조직의 비즈니스 유형에 대한 요구사항을 인식하기 위해 정보보안과 관련된 모든 법률 및 규정을 식별
	  – 변경 사항을 최신 상태로 유지하고, 새로운 법률을 식별하기 위해 확인된 법률 및 규정을 정기적으로 검토
	  – 해당 요구사항을 충족하기 위해 특정 프로세스와 개별 책임을 정의하고 문서화
	  – 암호화는 법적 요구사항이 있는 영역으로 관련 계약, 법률 및 규정 준수를 고려해야 함
	  – 정보 보안과 관련된 계약 요구사항에는 고객과의 계약, 공급자와의 계약 사항이 포함되어야 함				

5.32 지식 재산권

- ISO 27001 통제 목적은 지식 재산권 및 제품 사용과 관련된 법적, 규제, 계약 요구사항을 준수하는 것으로 정보보안 속성은 기밀성, 무결성, 가용성을 보장하며, 조직의 운영 능력은 법률 및 컴플라이언스에 해당된다.
- 조직은 지식 재산권을 보호하기 위해 적절한 절차를 이행해야 한다.

통제(Controls)	5.32 지식 재산권(Intellectual property rights)				
ISO 27001 통제	조직은 지식 재산권을 보호하기 위해 적절한 절차를 이행해야 함				
목적	지식 재산권 및 제품 사용과 관련된 법적, 규제, 계약 요구사항을 준수함				
ISO 27002 속성	통제 유형	정보보안 속성	사이버보안 통제	운영 능력	보안 도메인
	Preventive	Confidentiality Integrity Availability	Identify	Legal and Compliance	Governance

가이드라인	• 지식 재산권으로 간주될 수 있는 모든 자료를 보호하기 위해 해당 지침을 고려해야 함
	  - 지식 재산권 보호에 관한 주제별 정책을 정의하고 전달
	  - 소프트웨어 및 정보 제품의 규정 준수 사용을 정의하는 지식 재산권 규정 준수의 게시 절차
	  - 저작권이 침해되지 않도록 평판 좋은 출처를 통해서만 소프트웨어를 구입
	  - 적절한 자산 등록을 유지하고, 지적 재산권을 보호하기 위한 요구사항이 있는 모든 자산을 식별
	  - 라이선스, 매뉴얼 등의 소유권에 대한 증거 및 유지
	  - 라이선스 사용자 또는 리소스의 최대 수 보장
	  - 승인된 소프트웨어와 라이선스 제품만 설치되었는지 확인하기 위해 검토 수행
	  - 지식 재산권에는 소프트웨어, 문서 저작권, 디자인 권리, 상표, 특허, 소스 코드 라이선스가 포함됨				

:: 5.33 기록 보호

- ISO 27001 통제 목적은 법적, 규제 및 계약적 요구사항의 준수를 보장하는 것으로 정보보안 속성은 기밀성, 무결성, 가용성을 보장하며, 조직의 운영 능력은 법률 및 컴플라이언스에 해당된다.
- 조직은 정보보안 목적에 따라 법적, 규제 및 계약적 요구사항의 준수를 보장하는 기록 보호 활동을 수행한다.

통제(Controls)	5.33 기록 보호(Protection of records)				
ISO 27001 통제	기록은 손실, 파괴, 변조, 무단 접근 및 무단 액세스로부터 보호되어야 함				
목적	법적, 규제 및 계약적 요구사항의 준수를 보장함				
ISO 27002 속성	통제 유형	정보보안 속성	사이버보안 통제	운영 능력	보안 도메인
	Preventive	Confidentiality Integrity Availability	Identify Protect	Legal and Compliance	Defence

가이드라인	• 기록의 신뢰성, 무결성, 유용성을 보호하기 위해 다음의 단계를 수행해야 함 　- 기록의 조작 방지를 포함하여 기록 보관, 처리 체인, 기록 폐기의 지침을 발행 　- 기록은 기록 유형(회계 기록, 비즈니스 거래 기록, 인사 기록, 법률 기록)으로 분류하고, 각 물리적/전자적 허용 가능한 저장 매체 유형과 보유 기간에 대한 세부 정보를 포함함 　- 데이터 저장 시스템의 충족 요구사항에 따라 필요한 기록을 허용 가능한 시간 프레임과 형식으로 검색할 수 있도록 선택함 　- 전자 저장 매체를 선택할 경우 보존 기간 동안 기록에 액세스할 수 있는 능력(저장 매체 및 형식 가독성)의 보장 절차를 수립하여 미래의 기술 변화로 인한 손실을 방지해야 함 　- 암호화된 아카이브 또는 디지털 서명과 관련된 모든 암호화 키 및 프로그램은 기록이 유지되는 동안 암호를 해독할 수 있도록 관리해야 함 　- 기록에는 문서 형태의 정보, 데이터 모음, 비즈니스 과정에서 생성, 캡처, 관리되는 기타 유형의 디지털 또는 아날로그 정보 데이터가 포함됨

:: 5.34 개인정보보호 및 PII 보호

- ISO 27001 통제 목적은 PII 보호의 정보보안 측면과 관련된 법적, 규제적, 계약적 요구사항을 준수히는 것으로 정보보안 속성은 기밀성, 무결성, 가용성을 보장하며, 사이버보안 통제는 식별(Identify), 보호(Protect) 속성에 따라 데이터 보호 사이버보안 활동을 수행한다(조직의 운영 능력은 정보보호, 법률, 컴플라이언스에 해당됨).
- 개인정보보호 및 PII 보호는 관련 법률, 규정, 계약 요구사항에 따라 개인정보보호 및 PII 보호와 관련된 요구사항을 식별하고 적법성, 투명성, 책임성을 입증한다.
- 추가 통제 원칙에 따라 ISO/IEC 27701, 클라우드 개인정보보호 ISO/IEC 27018 적용성을 고려하여 적용하는 것을 권장한다.
- ISO/IEC 29151 PII 실무 지침은 개인정보보호와 관련된 위험 및 영향 평가에 의해 식별된 요구사항을 충족시키기 위해서 통제 목적과 구현 지침을 제공한다.

통제(Controls)	5.34 개인정보보호 및 PII 보호 (Privacy and protection of PII)		사이버보안 컨셉	Identify Protect
ISO 27001 통제	조직은 관련 법률 및 규정, 계약 요건에 따라 개인정보보호 및 PII 보호와 관련된 요구사항을 식별하고 충족해야 함			
목적	PII 보호의 정보보안 측면과 관련된 법적, 규제적, 계약적 요건을 준수하도록 보장함			
ISO 27002 속성	통제 유형	정보보안 속성	사이버보안통제	운영 능력	보안 도메인
	Preventive	Confidentiality Integrity Availability	Identify Protect	Information Protection Legal and Compliance	Protection

가이드라인	• 조직은 개인정보보호 정책을 수립하고, 모든 이해 관계자(수탁사, 개인정보 취급자)에게 전달되어야 함 • 조직은 개인정보보호 역할 및 책임, 개인정보보호 책임자 및 담당자를 지정해야 함 • 개인정보보호 책임은 법규에 따라 처리되어야 함 • 개인정보보호는 조직적, 관리적, 기술적, 물리적 보호 조치가 이행되어야 함 • ISO/IEC 29100은 PII 보호를 위한 높은 수준의 개인정보보호 프레임워크를 제공함 • 추가 통제는 ISO/IEC 27701, 클라우드 개인정보보호 ISO/IEC 27018을 참조
권장 사항	• Privacy by Design, 개인정보보호 원칙(적법성, 투명성, 책임성), 개인정보보호 법률 및 규제를 준수하는 데이터 보호, 글로벌 기준의 수준을 유지하는 것을 권장함 • 글로벌 데이터 보호 컴플라이언스 GDPR 및 국내 데이터 3법(개인정보보호 데이터 보호 관련 법률)에 법적/사회적 책임을 통해 지속 가능한 경영(ESG 사회적 책임)을 보장할 수 있으며, 국제 개인정보보호 표준과 ISO 27701 개인정보보호 국제표준을 기반으로 지속 가능한 개인정보보호 활동을 권장함

:: 개인정보보호 추가 통제(ISO/IEC 27701:2019 - PII Controllers)

A.1 Control objectives and controls(통제 목적 및 통제)
A.7.2 Conditions for collection and processing(수집 및 처리 조건)

Objective : To ensure that processing is lawful, with legal basis as per applicable jurisdictions, with clearly defined and legitimate purposes.
목적 : 해당 관할 지역에 따른 법적 근거가 있으며, 명확하게 정의되고 적법한 목적으로 처리가 합법적임을 결정하고 문서화하기 위함

A.7.2.1	Identify and document purpose 목적 식별 및 문서화	Control The organization shall identify and document the specific purposes for which the PII will be processed. 제어 조직은 PII가 처리되는 특정 목적을 식별하고 문서화해야 함
A.7.2.2	Identify lawful basis 법적 근거 식별	Control The organization shall determine, document and comply with the relevant lawful basis for the processing of PII for the identified purposes. 식별된 목적을 위한 개인정보 처리에서 적법한 법적 근거를 결정하고, 문서화하며 준수해야 함
A.7.2.3	Determine when and how consent is to be obtained 언제 어떻게 동의를 획득할 것인지 결정	Control The organization shall determine and document a process by which it can demonstrate if, when and how consent for the processing of PII was obtained from PII principals. 동의를 언제 어떻게 획득했는지 설명할 수 있는 프로세스를 결정하고, 문서화해야 함

A.7.2.4	Obtain and record consent 동의 및 기록	Control The organization shall obtain and record consent from PII principals according to the documented processes. 문서화된 프로세스에 따라 개인정보 주체로부터 동의를 획득하고 기록해야 함
A.7.2.5	Privacy impact assessment 개인정보 영향 평가	Control The organization shall assess the need for, and implement where appropriate, a privacy impact assessment whenever new processing of PII or changes to existing processing of PII is planned. 새로운 개인정보 처리 또는 기존 개인정보 처리의 변경이 계획된 경우 개인정보 영향 평가의 필요성을 평가하고 적절한 경우 이행해야 함
A.7.2.6	Contracts with PII processors PII 프로세서와의 계약	Control The organization shall have a written contract with any PII processor that it uses, and shall ensure that their contracts with PII processors address the implementation of the appropriate controls in Annex B. 조직이 사용하는 PII 프로세서와 서면 계약을 맺고, PII 프로세서와의 계약이 부록 B에서 적절한 통제 구현을 처리하도록 함
A.7.2.7	Joint PII controller 공동 PII 컨트롤러	Control The organization shall determine respective roles and responsibilities for the processing of PII (including PII protection and security requirements) with any joint PII controller. 조직은 공동 PII 컨트롤러와 함께 PII(PII 보호 및 보안 요구사항 포함) 처리를 위한 각자의 역할과 책임을 결정해야 함
A.7.2.8	Records related to processing PII PII 처리와 관련된 기록	Control The organization shall determine and securely maintain the necessary records in support of its obligations for the processing of PII. 개인정보 처리 의무의 증거로 필요한 해당 기록을 결정하고, 안전하게 관리해야 함

A.7.3 Obligations to PII principals(PII 주체에 대한 의무)

Objective : To ensure that PII principals are provided with appropriate information about the processing of their PII, and to meet any other applicable obligations to PII principals related to the processing of their PII.
목적 : 개인정보 주체는 자신의 개인정보 처리에 대한 적절한 정보를 제공받도록 보장하고, 개인정보 처리와 관련하여 개인정보 주체에 대한 해당 의무를 충족하기 위함

A.7.3.1	Determining and fulfilling obligations to PII principals PII 주체에 대한 의무 결정 및 이행	Control The organization shall determine, document and comply with their legal, regulatory and business obligations to PII principals, related to the processing of their PII and provide the means to meet these obligations. 조직은 PII 처리와 관련하여 PII 주체에 대한 법적, 규제적, 사업적 의무를 결정하고 문서화하며 이러한 의무를 이행할 수 있는 방법을 제공해야 함

A.7.3.2	Determining information for PII principals PII 주체에 대한 정보 결정	Control The organization shall determine and document the information which is to be provided to PII principals regarding the processing of their PII and the timing of such a provision. 조직은 PII 처리와 관련하여 PII 주체에게 제공될 정보를 결정하고 문서화해야 함
A.7.3.3	Providing information to PII principals PII 주체에게 정보 제공	Control The organization shall provide PII principals with clear and easily accessible information related to the PII controller and the processing of their PII. 조직은 PII 주체에게 PII 통제 및 해당 PII 처리와 관련하여 명확하고 쉽게 접근할 수 있는 정보를 제공해야 함
A.7.3.4	Provide mechanism to modify or withdraw consent 동의를 수정하거나 철회할 수 있는 메커니즘을 제공	Control The organization shall provide a mechanism for PII principals to modify or withdraw their consent. 조직은 PII 주체가 그들의 동의를 수정하거나 철회할 수 있는 메커니즘을 제공해야 함
A.7.3.5	Provide mechanism to object to PII processing PII 처리에 반대하는 메커니즘을 제공	Control The organization shall provide a mechanism for PII principals to object to the processing of their PII. 조직은 PII 주체가 자신의 PII를 처리하지 못하도록 하는 메커니즘을 제공해야 함
A.7.3.6	Access, correction and/or erasure 접근, 수정 및 삭제	Control The organization shall implement policies, procedures and/or mechanisms to meet their obligations to PII principals to access, correct and/or erase their PII. 조직은 PII 주체에 대한 의무를 이행하여 PII에 접근, 수정, 삭제하는 정책, 절차 및 메커니즘을 구현해야 함
A.7.3.7	PII controllers' obligations to inform third parties 제3자에게 알려주는 PII 컨트롤러의 의무	Control The organization shall implement policies, procedures and mechanisms to inform third parties with whom the PII has been shared of any modification, withdrawal or objections pertaining to the shared PII. 조직은 PII가 공유된 제3자에게 PII와 관련된 수정, 철회, 이의 제기를 알리는 정책, 절차 및 메커니즘을 구현해야 함
A.7.3.8	Providing copy of PII processed 처리된 PII의 사본 제공	Control The organization shall be able to provide a copy of the PII that is being processed when requested by the PII principal. 조직은 PII 주체가 요청할 경우 처리되는 PII 사본을 제공할 수 있어야 함

A.7.3.9	Handling requests 요청 처리	**Control** The organization shall define and document policies and procedures for handling and responding to legitimate requests from PII principals. 조직은 PII 주체로부터 합법적인 요청을 처리하고 대응하기 위한 정책 및 절차를 정의하고 문서화해야 함
A.7.3.10	Automated decision making 자동화된 의사결정	**Control** The organization shall identify and address all obligations, including legal obligations, to the PII principals resulting from decisions made by the organization and related to the PII principal based solely on automated processing of PII. 조직은 PII의 자동화된 처리에 기초하여 결정한 결과로 PII 주체에 대한 법적 책임을 포함하여 모든 의무를 식별하고 해결해야 함

A.7.4 Privacy by design and by privacy default(개인정보보호 적용 설계 및 개인정보 기본 설정)

Objective : To ensure that processes and systems are designed such that the collection and processing (including use, disclosure, retention, transmission and disposal) are limited to what is necessary for the identified purpose.
목적 : 수집 및 처리(사용, 공개, 보유, 전송, 파기 포함)는 식별된 목적을 위해 필요한 경우 제한되도록 하기 위하여 프로세스 및 시스템의 설계를 보장하기 위함

A.7.4.1	Limit collection 최소 수집	**Control** The organization shall limit the collection of PII to the minimum that is relevant, proportional and necessary for the identified purposes. 조직은 PII의 수집을 식별된 목적에 맞게 비례하면서 필요한 경우 최소한으로 제한해야 함
A.7.4.2	Limit processing 처리 제한	**Control** The organization shall limit the processing of PII to that which is adequate, relevant and necessary for the identified purposes. 조직은 PII의 처리를 식별된 목적에 맞게 필요한 것으로 제한해야 함
A.7.4.3	Accuracy and quality 정확성과 품질	**Control** The organization shall ensure and document that PII is as accurate, complete and up-to-date as is necessary for the purposes for which it is to be processed, throughout the life-cycle of the PII. 조직은 PII의 생명주기 전반에 걸쳐 PII가 처리 목적에 필요한 만큼 정확하고 완전하며 최신 상태인지를 확인하고 문서화해야 함
A.7.4.4	PII minimization and de-identification objectives PII 최소화 및 식별 취소 목적	**Control** The organization should define and document data minimization objectives and how those objectives are met, including what mechanisms (such as de-identification) are used. 조직은 데이터 최소화 목표와 목표 달성 방법을 정의 및 문서화하고, 어떤 메커니즘(예 :비식별화)이 사용되는지를 포함해야 함

A.7.4.5	PII de-identification and deletion at the end of processing 처리 종료 시 PII ID 식별 및 삭제	Control The organization shall either delete PII or render it in a form which does not permit (re-)identification of PII principals, as soon as the original PII is no longer necessary for the identified purpose(s). 조직은 원래의 개인 식별 정보가 식별된 목적을 위해 더 이상 필요하지 않게 되면 이를 삭제하거나 개인 식별 정보의 (재)식별을 허용하지 않는 형식으로 제공해야 함
A.7.4.6	Temporary files 임시 파일	Control The organization shall ensure that temporary files created as a result of the processing of PII are disposed of (e.g., erased or destroyed) following documented procedures within a specified, documented period. 조직은 특정 문서화된 기간 내에 해당 절차에 따라 PII 처리 결과로 생성된 임시 파일이 삭제(파기)되도록 보장해야 함
A.7.4.7	Retention 보유	Control The organization shall not retain PII for longer than is necessary for the purposes for which the PII is processed. 조직은 PII가 처리되는 목적에 필요한 기간보다 오랫동안 PII를 보유하지 않아야 함
A.7.4.8	Disposal 파기	Control The organization shall have documented policies, procedures and/or mechanisms for the disposal of PII. 조직은 PII 파기 정책, 절차 또는 메커니즘을 문서화해야 함
A.7.4.9	PII transmission controls PII 전송 통제	Control The organization shall subject PII transmitted (e.g. sent to another organization) over a data-transmission network to appropriate controls designed to ensure that the data reaches its intended destination. 조직은 데이터 전송 네트워크를 통해 전송된(다른 조직으로 전송된) PII의 데이터가 의도한 목적지에 도달하도록 적절한 통제를 마련해야 함

A.7.5 PII sharing, transfer and disclosure(PII 공유, 양도 및 공개)

Objective : To ensure that PII is shared, transferred to other jurisdictions or third parties and/or disclosed in accordance with applicable obligations.
목적 : 개인정보가 공유, 다른 관할지역 또는 제3자에게 이전 및 해당 의무에 따라 공개되는 시점을 결정하고 문서화하기 위함

A.7.5.1	Identify basis for PII transfer between jurisdictions 관할 구역간 PII 이전을 위한 근거 파악	Control The organization shall identify and document the relevant basis for transfers of PII between jurisdictions. 조직은 관할 구역간 PII를 이전하기 위해서 관련 근거를 확인하고 문서화해야 함

A.7.5.2	Countries and international organizations to which PII might be transferred PII가 양도될 수 있는 국가 및 국제기구	Control The organization shall specify and document the countries and international organizations to which PII might possibly be transferred. 조직은 PII가 이전될 가능성이 있는 국가 및 국제기구를 명시하고 문서화해야 함
A.7.5.3	Records of transfer of PII PII의 이전 기록	Control The organization shall record transfers of PII to or from third parties and ensure cooperation with those parties to support future requests related to obligations to the PII principals. 제3자로부터 개인정보 이전을 기록하고, 개인정보 주체에 대한 의무와 관련된 장래의 요청을 지원하기 위해 당사자와의 협력을 보장해야 함
A.7.5.4	Records of PII disclosures to third parties 제3자에 대한 PII 공개 기록	Control The organization shall record disclosures of PII to third parties, including what PII has been disclosed, to whom and at what time. 어떠한 개인정보가 언제, 누구에게 공개되었는지를 포함하여 제3자에 대한 개인정보 공개를 기록해야 함

:: 개인정보보호 추가 통제(ISO 27701:2019 - Annex B PII Processors)

B.1 - Control objectives and controls(통제 목적 및 통제)

B.8.2 Conditions for collection and processing(수집 및 처리 요건)

Objective : To ensure that processing is lawful, based on legitimate purposes or consent, and/or other bases as applicable by jurisdiction.
목적 : 해당 관할지역에 따른 법적 근거가 있으며, 명확하게 정의되고 적법한 목적으로 처리가 합법적임을 결정하고 문서화하기 위함

B.8.2.1	Customer agreement 고객 계약	Control The organization shall ensure, where relevant, that the contract to process PII addresses the organization's role in providing assistance with the customer's obligations (taking into account the nature of processing and the information available to the organization). 개인정보 처리 계약은 고객 의무에 대한 지원을 제공하는 조직의 역할을 충족하도록 보장해야 함(처리 성격 및 조직에 가용한 정보를 고려)
B.8.2.2	Organization's purposes 조직 목적	Control The organization shall ensure that PII processed on behalf of a customer is not processed for any purpose independent of the documented instructions of the customer. 개인정보는 문서화된 고객 지침에 표현된 목적을 위해서만 처리되도록 보장해야 함

B.8.2.3	Marketing and advertising use 마케팅 및 광고 사용	Control The organization shall not use PII processed under a contract for the purposes of marketing and advertising without prior consent from the appropriate PII principal. The organization shall not make providing such consent a condition for receiving the service. 적절한 개인정보 주체로부터 사전 동의를 얻지 않은 상태에서 계약에 따라 처리된 개인정보를 마케팅 및 광고 목적으로 활용해서는 안 됨. 이러한 동의 서비스를 지원하기 위한 조건으로 제공해서는 안 됨
B.8.2.4	Infringing instruction 지침 위반	Control The organization shall inform the customer if, in its opinion, a processing instruction infringes applicable legislation or regulation. 조직은 고객에게 처리 지시가 가능한 법률이나 규정을 침해한다고 판단하는 경우 이를 고객에게 알려야 함
B.8.2.5	Customer obligations 고객 의무	Control The organization shall provide the customer with the appropriate information such that it can demonstrate compliance with its obligations. 고객 의견에 따라 처리 지침이 해당 법률 또는 규정을 위반하는 경우 고객에게 알려야 함
B.8.2.6	Records related to processing PII 개인정보 처리 관련 기록	Control The organization shall determine and maintain the necessary records in support of demonstrating compliance with its obligations (as specified in the applicable agreement) for the processing of PII carried out on behalf of a customer. 개인정보 처리에 대한 조직 의무(해당 계약에 명시됨) 준수를 입증하기 위해 필요한 기록을 결정 및 유지해야 함

B.8.3 Obligations to PII principals(PII 주체에 대한 의무)

Objective : To ensure that PII principals are provided with the appropriate information about the processing of their PII, and to meet any other applicable obligations to PII principals related to the processing of their PII.
목적 : 개인정보 주체는 자신의 개인정보 처리에 대한 적절한 정보를 제공받도록 보장하고, 개인정보 처리와 관련하여 개인정보 주체에 대한 해당 의무를 충족하기 위함

B.8.3.1	Obligations to PII principals PII 주체에 대한 의무	Control The organization shall provide the customer with the means to comply with its obligations related to PII principals. 개인정보 주체와 관련된 의무를 준수하기 위해서 수단을 고객에게 제공해야 함

B.8.4 Privacy by design and privacy by default(개인정보보호 적용 설계 및 개인정보 기본 설정)

Objective : To ensure that processes and systems are designed such that the collection and processing (including use, disclosure, retention, transmission and disposal) are limited to what is necessary for the identified purpose.
목적 : 수집 및 처리(사용, 공개, 보유, 전송, 파기 포함)는 식별된 목적을 위해 필요한 경우로 제한되도록 하기 위하여 프로세스 및 시스템을 설계하는 것을 보장하기 위함

B.8.4.1	Temporary files 임시 파일	Control The organization shall ensure that temporary files created as a result of the processing of PII are disposed of (e.g., erased or destroyed) following documented procedures within a specified, documented period. 개인정보 처리 결과로 생성된 임시 파일은 명확하고 문서화된 기간 내에 문서화된 절차에 따라 파기(삭제 또는 파쇄)되도록 보장해야 함
B.8.4.2	Return, transfer or disposal of PII 개인정보 회수, 이전 또는 파기	Control The organization shall provide a capability for the return, transfer and/or disposal of PII in a secure manner and shall make its policy for the exercise of this capability available to the customer. 안전한 방식으로 개인정보를 회수, 이전 또는 파기해야 함 또한, 해당 정책이 고객에게 가용 되도록 함
B.8.4.3	PII transmission controls PII 전송 통제	Control The organization shall subject PII transmitted over a data-transmission network to appropriate controls designed to ensure that the data reaches its intended destination. 전송되는 개인정보가 의도된 목적지에 도달하도록 보장하는 적절한 통제를 마련해야 함

B.8.5 PII sharing, transfer and disclosure(개인정보 공유, 이전 및 공개)

Objective : To ensure that PII is shared, transferred to other jurisdiction or third parties, and/or disclosed in accordance with applicable obligations.
목적 : 개인정보가 공유, 다른 관할지역 또는 제3자에게 이전 및 해당 의무에 따라 공개되는 시점을 결정하고 문서화하기 위함

B.8.5.1	Basis for PII transfer between jurisdictions 관할지역간 개인정보 이전 근거	Control The organization shall inform the customer in a timely manner of the basis for PII transfers between jurisdictions and of any intended changes in this regard, so that the customer has the ability to object to such changes or to terminate the contract. 이전 근거 및 이와 관련하여 의도된 변경에 대해 고객이 이러한 변경에 반대하거나 계약을 종료할 수 있도록 적기에 알려야 함
B.8.5.2	Countries and international organizations to which PII might be transferred 개인정보가 이전될 수 있는 국가 및 국제기구	Control The organization shall specify and document the countries and international organizations to which PII might possibly be transferred. 개인정보가 이전될 수 있는 국가 및 국제기구를 명시하고 문서화해야 함
B.8.5.3	Records of PII disclosures to third parties 제3자에 대한 개인정보 공개 기록	Control The organization shall record disclosures of PII to third parties, including what PII has been disclosed, to whom and when. 어떤 개인정보가 언제, 누구에게 공개되었는지를 포함하여 제3자에 대한 개인정보 공개를 기록해야 함

B.8.5.4	Notification of PII disclosure requests 개인정보 공개 요청 통지	Control The organization shall notify the customer of any legally binding requests for disclosure of PII, unless otherwise prohibited by law. 개인정보 공개에 대해 법적 구속력이 있는 요청을 고객에게 통지해야 함
B.8.5.5	Legally binding PII disclosures 법적 구속력이 있는 개인정보 공개	Control The organization shall reject any requests for PII disclosures that are not legally binding, consult the corresponding customer where legally permissible before making any PII disclosures and accepting any contractually agreed requests for PII disclosures that are authorized by the corresponding customer. 법적 구속력이 없는 개인정보 공개 요청은 거절하고, 해당 고객이 승인한 개인정보 공개에 대해 계약상 합의된 요청을 수락하기 전에 해당 고객과 상담해야 함
B.8.5.6	Disclosures of subcontractors used to process PII PII를 처리하는 데 사용된 협력 업체의 공개	Control The organization shall disclose any use of subcontractors to process PII to the customer before use. 조직은 PII를 사용하기 전에 고객에게 처리하기 위한 협력 업체의 모든 사용을 공개해야 함
B.8.5.7	Engagement of a subcontractor to process PII 개인정보 처리 협력 업체의 참여	Control The organization shall only engage a subcontractor to process PII according to the contract agreed with the customer. 조직은 고객과 합의한 계약에 따라 PII를 처리하기 위해 협력 업체만 참여시켜야 함
B.8.5.8	Change of subcontractor to process PII 프로세스 PII로의 협력 업체 변경	Control The organization shall, in the case of having general written authorization, inform the customer of any intended changes concerning the addition or replacement of subcontractors to process PII, thereby giving the customer the opportunity to object to such changes. 일반적인 서면 승인이 있는 경우 개인정보를 처리하는 하도급자(업체) 추가 또는 대체와 관련한 의도된 변경 사항을 고객에게 알려야 하며, 이러한 변경 사항에 반대할 수 있는 기회를 제공해야 함

∷ 5.36 정보보안 정책 및 표준 준수

- ISO 27001 통제 목적은 조직의 정보보안 정책, 특별한 정책 및 표준에 따라 정보보안을 구현하는 것으로 정보보안 속성은 기밀성, 무결성, 가용성을 보장하며 조직의 운영 능력은 법률 및 컴플라이언스에 해당된다.
- 조직은 정보보안 정책 및 표준 준수에서 정보보안 정책, 절차 및 표준의 준수 여부를 정기적으로 검토하는 활동(경영 검토 또는 독립적인 감사 활동)을 수행한다.

통제(Controls)	5.36 정보보안 정책 및 표준 준수 (Compliance with policies and standards for information security)				
ISO 27001 통제	조직의 정보보안 정책, 주제별 정책, 절차 및 표준의 준수 여부를 정기적으로 검토해야 함				
목적	정보보안이 조직의 정보보안 정책, 특별한 정책 및 표준에 따라 구현 및 운영되도록 함				
ISO 27002 속성	통제 유형	정보보안 속성	사이버보안 통제	운영 능력	보안 도메인
	Preventive	Confidentiality Integrity Availability	Identify Protect	Legal and Compliance	Governance
가이드라인	• 정보보안 정책, 지침, 표준 및 기타 적용 가능한 규정에서 정의된 정보보안 요구사항의 검토 방법을 식별해야 함 • 효율적인 정기 검토를 위해 자동 측정 및 보고 도구를 고려해야 함 • 검토 결과 위반 사항이 발견되면 적절한 시정 조치 • 효과를 확인하고 결함이나 약점을 식별하기 위해 시정 조치를 검토 및 시정 조치의 결과를 기록하고 유지해야 함 • 관리자는 책임 영역에서 독립적인 검토가 수행되는 경우 이를 수행하는 사람에게 결과를 보고해야 함				

9 정보보안 사고 관리

:: 5.24 정보보안 사고 관리 계획 및 준비

- ISO 27001 통제 목적은 정보보안 사고에 대한 커뮤니케이션을 포함하여 정보보안 사고에 빠르고 효과적인 대응을 보장하는 것으로 정보보안 속성은 기밀성, 무결성, 가용성을 보장하며 조직의 운영 능력은 정보보안 사고 관리에 해당된다.
- 조직은 정보보안 사고 관리 프로세스를 수립하고, 보안 사고 발생 시 신속하게 대응한다.

통제(Controls)	5.24 정보보안 사고 관리 계획 및 준비 (Information security incident management planning and preparation)				
ISO 27001 통제	조직은 정보보안 사고 관리 프로세스와 역할 및 책임을 정의, 설정, 전달하여 정보보안 사고 관리를 계획하고 준비해야 함				
목적	정보보안 사고에 대한 커뮤니케이션을 포함하여 정보보안 사고에 빠르고 효과적인 대응을 보장함				
ISO 27002 속성	통제 유형	정보보안 속성	사이버보안 통제	운영 능력	보안 도메인
	Corrective	Confidentiality Integrity Availability	Respond Recover	Information Security Event Management	Defence

가이드라인	• 조직은 정보보안 사고 관리 프로세스를 수립하되 다음의 사항을 고려해야 함
	   – 정보보안 사고 대응 프로세스 수립
	   – 사고 관리 절차를 수행하기 위한 역할과 책임 정의(R&R)
	   – 사고 대응 담당자에게 필요한 교육, 자격, 전문성 개발 프로세스 수립
	   – 사고 관리 절차는 사고의 심각도를 고려함
	   – 보안 사고 분류, 탐지, 분석, 보고, 사고 유형(카테고리)에 따라 확대
	   – 사고 관리 활동 기록, 근본적인 원인 분석, 사후 절차, 개선 사항
	   – 보고 절차(피드백 프로세스) 및 보고서 작성

권장 사항	정보보안 사고 관리는 사고 유형에 따라 사이버 공격 피해 발생 시 개인정보 처리 사업자는 개인정보 유출 사고, 클라우스 서비스 이용자(CSC)는 클라우드 서비스에 관련한 보안 사고를 사고 관리 범위(Security Incident)에 포함하는 것을 권장함

:: 5.25 정보보안 사고에 대한 평가 및 결정

- ISO 27001 통제 목적은 정보보안 사고 유형의 효과적인 분류 및 우선순위를 보장하는 것으로 정보보안 속성은 기밀성, 무결성, 가용성을 보장하며 조직의 운영 능력은 정보보안 사고 관리에 해당된다.
- 정보보안 사고 분류(유형) 및 정보보안 이벤트는 대응 및 복구가 필요한 조직에 영향을 미치는 보안 사고에 해당되므로 조직의 특성을 반영한 사고 유형 식별, 분류, 우선순위를 결정하는 것을 권장한다.

통제(Controls)	5.25 정보보안 사고에 대한 평가 및 결정 (Assessment and decision on information security events)				
ISO 27001 통제	조직은 정보보안 사고를 평가하고, 정보보안 사고로 분류할지 결정해야 함				
목적	정보보안 이벤트의 효과적인 분류 및 우선순위를 보장함				
ISO 27002 속성	통제 유형	정보보안 속성	사이버보안 통제	운영 능력	보안 도메인
	Detective	Confidentiality Integrity Availability	Detect Respond	Information Security Event Management	Defence
가이드라인	• 사고 결과와 우선순위를 식별하기 위해 정보보안 사고의 분류 및 우선순위 체계에 동의해야 함 • 이벤트에는 정보보안 사고로 분류하는 기준이 포함되어야 함 • 정보보안 사고를 조정하고 대응하는 담당자는 정보보안 이벤트에 대한 평가를 수행하고 결정해야 함 • 평가 및 결정 결과는 향후 참조와 검증을 위해 상세하게 기록되어야 함				

:: 5.26 정보보안 사고 대응

- ISO 27001 통제 목적은 정보보안 사고에 대한 효과적인 대응을 보장하는 것으로 정보보안 속성은 기밀성, 무결성, 가용성을 보장하며 조직의 운영 능력은 정보보안 사고 관리에 해당된다.
- 조직은 정보보안 사고 대응(사이버보안 사고 대응 포함) 절차에 따라 대응해야 한다.

통제(Controls)	5.26 정보보안 사고 대응 (Response to information security incidents)			사이버보안 컨셉	Respond Recover
ISO 27001 통제	정보보안 사고는 문서화된 절차에 따라 대응해야 함				
목적	정보보안 사고에 효율적이고 효과적인 대응을 보장함				
ISO 27002 속성	통제 유형	정보보안 속성	사이버보안 통제	운영 능력	보안 도메인
	Detective	Confidentiality Integrity Availability	Respond Recover	Information Security Event Management	Defence
가이드라인	• 정보보안 사고 대응에는 다음의 사항이 포함되어야 함 – 사건 결과가 확대될 수 있는 경우 사건의 영향을 받는 시스템을 포함 – 발생 후 가능한 빠르게 증거 수집 – 위기 관리 활동 및 사업 연속성 계획의 실행을 포함 – 모든 대응 활동이 추후 분석을 위해 적절하게 기록되도록 보장 – 알아야 할 사항에 따라 모든 내부 및 외부 이해 관계자에게 정보보안 사고의 존재 또는 관련 세부 정보를 전달함 – 사건이 성공적으로 해결되면 공식적으로 종료하고 기록 – 필요한 경우 정보보안 포렌식 분석을 수행 – 근본 원인을 식별하기 위해 사고 후 분석을 수행 – 정보보안 취약점 및 약점을 식별하고 관리				

:: 5.27 정보보안 사고로부터 학습

- ISO 27001 통제 목적은 사고의 가능성이나 결과를 줄이기 위한 것으로 정보보안 속성은 기밀성, 무결성 가용성을 보장하며 조직의 운영 능력은 정보보안 사고 관리에 해당된다.
- 정보보안 사고에서 얻은 지식은 정보보안 통제를 강화하고 개선하는 데 활용되어야 한다.

통제(Controls)	5.27 정보보안 사고로부터 학습(Learning from information security incidents)
ISO 27001 통제	정보보안 사고에서 얻은 지식은 정보보안 통제를 강화하고 개선하는 데 활용함
목적	사고의 가능성이나 결과를 줄이기 위함(Likelihood or Consequences)

ISO 27002 속성	통제 유형	정보보안 속성	사이버보안 통제	운영 능력	보안 도메인
	Preventive	Confidentiality Integrity Availability	Identify Protect	Information Security Event Management	Defence
가이드라인	• 조직은 정보보안 사고의 유형, 규모, 비용을 정량화하고, 모니터링하는 절차를 수립해야 함 - 사고 시나리오 및 절차를 포함한 사고 관리 계획을 강화 - 조직의 정보보안 위험 평가를 업데이트하고, 향후 유사한 사건의 가능성이나 결과를 줄이기 위해 필요한 추가 통제를 결정 - 사고 유형과 비용에 대한 정보 수집, 정량화, 모니터링을 포함하는 메커니즘 - 보안 사고를 예방하는 사용자 인식 및 교육 강화				

:: 5.28 증거 수집

- ISO 27001 통제 목적은 법적 조치를 위해 정보보안 사고와 관련된 증거를 효과적으로 관리하는 것으로 정보보안 속성은 기밀성, 무결성, 가용성을 보장하며 조직의 운영 능력은 정보보안 사고 관리에 해당된다.
- 조직은 정보보안 이벤트와 관련된 증거의 식별, 수집, 획득, 보존을 위한 절차를 수립하고 이행한다.

통제(Controls)	5.28 증거 수집(Collection of evidence)				
ISO 27001 통제	조직은 정보보안 이벤트와 관련된 증거의 식별, 수집, 획득, 보존을 위한 절차를 수립하고 이행함				
목적	징계 및 법적 조치를 위해 정보보안 사고와 관련된 증거를 일관되고 효과적으로 관리 할 수 있도록 함				
ISO 27002 속성	통제 유형	정보보안 속성	사이버보안 통제	운영 능력	보안 도메인
	Corrective	Confidentiality Integrity Availability	Detect Respond	Information Security Event Management	Defence
가이드라인	• 정보보안 사고와 관련된 증거를 처리할 때 내부 절차를 수립해야 함 - 기록이 완전하고 어떤 식으로든 변조되지 않아야 함 - 전자 증거의 사본이 원본과 동일할 가능성이 있음 - 디지털 증거는 조직 또는 관할 구역의 경계를 초월할 수 있음(조직이 필요한 정보를 디지털 증거로 수집할 수 있는 권한이 있는지 확인해야 함) - 법적 조치에 법률 자문이나 법 집행 기관에 참여하고, 필요한 증거에 대해 조언을 받는 것이 바람직함				

:: 6.8 정보보안 이벤트 리포팅

- ISO 27001 통제 목적은 직원이 식별할 수 있는 정보보안 이벤트의 적절하고 일관되며 효과적인 보고를 지원하는 것으로 정보보안 속성은 기밀성, 무결성, 가용성을 보장하며 조직의 운영 능력은 정보보안 사고 관리에 해당된다.
- 조직은 정보보안 이벤트 보고 메커니즘을 제공해야 한다.

통제(Controls)	6.8 정보보안 이벤트 리포팅(Information security event reporting)				
ISO 27001 통제	조직은 직원이 관찰되거나 의심되는 정보를 보고할 수 있는 메커니즘을 제공해야 하며, 적절한 채널을 통해 보안 이벤트를 적시에 제공함				
목적	직원이 식별할 수 있는 정보보안 이벤트의 적절하고 일관된 효과적인 보고를 지원함				
ISO 27002 속성	통제 유형	정보보안 속성	사이버보안 통제	운영 능력	보안 도메인
	Detective	Confidentiality Integrity Availability	Detect	Information Security Event Management	Defence
가이드라인	• 정보보안 이벤트 보고를 위해 다음의 상항을 고려해야 함 　- 비효율적인 정보보안 통제 　- 정보의 기밀성, 무결성, 가용성 위반 　- 인적(Human) 오류 또는 물리적 보안 조치 위반 　- 정보보안 정책, 특별한 정책(Endpoint) 또는 해당 표준을 준수하지 않음 　- 변경 관리 프로세스를 거치지 않은 시스템 변경 　- 소프트웨어/하드웨어의 오작동 또는 기타 비정상적인 시스템 동작 　- 액세스 위반과 취약점 　- 맬웨어(Malware) 감염이 의심됨				

:: 8.15 로깅

- ISO 27001 통제 목적은 이벤트 기록, 증거 생성, 로그 정보 무결성 보장, 무단 액세스 방지, 정보보안 사고로 이어질 수 있는 정보보안 이벤트 식별 및 조사를 하는 것으로 정보보안 속성은 기밀성, 무결성, 가용성을 보장하며 조직의 운영 능력은 정보보안 사고 관리에 해당된다.
- 조직은 로깅 활동으로 예외, 결함 및 기타 관련 이벤트 기록의 로그를 생성, 저장, 보호, 분석해야 한다.

통제(Controls)	8.15 로깅(Logging)	사이버보안 컨셉	Detect
ISO 27001 통제	활동, 예외, 결함 및 기타 관련 이벤트 기록의 로그를 생성, 저장, 보호, 분석해야 함		
목적	이벤트 기록, 증거 생성, 로그 정보 무결성 보장, 무단 액세스 방지, 정보보안 사고로 이어질 수 있는 정보보안 이벤트의 식별 및 조사 지원		

ISO 27002 속성	통제 유형	정보보안 속성	사이버보안 통제	운영 능력	보안 도메인
	Detective	Confidentiality Integrity Availability	Detect	Information Security Event Management	Protection Defence

가이드라인	<td colspan="5">• 조직은 로그가 생성되는 목적과 수집, 기록되는 데이터, 로그 데이터를 보호하고 처리하기 위한 로그별 요구사항을 결정해야 함
	• 조직은 이벤트 로그에 해당되는 경우 각 이벤트에 다음을 포함해야 함
	  – 사용자 ID와 시스템 활동
	  – 관련 이벤트의 날짜, 시간 및 세부 정보(예 : 로그온 및 로그오프)
	  – 장치 ID와 시스템 식별자 및 위치
	  – 네트워크 주소 및 프로토콜
	• 로깅을 위해 다음의 이벤트를 고려해야 함
	  – 성공 및 거부된 시스템 액세스 시도
	  – 성공 및 거부된 데이터와 기타 리소스 액세스 시도
	  – 시스템 구성 변경과 특권 사용
	  – 유틸리티 프로그램 및 애플리케이션의 사용
	  – 접근 통제 시스템에 의해 발생한 경보
	  – 안티바이러스 및 침입 탐지 시스템과 같은 보안 시스템의 활성화/비활성화
	  – ID의 생성, 수정, 삭제
	• 로그 보호(Protection of logs)에서는 다음을 고려해야 함
	  – 감사 로그는 데이터 보존 요구사항 또는 증거 수집 및 보존 요구사항으로 보관해야 함
	  – 이벤트 로그에는 민감한 데이터와 개인식별 정보가 포함될 수 있으므로 적절한 개인정보보호 조치를 취함
	• 로그 분석(Log analysis)에서는 다음을 고려해야 함
	  – 비정상적인 활동이나 행동을 식별하는 데 도움이 되도록 정보보안 이벤트의 분석 및 해석을 포함해야 함
	  – SIEM(보안 정보 및 이벤트 관리), 방화벽 규칙, IDS(침입 탐지 시스템), 맬웨어, 비정상적인 활동 및 행동과 비교한 알려진 행동의 패턴, 사용자 및 UEBA(User and Entity Behaviour Analytics)
	  – 데이터 분석, 빅데이터 기술, 전문 분석 도구를 사용한 결과
	  – 위협 인텔리전스
	  – 로그 분석은 비정상적인 행동을 식별하고 분석하는 데 도움이 되는 특정 모니터링 활동에 의해 지원되어야 함
	  – 임계값을 기반으로 경고를 생성하도록 구성
	  – 정확한 탐지 및 사고 분석을 보장하기 위해 출입과 같은 물리적 모니터링의 이벤트 로그를 포함</td>

8.16 모니터링 활동

- ISO 27001 통제 목적은 비정상적인 행동과 잠재적인 정보보안 사고를 탐지하는 것으로 정보보안 속성은 기밀성, 무결성, 가용성을 보장하며 조직의 운영 능력은 정보보안 사고 관리에 해당된다.

- 조직은 모니터링 활동으로 비정상적인 행동과 잠재적인 정보보안 사고를 탐지한다.

통제(Controls)	8.16 모니터링 활동(Monitoring activities)			사이버보안 컨셉	Detect Respond
ISO 27001 통제	네트워크, 시스템 및 애플리케이션은 잠재적인 정보보안 사고를 평가하기 위해 비정상적인 행위와 적절한 조치를 모니터링함				
목적	비정상적인 행동 및 잠재적인 정보보안 사고를 탐지함				
ISO 27002 속성	통제 유형	정보보안 속성	사이버보안 통제	운영 능력	보안 도메인
	Detective Corrective	Confidentiality Integrity Availability	Detect Respond	Information Security Event Management	Defence
가이드라인	• 모니터링 범위와 수준은 비즈니스 및 정보보안 요구사항에 따라 관련 법규를 고려하여 결정하며, 모니터링 활동은 다음을 고려해야 함 　- 아웃바운드 및 인바운드 네트워크, 시스템 및 애플리케이션 트래픽 　- 서버, 네트워킹 장비, 모니터링 시스템, 중요 애플리케이션 등에 대한 액세스 　- 관리자 수준 시스템 및 네트워크 구성 파일 　- 보안 시스템 로그(바이러스 백신, IDS, IPS, 웹 필터, 방화벽, 데이터 유출 방지) 　- 시스템 및 네트워크 활동과 관련된 이벤트 로그 　- 실행 중인 코드가 시스템에서 승인되고 변조되지 않았는지 확인 　- 리소스(CPU, 하드 디스크, 메모리, 대역폭)의 사용 및 성능 　- 사용자 또는 사용자 그룹에 대한 액세스의 시간, 위치, 빈도 　- 일반적으로 알려진 악성 IP 주소 또는 네트워크 도메인 　- 알려진 공격 특성(서비스 거부 및 버퍼 오버플로우) 　- 비정상적인 시스템 동작(키스트로크 로깅, 프로세스 주입 및 표준 프로토콜 사용의 편차) 　- 시스템 또는 정보에 대한 무단 액세스(실제 또는 시도) 　- 비즈니스 애플리케이션, 시스템 및 네트워크의 무단 스캔 　- 보호된 리소스(DNS 서버, 웹 포털, 파일 시스템)에 대한 액세스 시도의 성공과 실패 　- 모니터링은 조직의 필요와 능력에 따라 실시간으로 또는 주기적으로 수행함				

:: 8.17 시간 동기화

- ISO 27001 통제 목적은 보안 관련 이벤트 및 기타 기록 데이터의 상관관계와 분석을 가능하게 하고, 정보보안 사고 조사를 지원하는 것으로 정보보안 속성은 무결성을 보장하며 조직의 운영 능력은 정보보안 사고 관리에 해당된다.
- 조직은 시간 동기화(Clock synchronization)를 수행해야 한다.

통제(Controls)	8.17 시간 동기화(Clock synchronization)				
ISO 27001 통제	조직에서 사용하는 정보처리 시스템의 시간 동기화는 증명된 시간 소스와 동기화되어야 함				
목적	보안 관련 이벤트 및 기타 기록 데이터의 상관관계와 분석을 가능하게 하고, 정보보안 사고에 대해서 조사를 지원함				
ISO 27002 속성	통제 유형	정보보안 속성	사이버보안 통제	운영 능력	보안 도메인
	Detective	Integrity	Protect Detect	Information Security Event Management	Protection Defence
가이드라인	• 조직 내에서 사용하기 위한 표준 참조 시간은 건물 관리 시스템, 출입 시스템 및 조사를 지원하는 데 사용할 수 있는 모든 시스템에 대해 정의되고 고려되어야 함 • 정확한 타임 스탬프를 보장하기 위해 신뢰할 수 있는 날짜 및 시간 소스, NTP(네트워크 시간 프로토콜), PTP(정밀 시간 프로토콜)와 같은 프로토콜을 사용하여 모든 네트워크 시스템을 동기화해야 함				

10 정보보안 보증

:: 5.35 정보보안에 대한 독립적인 검토

- ISO 27001 통제 목적은 정보보안 관리에 대한 조직 접근 방식의 지속적인 적합성, 적절성, 효율성을 보장하는 것으로 정보보안 속성은 기밀성, 무결성, 가용성을 보장하며 조직의 운영 능력은 정보보안 보증에 해당된다.
- 조직은 정보보안 적합성, 적절성, 효과성을 보장하기 위하여 독립적인 검토 활동을 수행해야 한다.

통제(Controls)	5.35 정보보안에 대한 독립적인 검토 (Independent review of information security)				
ISO 27001 통제	사람, 프로세스 및 기술을 포함한 정보보안 구현 관리에 대해 조직의 접근 방법은 계획된 간격으로 또는 중대한 변경이 발생할 때 독립적으로 검토되어야 함				
목적	정보보안 관리에 대한 조직의 접근 방식은 지속적인 적합성, 적절성, 효율성을 보장함				
ISO 27002 속성	통제 유형	정보보안 속성	사이버보안 통제	운영 능력	보안 도메인
	Preventive Corrective	Confidentiality Integrity Availability	Identify Protect	Information Security Assurance	Governance

가이드라인	• 조직에는 독립적인 검토를 수행하는 프로세스가 있어야 함 • 경영진은 주기적으로 독립적인 검토를 계획해야 함 • 검토에는 개선 기회와 정보보안 정책, 특별한 정책 및 기타 통제를 포함하여 정보보안 접근 방식의 변경 필요성에 대한 평가가 포함되어야 함 • 검토는 검토 대상 영역과 독립적인 개인이 수행해야 함(예 : 내부 감사, 독립 관리자 또는 해당 검토를 전문으로 하는 외부 당사자 조직) • 독립적인 검토 결과는 검토를 시작한 경영진과 최고 경영진에게 보고해야 함 • 독립적인 검토에서 정보보안 관리에 대한 조직의 접근 방식 및 구현이 부적절하다고 확인되는 경우, 정보보안 지침을 준수하지 않는 경우는 경영진이 시정 조치를 함

| Section 02 | 정보보안과 사이버보안 통제의 인적/물리적 보안

1 인적자원 보안

:: 인적자원 보안 통제

Clause	통제 카테고리	Operational Capabilities	통제(Controls)
Clause 6	People Controls	인적자원 보안	Human Resource Security	6.1 적격 심사 6.2 고용 계약 조건 6.3 정보보안 인식, 교육 및 훈련 6.4 징계 절차 6.5 고용 책임의 종료 또는 변경 6.6 기밀 유지 또는 NDA 계약

:: 6.1 적격 심사

- ISO 27001 통제 목적은 모든 직원이 고려되는 역할에 적격하고, 고용 기간 동안 자격과 적합성을 유지하는 것으로 정보보안 속성은 기밀성, 무결성, 가용성을 보장하며 조직의 운영 능력은 인적자원 보안에 해당된다.
- 적격 심사는 고용할 모든 지원자에 대한 검증을 해당 조직에 입사하기 전에 가능한 법률, 규정, 윤리를 고려하여 지속적으로 수행해야 한다.

통제(Controls)	6.1 적격 심사(Screening)
ISO 27001 통제	고용할 모든 지원자에 대한 검증(Verification)은 해당 조직에 입사하기 전에 가능한 법률, 규정 및 윤리를 고려하여 지속적으로 수행하고 비즈니스 요구사항, 액세스해야 할 정보의 분류 및 인지된 위험에 비례해야 함

목적	모든 직원이 고려되는 역할에 적격(적합)하고, 고용 기간 동안 자격과 적합성을 유지하도록 함				
ISO 27002 속성	통제 유형	정보보안 속성	사이버보안 통제	운영 능력	보안 도메인
	Preventive	Confidentiality Integrity Availability	Protect	Human Resource Security	Governance
가이드라인	• 모든 직원 및 서비스 공급자를 통해 계약되는 경우 조직과 공급자간 계약에 심사 조건이 포함되어야 함(관련 프라이버시, PII 보호 및 개인정보보호 법규를 고려함) • 개인 역할의 중요성에 따라 직원의 적합성을 확인하기 위해 검증 확인을 주기적으로 반복해야 함				

∷ 6.2 고용 계약 조건

- ISO 27001 통제 목적은 직원 역할에 대한 정보보안 책임을 이해하고 보장(계약상 의무)하는 것으로 정보보안 속성은 기밀성, 무결성, 가용성을 보장하며 조직의 운영 능력은 인적자원 보안에 해당된다.
- 조직은 고용 계약 시 정보보안 책임을 이해하고, 비밀 유지 계약서(정보보안 서약서, NDA 계약)를 작성해야 한다.

통제(Controls)	6.2 고용 계약 조건(Terms and conditions of employment)				
ISO 27001 통제	계약서에는 정보보안에 대한 직원과 조직의 책임이 명시되어야 함				
목적	직원이 역할에 대한 정보보안 책임을 이해하도록 보장함(계약상 의무)				
ISO 27002 속성	통제 유형	정보보안 속성	사이버보안 통제	운영 능력	보안 도메인
	Preventive	Confidentiality Integrity Availability	Protect	Human Resource Security	Governance

가이드라인	• 직원에 대한 계약상 의무는 조직의 정보보안 정책을 고려하며, 다음의 사항을 명확히 명시할 수 있음
	  – 기밀 정보에 대한 액세스 권한이 부여된 직원 정보 및 기타 관련 자산에서 액세스 권한을 부여받기 전에 서명해야 하는 비밀 유지 계약서 및 협약서(NDA Non-Disclosure Agreements)
	  – 법적 책임 및 권리(저작권법 또는 개인정보보호법)
	  – 조직의 정보, 기타 관련 자산, 정보처리 시설과 직원이 처리하는 정보 서비스의 정보 분류 및 관리에 대한 책임
	  – 이해 당사자로부터 받은 정보 취급에 대한 책임
	  – 직원이 조직의 정보보안 요구사항을 무시하는 경우 취해야 할 조치
	  – 고용 조건에 포함된 책임은 고용 종료 후 지정된 기간 동안 계속되어야 함				

:: 6.3 정보보안 인식, 교육 및 훈련

- ISO 27001 통제 목적은 직원 및 이해 당사자들이 정보보안 책임을 인식하고 이행하도록 보장하는 것으로 정보보안 속성은 기밀성, 무결성, 가용성을 보장하며 조직의 운영 능력은 인적 자원 보안에 해당된다.
- 조직은 정보보안 인식, 교육 및 훈련을 효과적인 수준으로 보장할 수 있도록 주기적으로 수행한다.
- 조직의 효과적인 책임을 입증할 수 있는 정보보안과 사이버보안 인식 교육을 권장한다.

통제(Controls)	6.3 정보보안 인식, 교육 및 훈련 (Information security awareness, education and training)				
ISO 27001 통제	조직의 직원과 이해 관계자는 직무와 관련하여 적절한 정보보안 인식, 교육 및 훈련을 수행하며, 조직의 정보보안 정책과 절차에 대해 정기적인 업데이트를 받음				
목적	직원 및 관련 이해 당사자들이 정보보안 책임을 인식하고 이행하도록 보장함				
ISO 27002 속성	통제 유형	정보보안 속성	사이버보안 통제	운영 능력	보안 도메인
	Preventive	Confidentiality Integrity Availability	Protect	Human Resource Security	Governance
가이드라인	• 정보보안 인식, 교육 및 훈련 프로그램은 조직의 정보보안 정책과 절차에 따라 수립되어야 하며, 보호해야 할 조직의 정보와 정보보안 통제를 고려함 • 정보보안 인식, 교육 및 훈련은 주기적으로 이루어져야 하며, 해당 프로그램의 효율성을 테스트하기 위해 인식, 교육 및 훈련 활동이 끝날 때 평가되어야 함 • 정보보안 인식 프로그램은 직원이 정보보안에 대한 책임과 해당 책임의 수행 수단을 인식하도록 하는 것을 목표로 함 • 인식 프로그램에는 캠페인, 팜플릿, 포스터, 뉴스레터, 웹사이트, 설명회, 브리핑, 전자 학습 모듈, 이메일과 같은 물리적 또는 온라인을 통한 인식 제고 활동이 포함되어야 함 • 조직은 특정 기술과 전문 지식의 역할을 수행하는 기술팀을 위해 적절한 교육 계획을 식별, 준비, 시행해야 함(기술팀은 시스템, 응용 프로그램, 서비스에 필요한 보안 수준을 구성하고 유지 관리하는 기술을 보유하며, 부족한 기술이 있으면 조직에서 조치를 취하고 이를 습득해야 함) • 인식 프로그램을 구성할 때는 무엇(What), 어떻게(How)뿐만 아니라 왜(Why)에도 초점을 맞추는 것이 중요함 • 직원이 정보보안의 목표와 자신의 행동 조직에 대해 긍정적/부정적 영향을 이해하는 것이 중요함 • 정보보안 인식은 조직 정보보안에 대한 경영진의 약속, 정보보안 정책 및 표준, 법률, 계약 요구사항을 고려하여 가능한 정보보안 정책과 의무에 대한 준수 요구사항, 개인의 책임, 조직과 이해 당사자(고객) 정보를 보호하는데 책임을 가져야 함				

:: 6.4 징계 절차

- ISO 27001 통제 목적은 직원 및 관련 이해 당사자가 정보보안 정책 위반의 결과를 이해하도록 보장하는 것으로 정보보안 속성은 기밀성, 무결성, 가용성을 보장하며 조직의 운영 능력은 인적자원 보안에 해당된다.
- 조직은 징계 절차를 수립하고, 직원 및 이해 당사자가 정보보안 정책 위반의 결과를 이해하도록 전달한다.

통제(Controls)	6.4 징계 절차(Disciplinary process)				
ISO 27001 통제	정보보안 정책을 위반한 직원 및 관련 이해 관계자에 대해 조치를 취하기 위해 징계 절차를 수립하고 전달해야 함				
목적	직원 및 관련 이해 당사자가 정보보안 정책 위반의 결과를 이해하도록 보장하고, 위반을 저지른 직원과 관련 이해 당사자를 억제하고 적절하게 처리함				
ISO 27002 속성	통제 유형	정보보안 속성	사이버보안 통제	운영 능력	보안 도메인
	Preventive Corrective	Confidentiality Integrity Availability	Protect Respond	Human Resource Security	Governance
가이드라인	• 공식적인 징계 절차는 다음과 같은 요소를 고려하여 점진적인 대응을 제공해야 함 - 위반의 성격(누가, 언제, 무엇을, 어떻게) 및 심각성 그리고 결과(중대성) - 범죄가 의도적(악의적) 또는 비의도적(우발적)인지의 여부 - 첫 번째 위반인지 또는 반복적인 위반인지의 여부 - 위반자가 적절하게 훈련을 받았는지의 여부 • 대응은 법적, 규제적 계약 및 비즈니스 요구사항을 고려해야 함 • 징계 절차는 직원 및 관련 이해 관계자가 정보보안 정책과 절차를 위반하는 것을 방지하기 위한 억제 수단으로 사용되어야 함				

:: 6.5 고용 책임의 종료 또는 변경

- ISO 27001 통제 목적은 고용 또는 계약을 변경하거나 종료하는 과정에서 조직의 이익을 보호하기 위한 것으로 정보보안 속성은 기밀성, 무결성, 가용성을 보장하며 조직의 운영 능력은 인적자원 보안에 해당된다.
- 고용 책임의 종료 또는 변경은 고용 종료나 변경 후에도 유효한 정보보안 책임과 의무를 정의, 시행하고 관련 인력 및 기타 이해 관계자에게 전달해야 한다.

통제(Controls)	6.5 고용 책임의 종료 또는 변경 (Responsibilities after termination or change of employment)

ISO 27001 통제	고용 종료나 변경 후에도 유효한 정보보안 책임과 의무를 정의, 시행하고 관련 인력 및 기타 이해 관계자에게 전달해야 함
목적	고용 또는 계약을 변경하거나 종료하는 과정의 일부로 조직의 이익을 보호함
ISO 27002 속성	통제 유형 / 정보보안 속성 / 사이버보안 통제 / 운영 능력 / 보안 도메인 Preventive / Confidentiality Integrity Availability / Protect / Human Resource Security / Governance
가이드라인	• 고용 종료(퇴직) 또는 이직 후에도 정보보안 책임과 의무가 유효해야 하는지 정의해야 함 • 정보의 기밀성, 지적 재산 및 획득한 지식은 기밀 유지 계약에 책임을 포함할 수 있음(퇴직 시 기밀 유지 서약서 작성) • 고용 또는 계약이 종료된 후에도 유효한 책임과 의무는 개인의 고용 조건 및 계약에 포함되어야 함 • 개인의 고용 종료 후 일정 기간 동안 계속되는 계약에도 정보보안 책임이 포함될 수 있음

:: 6.6 기밀 유지 또는 NDA 계약

- ISO 27001 통제 목적은 직원 또는 외부 당사자가 접근할 수 있는 정보의 기밀성을 유지하기 위한 것으로 정보보안 속성은 기밀성을 보장하며 조직의 운영 능력은 인적자원 보안에 해당된다.
- 기밀 또는 NDA 계약은 직원 및 관련 이해 당사자가 식별하고, 문서화하고, 정기적으로 검토하고, 서명해야 한다.

통제(Controls)	6.6 기밀 또는 NDA 계약(Confidentiality or non-disclosure agreements)
ISO 27001 통제	정보보호에 대한 조직의 요구를 반영하는 기밀 또는 NDA 계약은 직원 및 관련 이해 당사자가 식별하고, 문서화하고, 정기적으로 검토하고, 서명해야 함
목적	직원 또는 외부 당사자가 접근할 수 있는 정보의 기밀성을 유지함
ISO 27002 속성	통제 유형 / 정보보안 속성 / 사이버보안 통제 / 운영 능력 / 보안 도메인 Preventive / Confidentiality / Protect / Human Resource Security / Governance

가이드라인	• 기밀 유지 또는 NDA 계약(기밀 유지 협약)은 조직의 이해 당사자와 직원에게 적용됨
	• 조직의 정보보안 요구사항에 따라 처리할 정보 유형, 분류 수준, 사용 및 허용된 액세스를 고려하여 계약 조건을 결정함
	• 기밀 유지 또는 NDA 계약에 대한 요구사항을 식별하기 위해 다음의 요소를 고려함
	  – 보호할 정보의 정의(예 : 기밀 정보)
	  – 무기한 또는 정보가 공개될 때까지 기밀을 유지하는 경우를 포함하여 예상되는 계약 기간

가이드라인	− 계약이 종료될 때 필요한 조치 − 승인되지 않은 정보 공개를 피하기 위한 서명자의 책임과 조치 − 정보, 영업 비밀, 지적 재산 소유권, 기밀 정보보호와의 관련성 − 기밀 정보의 허용된 사용 및 정보 사용에 대한 서명자의 권리 − 민감한 상황에서 기밀 정보와 관련된 활동을 감사하고 모니터링할 권리 − 무단 공개 또는 기밀 정보 유출에 대한 통지 및 보고 절차 − 계약 종료 시 반환되거나 파기되는 정보 조건 − 계약 불이행의 경우 취해야 할 예상 조치 • 기밀 유지 및 NDA 계약에 대한 요구사항은 변경 사항이 발생할 때 검토해야 함 • 기밀 유지 및 NDA 계약은 조직의 정보를 보호하고, 서명자에게 책임 있고 승인된 방식으로 정보의 보호, 사용, 공개할 책임을 이해 당사자에게 설명함

2 물리적 보안 통제의 기준

:: 물리적 보안 통제

- 물리적 통제 속성에서 보안 속성은 보호(Protection)이고, 정보보안 속성(기밀성, 무결성, 가용성)은 물리적 위협으로부터 정보 및 데이터를 보호하기 위한 목적으로 조직은 정보보안 목표에 따라 적절한 통제 정책을 수립하고 구현해야 한다.
- 물리적 통제 사이버보안은 CCTV 영상 정보, 물리적 모바일 기기 인터넷망 접근 시 사이버보안 속성에 대한 기밀성, 무결성, 가용성의 영향으로 사이버보안 속성에 해당되고, 그 외 물리적/환경적 시설 및 설비는 해당되지 않는다(단, 네트워크 환경 접근 시 사이버보안 속성을 고려해야 함).

Clause	통제 카테고리	Operational Capabilities	통제(Controls)
Clause 7	Physical Controls	물리적 보안	Physical Security	7.1 물리적 보호구역 7.2 물리적 출입 통제 7.3 사무실 보안 7.4 물리적 보안 모니터링(신규 통제) 7.5 물리적 및 환경적 위협으로부터 보호 7.6 보호구역에서 작업 7.7 클린 데스크 7.8 장비 배치 및 보호 7.9 Off-Premises 자산 보호 7.10 저장 매체 7.11 지원 유틸리티 7.12 케이블 보안 7.13 장비 유지보수 7.14 장비의 안전한 폐기 또는 재사용

:: 물리적 보안 통제 ISO/IEC 27002:2022 가이드라인

<table>
<tr><th colspan="3">물리적 보안(Physical Controls)</th></tr>
<tr><th>카테고리</th><th>ISO/IEC 27001 통제</th><th>ISO/IEC 27002:2022 가이던스</th></tr>
<tr><td>7.1 물리적 보호구역</td><td>보호구역은 정보 및 기타 정보가 포함된 영역을 보호하기 위해 정의되고 사용되어야 함</td><td>• 보호구역(제한구역, 통제구역) 정의
• 보호구역 출입 통제, 보호구역 관리</td></tr>
<tr><td>7.2 물리적 출입 통제</td><td>보호구역은 정보 및 기타 정보가 포함된 영역을 보호하기 위해 정의되고 사용되어야 함</td><td>• 무단 액세스를 방지하기 위해 출입 통제 및 모니터링
• 출입 인증에는 출입 ID, 생체 인증, 이중 인증(Two-Factor Authentication)이 사용됨
• 협력 업체 출입 액세스 승인 모니터링</td></tr>
<tr><td>7.3 사무실 보안</td><td>사무실, 시설에 대한 물리적 보안을 설계하고 구현해야 함</td><td>조직의 정보 및 기타 관련 자산에 대한 무단 물리적 액세스를 방지하기 위해 물리적 보안을 구현해야 함</td></tr>
<tr><td>7.4 물리적 보안 모니터링</td><td>허가되지 않은 물리적 접근에 대해 지속적으로 모니터링해야 함</td><td>• 무단 물리적 액세스를 탐지하고 모니터링
• 중요한 시스템 접근에 대한 무단 액세스를 지속적으로 모니터링(침입 감시 시스템, CCTV 설치 운영)</td></tr>
<tr><td>7.5 물리적 및 환경적 위협으로부터 보호</td><td>자연재해 및 기타 의도적/비의도적 기반 시설에 대한 물리적 위협과 물리적/환경적 위협에 대한 보호를 설계하고 구현해야 함</td><td>• 물리적/환경적 위협을 예방하거나 줄이기 위한 보호장치를 구현하고 모니터링(화재 감시 시스템)
• 정보처리 시스템의 화재 손실을 방지하기 위한 적절한 통제 및 모니터링</td></tr>
<tr><td>7.6 보호구역에서 작업</td><td>보호구역에서 작업하기 위한 보안 조치를 설계하고 구현해야 함</td><td>승인되지 않은 디바이스 통제</td></tr>
<tr><td>7.7 클린 데스크</td><td>서류 및 이동식 저장 매체에 대한 클린 데스크 규칙, 삭제, 정보처리 시설의 클린 데스크 정책을 적절하게 시행함</td><td>화면 보호기, 시스템 세션 관리(자동 로그아웃 설정), USB 사용 통제</td></tr>
<tr><td>7.8 장비 배치 및 보호</td><td>장비는 안전하게 배치하고 보호되어야 함</td><td>• 작업 영역 액세스 접근 모니터링
• 온도, 습도, 환경 조건 모니터링</td></tr>
<tr><td>7.9 Off-Premises 자산 보호</td><td>Off-Site 자산은 보호해야 함</td><td>조직 외부에서 정보를 저장하거나 처리하는 모바일 디바이스 자산을 보호해야 함</td></tr>
<tr><td>7.10 저장 매체</td><td>저장 매체는 조직의 분류 체계 및 취급 요구사항에 따라 획득, 사용, 운송, 폐기의 수명주기를 통해 관리해야 함</td><td>이동식 저장 매체(USB) 관리를 위해 정책을 수립하고 취급자 승인 로그 기록을 모니터링</td></tr>
</table>

7.11 지원 유틸리티	정보처리 시설은 정전 및 장애로부터 보호해야 함	장애 및 정전으로부터 정보처리 시설 보호 및 운영 중단을 방지해야 함
7.12 케이블 보안	전력, 데이터, 정보 서비스를 전달하는 케이블은 가로채기, 손상으로부터 보호되어야 함	정보처리 시설로 연결되는 전력 및 통신라인 또는 바닥 케이블의 보호 장치
7.13 장비 유지보수	장비는 정보의 가용성, 무결성, 기밀성을 보장하기 위해 올바르게 유지 관리되어야 함	• 유지보수 프로그램 승인, 모니터링, 기록 유지, 기밀 유지 서약 • 원격 유지보수 접근 통제 및 접근 권한 부여 통제

7.14 장비의 안전한 폐기 또는 재사용	저장 매체가 포함된 장비는 폐기 또는 재사용 전에 민감한 데이터와 라이선스 소프트웨어가 제거되었는지, 안전하게 덮어쓰기가 되었는지 확인 해야 함	• 저장 매체가 포함된 장비는 정보 유출을 방지하기 위해 적절한 통제가 필요
		  – 이레이징(Erasing)
		  – 디가우징(Degaussing)
		  – 물리적 파괴(천공, 파쇄)

Section 03 | 정보보안과 사이버보안 통제의 기술적 보안

1 기술적 통제 카테고리

:: 기술적 통제 개정 가이드

카테고리	ISO 27002:2022 기술적 통제 개정 가이드
Zero Trust Principles	• ISO 27002:2013 정보보안 통제에서 사이버보안 및 개인정보보호 통제가 확장된 부분이 개정의 핵심임 • 제로 트러스트 아키텍처 모델은 데이터 중심에서 데이터 보호 사이버보안이 목표임 • 데이터 중심 보안은 데이터가 저장되는 위치가 아니라 데이터를 보호하는 사이버보안이 목표임 • 국제표준 ISO 27002:2022 Information Security, Cyber Security Control Framework
Security by Design	• 위험 평가와 위험 처리의 선택 및 구현 방법에서 통제에 대한 속성이 개정됨 • 사이버보안 통제, 사이버보안 속성에 따라 보호, 탐지, 대응, 복구를 수행 • 국제표준 ISO 27002:2022 Information Security, Cyber Security Control Framework

Attack Surface	• 공격자가 시스템, 시스템 요소 또는 시스템 요소에 침입하거나 영향을 미치거나 데이터를 유출하려고 시도하는 것으로 시스템 요소 또는 환경의 경계에 있는 지점 집합으로 정의함 • 사이버 공격 표면 관리(Cyber Attack Surface Management)라고도 함(가트너) • 개발 단계인 CVE(Common Vulnerability Enumeration), CWE(Common Weakness Enumeration), CCE(Common Configuration Enumeration)와 위험 분석(위협 모델링) 기반의 소프트웨어 취약점 관리를 권장함(시큐어 코딩 프로세스와 별도로 설계 단계 위협 모델링은 고려사항임)
사이버보안 권장 사항	사이버보안 속성에서 사이버 공격 보호, 탐지, 대응, 복구, 복원력 등 사이버보안 능력을 강화하기 위한 조직 수준의 사이버보안 인식 프로그램을 필수적인 핵심 활동으로 수립하여 이행하는 것을 권장함

2 사이버 공격의 위협 분석 및 위험 완화

:: 사이버 공격의 방어 메커니즘(공격 벡터와 공격 표면)

- 조직의 사이버보안 목표는 무엇이고, 사이버 공격 방어의 최종 목표는 무엇을 보호하는 것인지를 이해한다.
- 데이터 중심 보안 관리는 데이터가 있는 위치 또는 공유 대상에 관계없이 정보(데이터)의 보호를 강화하는 것을 목표로 데이터의 속성, 등급, 보호 요구사항 메커니즘이 필요하다(사이버보안의 목적).
- 조직의 사이버 공격을 제대로 방어하는 방법은 공격 벡터(Attack Vectors)와 공격 표면(Attack Surface)의 위험 분석을 효율적으로 활용하는 것이다.
- 공격 벡터는 공격이 취약점을 액세스하는 데 사용하는 전체 경로의 한 부분으로 속성은 취약점을 악용한 익스플로잇(Exploit) 공격과 비기술적 공격 벡터인 사회공학적 공격이 있다(취약점 유형에는 소프트웨어 결함, 취약한 보안 설정 등이 있음).
- 공격 벡터 분석 시 정보보안 및 사이버보안 속성(기밀성, 무결성, 가용성)을 고려하여 분석하는 것을 권장한다(핵심 기밀 정보, 영업 비밀 자료 유출(기밀성), 데이터 침해/변조(무결성), 악성코드 유형(랜섬웨어), DDoS(가용성)).
- 공격 벡터를 분석하는 또 다른 방법은 특정 시스템에 대해 모든 공격 벡터를 직접 분석하는 것으로 이는 시스템의 공격 표면이다(예 : 네트워크, 정보시스템, 애플리케이션, 데이터, 엔드포인트 디바이스, 모바일 기기, 앱 등).
- 공격 표면은 공격 벡터 취약점의 합으로 소프트웨어, 클라우드 자산(IaaS, PaaS, SaaS), 디지털 자산으로 공격 경로가 확장됨에 따라 향후 2030년 이후까지 공격 표면 관리의 사이버

공격에 대한 방어 기술 및 위험 분석 기법은 더욱 정교해 질 것이다(CSP 및 CSC는 사이버 위협 관리의 중점 사항임).

- 기술적 통제는 5개 운영 능력 속성으로 분류하는데 Identity and Access Management, System and Network Security, Application Security, Secure Configuration, Threat and Vulnerability Management이다.
- 기술적 통제 메커니즘의 핵심 원칙은 3+1(인증, 암호화, 접근 통제), 보안 내재화(Security By Design)가 국제표준에서 요구하는 적절한 보안 수준을(Appropriate Security Level) 보장하는 것이다.
- 기술적 통제 메커니즘의 원칙은 정보보안 3가지 속성을 보장하여 정보보안 목적을 달성하고, 정보의 기밀성, 무결성, 가용성 중 인증, 암호화, 접근 통제가 사이버 위협(공격)을 방어할 수 있는 핵심 기술 통제이다(추가적인 통제는 공격 벡터에 따라 대응).
- 다음의 표는 기술적 통제 카테고리 유형 중 가장 취약한 공격 표면과 공격 벡터를 분류하였으며, 조직 상황에 따라 위험 식별 및 분석 시 참조할 수 있다.

ISO/IEC 27002:2022 기술적 통제 카테고리	공격 벡터 (Attack Vectors)	공격 표면(Attack Surface)								
		Infrastructure	Application	Endpoints	Device	클라우드 서비스 (IaaS, PaaS, SaaS)	Supply Chain 제품 서비스	People	PII	Data
접근 관리 접근 통제	취약한 사용자 인증	○	○	○	○	○	○	○	○	○
	취약한 계정 관리	○	○			○	○	○	○	○
	취약한 권한 관리	○	○	○	○	○	○	○	○	○
	취약한 로그인	○	○	○	○	○	○	○	○	○
	취약한 특권 관리	○	○	○	○	○	○	○	○	○
	취약한 소스 코드 접근 제어	○	○	○	○	○	○	○	○	○
	취약한 정보 접근 제한	○		○	○	○	○	○	○	○

분류	항목									
시스템 및 네트워크 보안	맬웨어 (Malware)	○		○		○	○	○	○	○
	랜섬웨어 (Ransomwore)	○		○		○	○	○	○	○
	취약한 네트워크 접근 제어	○		○		○	○			○
애플리케이션 보안	취약점(CVE, CWE, CCE)		○				○			
안전한 설정	취약한 보안 설정 (Weakness Security Configuration)		○			○	○			○
	암호화	○	○	○	○	○	○		○	○
위협 및 취약점 관리	통제이 약점 (기술적 취약점)		○	○	○	○	○		○	○

- 사이버보안 통제 방법은 Authenticity, Non-Repudiability, Confidentiality, Availability, Authorization 통제를 적용할 수 있다.
- 다음의 예시는 위협 모델링 위험 분석과 STRIDE(Spoofing, Tampering, Repudiation, Information disclosure, Denial of Service, Elevation of Privilege) 위협 분석 방법이다.

Asset Category	STRIDE 위협 분석						사이버보안 통제	Attack Vector	Attack Surface	Risk Rating	Risk Owner
	S	T	R	I	D	E					
Data										High	CISO

Asset Category	STRIDE 위협 분석						사이버보안 통제
	Spoofing	Tampering	Repudiation	Information disclosure	Denial of service	Elevation of privilege	ISO 27002
Data							

- 다음의 예시는 공격 벡터 속성, 공격 벡터 위험 분석 방법으로 CVE(Common Vulnerability Enumeration), CWE(Common Weakness Enumeration), CCE(Common Configuration Enumeration), CVSS(Common Vulnerability Scoring System), OWASP Top 10 취약점, 침투 테스트 위험 분석 방법론을 적용할 수 있다.

구분	공격 벡터 위험 분석 방법					
공격 벡터 속성	CVE 취약점	CWE 취약점	CCE 취약점	CVSS 취약점	OWSAP Top10 취약점	침투 테스트
Exploit Attack						
사회공학 Attack						

- 다음의 예시는 공격 벡터 위험 분석 후 위험 완화 및 위험 통제 단계로 적절한 수준(통제가 효과적이고 유효한)의 정보보안 및 사이버보안 통제를 구현해야 한다(인증 기준 수준은 정보보안 및 사이버보안의 목적과 목표 수준을 고려한 High Level 수준임).

구분	ISO 27002:2022 기반 위험 완화 통제(정보보안 및 사이버보안 통제)				
공격 벡터 속성	IAM/접근 통제	네트워크 통제	애플리케이션 통제	Secure Configuration	Vulnerability Management
Exploit Attack					
사회공학 Attack					

- 조직에서 허용할 수 있는 위험 목표는 최소한의 영향을 미쳐야 하며, 보호해야 할 데이터 및 정보에 대해 허용 가능한 위험(Likelihood × Impact)을 정의해야 한다(위험 임계치 및 통제 활동 모니터링에 집중).
- 안전하지 않은 SSL/TLS 인증서, SPF, DKIM 및 DMARC 설정, 이메일 스푸핑과 피싱 위험, 맬웨어 취약점, 취약한 접근 통제, 네트워크 접근 제어, 데이터 침해에 대한 노출(유출) 위험, 취약한 보안 관행 등 대한민국 기업의 취약한 공격 표면과 공격 벡터 위험은 노출되어 있다.
- 공격 표면에서 디지털 발자국(Digital Footprint)은 전체 공격 표면의 총합(모든 공격 벡터)으로 사이버 공격 경로(사이버 위협으로 노출된 위험)를 식별하고, 적절한 사이버보안 통제를 적용하는 메커니즘이 필요하다.

:: 기술적 통제 카테고리

- 기술적 통제는 5개 운영 능력 속성으로 분류하며 IAM(Identity and Access Management) 시스템 및 네트워크 보안, 애플리케이션 보안, 안전한 구성, 위협 및 취약점 관리의 카테고리로 분류한다.
- 5.16, 5.17, 5.18 통제는 기술적 통제 접근 관리(접근 통제) 속성으로 분류된다.

Clause	통제 카테고리		Operational Capabilities	통제(Controls)
Clause 8	Technological Controls	신원과 접근 관리	Identity and Access Management(IAM)	5.15 접근 통제 5.16 아이덴티티 관리 5.17 인증 정보 5.18 접근 권한 8.2 특권 접근 권한 8.3 정보 접근 제한 8.4 소스 코드 액세스 8.5 보안 인증
		시스템 및 네트워크 보안	System and Network Security	8.7 맬웨어(악성코드)로부터 보호 8.18 권한 있는 유틸리티 프로그램 사용 8.20 네트워크 보안 8.21 네트워크 서비스 보안 8.22 네트워크 분리 8.23 웹 필터링
		애플리케이션 보안	Application Security	8.25 개발 단계 보안 8.26 애플리케이션 보안 요구사항 8.27 안전한 시스템 아키텍처 및 엔지니어링 원칙 8.28 시큐어 코딩 8.29 개발 및 승인 시 보안 테스팅 8.30 외주 개발 8.31 개발, 테스트 및 프로덕션 환경의 분리 8.32 변경 관리
		보안 구성	Secure Configuration	8.9 구성 관리 8.19 운영 체제 소프트웨어 설치 8.24 암호화 사용
		위협 및 취약점 관리	Threat and Vulnerability Management	5.7 위협 인텔리전스 8.8 기술적 취약점 관리

3 ID 및 액세스 관리

:: 국가별 접근 통제 기준 및 동향

- 디지털 제로 트러스트 아키텍처 모델(사이버보안 아키텍처 모델)로 전환하고 있는 현재와 미래에서(2022~2030) 비밀번호는 비효율적인 보안 게이트웨이로 간주되고, 사용자 이름과 암호 방식을 중단함에 따라 조직은 디지털 혁신과 인프라를 현대화하는 데 노력해야 한다.
- 최신 통계에서 데이터 유출 사고의 81%가 취약한 패스워드와 계정 탈취로 발생하고, 피싱 공격의 91%가 사용자 계정을 목표로 한다(보안 침해 사고의 80%는 관리 권한을 가진 계정에서 발생하는데 아이덴티티가 정보보안과 사이버보안의 가장 취약한 약점임).
- 국가 사이버보안 대통령 행정 명령(21.5)은 사이버 공격(위협) 피해 중대성으로 취약한 경계망 보안에서 제로 트러스트(ZTA) 사이버보안 모델을 2024년까지 구현하기로 했다(연방정부에 해당됨).
- AWS, MS, Google(GCP) 클라우드 사업자(CSP)는 제로 트러스트 아키텍처 모델로 강력한 사이버보안 기술을 제공해야 한다(CSP에 따라 국내 기업도 제로 트러스트 아키텍처 모델의 요구사항으로 전환됨).
- 보안은 제품이 아닌 프로세스이다(Security is a process, not a product)라는 원칙은 국내 접근 관리 프로세스(통제)를 강화할 것이다.

구분	접근 관리(접근 통제) 국가별 비교		
공격 벡터	국제표준	한국	미국
기준	접근 관리(접근 통제)	접근 통제	계정 및 접근 통제
원칙/ 메커니즘	접근 통제 원칙도 위험 기반(Risk Based)으로 강화	네트워크, 정보시스템, 응용프로그램, DB, 무선 네트워크, 원격 접근, 인터넷 접속 통제(ISMS-P 기준)	접근 통제 원칙도 위험 기반(Risk Based)으로 강화
국제/국가 기준	ISO/IEC 27001	ISMS-P	NIST 사이버보안 프레임워크
최신 정책/ 기술 동향	클라우드 서비스 국제표준 개정(ISO/IEC 27017, 27018) 및 정보보안, 사이버보안, 개인정보보호 표준 개정	AWS, MS, Google(GCP) 클라우드 서비스(IaaS, PaaS, SaaS) 전환 및 디지털 전환(DT)으로 클라우드 보안, 데이터 보호 컴플라이언스 강화	취약한 경계망 보안에서 제로 트러스트 아키텍처(ZTA) 행정 명령으로 데이터 중심 보안 패러다임이 전환 중이며 사이버보안 능력을 입증함(연방정부 및 기업)

- NIST 사이버보안 프레임워크의 접근 통제는 인벤토리 식별 및 관리, 데이터 흐름 매핑, 멀티 팩터 인증(MFA), Third-Party 사이버보안 역할 및 책임 정의 등이 과제이다.

구현	사이버보안 통제	접근 통제 카테고리	NIST/CSF 접근 통제 가이드
Step 1	식별 (Identify)	Asset Management(AM)	• 조직 인벤토리 식별 및 사이버보안 역할과 책임 정의 　- 시스템, 애플리케이션, 소프트웨어, 물리적 디바이스 　- 데이터 흐름 매핑과 외부 자산 목록화 　- 리소스 우선순위 지정(데이터, 하드웨어, 소프트웨어, 디바이스, 사람) 　- 협력 업체, 고객, 파트너에 대한 사이버보안 역할 및 책임 (R&R) 정의
Step 2	보호 (Protect)	아이덴티티 (ID 관리) 및 접근 통제 (Access Control)	• Identity Management, Authentication and Access Control 　- 승인된 장치, 사용자 및 프로세스 아이덴티티(ID 관리) 　- 물리적 접근 관리와 원격 접근 관리 　- 최소 권한의 원칙, 액세스 권한 관리 　- 네트워크 무결성 보호 　- 네트워크 분리 및 세그먼테이션 　- 사용자, 디바이스, 자산 MFA 인증(멀티 팩터 인증은 위험 비례 원칙을 권장함)
Step 3	탐지 (Detect)	네트워크 운영 및 모니터링	• 네트워크 운영과 모니터링, 데이터 흐름 설정(관리) • 사고 임계치 설정, 이벤트 영향 결정, 상관관계 분석
	대응 (Respond)		사이버보안 대응, 사이버보안 사고 완화 및 방지를 위한 활동을 이행함
	복구 (Recover)		• 사이버보안 복구 계획 및 프로세스 개선 활동을 수행함 • 사이버 리질스언스(Cyber Resilience)

- ISO/IEC 29146 접근 통제 메커니즘에서 AAAA 원칙 및 접근 통제 정책은 식별(Identification), 인증(Authentication), 권한 부여(Authorization), 책임 추적성(Accountability)의 4가지 접근 통제 속성을 보장하며 ISO/IEC 27001 인증 기준인 적절한 보안 수준의 정보보안과 사이버보안 목적을 달성할 수 있다.

카테고리	국제표준 ISO/IEC 29146 접근 관리(접근 통제) 프레임워크	ISO/IEC 27002
접근 통제 원칙 및 기준	식별, 인증, 권한 부여, 책임 추적성	

접근 통제 정책	• 접근 통제 모델(접근 통제 3가지 방법 선택 및 구현) 　- Identity Based Access Control(IBAC 아이덴티티 기반) 　- Role Based Access Control(RBAC 역할 기반) 　- Attribute Based Access Control(ABAC 속성 기반)	접근 통제 계정 및 접근 통제
인증 권한 관리	• ACL(액세스 제어 목록) 메커니즘을 사용하여 리소스 관리 • IBAC는 아이덴티티를 기반으로 액세스 요청 승인 및 인증 • RBAC는 역할에 할당된 액세스 권한을 기반으로 승인 및 인증 • ABAC는 소유한 속성을 기반으로 승인 및 인증	
책임 추적성	IBAC 아이덴티티 기반, RBAC 역할 기반, ABAC 속성 기반의 책임 추적성은 접근 ID 및 접근 권한 모니터링, 이벤트 로그 모니터링 활동을 이행	비정상 행위 및 이벤트 탐지 프로세스

∷ 5.15 접근 통제

- ISO 27001 통제 목적은 정보 및 관련 자산에 대한 권한 없는 액세스를 방지하는 것으로 정보보안 속성은 기밀성, 무결성, 가용성을 보장하며 조직의 운영 능력은 Identity and Access Management에 해당된다.
- 통제는 온프레미스(On-Premise), 클라우드(IaaS, PaaS, SaaS), 사용자 단말(Endpoint) 접근 통제 강화, IAM 기반 접근 통제 원칙도 위험 기반으로 강화하는 것이 필수적이다(MFA 인증을 적용해 사용자 계정 보안을 강화하는 것이 접근 통제의 핵심 보안 활동).
- 조직은 접근 통제 정책을 수립하고, IAM의 정보보안 요구사항에 따라 접근 통제를 구현해야 한다.

통제(Controls)	5.15 접근 통제(Access control)				
ISO 27001 통제	정보 및 관련 자산에 대한 물리적/논리적 액세스를 제어하는 규칙은 비즈니스와 정보보안 요구사항에 따라 수립 및 구현되어야 함				
목적	권한 있는 액세스를 보장하고, 정보 및 기타 자산에 대한 권한 없는 액세스를 방지				
ISO 27002 속성	통제 유형	정보보안 속성	사이버보안 통제	운영 능력	보안 도메인
	Preventive	Confidentiality Integrity Availability	Protect	Identity and Access Management	Protection
가이드라인	• 조직은 접근 통제 정책(IAM ; Identity and Access Control)을 정의해야 함 • 해당 요구사항은 다음을 고려해야 함 　- 애플리케이션 보안 　- 적절한 물리적 출입 통제에 의해 지원되어야 하는 물리적 접근 　- 정보 보급 및 승인 　- 특권적 접근에 대한 제한				

가이드라인	- 데이터 또는 서비스의 액세스 제한에 관한 법률, 규정 및 계약상 의무 - 액세스 제어 기능의 분리(액세스 요청, 액세스 권한 부여, 액세스 관리) - 접근 요청의 공식 승인 - 접근 권한 관리와 로깅 • 액세스 제어 맥락에서 사용되는 중요한 2가지 원칙 - Least Privilege, 최소 권한 원칙(명시적으로 허용되지 않는 한 모든 것이 일반적으로 금지됨) - Need to Know(명확한 필요성이 있는 경우에만 액세스 권한이 할당) • 액세스 제어 규칙은 문서화된 절차 및 정의된 책임에 의해 지원되어야 함 • Access Control Rules은 RBAC(역할 기반 액세스 제어) 및 ABAC(속성 기반 액세스 제어)와 같은 액세스 제어를 구현하는 방법이 있음 • 액세스에 사용되는 사용자 위치 또는 네트워크 연결 유형과 같은 속성도 고려할 수 있음

:: 5.16 아이덴티티 관리

- 자산에 액세스하는 동안 사용자 아이덴티티를 보호하는 데 초점을 맞추되 해당 아이덴티티를 정확하게 인증하고, 적절한 사용 권한을 가진 아이덴티티를 인가한다.
- ID 관리(IM)를 통합한 IAM, 싱글사인온(SSO), 멀티 팩터 인증(MFA), 특권 권한 관리(PAM)가 아이덴티티 관리에 해당되는 기술이다.
- 데이터 경제와 디지털 전환(DT)의 플랫폼으로 본인 확인(Identity Verification)과 인증(Authentication) 기술은 디지털 ID 및 생체인증 아이덴티티 보안 기술과 함께 패스워드 없는 로그인이 될 것이다.
- ID 및 액세스 관리(IAM)는 어떤 사용자가 어떤 리소스의 액세스 권한을 가지는지에 대해 자격 증명 탈취나 잘못된 프로비저닝 또는 인증과 같은 위험 요소를 최소화한다(보안 원칙의 접근 통제(AC) 활동으로 디지털 ID 아이덴티티 최신 기술로 전환되고 있음).
- ISO 27001 통제는 자산에 액세스하는 접근 관리의 수명주기에 ID 및 액세스 관리(IAM)를 한다.
- ISO 27001 통제 목적은 정보 및 기타 관련 자산에 액세스하는 권한을 적절하게 할당하는 것으로 정보보안 속성은 기밀성, 무결성, 가용성을 보장하며 조직의 운영 능력은 IAM에 해당된다.
- 조직은 데이터 유출 사고에서 아이덴티티(ID) 기반의 공격 유형(위협)에 대응하기 위한 IAM 접근 관리 활동을 적절하게 수행해야 한다.

통제(Controls)	5.16 아이덴티티 관리(Identity management)
ISO 27001 통제	ID의 전체 수명주기(Full Life Cycle of Identities)를 관리해야 함

목적	조직의 정보 및 기타 관련 자산에 액세스하는 개인 및 시스템의 고유한 식별을 허용하고 액세스 권한을 적절하게 할당함
ISO 27002 속성	<table><tr><th>통제 유형</th><th>정보보안 속성</th><th>사이버보안 통제</th><th>운영 능력</th><th>보안 도메인</th></tr><tr><td>Preventive</td><td>Confidentiality Integrity Availability</td><td>Protect</td><td>Identity and Access Management</td><td>Protection</td></tr></table>

가이드라인	• ID 관리에서 사용되는 프로세스는 다음을 보장해야 함
	  – 개인에게 할당된 ID의 경우 특정 ID는 한 사람에게만 연결되어 특정 ID로 수행된 작업의 책임을 그 사람에게 부여할 수 있음
	  – 여러 사람에게 할당된 ID(공유 ID)는 비즈니스 또는 운영상의 이유로 필요한데 전용 승인 및 문서화를 거쳐야 하는 경우에만 허용
	  – 인간이 아닌 개체(Non-Human Entities)에 할당된 아이덴티티는 적절하게 분리된 승인과 독립적이고 지속적인 감독의 대상임
	  – ID가 더 이상 필요하지 않은 경우(연결된 엔티티가 삭제되거나 사용되지 않거나 ID에 연결된 사람이 조직을 떠나거나 역할이 변경된 경우) 적시에 비활성화되거나 제거
	  – 사용자 아이덴티티, 인증 정보의 사용 및 관리에 대한 모든 사건 기록이 보관

권장 사항	• ID 및 액세스 관리(IAM ; Identity and Access Management)
	  – 온 프레미스(On-Premise), 클라우드 서비스 제공자 및 이용자(CSP, CSC)
	  – AWS, Google GCP, MS Azure IAM(IAM 보안 설정 적용 및 접근 관리)
	• IAM 공격 벡터 동향 및 권장 사항
	  – 데이터 유출 사고의 대부분이 아이덴티티(ID) 기반의 공격 유형임
	  – 정교한 위협 행위자는 ID 및 액세스 관리(IAM) 인프라를 표적으로 삼고 있으며, 자격 증명 오용(Credential Misuse)은 주요 공격 벡터임(Identity Threat Detection and Response 모범 사례를 권장함)

:: 5.17 인증 정보

- ISO 27001 통제는 적절한 엔티티 인증(Entity Authentication)을 보장하고, 인증 정보의 할당과 관리는 관리 프로세스에 의해 통제되어야 한다.
- ISO 27001 통제 목적은 인증 정보의 할당과 관리를 보장하는 것으로 정보보안 속성은 기밀성, 무결성, 가용성을 보장하며 사이버보안 통제는 보호 속성에 따라 ID 관리, 인증 및 액세스 제어(Identity Management, Authentication and Access Control)에 대해 사이버보안 통제를 적용한다(조직의 운영 능력은 IAM에 해당).
- 조직은 인증 정보의 할당 및 관리를 보장하고, 관리 프로세스에 따라 액세스 관리(IAM)가 통제되어야 한다.

통제(Controls)	5.17 인증 정보(Authentication information)				
ISO 27001 통제	인증 정보의 할당과 관리는 적절한 처리에 대해 직원의 조언을 포함하여 관리 프로세스에 따라 통제되어야 함				
목적	적절한 엔티티 인증을 보장하고, 인증 프로세스의 실패를 방지함				
ISO 27002 속성	통제 유형	정보보안 속성	사이버보안 통제	운영 능력	보안 도메인
	Preventive	Confidentiality Integrity Availability	Protect	Identity and Access Management	Protection

가이드라인	• 인증 정보 할당 및 관리 프로세스는 다음을 보장해야 함
	  – 임시 비밀 인증 정보의 등록 과정에서 자동으로 생성되는 개인 비밀번호 또는 개인 식별 번호(PIN)는 추측할 수 없고, 개인마다 고유하며 사용자가 처음 사용 후에 변경해야 함
	  – 대체 또는 임시 인증 정보를 제공하기 전에 사용자의 신원을 확인하는 절차 수립
	  – 임시 인증 정보를 포함한 인증 정보가 안전한 방식(인증되고 보호된 채널)으로 사용자에게 전송되고, 이러한 목적으로 보호되지 않은(일반 텍스트) 전자 메일의 사용을 방지
	  – 사용자는 인증 정보의 수신 확인
	  – 사전에 정의되거나 공급업체가 제공한 기본 인증 정보는 시스템 또는 소프트웨어 설치 직후 변경
	  – 인증 정보의 할당 및 관리와 관련된 중요 이벤트 기록이 유지되고 기밀성이 부여되며, 기록 유지 방법이 승인되었는지의 여부를 확인
	• 비밀번호 관리에서 다음의 사항을 고려함
	  – 사용자가 자신의 비밀번호를 선택 및 변경할 수 있도록 하고, 입력 오류를 해결하기 위한 확인 절차를 포함
	  – 모범 사례 권장 사항에 따라 강력한 암호를 시행
	  – 사용자가 처음 로그인할 때 비밀번호를 변경하도록 강제함
	  – 이전 암호의 재사용을 방지
	  – 입력할 때 화면에 암호를 표시하지 않음
	• 암호는 일반적으로 사용되는 인증 정보의 유형으로 사용자 신원을 확인하는 수단임
	• 다른 유형의 인증 정보는 암호화 키, 인증 코드를 생성하는 하드웨어 토큰(스마트 카드)에 저장된 데이터 및 홍채 스캔 또는 지문과 같은 생체 데이터임				

5.18 접근 권한

- ISO 27001 통제 목적은 액세스 제어로 데이터(정보)를 보호하는 것으로 정보보안 속성은 기밀성, 무결성, 가용성을 보장하며 사이버보안 통제는 보호 속성에 따라 ID 관리, 인증 및 액세스 제어에 대한 사이버보안 통제를 적용할 수 있다(조직의 운영 능력은 아이덴티티 및 액세스 관리(IAM)에 해당).
- 정보 및 관련 자산에 대한 액세스 권한은 액세스 제어 통제를 고려하여 접근 권한 통제 활동을 수행한다.

통제(Controls)	5.18 접근 권한(Access rights)				
ISO 27001 통제	정보 및 기타 관련 자산에 대한 액세스 권한은 액세스 제어에 대한 조직의 정책 및 절차에 따라 프로비저닝, 검토, 수정, 제거되어야 함				
목적	정보 및 기타 관련 자산에 대한 액세스는 비즈니스 요구사항에 따라 정의되고 승인되도록 보장함				
ISO 27002 속성	통제 유형	정보보안 속성	사이버보안 통제	운영 능력	보안 도메인
	Preventive	Confidentiality Integrity Availability	Protect	Identity and Access Management	Protection
가이드라인	• 엔티티의 인증된 ID에 물리적/논리적 액세스 권한을 할당하거나 취소하기 위한 프로비저닝 프로세스에는 다음을 포함해야 함 - 정보 및 기타 관련 자산 사용에 대해 소유자로부터 승인 획득(5.9 참조) - 접근 제어에 대한 비즈니스 요구사항과 조직의 주제별 정책 및 규칙을 고려 - 접근 권한 승인 및 구현과 충돌하는 역할 분리를 포함하여 직무 분리를 고려 - 정보 및 기타 관련 자산에 액세스할 필요가 없을 때 액세스 권한이 제거되도록 보장 - 임시 직원 또는 직원이 요구하는 임시 액세스의 제한된 기간 동안 권한을 부여하고, 만료일에 이를 취소하는 것을 고려 - 부여된 액세스 수준이 액세스 제어에 대한 주제별 정책(5.15 참조)에 따르고, 직무 분리(5.3 참조)와 같은 기타 정보보안 요구사항과 일치하는지 확인 - 승인 절차가 성공적으로 완료된 후에만 액세스 권한이 활성화됨 - 정보 및 기타 관련 자산에 액세스하기 위해 사용자 식별자(ID, 논리적/물리적)에게 부여된 액세스 권한의 기록을 유지 관리 - 역할 또는 작업을 변경한 사용자의 액세스 권한을 수정 - 인증 정보, ID 카드, 구독의 제거/취소, 교체를 통해 수행할 수 있는 물리적/논리적 액세스 권한을 제거하거나 조정 - 사용자의 논리적/물리적 액세스 권한에 대한 변경 기록을 유지				

∷ 8.2 특권 접근 권한

- ISO 27001 통제 목적은 접근 제어로 데이터를 보호하는 것으로 정보보안 속성은 기밀성, 무결성, 가용성을 보장하며 사이버보안 통제는 보호 속성에 따라 ID 관리, 인증 및 액세스 제어에 대한 사이버보안 통제를 적용할 수 있다(조직의 운영 능력은 아이덴티티 및 액세스 관리(IAM)에 해당).
- 특권적 접근 권한의 할당은 접근 제어 정책에 따라 특권 접근 권한의 할당과 사용을 제한하고 관리해야 한다.

통제(Controls)	8.2 특권 접근 권한(Privileged access rights)				
ISO 27001 통제	특권적 접근 권한의 할당은 접근 제어에 대한 관련 정책에 따라 특권 접근 권한의 할당과 사용을 제한하고 관리함				
목적	승인된 사용자만 사용할 수 있도록 소프트웨어 구성 요소 및 서비스에 액세스 권한이 제공됨				
ISO 27002 속성	통제 유형	정보보안 속성	사이버보안 통제	운영 능력	보안 도메인
	Preventive	Confidentiality Integrity Availability	Protect	Identity and Access Management	Protection
가이드라인	• 특권적 접근 권한의 할당에서 다음의 사항을 고려해야 함 　- 각 시스템 또는 프로세스(운영 체제, 데이터베이스 관리 시스템, 응용 프로그램)에 대해 액세스 권한이 필요한 사용자를 식별 　- 액세스 제어에 대한 정책에 따라 이벤트별로 사용자에게 특권 액세스 권한을 할당 　- 권한 부여 프로세스(액세스 권한을 승인할 수 있는 사람을 결정하거나 권한 부여 프로세스가 완료될 때까지 권한 있는 액세스 권한을 부여하지 않음) 　- 특권 액세스 권한 만료에 대해 요구사항 정의 및 구현 　- 사용자가 자신의 특권 액세스 권한과 모드에 있을 때 인식하도록 조치 　- 특권 액세스 권한에 대한 인증 요구사항은 일반 액세스 권한에 대한 요구사항 보 다 높을 수 있음 　- 조직 변경 후 권한 있는 액세스 권한으로 작업하는 사용자를 정기적으로 검토하여 그들의 의무, 역할, 책임, 능력이 여전히 권한 있는 액세스 권한으로 작업할 자격이 있는지 확인 　- 감사 목적으로 시스템에 대한 모든 권한 있는 액세스를 기록 　- 특권 액세스 권한이 있는 ID를 여러 사람에게 공유하거나 연결하지 않는 특정 특권 액세스 권한을 할당할 수 있도록 각 개인에게 별도의 ID를 할당				

:: 8.3 정보 접근 제한

- ISO 27001 통제 목적은 접근 제어로 데이터를 보호하는 것으로 정보보안 속성은 기밀성, 무결성, 가용성을 보장하며 사이버보안 통제는 보호 속성에 따라 ID 관리, 인증 및 액세스 제어에 대한 사이버보안 통제를 적용할 수 있다(조직의 운영 능력은 아이덴티티 및 액세스 관리(IAM)에 해당).
- 액세스 관리 정책은 생성, 처리, 저장, 전송, 폐기 정보의 생명주기를 고려하여 정책에 따라 무단 액세스를 방지하기 위한 액세스 관리(IAM) 활동을 수행한다.

통제(Controls)	8.3 정보 접근 제한(Information access restriction)
ISO 27001 통제	무단 액세스를 방지하기 위한 통제 목적으로 정보 및 기타 관련 자산의 액세스는 수립된 규정에 따라 제한되어야 함

목적	승인된 액세스만 보장하고 정보 및 기타 관련 자산에 대한 무단 액세스를 방지함				
ISO 27002 속성	통제 유형	정보보안 속성	사이버보안 통제	운영 능력	보안 도메인
	Preventive	Confidentiality Integrity Availability	Protect	Identity and Access Management	Protection
가이드라인	• 정보 및 기타 관련 자산에 대한 액세스는 확립된 정책에 따라 제한되어야 함 • 액세스 제한 요구사항을 지원하려면 다음을 고려해야 함 　- 알 수 없는 사용자 ID 또는 익명으로 민감한 정보의 액세스는 허용하지 않음 　- 시스템, 애플리케이션, 서비스 정보에 대해 액세스를 제어하기 위한 메커니즘 제공 　- 특정 사용자가 액세스할 수 있는 데이터 통제 　- 읽기, 쓰기, 삭제, 실행과 같은 액세스 권한이 있는 ID 또는 ID 그룹을 제어 　- 민감한 애플리케이션, 데이터, 시스템의 격리를 위한 물리적/논리적 액세스 제어 　- 누가 어떤 기간에 어떤 방식으로 해당 정보에 액세스할 수 있는지에 대한 세부적인 제어 (누가 정보에 접근하고 정보가 어떻게 사용되는지 기록) 　- 아이덴티티, 장치, 위치, 애플리케이션을 기반으로 액세스 권한을 부여 　- 정보에 액세스하기 위한 인증, 적절한 자격 증명 또는 인증서를 요구 　- 암호화를 사용하여 정보 보호 　- 정보에 대한 인쇄 권한 정의(출력 제한) 　- 정보를 오용하려는 시도가 감지되면 경계 발생				

:: 8.4 소스 코드 액세스

- ISO 27001 통제 목적은 소스 코드 정보 유출의 위험 방지로 정보를 보호하는 것으로 정보보안 속성은 기밀성, 무결성, 가용성을 보장하며 사이버보안 통제는 보호 속성에 따라 IAM, 개발단계 보안, 소스 코드 관리에 대한 사이버보안 통제를 적용할 수 있다(조직의 운영 능력은 애플리케이션 보안에 해당).
- 조직은 ISO 27002:2022 정보보안, 사이버보안 통제 속성을 고려하여 소스 코드 액세스 관리 및 소스 코드 유출에 대한 접근 통제, 모니터링 활동을 수행해야 한다.

통제(Controls)	8.4 소스 코드 액세스(Access to source code)				
ISO 27001 통제	소스 코드, 개발 도구, 소프트웨어 라이브러리에 대한 읽기 및 쓰기 액세스 권한을 조절해야 함				
목적	의도하지 않거나 악의적인 변경을 방지하고, 지적 재산의 기밀성을 유지함				
ISO 27002 속성	통제 유형	정보보안 속성	사이버보안 통제	운영 능력	보안 도메인
	Preventive	Confidentiality Integrity Availability	Protect	Identity and Access Management Application Security Secure Configuration	Protection

가이드라인	• 소스 코드에 대한 액세스를 적절하게 통제하려면 다음의 사항을 고려해야 함 　– 프로그램 소스 코드 및 프로그램 소스 라이브러리에 대한 액세스를 관리 　– 비즈니스 요구에 따라 소스 코드에 대한 읽기 및 쓰기 액세스 권한을 부여하고, 변경 또는 오용 위험을 처리하도록 관리 　– 변경 관리 절차에 따라 소스 코드 및 관련 항목 업데이트 및 소스 코드의 액세스 권한 부여 등 적절한 승인을 받은 후에만 수행 　– 개발자에게 소스 코드 저장소에 대한 직접 액세스 권한을 부여하지 않고, 소스 코드에 대한 활동 및 권한을 제어하는 개발자 도구를 통해 부여함 　– 읽기 및 쓰기 액세스가 적절하게 관리되고 할당되는 안전한 환경에서 프로그램 목록을 유지 　– 소스 코드에 대한 모든 액세스 및 변경 사항에 대해 감사 로그를 유지 　– 프로그램 소스 코드가 공개될 경우 무결성에 대한 보증을 제공하기 위해 추가 통제를 고려함

:: 8.5 보안 인증

- 조직의 아이덴티티 및 보안 인증 성숙도에 따라 Level 1단계는 아이덴티티, 취약한 비밀번호 사용 Level 2단계는 직원, 계약자, 파트너 전반의 SSO, MFA 사용 Level 3단계는 액세스 정책 사용자 그룹 전반에 배포된 MFA 사용, 위험 기반 액세스 정책, 인증 및 권한 인증 보안 수준으로 정의할 수 있다.
- ISO 27001 통제 목적은 적절한 보안 인증 기술을 선택하여 적용하는 것으로 정보보안 속성은 기밀성, 무결성, 가용성을 보장하며 사이버보안 통제는 보호 속성에 따라 ID 관리, 인증 및 액세스 제어에 대한 사이버보안 통제를 적용할 수 있다(조직의 운영 능력은 아이덴티티 및 액세스 관리(IAM)에 해당).
- 보안 인증 기술에서 시스템, 애플리케이션, 서비스의 액세스 접근은 적절한 인증 기술을 선택하고, 인증 강도는 정보 분류에 적합해야 하며 패스워드 인증, MFA 인증, 생체 인증, 패스워드 리스 인증 등의 강력한 인증 기술을 선택하여 구현한다.

통제(Controls)	8.5 보안 인증(Secure authentication)				
ISO 27001 통제	지식 기반, 소유 기반, 속성 기반(생체 기반)의 3가지 보안 인증 기술 및 절차는 정보 접근 제한과 접근 통제에 대한 정책을 기반으로 구현되어야 함				
목적	시스템, 애플리케이션, 서비스에 대한 액세스가 허가될 때까지 사용자 또는 엔티티가 안전하게 인증되도록 보장함				
ISO 27002 속성	통제 유형	정보보안 속성	사이버보안 통제	운영 능력	보안 도메인
	Preventive	Confidentiality Integrity Availability	Protect	Identity and Access Management	Protection

구분	내용

가이드라인	• 조직은 사용자, 소프트웨어, 메시지 및 기타 실체의 아이덴티티(ID)를 입증하기 위해 적절한 인증 기술을 선택해야 함
	• 조직은 강력한 인증 및 아이덴티티 검증을 수행해야 함
	• 디지털 인증서, 스마트카드, 토큰 또는 생체 인증(Biometrics Authentication)과 같은 암호 대안을 사용해야 함
	• 인증 정보에는 중요한 정보시스템에 액세스하기 위한 추가 인증 요소와 MFA를 고려해야 함
	• MFA는 다른 기술과 결합하여 비정상적인 위치, 비정상적인 장치, 비정상적인 시간에 액세스하는 것과 같이 미리 정의된 규칙 및 패턴을 기반으로 특정 상황에서 추가 요소를 요구할 수 있음
	• 시스템 또는 애플리케이션에 로그인하는 절차는 무단 액세스 위험을 최소화하도록 설계되어야 함
	• 다음을 고려하여 로그인 절차 및 기술을 구현해야 함
	  – 승인되지 않은 사용자에게 불필요한 지원 제공을 피하기 위해 로그온 프로세스가 성공적으로 완료될 때까지 민감한 시스템 또는 애플리케이션 정보를 표시하지 않음
	  – 시스템, 애플리케이션, 서비스는 승인된 사용자만 액세스해야 한다는 경고를 표시
	  – 모든 입력 데이터가 완료된 경우에만 로그온 정보를 확인
	  – 사용자 이름과 암호에 대한 무차별 대입 로그온 시도로부터 보호
	  – 실패 및 성공적인 시도 기록
	  – 로그온 제어의 잠재적인 위반 시도 또는 성공적인 위반이 감지된 경우 보안 이벤트 발생 (잘못된 암호 시도 횟수에 도달한 경우 사용자 및 조직의 시스템 관리자에게 경고 전송)
	  – 사용자 엔드포인트 장치와 같은 High Risk Location에서 정해진 기간 동안 활동이 없는 세션은 종료

권장 사항	• ISO 27002:2022 강화된 기준으로 조직은 강력한 인증 기술을 선택하여 안전한 아이덴티티를 구현하고 미국, 유럽연합(EU)에서 강력안 인증 기술을 권장함(최근 사이버보안 규제는 패스워드 없는 안전한 인증과 강력한 인증 기술을 의무화함) • 지식 기반 인증(패스워드), 소유 기반 인증(OTP, 공인인증서), 생체 기반 인증 기술로 암호 없이 로그인할 수 있는 기술로 전환되지만 취약한 패스워드 한계로 인증 기술 적용은 IAM 접근 관리의 핵심 메커니즘에 해당됨 • 조직은 인증 강도에 따라 적절한 보안 인증 기술을 적용함 | 강력한 인증	High Security	생체 인증 (Biometrics Authentication)
---	---	---
		멀티 팩터 인증 (Multi Factor Authentication, MFA)
		OTP 인증 (One Time Password)
		패스워드 리스 인증 (Password Less Authentication) 패스워드 없는 로그인/인증 (Password Less Login)
취약한 인증	Low Security	패스워드 인증 (Password Authentication)	

- 보안 인증에서 MFA(Multi Factor Authentication)의 권장 사항은 다음과 같다.

카테고리	권장 사항

멀티 팩터 인증 (MFA)	• 시스템이 요구하는 물리적/논리적 액세스를 보호하기 위한 계층적 접근 방식으로 MFA 하나의 인증자가 손상되더라도 승인되지 않은 사용자는 사용할 수 없으므로 보안이 강화됨
	• 비밀번호 크래킹은 더욱 정교해지고 있으며 공격자는 피싱 이메일을 통해 다른 시스템에서 재사용된 비밀번호를 식별하여 자격 증명을 수집함(MFA는 계정 탈취에 대한 강력한 보호 기능을 제공함)
	• 사용자가 로그인 시 두 개 이상의 지식 기반(ID, 패스워드), 소유 기반(OTP, 공인증인서) 신원을 검증한 후 승인해야 함
	• 일반적인 MFA 로그인은 다음의 사항을 고려해야 함
	  – Password, Personal Identification Number(PIN)
	  – Smart Card, Mobile Token, Hardware Token
	  – Biometric Factor(지문, 손바닥 지문, 음성 인식)
	  – 암호 또는 PIN(두 번째 요인)에서 승인되지 않은 사용자가 카드를 소지하고 있을 경우 로그인하지 않으면 안 됨
	  – 전자 메일, 원격 데스크톱 및 VPN(Virtual Private Network)과 같은 인터넷 연결 시스템에 MFA를 적용하는 것이 좋음
	  – 보호의 성노는 시스템에 따라 다르므로 사이버보안 목표 수준에 맞추어 보인 인증 기술을 적용함(데이터 및 애플리케이션 보안에 대한 계층화된 접근 방식으로 적용)

- NIST Authentication(인증)의 단계별 가이드라인은 다음과 같다.

구분	Authenticator Assurance Level 1	Authenticator Assurance Level 2	Authenticator Assurance Level 3
인증 기술	패스워드 인증 (Password Authentication)	OTP 인증 (One Time Password)	생체 인증 (Biometrics Authentication) Multi Factor Cryptographic Device
		Multi Factor OTP Device	Multi Factor OTP Device (Software or Hardware)
보안 통제	Low Baseline	Moderate Baseline	High Baseline

4 시스템 네트워크 보안

:: 국제표준 네트워크 보안(ISO/IEC 27033)

- ISO/IEC 27033-1 네트워크 보안과 관련된 개념을 정의하고 관리 지침을 제공하며, 네트워크 보안 위험 평가 기준도인 ISO/IEC 27005 위험 식별, 분석, 평가 프로세스를 권장한다.

- 네트워크 보안 위험은 무단 액세스(기밀성), 정보 및 데이터 무결성 손실, 가용성 손실(DDoS) 등 정보보안 속성에 영향을 미치는 위험 요인(Risk Factor)이 네트워크 보안의 고질적인 위험 인자(High Risk 사고를 유발하는 원인)이다.
- 정보보안 및 사이버보안 직무 이해 관계자는 네트워크 보안 위험 분석에 따라 위험 식별 및 분석, 네트워크 위협(공격 표면, 공격 벡터) 및 취약점을 식별하여 적절한 네트워크 관리 활동을 권장한다.
- 다음의 표는 ISO/IEC 27033-1 네트워크 보안 통제에서 네트워크 보안 관리를 위한 네트워크 보호 및 관리 가이드를 제공한다.

Step	ISO/IEC 27002:2022	ISO/IEC 27033-1	국제표준/NIST 네트워크 보안 가이드라인
Step 1	식별 (Identify)	네트워크 보안 위험 평가 (NSRA)	• 네트워크 보안 위협과 취약점 분석(위험 식별) 　- 네트워크 자산 식별, 평가(C, I, A 보호 대상, 통제 방법) 　- 데이터 전송 기밀성, 무결성, 가용성, 신뢰성의 위험 분석 　- 인증, 권한 부여, 액세스 제어, 허가된 사용 통제의 위험 분석 　- 정보 전송 및 이메일 전송, 웹 필터링(악성코드)의 위험 분석 　- 멜웨어 탐지, 보호의 위험 분석 　- 클라우드 서비스 제공자, 이용자(CSP)의 책임 공유 정의(CSC 클라우드 서비스 이용자 측면 데이터 보호) • 네트워크 보안의 아키텍처 　- 경계 보안 모델(Perimeter Security Model) 　- 제로 트러스트(ZTA) 아키텍처 모델
Step 2	보호 (Protect)	네트워크 보안 관리 (NSM)	• 식별 및 인증, 보안 로그인(MFA) • 네트워크 보안 정책(지침, 절차서) 수립 및 운영 • 악성코드에 대한 보호(Malware Protection), 암호화 • 비즈니스 연속성 관리(BIA, RTO, RPO) • 네트워크 세그먼테이션(네트워크 논리적/물리적 분리) • 네트워크 모니터링 및 검토(감사 로깅 및 모니터링) • 기술적 취약점 관리
Step 3	탐지 (Detect)	네트워크 보안 사고 관리 (NSIM)	네트워크 보안 사고 이벤트를 식별하기 위한 활동을 구현해야 함
Step 3	대응 (Respond)	네트워크 보안 사고 관리 (NSIM)	네트워크 보안 사고 대응, 사고 완화 및 방지를 위한 활동을 이행해야 함
Step 3	복구 (Recover)	네트워크 보안 사고 관리 (NSIM)	네트워크 보안 사고 복구 계획 및 프로세스 개선 활동을 수행해야 함

:: 8.7 맬웨어로부터 보호

- 사이버 공격(위협) 중 랜섬웨어(Ransomware Attack)는 빈도와 정교함에서 가장 두려워하는 공격 벡터이고, 두 번째는 사회공학 공격(Social Engineering attacks), 세 번째는 악의적인 내부자 공격(Inside Attacks)을 경계 대상으로 인식하고 있다.
- 최근 3년간 글로벌 사이버 공격 Top 3은 맬웨어, 랜섬웨어, 웹 애플리케이션(웹 애플리케이션을 대상으로 클라우드 기반의 공격 유형 증가)으로 표적 공격은 맬웨어 벡터에 초점을 맞추고, 피싱 및 맬웨어 공격이 80% 이상이다(악성코드 공격 패턴 유형).
- 랜섬웨어는 조직의 데이터를 암호화하고, 해당 데이터에 대한 액세스를 복원하는 조건으로 대가를 요구하는 악성코드의 유형이다(공격 패턴은 네트워크 연결을 통해 수행되므로 네트워크 공격 표면을 강화함).
- 사회공학 공격에서는 사이버보안 인식 강화 프로그램을 통해 가장 취약한 연결 고리 노출(취약한 인식 수준의 관행) 위험을 완화한다.
- ISO 27001 통제 목적은 맬웨어로부터 데이터를 보호하는 것으로 정보보안 속성은 기밀성, 무결성, 가용성을 보장하며 사이버보안 통제는 보호, 탐지 속성에 따라 악성코드로부터 보호 및 탐지 속성을 적용한다(조직의 운영 능력은 시스템과 네트워크 보안 및 정보보호에 해당).
- 조직은 ISO 27002:2022 사이버공격 유형인 악성코드(Malware)로부터 데이터를 보호하기 위한 사이버보안 정책을 수립하고, 보호 속성 기술 및 사용자 인식을 강화한다(맬웨어로부터 사고를 예방하고, 사이버보안 사고 발생 시 위험을 완화).

통제 (Controls)	8.7 맬웨어부터 보호(Protection against malware)			사이버보안 컨셉	Protect Detect
ISO 27001 통제	맬웨어(악성코드)에 대한 보호는 적절한 사용자 인식에 의해 구현되고 지원되어야 함				
목적	정보 및 기타 관련 자산을 맬웨어(악성코드)로부터 보호하기 위함				
ISO 27002 속성	통제 유형	정보보안 속성	사이버보안 통제	운영 능력	보안 도메인
	Preventive Detective Corrective	Confidentiality Integrity Availability	Protect Detect	System and Network Security Information Protection	Protection Defence

	• 맬웨어에 대한 보호는 탐지 및 복구 소프트웨어, 정보보안 인식, 적절한 시스템 액세스 및 변경 관리 제어를 기반으로 함(랜섬웨어, 피싱 공격 패턴은 High Risk 악성코드)
	• 맬웨어 탐지 및 복구 소프트웨어만 사용하는 것은 적절하지 않으며, 다음의 지침을 고려해야 함
	  – 승인되지 않은 소프트웨어 사용을 방지하거나 탐지하는 규칙 및 제어
	  – 알려지거나 의심되는 악성 웹사이트(차단 목록)의 사용을 방지하거나 탐지하는 통제를 구현				

가이드라인	- 맬웨어에 의해 악용될 수 있는 취약점 감소(기술적 취약성 관리) - 외부 네트워크 또는 매체를 통해 파일 및 소프트웨어를 입수하는 위험의 보호 조치를 수립 - 맬웨어 탐지 및 복구 소프트웨어를 설치하고, 정기적으로 업데이트 • 위험 평가 결과에 따라 멀웨어 탐지 및 복구 기술의 보안 설정을 결정하고 다음의 사항을 고려함 - 가장 효과적일 수 있는 심층 원칙 방어(네트워크 게이트웨이, 이메일, 파일 전송, 웹과 같은 다양한 애플리케이션 프로토콜) - 사용자 엔드포인트 장치 및 서버에서 맬웨어 탐지 - 맬웨어 공격으로부터 복구하기 위한 적절한 비즈니스 연속성 계획을 준비 - 맬웨어 공격에 대한 보고 및 복구 교육을 포함하여 시스템의 맬웨어로부터 보호를 처리하기 위한 절차 및 책임 정의 - 모든 사용자에게 맬웨어에 감염된 이메일, 파일 또는 프로그램의 수신, 전송, 설치를 식별하고 잠재적으로 완화하는 방법에 대한 인식 및 교육 제공 - 메일링 리스트에 가입하거나 관련 웹사이트를 검토하는 등 새로운 맬웨어에 대한 정보를 정기적으로 수집 - 맬웨어와 관련된 신뢰할 수 있는 웹사이트 또는 탐지 소프트웨어 공급업체를 확인
권장 사항	• 조직은 랜섬웨어 공격(악성코드)에 보호되지 않은 공격 벡터가 없는지를 위험 식별, 조직 거버넌스에 반영하고, 랜섬웨어 공격에 노출 공격 표면을 최소화 • 위험 완화의 보호 메커니즘은 ID 관리, 인증, 액세스 제어(리소스에 해당), 원격 액세스의 권한 관리(데이터 유출로부터 보호), MFA 보안 로그인, 네트워크 분리(표적 공격에 대비하기 위한 네트워크 접근 제어), 데이터 보호를 위한 무결성 및 가용성(데이터 백업과 복구)의 대응과 복구 계획을 수립(RTO/RPO), 사이버보안 사고 관리 연속성 및 복원력 확보가 맬웨어 보호 활동의 핵심임(ISO 27002 사이버보안 통제 식별, 보호, 탐지, 대응, 복구 프레임워크) • NIST 사이버보안 프레임워크 프로필과 랜섬웨어 위험 관리(22.2)는 다음과 같음 - 사이버보안에서 랜섬웨어 공격 위협에 대처하기 위한 위험 관리 프레임워크 - 랜섬웨어 이벤트 식별, 보호, 탐지, 대응, 복구의 사이버보안 프레임워크 제공 • 멀티 팩터 인증(MFA)은 랜섬웨어, 데이터 유출, 비즈니스 이메일 피싱 공격(맬웨어 공격 패턴), 네트워크 및 시스템, 애플리케이션 액세스를 비롯한 여러 유형의 공격 위험을 줄일 수 있음(사이버 위협의 위험 완화 전략으로 EU(유럽연합)보다 미국의 피싱 피해가 적은 이유는 MFA 적용 위험 완화 방법을 사용한 것으로 나타남)

• NIST 사이버보안 프레임워크 프로필에서 랜섬웨어 위험 관리 가이드는 다음과 같다.

Step	사이버보안 통제	카테고리	랜섬웨어 위험 관리 가이드
Step 1	식별 (Identify)	위험 식별, 분석	• 사이버보안 정책 수립(랜섬웨어 공격 대응 및 복구에 대한 정책과 절차) • 취약점 식별 및 위험 평가(랜섬웨어 공격에 대한 가능성, 영향 분석)

Step 2	보호
	(Protect)
		데이터 보호	• ID 관리, 인증 및 액세스 제어
			  – 사용자 ID 접근 제어, 보안 인증, MFA 사용
			  – 원격 액세스 관리, 최소 권한 액세스 권한 관리
			  – 대부분의 랜섬웨어 공격은 네트워크 연결을 통해 발생
			• 네트워크 무결성 보호(네트워크 분리)
			• 사이버보안 인식 및 교육(대부분의 랜섬웨어 공격은 취약한 관행으로 발생)
			• 데이터 보안과 백업, 복구 테스트(데이터 가용성 보장)
			• 정보보호 프로세스 및 절차, 탐지, 대응 및 복구 계획 (랜섬웨어 대응 및 위험 완화)

Step 3	탐지 (Detect)	비정상 행위 및 이벤트 탐지 및 모니터링	• 네트워크 모니터링과 취약점 스캐닝 • 악성코드 탐지(Malware Protection)
	대응 (Respond)		랜섬웨어 대응 프로세스 및 절차 실행
	복구 (Recover)		랜섬웨어 복구 프로세스 및 절차 실행

:: 8.18 권한 있는 유틸리티 프로그램 사용

- ISO 27001 통제 목적은 유틸리티 프로그램의 사용을 엄격하게 통제 및 제어하는 것으로 정보보안 속성은 기밀성, 무결성, 가용성을 보장하며 조직의 운영 능력은 시스템과 네트워크 보안에 해당된다.
- 조직은 유틸리티 프로그램 사용이 정보보안을 위한 시스템 및 응용 프로그램 통제에 영향을 끼치지 않도록 유틸리티 프로그램 사용에 대한 지침을 통제해야 한다.

통제(Controls)	8.18 권한 있는 유틸리티 프로그램 사용(Use of privileged utility programs)				
ISO 27001 통제	시스템 및 애플리케이션 제어를 무시할 수 있는 유틸리티 프로그램의 사용은 제한되고 엄격하게 통제되어야 함				
목적	유틸리티 프로그램 사용이 정보보안을 위한 시스템 및 응용 프로그램 통제에 영향을 끼치지 않도록 보장				
ISO 27002 속성	통제 유형	정보보안 속성	사이버보안 통제	운영 능력	보안 도메인
	Preventive	Confidentiality Integrity Availability	Protect	System and Network Security	Protection

- 시스템 및 응용 프로그램 통제를 무시할 수 있는 유틸리티 프로그램 사용에 대해 다음의 지침을 고려해야 함
  - 신뢰할 수 있고 승인된 사용자의 최소수로 유틸리티 프로그램 사용을 제한

가이드라인	- 유틸리티 프로그램을 사용하는 사람의 고유한 식별을 포함하여 유틸리티 프로그램에 대한 식별, 인증, 권한 부여의 절차 - 유틸리티 프로그램에 대한 권한 수준을 정의하고 문서화 - 유틸리티 프로그램의 임시 사용에 대한 승인 - 불필요한 유틸리티 프로그램을 모두 제거하거나 비활성화 - 최소한 응용 프로그램에서 유틸리티 프로그램을 논리적으로 분리 - 유틸리티 프로그램의 모든 사용 기록 검토

8.20 네트워크 보안

- ISO 27001/27002:2013, 네트워크 보안으로 변경된 통제 항목은 취약한 네트워크 공격으로부터 정보보호 및 데이터 보호를 위한 것이다.
- ISO 27001 통제 목적은 네트워크 통제 활동을 통해 시스템 및 애플리케이션 정보를 보호하는 것으로 정보보안 속성은 기밀성, 무결성, 가용성을 보장하며 사이버보안 통제는 보호 속성에 따라 데이터 보호 사이버보안을 적용할 수 있다(조직의 운영 능력은 시스템과 네트워크 보안에 해당).
- 조직은 네트워크 통제 및 네트워크 보안 지침을 참조하여 네트워크 보안 관리 활동을 권장한다.

통제(Controls)	8.20 네트워크 보안(Network security)			사이버보안 컨셉	Protect Detect
ISO 27001 통제	네트워크 및 네트워크 장치는 시스템과 애플리케이션 정보를 보호하기 위해 보안 관리 및 통제되어야 하며 구현을 위한 핵심 메커니즘은 사이버보안 보호임				
목적	네트워크 정보 및 지원 처리 시설이 네트워크를 통해 손상되지 않도록 보호함(정보보호 및 데이터 보호)				
ISO 27002 속성	통제 유형	정보보안 속성	사이버보안 통제	운영 능력	보안 도메인
	Preventive Detective	Confidentiality Integrity Availability	Protect Detect	System and Network Security	Protection
가이드라인	• 네트워크의 정보보안을 보장하고 무단 액세스로부터 서비스를 보호하기 위해 네트워크 통제(Network Controls)를 구현하고, 다음의 항목을 고려해야 함 - 정보의 유형 및 분류(보호할 정보(데이터)의 의미와 목적, 사이버보안 목표) - 네트워크 보안 책임 및 절차 수립 - 네트워크 다이어그램 및 구성 파일의 최신 상태 유지(최신 현행화 이력 관리) - 시스템 운영과 네트워크 운영 책임을 분리 - 공공 네트워크, 제3자 네트워크, 무선 네트워크를 통해 데이터의 기밀성과 무결성을 보호하고, 연결된 시스템 및 애플리케이션 보호를 위한 추가 통제 권장 - 탐지를 가능하게 하는 적절한 로깅과 모니터링				

가이드라인	– 네트워크의 입증(Authenticating systems on the network) – 네트워크의 시스템 연결 제한 및 필터링(방화벽 사용) – 네트워크에 대한 장비 및 장치의 연결 탐지, 제한 및 인증 – 네트워크 디바이스 강화 – 네트워크 관리 채널을 다른 네트워크 트래픽과 분리(Firewalls) – 네트워크가 공격받고 있는 경우 서브 네트워크망 분리 – 취약한 네트워크 프로토콜의 비활성화 – 조직은 가상화된 네트워크 사용에 적절한 보안 통제가 적용되도록 함(가상화된 네트워크는 소프트웨어 정의 네트워킹(SDN, SD-WAN)도 포함) – 네트워크 보안에 대한 추가 정보는 ISO/IEC 27033을 참조
추가 정보	• 네트워크 보안은 ISO/IEC 27033 시리즈를 참조 • 클라우드 컴퓨팅(Virtual Machines(VMs), Hyper Visors 등) ISO/IEC TS 23167을 참조

- NSA(National Security Agency) 네트워크 보안 지침(네트워크 보안 권장 사항)은 다음과 같다.

카테고리	NSA 네트워크 보안 지침 가이드	ISO/IEC 27002
제로 트러스트	제로 트러스트는 위협이 기존 네트워크의 내부와 외부에 존재한다는 인식을 기반으로 하는 보안 모델로 일련의 시스템 설계 원칙에서 조정된 사이버보안 및 시스템 관리 전략임	8.27 안전한 시스템 아키텍처 및 엔지니어링 원칙 (Zero Trust 원칙)
네트워크 아키텍처	• 네트워크 아키텍처 및 설계는 위협을 방어하고, 보호하는 것이 네트워크 보안의 목적으로 모범 사례는 제로 트러스트 원칙을 따라야 함 • 외부 위협으로부터 보호하며, 인바운드 및 아웃바운드 트래픽을 모니터링하고 제한하기 위해 네트워크 경계에 심층 방어를 구현해야 함	

네트워크 보안 권장 사항	• 엄격한 경계의 제어 통제를 구현
	  – Implementing ACL
	  – 허용된 연결만 허용하고, 다른 모든 것을 거부하는 Rule Set 적용
	• VPN 제한 및 암호화
	• Authentication, Authorization, Accounting(AAA)
	• 최소의 권한 원칙 적용
	• 인증 시도 제한과 불필요한 계정 삭제
	• 암호화 저장(SHA 256 Password hashes are recommended)
	• 강력한 패스워드 생성 및 사용
	• Telnet, HTTP, FTP, SNMP 비활성화
	• 암호화된 HTTP 서버는 TLS 1.2 이상만 사용
	• 서비스의 액세스 제한(네트워크 관리 세그먼트 제한, ACL 구성 권장)
	• 아웃바운드 연결 비활성화(e.g., Telnet and SSH)
	• SNMP 읽기, 쓰기 문제열 비활성화, 암호화 및 인증 사용
	• 불필요한 네트워크 서비스 비활성화
		8.20 네트워크 보안 (Networks Security)

네트워크 보안 권장 사항	• 포트 보안 활성화 - 사용하지 않는 포트 비활성화 - Disable Default VLAN - Disable Port Monitoring - Disable Proxy Address Resolution Protocol(ARP)	8.20 네트워크 보안 (Networks Security)

:: 8.21 네트워크 서비스 보안

- ISO 27001 통제 목적은 네트워크 서비스 사용의 보안을 보장하는 것으로 정보보안 속성은 기밀성, 무결성, 가용성을 보장하며 사이버보안 통제는 보호 속성에 따라 데이터 보호 사이버보안을 적용할 수 있다(조직의 운영 능력은 시스템과 네트워크 보안에 해당).
- 조직은 네트워크, 방화벽, IDPS(Intrusion and Prevention System)와 같은 네트워크 보안 솔루션의 메커니즘, 서비스 수준 및 요구사항을 식별, 구현, 모니터링해야 한다.

통제(Controls)	8.21 네트워크 서비스 보안(Security of network services)		사이버보안 컨셉	Protect
ISO 27001 통제	네트워크 서비스의 보안 메커니즘, 서비스 수준 및 요구사항을 식별, 구현, 모니터링해야 함			
목적	네트워크 서비스 사용의 보안을 보장함			
ISO 27002 속성	통제 유형	정보보안 속성	사이버보안 통제	운영 능력	보안 도메인
	Preventive	Confidentiality Integrity Availability	Protect	System and Network Security	Protection
가이드라인	• 보안 기능, 서비스 수준 및 요구사항과 같은 특정 서비스에 필요한 보안 조치를 식별하고 구현해야 함 • 네트워크 서비스 공급자가 합의된 서비스를 안전한 방식으로 관리할 수 있는지 확인하고, 정기적으로 모니터링해야 함 • 네트워크 및 서비스 사용에 대한 규칙은 다음을 포함하도록 공식화되어야 함 - 액세스가 허용된 네트워크 및 네트워크 서비스 - 다양한 네트워크 서비스에 액세스하기 위한 인증 요구사항 - 누가 어떤 네트워크와 서비스에 액세스할 수 있는지 결정하기 위한 승인 절차 - 네트워크 연결 및 서비스에 대한 액세스를 보호하기 위해 네트워크 관리와 기술적 통제 절차 - 네트워크 및 네트워크 서비스에 액세스하는 데 사용되는 수단(가상 사설망(VPN) 또는 무선 네트워크 사용) - 액세스 당시 사용자의 시간, 위치, 기타 속성 - 네트워크 서비스 사용 모니터링 • 네트워크 서비스에서는 다음의 보안 기능을 고려해야 함 - 인증, 암호화 및 네트워크 연결 통제와 같은 네트워크 서비스 보안을 위해 적용되는 기술				

가이드라인	− 보안 및 네트워크 연결 규칙에 따라 네트워크 서비스의 보안 연결에 필요한 기술적 매개변수 − 캐싱(콘텐츠 전송 네트워크) 및 사용자 성능, 가용성 및 기밀성 요구사항에 따라 캐싱 사용을 선택할 수 있는 매개변수 − 네트워크 서비스 및 애플리케이션의 액세스를 제한하기 위한 네트워크 서비스 사용 절차 − 네트워크 서비스에는 Connections, Private Network Services, Firewall, IDPS와 같은 네트워크 보안 솔루션이 포함됨

:: 8.22 네트워크 분리

- ISO 27001 통제 목적은 네트워크 분리 통제 활동을 구현하는 것으로 정보보안 속성은 기밀성, 무결성, 가용성을 보장하며 사이버보안 통제는 보호 속성에 따라 데이터 보호 사이버보안을 적용할 수 있다(조직의 운영 능력은 시스템과 네트워크 보안에 해당).
- 네트워크 분리 원칙은 식별된 위험 수준에 따라 네트워크 분리를 구현하되 논리적/물리적으로 분리하는 것을 고려해야 한다.

통제(Controls)	8.22 네트워크 분리(Segregation in networks)		사이버보안 컨셉	Protect
ISO 27001 통제	정보 서비스, 사용자 및 정보시스템은 조직의 네트워크에서 분리되어야 함			
목적	보안 경계(Network in security boundaries)에서 네트워크를 분리하고, 비즈니스 요구에 따라 트래픽을 제어함			
ISO 27002 속성	통제 유형	정보보안 속성	사이버보안 통제	운영 능력	보안 도메인
	Preventive	Confidentiality Integrity Availability	Protect	System and Network Security	Protection
가이드라인	• 조직은 네트워크를 별도의 네트워크 도메인으로 분할하고, 공공 네트워크(i.e. internet)에서 분리하여 보안 관리를 고려해야 함 • 네트워크는 논리적/물리적으로 분리할 수 있음 • 도메인은 조직 단위(인사, 재무, 마케팅) 또는 일부 조합에 따라 신뢰도, 중요도, 민감도 수준을 기반으로 선택할 수 있음(Low and High Risk System 고려) • 네트워크 도메인간 액세스가 허용되는 경우 게이트웨이(방화벽, 필터링 라우터)를 사용하여 경계에서 통제해야 함 • 네트워크 방화벽으로 경계망 네트워크 접근 제어를 수행해야 함 • 무선 액세스 네트워크는 직원용 네트워크와 분리되어야 함				
권장 사항	• 논리적으로 분리된 네트워크에서는 적절한 경로를 제외하고 서로 다른 네트워크 영역 간에 데이터 통신을 통제하며, 이동식 디바이스 포트는 물리적인 것과 동일한 조치로 처리되어야 함(권장 사항) • 네트워크 무결성 보호(Network Segregation, Network Segmentation)				

- 제로 트러스트 아키텍처의 목표는 사이버 위험을 관리하고, 사이버 보호를 향상시켜 사이버보안을 강화하는 것으로 자산, 데이터, 기타의 모든 리소스를 보호한다.
- 제로 트러스트는 어떠한 디바이스도 검증 전에는 신뢰할 수 없다는(Outside & Inside the Perimeter) 개념의 접근 제어 모델로 Identity와 ABAC(Attribute Based Access Control)를 기반으로 한다(최근 사이버 공격 방어용으로 응용 프로그램, 인터넷, SaaS 서비스에 대한 정책 기반 액세스를 강화하는 것이 필요).
- 네트워크 아키텍처 전환으로 사이버 위협에 대한 보호 및 통제는 데이터 중요 등급에 따라 사이버보안 정책을 수립 및 구현하고, 데이터 중심(데이터 보호)으로 네트워크 보안 관리를 권장한다.

카테고리	제로 트러스트 아키텍처(ZTA)	가이드
배경	• 경계 기반 네트워크 보안의 한계 • 경계망 네트워크의 사이버 공격에 대한 방어 한계로 미국 사이버보안 행정 명령 (21.5) 제로 트러스트 아키텍처를 도입(연방정부 2024년까지 도입 의무)	아이덴티티, 엔트포인트, 애플리케이션 및 데이터 중심의 사이버보안 아키텍처 모델로 클라우드 서비스 사업자(CSP), AWS, MS, Google GCP 제로 트러스트 아키텍처 네트워크가 현대화로 전환되고 있음(미국 사이버보안 대통령 행정 명령)
원칙 및 기준	데이터 보호를 위한 사이버보안 아키텍처 모델(Risk Based)로 원칙을 정의함(NIST-800-207)	• 네트워크 경계 보안의 한계점 극복을 위한 제로 트러스트 네트워크 접근 제어 • 제로 트러스트 원칙을 기반으로 데이터 유출 사고를 예방(방지)하는 사이버보안 아키텍처 모델 (리소스 및 데이터를 보호)
기술 메커니즘	네트워크 보안 정책(인증, 접근 제어, 모니터링)	• 사용자, 애플리케이션, 서비스, 디바이스 액세스 원격 근무자, 클라우드 서비스, 디바이스의 사용자 인증(MFA), 권한 관리, 비정상 행위 및 이벤트 모니터링 • Identity 기반(신뢰 기반 ID 관리, 사용자, 리소스, 환경적 속성)으로 ABAC 접근 제어 모델을 적용(기존 경계망은 RBAC 역할 기반의 접근 제어 모델임)

:: 8.23 웹 필터링

- 맬웨어 공격은 기업들을 대상으로 RDP(Remote Desktop Protocol) 서비스 공격, 이메일 악성 첨부 파일 및 링크를 통한 전파, 소프트웨어 취약점 공격 등을 주된 공격 벡터로 사용하고 있으며, 전 세계적으로 사이버 공격 유형 중 피해 규모가 가장 크다.
- 랜섬웨어 공격은 지속적으로 조직화 및 지능화되고 있으며, 전 세계의 사이버 위협을 주도하고 있다.

- ISO 27001 통제 목적은 맬웨어의 피해로부터 데이터를 보호하는 것으로 정보보안 속성은 기밀성, 무결성, 가용성을 보장하며 사이버보안 통제는 보호 속성에 따라 데이터 보호 사이버보안을 적용할 수 있다(조직의 운영 능력은 시스템과 네트워크 보안에 해당).
- 조직은 맬웨어 방지 기술(Anti-Malware Technologies)을 구현하고, 맬웨어로부터 정보와 데이터를 보호한다.

통제(Controls)	8.23 웹 필터링(Web filtering)			사이버보안 컨셉	Protect
ISO 27001 통제	악의적인 콘텐츠의 노출(맬웨어의 피해로부터 보호)을 줄이기 위해 외부 웹사이트에 대한 액세스를 관리함				
목적	시스템이 맬웨어에 의해 손상되지 않도록 보호하고, 승인되지 않은 웹 리소스에 대한 액세스를 방지함				
ISO 27002 속성	통제 유형	정보보안 속성	사이버보안 통제	운영 능력	보안 도메인
	Preventive	Confidentiality Integrity Availability	Protect	System and Network Security	Protection

가이드라인	• 바이러스 또는 피싱 자료를 포함하는 웹사이트에 액세스하는 위험을 줄여야 함(맬웨어 방지 기술)
	• 조직은 직원이 액세스하거나 액세스해서는 안 되는 웹사이트 유형을 식별해야 함
	• 조직은 다음 유형의 웹사이트에 대한 액세스 차단을 고려해야 함
	  - 정당한 사업상의 이유로 허용되지 않는 정보 업로드 기능이 있는 웹사이트
	  - 의심되는 악성 웹사이트(멀웨어 또는 피싱 콘텐츠를 배포하는 웹사이트)
	  - 위협 인텔리전스에서 획득한 악성 웹사이트
	  - 불법 콘텐츠를 공유하는 웹사이트				

권장 사항	• 위협 요인(맬웨어 위협)은 피싱, 스피어 피싱, 스미싱, 랜섬웨어, 이메일 스푸핑 및 관련 위협에 해당되는 비즈니스 이메일 침해, 스팸과 같은 공격 벡터(유형) • 이메일 인증 기술(SPF, DKIM, DMARC)과 서버간 이메일을 암호화하는 TLS 1.2를 사용하는 것을 권장함				

5 애플리케이션 보안

:: 8.25 개발 단계 보안

- ISO 27001 통제 목적은 소프트웨어 및 시스템의 안전한 개발 단계를 설계하고 구현하는 것으로 정보보안 속성은 기밀성, 무결성, 가용성을 보장하며 조직의 운영 능력은 애플리케이션 보안에 해당된다.

- 조직은 소프트웨어 개발 생명주기의 보안 지침을 수립하고, 소프트웨어 및 시스템의 안전한 개발 정책을 적용한다.

통제(Controls)	8.25 개발 단계 보안(Secure development life cycle)		사이버보안 컨셉	Protect
ISO 27001 통제	소프트웨어 및 시스템의 안전한 개발을 위한 정책을 수립하고 적용해야 함			
목적	정보보안은 소프트웨어 및 시스템의 안전한 개발 단계에서 설계되고 구현되도록 함			
ISO 27002 속성	통제 유형	정보보안 속성	사이버보안 통제	운영 능력	보안 도메인
	Preventive	Confidentiality Integrity Availability	Protect	Application Security	Protection
가이드라인	• 보안 개발은 보안 서비스, 아키텍처, 소프트웨어 및 시스템을 구축하기 위한 요구사항이며, 이를 위해서는 다음의 측면을 고려해야 함 　- 개발, 테스트 및 생산 환경의 분리 　- 소프트웨어 개발 생명주기의 보안 지침(소프트웨어 개발 방법론의 보안, 사용된 각 프로그래밍 언어에 대한 보안 코딩) 　- 사양 및 설계 단계의 보안 요구사항 　- 프로젝트 보안 체크 포인트(보안 점검) 　- 회귀 테스트, 소스 코드 스캔, 침투 테스트와 같은 시스템 및 보안 테스트 　- 소스 코드 및 구성을 위한 보안 저장소 　- Security in the version control 관리의 보안 　- 필요한 애플리케이션 보안 지식 및 교육 　- 취약점 예방, 발견, 수정하기 위한 개발자의 능력 • 개발이 아웃소싱 되는 경우 조직은 공급업체가 안전한 개발을 위해 조직의 규칙을 준수한다는 보증을 받아야 함				

:: 8.26 애플리케이션 보안 요구사항

- ISO 27001 통제 목적은 응용 프로그램을 개발하거나 획득할 때 정보보안 요구사항을 식별하는 것으로 정보보안 속성은 기밀성, 무결성, 가용성을 보장하며 조직의 운영 능력은 애플리케이션 보안에 해당된다.
- 조직은 애플리케이션 보안 요구사항을 식별하고 구현해야 한다.

통제(Controls)	8.26 애플리케이션 보안 요구사항 (Application security requirements)	사이버보안 컨셉	Protect
ISO 27001 통제	정보보안 요구사항은 응용 프로그램을 개발하거나 획득할 때 식별, 지정, 승인되어야 함		
목적	응용 프로그램을 개발하거나 획득할 때 모든 정보보안 요구사항을 식별하고 해결함		

ISO 27002 속성	통제 유형	정보보안 속성	사이버보안 통제	운영 능력	보안 도메인
	Preventive	Confidentiality Integrity Availability	Protect	Application Security System and Network Security	Protection

가이드라인	• 애플리케이션 보안 요구사항을 식별 및 지정해야 함(요구사항은 위험 평가를 통해 결정됨)
	• 애플리케이션 보안 요구사항은 다음을 포함해야 함
	    - 5.17 Authentication information, 8.2 Privileged access rights, 8.5 Secure authentication
	    - 응용 프로그램에서 처리할 정보 유형 및 분류 수준을 식별
	    - 애플리케이션의 데이터 및 기능에 대한 액세스
	    - 악의적인 공격 또는 의도하지 않은 중단에 대한 복원력
	    - 침투 테스트 또는 취약점 평가를 수행
	    - 거래가 생성, 처리, 완료, 저장되는 관할권의 법적 및 규제 요건
	    - 관련된 모든 당사자와 개인정보보호의 필요성
	    - 기밀 정보의 보호 요구사항
	    - 처리 중, 전송 중, 저장 중 데이터 보호와 암호화
	    - 무결성 검사 및 입력 유효성 검사를 포함한 입력 제어
	    - 자동화된 제어(승인 한도 또는 이중 승인)
	    - 출력물에 접근할 수 있는 사람과 그 권한을 고려한 출력물 통제
	    - 트랜잭션 로깅 및 모니터링, 오류 메시지 처리
	    - 보안 통제에서 요구하는 요구사항(로깅 및 모니터링, 데이터 유출 방지 시스템)				

참조 표준	애플리케이션 보안에 대한 추가 정보는 ISO/IEC 27034 시리즈를 참조				

- 애플리케이션의 공격 표면(Application Attack Surface) 가이드는 다음과 같다.

- 공격 표면은 공격자가 시스템에 침입할 수 있는 지점과 데이터를 유출할 수 있는 지점
- 애플리케이션으로 들어오고 나가는 데이터 명령에 대한 모든 경로의 합계
- 비밀 키, 지적 재산, 중요한 비즈니스 데이터, 개인 데이터 및 PII를 포함하여 애플리케이션에 사용된 데이터와 해당 데이터를 보호하는 코드(암호화 및 체크섬, 액세스 감사, 데이터 무결성 및 운영 보안 통제)
- 취약한 공격 벡터의 공격 경로 예시는 다음과 같음
    - Login/Authentication entry points
    - Admin interfaces
    - Data entry (CRUD) forms
    - Business workflows, Transactional interfaces/APIs
    - Operational command and monitoring interfaces/APIs
    - Interfaces with other applications/systems
- 공격 표면 관리(ASM)는 다음의 내용을 포함
    - 설계 단계 위협 모델링, 위협 분석 및 위험 평가(TARA)
    - 적절한 보안 통제 적용(데이터 유효성, 인증, 암호화, 권한 관리, 네트워크 접근 제어, 시큐어 코딩 등)

- CVSS(Common Vulnerability Scoring System) 공격 표면 분석은 다음과 같음
  - Required Privilege Layer(RL), Access Vector(AV), Authentication Strength(AS), Level of Interaction(IN), Deployment Scope(SC)
  - 모든 액세스 벡터, 권한 관리, 네트워크 접근 제어, IAM 관리는 공격 표면 인과관계에 영향을 미침

:: 8.27 안전한 시스템 아키텍처 및 엔지니어링 원칙

- ISO 27001 통제 목적은 개발 단계에서 안전하게 설계, 구현, 운영되도록 하는 것으로 정보보안 속성은 기밀성, 무결성, 가용성을 보장하며 조직의 운영 능력은 애플리케이션 보안에 해당된다.
- 조직은 보안 시스템 엔지니어링 원칙, 보안 엔지니어링 원칙(IAM), 제로 트러스트 원칙, 보안 설계 원칙을 고려하여 개발 단계에 적용한다.

통제(Controls)	8.27 안전한 시스템 아키텍처 및 엔지니어링 원칙 (Secure system architecture and engineering principles)					사이버보안 컨셉	Protect
ISO 27001 통제	안전한 시스템 엔지니어링 원칙을 수립, 문서화하고 유지관리 및 정보시스템 개발 활동에 적용해야 함						
목적	정보시스템은 개발 단계에서 안전하게 설계, 구현, 운영되도록 보장함						
ISO 27002 속성	통제 유형	정보보안 속성		사이버보안 통제	운영 능력		보안 도메인
	Preventive	Confidentiality Integrity Availability		Protect	Application Security System and Network Security Protection		Protect

가이드라인	• 보안 엔지니어링 원칙을 수립 및 문서화하고, 정보시스템 엔지니어링 활동에 적용해야 함
	• 보안은 모든 아키텍처 계층(비즈니스, 데이터, 애플리케이션)에서 설계되어야 함
	• 보안 위험에 대해 알려진 공격 패턴의 설계를 검토해야 함
	• 보안 엔지니어링 원칙은 사용자 인증 기술, 보안 세션 제어, 데이터 유효성 검사에 대한 지침을 제공함
	• 보안 시스템 엔지니어링 원칙에는 다음의 분석이 포함되어야 함
	  - 식별된 위협으로부터 정보와 시스템을 보호하는 데 필요한 보안 통제
	  - 보안 이벤트를 방지, 탐지, 대응하기 위한 보안 통제
	  - 특정 비즈니스 프로세스에 필요한 보안 통제(민감한 정보의 암호화, 무결성 검사 및 디지털 서명 정보)
	  - 보안 통제가 적용되는 위치와 방법(보안 아키텍처 및 기술 인프라와의 통합)
	  - 개별 보안 통제에서 통합 통제 세트를 적용하는 방법
	• 보안 엔지니어링 원칙은 IAM, 데이터 유출 방지, 동적 액세스 관리, 모범 사례를 고려해야 함						

가이드라인	• 보안 시스템 엔지니어링 원칙은 다음을 포함해야 함 　- Security by design, Defence in depth, Security by default, Default deny, Least privilege 　- Security controls are specified and meet security requirements 　- 최소한 안전 요구사항으로 보안 통제의 문서화 및 승인 • 조직은 다음과 같은 제로 트러스트 원칙을 고려해야 함 　- 네트워크 경계 보안(Network perimeter security)에만 의존하지 않음 　- 절대 신뢰하지 않고 항상 검증(Never trust and always verify)하는 접근 방식 　- End to End 암호화되도록 보장 　- 사용자 인증이 조직 내부에서 시작된 경우 외부 네트워크 접근 제어처럼 확인함 　- 최소 권한 및 동적 액세스 제어 기술 사용 　- 상황 정보 기반 인증, 권한 부여, 강력한 인증 및 MFA 적용 • 보안 엔지니어링 원칙은 조직과 조직이 아웃소싱하는 공급자의 계약이나 기타 구속력 있는 계약을 통해 정보시스템 아웃소싱 개발에 적용되어야 함

- ISO 27001에서 보안 내재화 원칙(Security by Design)의 권장 사항은 다음과 같다.
  - 개발 생명주기(SDLC) 설계 단계에서 Security by Design을 적용하는 것이 원칙
  - 국내 취약한 개발 관행으로 국제기준, 글로벌 기준의 목적을 달성하지 못하고 있음(취약한 소프트웨어 개발 관행의 개선이 시급함)
  - 체크 리스트 중심의 취약점 분석으로 High Level 사이버보안 수준을 보장할 수 없음
  - 위협 분석과 모델링, 위험 분석과 평가, 시큐어 코딩, 테스팅(SAST, DAST 또는 Penetration Testing) 방법을 조직의 사이버보안 목표 수준에 따라 적용함
- ISO 27001에서 제로 트러스트 원칙(Zero Trust Principles)의 권장 사항은 다음과 같다.
  - 조직은 ISO 27001 Annex A와 ISO 27002 Annex A를 고려하여 사이버보안 아키텍처 적용 및 보호 수준을 강화함(구 경계망 보안은 방화벽 중심의 보안 아키텍처 모델임)
  - 글로벌(AWS, Google, MS) 클라우드 서비스 사업자(CSP)는 사이버보안 법률 및 규제에 따라(CSP) 제로 트러스트 원칙을 적용하고, 전통적인 온 프레미스 경계망 보안도 제로 트러스트 원칙을 적용함(조직의 사이버보안 목표 및 목적, 현재 보안 수준을 고려)
  - 클라우드 서비스 이용자(CSC) 및 온 프레미스 경계망 보안은 IAM, 데이터 유출 방지, 강력한 인증, MFA 기술을 적용함
- DevOps와 DevSecOps의 권장 사항은 다음과 같다.
  - DevOps를 사용하여 새로운 애플리케이션과 서비스를 생성하는 조직은 다른 애플리케이션에서 요구하는 안전한 규정의 코드에서 동일한 책임이 있음
  - 개발 프로세스와 개발 환경에 대한 Context Based 액세스 제어를 권장(애플리케이션의 공격 표면을 줄일 수 있음)

- 오픈 소스 취약점 식별 및 잘못된 보안 설정은 소스와 리포지토리(GitHub, Docker Hub)에서 사전 빌드된 구성 요소, 라이브러리 컨테이너, 프레임워크(Apache Struts, Swing)를 많이 사용
- 대부분의 DevOps 인프라 도구는 최소한의 기본 RBAC(역할 기반 액세스 제어)를 제공하지만 최소 제어로 활용되어야 함(개발자를 위한 ZTNA 제어와 같은 동적 액세스 프로비저닝 사용을 고려)
- 컨테이너와 마이크로서비스를 사용하여 소프트웨어 제공 속도를 높이려면 프로덕션 환경을 보호하기 위해 추가 조치를 취해야 함
- 취약점 스캐닝 개념은 코딩 취약점이 아니라 맬웨어 및 민감한 데이터를 식별하도록 확장되어야 함(예 : Encryption keys and other secret data)
- OWASP(Open Web Application Security Project) Top 10의 모범 사례 및 지침을 적용
- 컨테이너 및 컨테이너 관리 시스템은 변경 제어 기록을 유지하고, 로깅 기능을 사용하여 알려진 취약점이 제외되었다는 감사 보증을 제공해야 함

:: 8.28 시큐어 코딩

- ISO 27001 신규 통제로 소프트웨어 개발 요구사항은 글로벌 사이버 공격의 원인으로 취약한 소프트웨어 개발 관행의 개선을 고려할 수 있다.
- 사이버 공격에 대응하기 위한 위협 분석과 평가는 최신 공격 벡터 위협 분석의 개발 단계에서 사이버보안 요구사항 및 규제가 강화되어(UNECE 사이버보안 법규) 공격 표면, 공격 벡터의 위험 분석 및 방법론을 시큐어 코딩 단계에서 위협 요인으로 고려해야 한다.
- ISO 27001 통제 목적은 데이터(소스 코드 정보) 유출 방지에 대해 정보를 보호하는 것으로 정보보안 속성은 기밀성, 무결성, 가용성에 해당되며 사이버보안 통제는 보호 속성에 따라 IAM, 개발 단계 보안, 소스 코드 구성 관리에 대해 사이버보안 통제를 적용할 수 있다(조직의 운영 능력은 애플리케이션 보안에 해당).
- 조직은 최소한의 보안 기준을 수립하고 시큐어 코딩 원칙, 보안 엔지니어링 원칙, 제로 트러스트 원칙, 보안 내제화 원칙을 고려하여 개발 단계에 적용한다.
- 소프트웨어가 작동하기 전에 공격 표면 위험 분석에서 수행하는 것을 권장한다.

통제(Controls)	8.28 시큐어 코딩(Secure coding)	사이버보안 컨셉	Protect
ISO 27001 통제	시큐어 코딩 원칙은 소프트웨어 개발에 적용되어야 함		

목적	소프트웨어가 안전하게 작성되도록 보장하고, 소프트웨어의 잠재적인 정보보안 취약점을 줄이기 위해 적용함				
ISO 27002 속성	통제 유형	정보보안 속성	사이버보안 통제	운영 능력	보안 도메인
	Preventive	Confidentiality Integrity Availability	Protect	Application Security System and Network Security	Protection
가이드라인	• 시큐어 코딩 원칙을 기준으로 프로세스를 수립하되 해당 원칙은 제품 및 서비스에 적용되어야 함 • 조직은 최소한의 보안 기준을 수립하고 적용해야 함 • 위협과 소프트웨어 취약성에 대한 최신 정보를 모니터링해야 함 • 코딩 중 다음의 사항을 고려해야 함 　- 사용 중인 프로그래밍 언어 및 기술에 특정한 보안 코딩 관행 　- Pair Programming, Peer Review, Security iterations and test driven development, Security vulnerabilities to be exploited, 리팩토링, 동료 검토 　- 안전하지 않은 설계 기술의 사용 금지(하드 코딩된 비밀번호, 승인되지 않은 코드 샘플, 인증되지 않은 웹 서비스 사용) 　- SAST(Static Application Security Testing) 정적 애플리케이션 보안 테스팅은 보안 취약점을 식별할 수 있음 • 소프트웨어가 작동하기 전에 다음의 사항을 평가해야 함 　- 공격 표면과 최소 권한의 원칙 　- 프로그래밍 오류에 대한 분석 수행 • Review and Maintenance 사항에는 다음이 포함되어야 함 　- 오류 및 의심되는 공격은 기록되어야 함 　- 소스 코드는 무단 액세스 및 변조로부터 보호되어야 함 • 외부 툴(Tool) 및 라이브러리를 사용하는 경우 조직은 다음을 고려해야 함 　- 외부 라이브러리가 관리되고, 릴리스 주기에 따라 정기적으로 업데이트 　- 인증 및 암호화 구성 요소의 선택과 권한 부여					
권장 사항	• 조직은 보안 요구사항에 따라 최소한의 보안 기준을 수립 및 적용함 • OWASP TOP 10 • 공격 표현 확대 소프트웨어의 개발 단계에서 권장 사항은 다음과 같음 　- Open Source Code, Cloud Applications 개발 환경 등 조직의 노출된 표면이 통제 가능한 자산을 벗어나므로 조직은 광범위한 보안 노출을 관리하기 위해 보안 모니터링, 탐지 및 대응에 대한 기존 접근 방식을 개선해야 함 　- 기존 보안 관행으로는 사이버 위협 및 위험을 완화할 수 없음					

- 공격 표면 위협은 사이버 공격자가 시스템에 액세스하여 데이터를 훔치거나 사이버 공격을 시도하는 접점(공격 벡터, 공격 경로)으로 취약한 개발 관행의 소스 코드 무단 액세스 및 유출에서 사이버 위협의 발생 가능성과 발생 빈도가 가장 많은 위협 시나리오이다.

- 공격 표면은 취약점이 발생할 수 있는 곳의 총합으로 잠재적인 약점이나 취약성에 대해 악용 기회를 줄이려면 애플리케이션의 전체 공격 표면을 철저히 분석해야 한다.
- 공격 표면 분석의 목적은 응용 프로그램의 위험 영역을 이해하여 개발자와 보안 전문가가 어떤 부분이 공격에 취약한지 알 수 있도록 하는 것이다.
- 공격 표면 분석은 공격에 노출된 고위험 코드 영역을 식별하여 애플리케이션의 고위험 영역을 방어하고, 애플리케이션을 배포하기 전에 해당 코드 영역을 검토 및 테스트한다.
- OWSAP Top 10(2021)에서 웹 애플리케이션 취약점 및 위험 완화의 권장 사항은 다음과 같다.

OWASP 카테고리		OWASP Top 10	ISO 27002:2022 위험 완화 통제	ISO 27002 위험 완화 가이드
OWASP Top 10	A01	Broken Access Control	• 5.15 접근 통제 • 5.18 접근 권한 • 8.2 특권 접근 제한 • 8.3 정보 접근 제한 • 8.20 네트워크 통제 • 8.25 개발 단계 보안	취약한 접근 통제 위험(보안 사고 빈도 및 발생 가능성 High Risk)의 공격 벡터로 사이버보안 속성에서 공격 표면에 노출되어 있는 공격 경로에 대해 네트워크 통제 및 접근 통제, 개발 단계 보안 강화
	A02	Cryptographic Failures	8.24 암호화	데이터 보호 통제로 데이터 저장, 전송 시 안전한 암호화 조치(HTTPS, TLS 1.2, SHA 256, 암호 키 관리 등)
	A03	Injection	8.28 시큐어 코딩	데이터 무결성 사이버보안 속성에서 취약한 소프트웨어 개발 관행이 원인으로 개발 단계의 보안 요구사항을 준수 및 이행해야 함
	A04	Insecure Design	• 8.28 시큐어 코딩 • 8.25 개발 단계 보안 • 8.26 애플리케이션 보안 요구사항 • 8.27 안전한 시스템 아키텍처 및 엔지니어링 원칙(개발 단계 제로 트러스트 원칙 적용 고려)	• Security by Design • 제로 트러스트 아키텍처 원칙도 개발 단계의 보안 요구사항으로 고려해야 함(IAM, MFA, Data Protection)
	A05	Security Misconfiguration	• 8.9 보안 설정 관리 • 8.25 개발 단계 보안	취약한 보안 설정으로 Secure Configuration 보안 정책을 적용, 유효성 검증 및 모니터링(데브옵스, 온 프레미스 개발 환경에 해당)

OWASP Top 10	A06	Vulnerable and Outdated Components	8.8 기술적 취약점 관리 (취약한 패치 관리)	취약한 패치 관리 관행을 개선
	A07	Identification and Authentication Failures	• 5.15 접근 통제 • 5.18 접근 권한 • 8.2 특권 접근 제한 • 8.3 정보 접근 제한 • 8.4 소스 코드 액세스 • 8.5 보안 인증(MFA)	• 접근 통제 원칙인 사용자 인증 및 권한 관리의 취약한 관행을 강화 • Multi Factor 인증이나 2차 인증 구현, 세션 파기 및 만료 정책 수립, 안전한 비밀번호 생성 정책 및 인증 실패 횟수 제한 적용
	A08	Software and Data Integrity Failures	• 8.28 시큐어 코딩 • 8.25 개발 단계 보안	데이터 보호 원칙인 데이터 무결성, 전자서명, 해시 알고리즘 등을 사용해 애플리케이션 무결성을 검증하고, CI/CD 파이프라인의 정기적인 보안성 검토를 수행
	A09	Security Logging and Monitoring Failures	• 8.15 로깅 • 8.16 모니터링 활동	로깅 및 모니터링의 취약 관행 강화
	A10	Server Side Request Forgery(SSRF)	• 8.8 기술적 취약점 관리 (SSRF 공격 벡터 취약점) • 8.25 개발 단계 보안	SSRF 공격 벡터로 입력값 검증, IAM 권한 관리(접근 권한 제어), 접속 기록 모니터링, 취약한 시큐어 코딩 개발의 관행 개선

∷ 8.29 개발 및 승인 시 보안 테스팅

- ISO 27001 통제 목적은 애플리케이션 또는 코드가 프로덕션 환경에 배포될 때 정보보안 요구사항이 충족되는지 확인하는 것으로 정보보안 속성은 기밀성, 무결성, 가용성을 보장하며 조직의 운영 능력은 애플리케이션 보안에 해당된다.
- 보안 테스팅 프로세스는 개발 단계(Life Cycle)에서 정의 및 구현하고, High Level 수준의 V&V(Validation & Verification) 퍼징 테스팅 또는 침투 테스팅을 개발 단계 프로세스(검증 활동)에서 이행한다.

통제 (Controls)	8.29 개발 및 승인 시 보안 테스팅 (Security testing in development and acceptance)
ISO 27001 통제	보안 테스팅 프로세스는 개발 단계(Life cycle)에서 정의되고 구현되어야 함
목적	애플리케이션 또는 코드가 프로덕션 환경에 배포될 때 정보보안 요구사항이 충족되는지 확인함

	통제 유형	정보보안 속성	사이버보안 통제	운영 능력	보안 도메인
ISO 27002 속성	Preventive	Confidentiality Integrity Availability	Identify	Application Security Information Security Assurance System and Network Security	Protection

가이드라인	• 보안 테스팅에는 다음의 테스트가 포함되어야 함
	   - 사용자 인증, 액세스 제한, 암호화, 시큐어 코딩
	   - Secure Configurations(운영 시스템, 방화벽)
	• 조직은 코드 분석 도구 및 취약점 진단 툴(Tool)을 활용할 수 있음
	• 사내 개발일 경우 테스트는 개발팀에서 수행해야 함
	• 취약한 코드를 분석(취약점 분석)하기 위해 Penetration Testing을 수행함

권장 사항	• NIST의 SSDF(Secure Software Development Framework) 검증은 취약점을 식별하고, 보안 요구사항의 준수 여부를 검증하기 위해 사용됨 • ISO/IEC 12207 표준은 비공식적으로 테스트 검증에 정적, 동적 코드 분석의 높은 수준을 권장함 • ISO/SAE 21434 사이버보안 요구사항은 사이버보안 목표와 일치하며, 보증 수준을 선택하여 검증하는 것을 권장함 • 테스트 방법 중 침투 테스팅, 퍼징 테스트가 가장 높은 CAL 4 등급으로 High Level의 보안 수준 달성 시 해당 프로세스를 권장함

:: 8.30 외주 개발

- ISO 27001 통제 목적은 아웃소싱 시스템 개발에서 조직이 요구하는 정보보안 조치가 이행되도록 보장하는 것으로 정보보안 속성은 기밀성, 무결성, 가용성을 보장하며 조직의 운영 능력은 애플리케이션 보안에 해당된다.
- 조직은 시스템 개발이 아웃소싱되는 경우 요구사항과 기대치를 전달하고, 아웃소싱된 작업이 기대치를 충족하는지의 여부를 지속적으로 모니터링하고 검토한다.

통제(Controls)	8.30 외주 개발(Outsourced development)				
ISO 27001 통제	조직은 아웃소싱 시스템 개발과 관련된 활동을 지시, 모니터링, 검토해야 함				
목적	조직에서 요구하는 정보보안 조치가 아웃소싱 시스템 개발에서 구현되도록 함				
ISO 27002 속성	통제 유형	정보보안 속성	사이버보안 통제	운영 능력	보안 도메인
	Preventive	Confidentiality Integrity Availability	Protect	Application Security	Protection

가이드라인	• 시스템 개발이 아웃소싱되는 경우 조직은 요구사항과 기대치를 전달하고, 아웃소싱된 작업이 해당 기대치를 충족하는지 여부를 지속적으로 모니터링하고 검토해야 함 • 조직의 전체 외부 공급망에서 다음의 사항을 고려해야 함 – 아웃소싱된 콘텐츠와 관련된 라이선스 계약, 코드 소유권, 지적 재산권 – 보안 설계, 코딩 및 테스트 관행에 대한 계약 요구사항(승인 테스트) – 외부 개발자가 고려할 위협 모델 제공 – 최소 허용 수준의 보안 및 개인정보보호 기능이 설정된 증거 제공(예 : 보증 보고서, 보장 리포트) – 알려진 취약성과 악성 콘텐츠(의도적이든 비의도적이든)의 존재를 방지하기 위해 충분한 테스트가 적용되었다는 증거 제공 – 소프트웨어 소스 코드에 대한 에스크로 계약(공급자가 폐업하는 경우) – 개발 프로세스 및 통제를 감사할 계약상의 권리 – 개발 환경에 대한 보안 요구사항 – 해당 법률(개인 데이터 보호)을 고려 – Supplier Relationships 사이버보안 ISO/IEC 27036을 참조

∷ 8.31 개발, 테스트 및 프로덕션 환경의 분리

- ISO 27001 통제 목적은 개발 및 테스트 활동의 운영 환경에서 데이터 손상을 보호하는 것으로 정보보안 속성은 기밀성, 무결성, 가용성을 보장하며 조직의 운영 능력은 애플리케이션 보안에 해당된다.
- 프로덕션, 테스트 및 개발 환경간 분리 수준을 식별 및 구현하고, 개발 환경 접근 통제와 모니터링 활동을 수행한다.

통제(Controls)	8.31 개발, 테스트 및 프로덕션 환경의 분리 (Separation of development, test and production environments)				
ISO 27001 통제	개발, 테스트 및 프로젝션 환경은 분리되어야 함				
목적	개발 및 테스트 활동에 의한 운영 환경과 데이터 손상으로부터 보호함				
ISO 27002 속성	통제 유형	정보보안 속성	사이버보안 통제	운영 능력	보안 도메인
	Preventive	Confidentiality Integrity Availability	Protect	Application Security	Protection
가이드라인	• 프로덕션 문제를 방지하기 위해 필요한 프로덕션, 테스트 및 개발 환경간 분리 수준을 식별하고 구현해야 함 – Development to production을 적절하게 분리하고, 서로 다른 도메인에서 운영(별도의 가상 또는 물리적 환경) – Development to production까지 소프트웨어 배포에 대한 규칙 및 승인을 정의, 문서화 및 구현				

가이드라인	– 프로덕션 시스템에 적용되기 전 테스트 또는 스테이징 환경에서 프로덕션 시스템 및 애플리케이션에 대한 변경 테스트 – 정의 및 승인된 상황을 제외하고는 프로덕션 환경에서 테스트하지 않음 – 필요하지 않은 경우 프로덕션 시스템에서 액세스할 수 없는 컴파일러, 편집기, 기타 개발 도구 또는 유틸리티 프로그램 – 개발 및 테스트 시스템에 대해 동등한 제어가 제공되지 않는 한 민감한 정보는 개발 및 테스트 시스템 환경에 복사하지 않음 • 개발 및 테스트 환경은 다음을 고려하여 보호해야 함 – 모든 개발, 통합 및 테스트 도구(빌더, 통합자, 컴파일러, 구성 시스템, 라이브러리 포함)의 패치 및 업데이트 – 시스템 및 소프트웨어의 안전한 구성 – 개발 환경 접근 통제와 백업 – 개발 환경의 안전한 모니터링 및 저장된 코드의 변경 모니터링

:: 8.32 변경 관리

- ISO 27001 통제 목적은 정보의 기밀성, 무결성, 가용성을 보장하기 위해 변경 관리 절차를 문서화하고 이행하는 것으로 정보보안 속성은 기밀성, 무결성, 가용성을 보장하며 조직의 운영 능력은 애플리케이션 보안, 시스템과 네트워크 보안에 해당된다.
- 조직은 정보시스템에 있는 정보의 기밀성, 무결성, 가용성을 보장하기 위해 변경 관리 절차를 문서화하고 이행한다.

통제(Controls)	8.32 변경 관리(Change management)				
ISO 27001 통제 목적	정보처리 시설 및 정보시스템의 변경은 변경 관리 절차에 따름				
목적	변경을 실행할 때 정보보안을 유지함				
ISO 27002 속성	통제 유형	정보보안 속성	사이버보안 통제	운영 능력	보안 도메인
	Preventive	Confidentiality Integrity Availability	Protect	Application Security System and Network Security	Protection
가이드라인	• 변경 통제 절차는 다음을 포함해야 함 – 모든 종속성을 고려한 변경의 잠재적 영향을 계획하고 평가 – 변경 승인과 관련 이해 당사자에게 변경 사항을 전달 – 변경에 대한 테스트 및 테스트 승인 – 배치 계획을 포함한 변경의 구현 – 위의 모든 사항을 포함하는 변경 기록 유지 – ICT 연속성 계획, 대응 및 복구 절차가 적절하게 유지되도록 필요에 따라 변경함				
모범 사례	개발 환경에서 분리된 ICT 구성 요소를 테스트하는 것을 포함(패치, 서비스 팩 및 기타 업데이트 포함)				

6 보안 구성

:: 8.9 구성 관리

- 데이터 침해에 대한 글로벌 최근 보고서에 따르면 잘못된 구성이 가장 일반적인 공격 벡터(Top 5)이고, 취약한 보안 설정으로 침해사고가 증가(클라우드 보안 설정)하였다.
- ISO 27002:2022 신규 통제로 하드웨어, 소프트웨어, 서비스, 네트워크가 보안 설정으로 올바르게 작동한다.
- ISO 27001 통제 목적은 보안 설정이 무단 또는 잘못된 내용으로 변경되지 않도록 하는 것으로 정보보안 속성은 기밀성, 무결성, 가용성을 보장하며 조직의 운영 능력은 보안 구성에 해당된다.
- 조직의 구성 관리는 하드웨어, 소프트웨어, 클라우드 서비스 및 네트워크 구성을 포함한 보안 설정 구현이 모니터링 및 검토되어야 한다.

통제(Controls)	8.9 구성 관리(Configuration management)		사이버보안 컨셉	Protect
ISO 27001 통제	하드웨어, 소프트웨어, 서비스, 네트워크 보안 구성을 포함한 보안 설정은 문서화, 구현, 모니터링 및 검토되어야 함			
목적	하드웨어, 소프트웨어, 서비스, 네트워크가 필수 보안 설정으로 올바르게 작동하고, 무단 또는 잘못된 변경으로 인해 변경되지 않도록 하기 위함			
ISO 27002 속성	통제 유형	정보보안 속성	사이버보안 통제	운영 능력	보안 도메인
	Preventive	Confidentiality Integrity Availability	Protect	Secure Configuration	Protection

가이드라인	• 조직은 하드웨어, 소프트웨어, 서비스(클라우드 서비스), 네트워크 등 새로 설치된 시스템 및 운영 체제의 수명주기 동안 정의된 구성을 이행하기 위해 프로세스와 도구를 정의하고 구현해야 함
	• 하드웨어, 소프트웨어, 서비스, 네트워크의 보안 설정을 위한 표준 템플릿은 다음과 같이 정의해야 함
	  − 공개적으로 사용 가능한 지침(공급업체 및 보안 조직의 사전 정의된 템플릿) 사용
	  − 충분한 보안 수준을 결정하기 위해 필요한 보호 수준을 고려함
	  − 조직의 정보보안 정책, 특별한 정책(지침, 절차, 가이드)에서 보안 요구사항 지원
	  − 보안 설정의 적용 가능성을 고려함
	  − 보안 설정 표준 템플릿을 주기적으로 검토하고, 신규 위협이나 취약점을 업데이트해야 함
	• 하드웨어, 소프트웨어, 클라우드 서비스의 네트워크 보안 설정은 불필요한 기능이나 서비스 비활성화, 액세스 제한, ID 및 액세스 관리(IAM) 등을 고려해야 함
	• 하드웨어, 소프트웨어, 서비스 및 네트워크의 설정된 구성을 기록하고, 모든 구성 변경 사항에 대한 로그를 유지해야 함
	• 보안 설정 작업은 변경 관리 프로세스를 따라야 함
	• 보안 설정은 취약점 점검(조치) 또는 통제 선택 및 적용을 권장함			

권장 사항	• 조직은 정보보안 정책에 따라 보안 설정 및 취약점 분석(CVE, CWE)의 보안 활동을 기술적 위험 관리 활동으로 권장함
	   – CCE(Common Configurations Enumerations)
	   – CVE(Common Vulnerabilities and Exposure)
	   – CWE(Common Weakness Enumeration)
	• 보안 설정은 정보시스템, 네트워크, 소프트웨어, 클라우드 서비스(AWS, Google GCP, MS IaaS, PaaS, SaaS 보안 설정)를 적용

모범 사례	• 추가 통제 선택 및 구현(ISO/IEC 27701, 27017, 27018) • 클라우드 서비스 이용자 IaaS, PaaS, SaaS, 개인정보보호 및 사이버보안 통제 • 취약점 진단 표준 템플릿의 정기적인(1년) 업데이트 및 적용(위협 카탈로그를 포함하여 시스템, 네트워크, 애플리케이션, 보안 시스템, 수탁사 및 협력 업체 평가 등) • NIST CCE 보안 체크 리스트

- 온 프레미스/CSP/CSP의 구성 관리에 대한 권장 사항은 다음과 같다.

카테고리	Cybersecurity	On-Premise/CSP/CSC Configuration	가이드라인
Configuration	Protect	Basic security configurations based on your business needs	• 표준화된 체크리스트 기반의 보안 설정(Secure Configuration) • 표준화된 체크리스트의 업데이트(주기적)
Encryption	Protect	Encrypt data at rest	저장 데이터 암호화
Role Based Access	Protect	Restrict access through least privilege role-based access	최소 권한의 역할 기반 액세스를 통해 액세스 제한
Multi Factor Authentication (MFA)	Protect	Utilize multiple layers of security and multi-factor authentication	다중 보안 계층 및 MFA 인증 활용
Logging and Auditing	Protect	Be able to detect and follow up when attacked	공격을 탐지, 비정상 행위 모니터링

:: 8.19 운영 체제 소프트웨어 설치

- ISO 27001 통제 목적은 운영 시스템의 무결성을 보장하고, 기술적 취약성의 악용을 방지하는 것으로 정보보안 속성은 기밀성, 무결성, 가용성을 보장하며 조직의 운영 능력은 보안 구성에 해당된다.
- 조직은 운영 체제에서 소프트웨어의 변경 및 설치를 안전하게 관리하려면 필요한 절차와 조치를 구현해야 한다.

통제(Controls)	8.19 운영 체제 소프트웨어 설치(Installation of software on operational systems)				
ISO 27001 통제	운영 체제에 소프트웨어를 설치할 경우 안전하게 관리하기 위한 절차와 조치를 구현해야 함				
목적	운영 시스템의 무결성을 보장하고, 기술적 취약성의 악용을 방지함				
ISO 27002 속성	통제 유형	정보보안 속성	사이버보안 통제	운영 능력	보안 도메인
	Preventive	Confidentiality Integrity Availability	Protect	Secure Configuration	Protection

가이드라인	• 운영 체제에서 소프트웨어의 변경 및 설치를 안전하게 관리하려면 다음의 지침을 고려해야 함
	  - 적절한 관리 승인이 있는 경우 관리자만 운영 소프트웨어 업데이트를 수행
	  - 승인된 실행 코드만 운영 체제에 설치하고, 개발 코드나 컴파일러는 설치하지 않음
	  - 성공적인 테스트가 완료되면 소프트웨어를 설치하고 업데이트
	  - 구성 제어 시스템을 사용하여 모든 운영 소프트웨어와 시스템 문서에 제어를 유지
	  - 변경이 구현되기 전에 롤백 전략을 정의
	  - 모든 필수 정보, 파라미터, 절차, 세부 구성, 지원 소프트웨어와 함께 이전 버전의 소프트웨어를 비상 조치로 보관하고, 소프트웨어가 보관된 데이터를 읽거나 처리하는 데 필요한 기간 동안만 보관
	• 운영 체제에서 사용되는 오픈소스 소프트웨어는 최신 릴리스로 유지 및 관리해야 함
	• 소프트웨어 패치는 정보보안 취약점을 제거하거나 줄이는 데 도움이 될 때 적용함
	• 공급업체가 소프트웨어 설치 또는 업데이트에 관여하는 경우 물리적/논리적 액세스는 적절한 승인을 받은 경우에만 제공되어야 함				

∷ 8.24 암호화 사용

- ISO 27001 통제 목적은 정보의 기밀성, 무결성을 보호하기 위해 적절하고 효과적인 암호화 사용을 보장하는 것으로 정보보안 속성은 기밀성, 무결성, 가용성을 보장하며 사이버보안 통제는 보호 속성에 따라 데이터 유출 보호와 저장 및 전송 중인 데이터를 보호한다(조직의 운영 능력은 보안 구성에 해당).
- 조직은 보호 수준과 정보의 분류(암호화 적용 대상 정보)를 식별하고 암호화 적용, 모바일 사용자 엔드포인트 장치, 네트워크 전송 및 저장되는 정보보호를 위해 암호화 사용, 암호화 키를 관리한다.

통제(Controls)	8.24 암호화 사용(Use of cryptography)	사이버보안 컨셉	Protect
ISO 27001 통제	암호화 키 관리를 포함하여 암호화의 효과적인 사용에 대한 규칙이 정의되어야 함		

목적	비즈니스 및 정보보안 요구사항에 따라 정보의 기밀성, 무결성을 보호하기 위해 적절한 암호화 사용을 보장하고 암호화와 관련된 법적, 규제, 계약적 요구사항을 고려함(암호화 사용의 핵심 목적 : Confidentiality, Authenticity, Integrity)				
ISO 27002 속성	통제 유형	정보보안 속성	사이버보안 통제	운영 능력	보안 도메인
	Preventive	Confidentiality Integrity Availability	Protect	Secure Configuration	Protection
가이드라인	• 암호화 사용(Use of cryptography)을 할 때 다음의 사항을 고려해야 함 　- 조직에서 정의한 암호화 정책(위험을 최소화하고 부적절하거나 잘못된 사용을 방지하려면 암호화 사용에 대한 정책이 필요) 　- 보호 수준과 정보의 분류를 식별하고, 필요한 암호화 알고리즘의 유형, 강도, 품질을 설정 　- 모바일 사용자 엔드포인트 장치 또는 저장 매체에 보유된 네트워크를 통해 저장 매체로 전송되는 정보보호를 위한 암호화 사용 　- 키 관리에 대한 접근 방식(암호화 키 생성 및 보호, 키 분실, 손상된 경우 암호화 정보 복구) 　- 적절한 위협 인텔리전스 활용 • 암호화 키 관리는 다음을 고려함 　- 적절한 키 관리를 위해서 암호화 키를 생성, 저장, 보관, 검색, 배포, 폐기함(폐기하기 위한 안전한 프로세스가 필요) 　- 암호화 시스템 및 다른 응용 프로그램에 대한 키 생성 　- 공개 키 인증서 발급 및 획득 　- 키를 받았을 때 키 활성화 방법을 포함하여 의도된 엔티티에 키를 배포 　- 승인된 사용자가 키에 대한 액세스 권한을 얻는 방법에서 포함된 키를 저장 　- 키 변경 시기 및 변경 방법에 대한 규칙을 포함하여 키를 변경 또는 업데이트 　- 키 폐기 또는 비활성화 방법을 포함한 키 폐기 • 암호화는 기밀성(Confidentiality), 무결성(Authenticity/Integrity), 부인방지(Non Repudiation), 인증(Authentication)의 4가지 속성으로 정보보안 목표를 달성함(무결성은 저장 및 전송 시 디지털 서명과 메시지 인증 코드 기술을 통해 정보보안 목표를 달성)				

7 위협 및 취약점 관리

:: 조직의 허용 가능한 위험 목표

- 허용 가능한 위험은 최소한의 영향을 미쳐야 한다(Risk = Likelihood × Impact).
- 보호해야 할 데이터 및 정보에서는 자산에 대해 허용 가능한 위험을 정의하고, 위험 임계치 및 통제 활동의 모니터링에 집중해야 한다.
- 안전하지 않은 SSL/TLS 인증서, SPF, DKIM 및 DMARC 설정, 이메일 스푸핑, 피싱 위험, 맬웨어 취약점, 취약한 접근 통제, 네트워크 접근 제어, 데이터 침해에 대한 유출 위험, 취약한 보안 관행 등 기업의 취약한 공격 표면(벡터) 위험은 노출되어 있다.

:: 국내외 취약점 분석(진단) 방법론

구분	위협 및 취약점 분석 방법론				
메커니즘 (Mechanism)	체크 리스트 (Chacklist)	정보 자산 (Assets Based)	위협 시나리오 (Threat Scenario)	공격 벡터 (Attack Voctor)	침투 테스트 (Penetration Test)
통제	취약점 점검 기준	정보시스템 점검 기준	위협 시나리오 기준	공격 벡터 기준	웹/정보시스템 취약점 기준
원칙/ 메커니즘	취약점, 위협	위협, 취약점	위협, 취약점, 공격 벡터	공격 표면, 공격 벡터, 공격 경로, 위협, 취약점	위협, 취약점
기술 난이도	Low, Medium	Medium	High	High	High
방법론	–	CVSS	MITRE ATT&CK	TARA	OWASP
국내 기준	ISMS-P	ISMS-P	–	–	–
국제표준	–	ISO/IEC 27005	ISO/IEC 27005	ISO/SAE 21434	OWASP

:: 위험 분석 및 평가 방법

- 체크 리스트 중심이 아닌 위험 기반 접근 방식을 권장한다(가트너 원칙).
- 국제 정보보안의 위험 평가 기준은 자산 기반과 위협 시나리오 기반을 혼합하여 사용하는 것을 권장한다(위험 시나리오 기반을 적용).
- 미국, 유럽연합(EU)의 위험 평가 방법은 위험 기반 접근 방식이나 위험 평가 프레임워크 방식을 권장한다.
- 국내는 체크 리스트(○/× 또는 Y/N) 방법을 사용하는 빈도가 많으므로 위험 분석 및 평가 방법(Baseline Approach)에 대한 개선이 시급하다(위험 분석 기법을 고도화, 최신 국제기준으로 전환이 필요).
- 최신 방법인 TARA(위협 분석 및 위험 평가), 공격 표면과 공격 벡터 기반의 Risk Based Approach, 국제표준 및 글로벌 기준으로 적용하는 것을 권장한다.
- 조직은 국제표준, 국제기준의 위험 평가에 따라 위협 및 취약점 관리 활동을 수행해야 한다.
- 글로벌 사례는 Google, AWS, 위협 인텔리전스 및 Microsoft 공격 표면 관리(ASM) 방법을 적용한다.
- 사이버보안 위협 및 취약점 관리, 위협 분석 및 위험 평가(TARA) 방법론을 활용한 국제기준으로 최신 고도화하는 것을 권장한다.

- 국제표준 및 미국, 유럽연합(EU)은 위협 분석과 취약점 분석 방법론에서 위험 기반의 사이버 공격을 방어, 보호, 탐지, 대응, 복구(복원력 포함)하여 사이버보안 프레임워크로 고도화되고 있다.

5.7 위협 인텔리전스

- 위협 인텔리전스 인덱스 보고서(X-Force Threat Intelligence Index)에 따르면 지난해 발생한 전 세계 사이버 공격의 26%는 아시아이고, 이어서 유럽(24%), 북미(23%), 중동(14%), 남미(13%) 순으로 나타났다.
- 가장 보편적인 사이버 공격 형태는 피싱(Phishing)이고, 소프트웨어 취약점을 악용한 공격은 전년 대비 33% 늘었고, 랜섬웨어 공격은 44%나 증가하였다.
- ISO 27001 통제 목적은 정보보안 위협과 관련 정보를 분석하여 위협 인텔리전스를 수집하는 것으로 정보보안 속성은 기밀성, 무결성, 가용성을 보장하며 사이버보안 통제는 Risk Assessment, Anomalies and Events, Security Continuous Monitoring, Response Planning을 식별, 탐지, 대응하여 사이버보안 통제 활동을 수행한다(조직의 운영 능력은 위협 및 취약점 관리에 해당).
- 조직은 위협 환경(공격자 유형 또는 공격 유형)을 고려하여 위협 인텔리전스 사용에 대한 위협을 예방, 탐지, 대응할 수 있어야 한다.

통제(Controls)	5.7 위협 인텔리전스(Threat intelligence)		사이버보안 컨셉 Applicability	Identify
ISO 27001 통제	정보보안 위협과 관련된 정보를 분석하여 위협 인텔리전스를 수집해야 함			
목적	적절한 완화(Appropriate Mitigation) 조치를 취할 수 있도록 조직의 위협 환경에 대한 인식을 제공함			
ISO 27002 속성	통제 유형	정보보안 속성	사이버보안 통제	운영 능력	보안 도메인
	Preventive Detective Corrective	Confidentiality Integrity Availability	Identify Detect Respond	Threat_and Vulnerability Management	Defence Resilience
가이드라인	• 위협 인텔리전스는 3가지 계층으로 나눌 수 있으며, 이를 모두 고려해야 함 　- 변화하는 위협 환경에 대한 상위 수준의 정보 교환 　- 공격자 방법론, 도구 및 기술에 대한 정보 　- 운영 위협 인텔리전스는 기술 지표를 포함한 특정 공격의 세부 정보 • 위협 인텔리전스 소스에서 수집한 정보를 조직의 정보보안 위험 관리 프로세스에 포함하는 과정을 구현(Information security risk management processes) • 조직은 위협 인텔리전스를 사용하여 위협을 예방, 탐지, 대응할 수 있어야 함 • 최근 개정된 위험 분석 방법론에서 ISO/IEC 27005:2022 위협 분석 시나리오 기반의 특정 공격, 공격 표면, 공격 벡터에 대한 위협 분석 및 위험 평가를 수행할 수 있음				

권장 사항	• 위협 인텔리전스 소스를 주기적으로 분석하여 위협 분석 및 위험 평가, 위협 시나리오 및 공격 벡터를 업데이트 　- CVE, CWE, CVSS, OWASP 　- EU ENISA(European Union Agency for Cybersecurity), 미국 NIST CCE • 위협 분석 및 위험 평가(TARA ; Threat Analysis and Risk Assessment) 　- Cybersecurity Risk Assessment 　- 공격 벡터 기반의 위협 및 위험 분석(TA), 위협 인텔리전스 • AWS, Google GCP, Microsoft Azure Best Practice Reference 참고
ISO 27002 Cybersecurity Concept Applicability	• ISO 27002:2022 사이버보안 통제를 선택 및 구현하는 방법은 3가지로 조직의 사이버보안 목표에 따라 강력한 사이버보안 체계를 적용함 • 위협 인텔리전스 통제는 3가지(Identify, Detect, Respond)의 사이버보안 목표를 달성하는 것이 원칙임 　- Identify : 사이버보안 위험 식별 및 분석(위협 분석 및 위험 평가) 　- Detect : 사이버 공격 방어와 탐지 　- Respond : 사이버 공격 대응 또는 사이버 공격 복구 • 조직의 사이버보안 직무자 및 이해 관계자는 ISO 27002:2022 사이버보안 프레임워크를 기반으로 사이버 공격(위협) 식별, 위험 분석(Identify), 보호(Protect), 탐지(Detect), 대응(Respond), 복구(Recover)의 사이버보안 위험 관리 체계를 수립하고 구현함

- 팬데믹과 관련된 사이버보안 위협 및 공격 표면 증가(Ransomware 표적 공격), 조직의 사이버보안 방어 및 완화 등 공급망 공격은 50% 이상 APT 공격 그룹에서 수행한다(표적 공격으로 피해가 급증).
- 소프트웨어 및 클라우드 서비스의 표적 공격(위협)으로 위험 완화에 대한 사이버보안 보호, 대응, 복구 능력을 강화한다.
- 공격 벡터는 공격자가 네트워크를 침입하거나 침투하기 위해 사용하는 방법으로 멀웨어 및 랜섬웨어에서 중간자 공격, 제로데이 취약점, 잘못된 구성, DDoS 등 보안과 인프라의 취약점을 대상으로 하고, 다른 공격 벡터는 네트워크에 액세스할 수 있는 취약점을 대상으로 한다.
- 사이버보안 공격은 공격 벡터를 사용하여 공격이 이루어지고, 디바이스와 사람은 취약한 암호나 패치되지 않은 소프트웨어의 취약점이 공격자에 의해 악용될 수 있기 때문에 공격 표면의 공격 대상이 될 수 있다.
- 공격 표면 및 공격 벡터는 비즈니스 업종에 따라 특정하며, 해당 템플릿은 글로벌 사이버 위협 공격을 분석하여 공통적인 부분을 도출한다.
- 정보보안, 사이버보안 직무자와 이해 관계자는 해당 도메인 특성을 반영한 위험 식별 및 분석을 권장한다.

카테고리	EU 사이버 위협(공격 벡터)	글로벌 CIS Top 5(공격 벡터)
위협 목록 (사이버보안 공격)	• Ransomware • Malware(악성코드) • Cryptojacking(사이버 범죄 유형) • E-mail related threats • Threats against data(데이터 유출과 침해) • Threats against availability and integrity(DDoS, 웹 기반 공격) • Disinformation – misinformation • Non-malicious threats(인간과 사회공학, 보안 설정 오류) • Supply chain attacks	• Malware(악성코드) • Ransomware • Web Application Hacking(Attacks) • Insider Privilege and Misuse • E-mail Related Threats • Threats Intrusions

8.8 기술적 취약점 관리

- ISO 27001 통제 목적은 기술적 취약점 공격을 방지하는 것으로 정보보안 속성은 기밀성, 무결성, 가용성을 보장하며 사이버보안 통제는 Risk Assessment, Supply Chain Risk Management, Vulnerability Management를 식별, 보호, 통제한다(조직의 운영 능력은 위협 및 취약점 관리에 해당).
- 조직은 위협 및 취약점 관리(Threat and vulnerability management) 활동을 수행한다.

통제(Controls)	8.8 기술적 취약점 관리(Management of technical vulnerabilities)				
ISO/IEC 27001 통제	정보시스템의 기술적 취약점 정보를 수집하며, 해당 취약점에 대한 조직의 노출을 평가하고 적절한 조치를 취함				
목적	기술적 취약점의 공격을 방지함				
ISO 27002:2022 속성	통제 유형	정보보안 속성	사이버보안 통제	운영 능력	보안 도메인
	Preventive	Confidentiality Integrity Availability	Identify Protect	Threat and Vulnerability Management	Protection

가이드라인	• 기술적인 취약점을 식별하기 위해 조직은 다음을 고려해야 함
	  – 취약점 모니터링, 취약점 위험 평가, 기술적 취약점 관리와 관련된 역할 및 책임을 정의
	  – 소프트웨어 및 기타 기술(자산 인벤토리 목록)의 경우 관련된 기술 취약점을 식별
	  – 취약점 패치의 성공 여부를 확인하기 위해 사용 중인 기술에 적합한 도구를 사용
	  – 침투 테스트 또는 취약점 평가를 수행
	  – 적절한 위협 인텔리전스를 활용
	• 식별된 기술적 취약성을 평가하려면 다음의 지침을 고려해야 함
	  – 기술적 취약성을 해결하기 위한 적절한 조치(정보보안 통제 적용)
	  – 소프트웨어의 업데이트 관리 프로세스를 구현(최신 패치)
	  – 정보보안 사고 대응 절차에 따라 조치를 수행				

Chapter 03 정보보안과 사이버보안 실무 사례

| Section 01 | ISO 27002:2022 프레임워크

1 ISO 27002:2022 정보보안 통제

:: ISO 27002 정보보안 통제 기준

ISO/IEC 27002는 조직의 정보보호 위험 환경을 고려하여 통제의 선정, 구현, 관리를 포함하는 정보보호 경영 실무 지침을 제공한다.

Clause	통제(Controls) 카테고리		Operational Capabilities	통제(Controls)
Clause 5	Organizational Controls	거버넌스	Governance	5.1 정보보안 정책 5.2 정보보안 역할 및 책임 5.3 직무 분리 5.4 경영진의 책임 5.5 당국과의 연락 5.6 이해 관계자 그룹과의 연락 5.8 프로젝트 관리 시 정보보안
		자산 관리	Asset Management	5.9 정보 및 기타 관련 자산 목록 5.10 정보 및 기타 관련 자산의 허용 가능한 사용 5.11 자산 반환 6.7 원격 근무
		정보보호	Information Protection	5.12 정보 분류 5.13 정보 라벨링 5.14 정보 전송 8.1 사용자 엔드포인트 디바이스 8.10 정보 삭제 8.11 데이터 마스킹 8.12 데이터 유출 방지 8.33 테스트 정보 8.34 감사 및 테스트 중 정보시스템 보호

Clause 5	Organizational Controls	연속성	Continuity	5.29 중단 중 정보보안 5.30 비즈니스 연속성을 위한 ICT 준비 5.37 문서화된 운영 절차 8.6 용량 관리 8.13 정보 백업 8.14 정보처리 시설의 이중화
		공급업체의 관계 보안	Supplier Relationships Security	5.19 공급자 관계 정보보안 5.20 공급업체 계약 내 정보보안 문제 해결 5.21 ICT 공급망에서 정보보안 관리 5.22 공급업체 서비스 모니터링, 검토 및 변경 관리 5.23 클라우드 서비스 사용을 위한 정보보안
		법률 및 컴플라이언스	Legal and Compliance	5.31 법적, 규제 및 계약 요구사항 식별 5.32 지식재산권 5.33 기록 보호 5.34 개인정보보호 및 PII 보호 5.36 정보보안을 위한 정책 및 표준 준수
		정보보안 사고 관리	Information Security Incident Management (Event Management)	5.24 정보보안 사고 관리 계획 및 준비 5.25 정보보안 이벤트에 대한 평가 및 결정 5.26 정보보안 사고 대응 5.27 정보보안 사고로부터 학습 5.28 증거 수집 6.8 정보보안 이벤트 리포팅 8.15 로깅 8.16 모니터링 활동 8.17 시간 동기화
		정보보안 보증	Information Security Assurance	5.35 정보보안에 대한 독립적인 검토
Clause 6	People Controls	인적 자원 보안	Human Resource Security	6.1 적격 심사 6.2 고용 계약 조건 6.3 정보보안 인식, 교육 및 훈련 6.4 징계 절차 6.5 고용 책임의 종료 또는 변경 6.6 기밀 유지 또는 비공개 계약
Clause 7	Physical Controls	물리적 보안	Physical Security	7.1 물리적 보호 구역 7.2 물리적 출입 통제 7.3 사무실 보안

Clause 7	Physical Controls	물리적 보안	Physical Security		7.4 물리적 보안 모니터링 7.5 물리적/환경적 위협으로부터 보호 7.6 보호 구역에서 작업 7.7 클린 데스크 7.8 장비 배치 및 보호 7.9 Off-Premises 자산의 보호 7.10 저장 매체 7.11 지원 유틸리티 7.12 케이블 보안 7.13 장비 유지보수 7.14 장비의 안전한 폐기 또는 재사용
Clause 8	Technological Controls	아이덴티티와 접근 관리	Identity and Access Management		5.15 접근 통제 5.16 아이덴티티 관리 5.17 인증 정보 5.18 접근 권한 8.2 특권 접근 권한 8.3 정보 접근 제한 8.4 소스 코드 액세스 8.5 보안 인증
		시스템 및 네트워크 보안	System and Network Security		8.7 악성 프로그램으로부터 보호 8.18 권한 있는 유틸리티 프로그램 사용 8.20 네트워크 통제 8.21 네트워크 서비스 보안 8.22 네트워크 분리 8.23 웹 필터링
		애플리케이션 보안	Application Security		8.25 안전한 개발 라이프사이클 8.26 애플리케이션 보안 요구사항 8.27 안전한 시스템 아키텍처 및 엔지니어링 원칙 8.28 시큐어 코딩 8.29 개발 및 승인 시 보안 테스트 8.30 외주 개발 8.31 개발, 테스트 및 프로덕션 환경의 분리 8.32 변경 관리
		안전한 설정	Secure Configuration		8.9 구성 관리 8.19 운영 체제 소프트웨어 설치 8.24 암호 사용(암호화)
		위협 및 취약점 관리	Threat and Vulnerability Management		5.7 위협 인텔리전스 8.8 기술적 취약점 관리

Section 02 | 사이버보안 통제(AWS, MS, Google)

1 정보보안, 사이버보안, 개인정보보호의 통제 사례

:: 정보보안, 사이버보안, 개인정보보호의 위험 완화

- 글로벌 빅테크 Google, AWS, MS 기업은 국내 보안과 다르게 사이버 공격(위협)에서 보안 사고 및 위험 관리의 공격 표면, 공격 벡터, 사이버 위협에 따라 국제 정보보안, 사이버보안, 클라우드 및 데이터 보안에 추가 통제를 구현하여 안전성과 보안성을 유지한다.
- 글로벌 빅테크 기업은 보안 관행 개선 및 강화를 위해서 국제표준 및 국가표준 등 사이버보안 규제, 정보보안과 데이터 보호 컴플라이언스를 활용하여 국내 기업의 보안 수준과 차별화한다.
- ISO/IEC 27017, 27018, ISO/SAE 21434 통제는 국가, 기업, 조직이 클라우드에 대한 기대와 정보보안 거버넌스의 상실을 우려하고 있는 가운데 복잡한 공급망 보안을 구성하는 클라우드 서비스 및 사이버보안 공급자의 협력 관계에서 역할과 책임(CSP/CSC 또는 컨트롤러 및 프로세서 책임 공유 모델)을 구현한다(최근 사이버 위협 및 보안 위험을 완화하는데 가장 효과적인 방법).
- 미국은 기업을 위한 사이버보안 표준을 장려하는 법안을 채택하여 기업이 특정 사이버보안 통제를 채택하는 것을 요구하지 않고, 업계에서 인정하는 사이버보안 개선을 위한 프레임워크를 제공한다.
- 법률에서 장려하는 사이버보안 프레임워크는 NIST 시리즈(사이버보안, 정보보안, 개인정보보호 프레임워크), FedRAMP, CIS Critical Security Controls, ISO/IEC 27000 시리즈(ISO 27001, 27002, 27701, 27017, 27018 등)에 해당된다.
- 사이버보안의 강화는 정보보안, 사이버보안, 개인정보보호-정보보안 위험 관리 지침, 위험 처리 및 위험 완화 프로세스를 선택 및 구현하는 방법(추가 통제 권장)을 활용하여 보안 통제 활동의 정당성과 통제의 유효성을 입증한다.

구분	정보보안 통제	사이버보안 통제 및 추가 통제	섹터 유형 (업종)	서브 카테 고리		정보보안과 사이버보안 속성 (선택 및 구현)			위험 처리와 위험 완화			구현 현황	위험 ID
					통제	통제 유형	정보 보안 속성	사이버 보안 통제	선택	구현	부분 구현	구현 되지 않음	운영 현황	위험 완화 ID
정보보안	ISO/IEC 27001	ISO/IEC 27002	CSP (IaaS, PaaS, SaaS)											
개인정보 보호		ISO/IEC 27701	GDPR (컨트롤러 프로세서)											
클라우드 서비스 보안		ISO/IEC 27017	CSP/ CSC(IaaS, PaaS, SaaS)											
클라우드 개인 정보보호		ISO/IEC 27018	CSP/ CSC(IaaS, PaaS, SaaS)											
섹터 정보보안		ISO/IEC 27799	의료기관 헬스케어											
사이버 보안	ISO/ IEC 27001	NIST CSF 사이버보안 프레임워크	CSP(IaaS, PaaS, SaaS)											
섹터 사이버 보안	ISO/ IEC 27001	ISO/SAE 21434	자동차 사이버 보안											
	27001	TISAX												

:: 정보보안, 사이버보안, 개인정보보호 적용성 보고서

Step 3 프레임워크		ISO/IEC 27001	ISO/IEC 27005	위험 처리 및 위험 완화 메커니즘 구현
Step 1	조직 (Context)	통제 정의		• 정보보안 정책 및 주제별 정책을 정의하고, 경영진의 승인을 받음 • 관련 직원 및 이해 관계자에게 게시, 전달, 승인하고, 계획된 주기로 변경 사항이 발생하는 경우 검토함
Step 2	위험 평가 (Risk Assessment)	공격 표면과 공격 벡터의 위협, 취약점 분석 및 평가		비즈니스 요구사항, 법적, 규제 및 계약 요구사항에 따라 정보보안에 대한 지속적인 적합성, 적절성, 관리 방향의 효율성 및 지원을 보장
Step 3	위험 처리 및 위험 완화 (Risk Treatment and Risk Mitigation)	조직의 사이버보안 통제 선택 및 구현		• 조직은 정보보안 정책을 수립하고, 계획된 주기에 따라 정책을 검토함 • 계획된 주기(년 1회)에 따라 정보보안 정책(규정, 지침, 절차)을 개정함

2 정보보안, 사이버보안, 개인정보보호 적용성 보고서의 작성 방법

:: ISO 27002:2022 정보보안과 사이버보안 예시

- 위험 처리 및 위험 완화 원칙은 위험 평가 결과를 기반으로 한다(위험 처리 및 우선순위 지정, 위험 목록 선택).
- 위험 평가에서 식별된 통제만 적용성 보고서에 포함될 수 있고, 위험 평가와 별개로는 보고서에 추가할 수 없다(ISO/IEC 27005:2022(4th Edition) 개정 통제 유효성, 정당성 강화).
- 위험 처리 또는 위험 완화는 선택 및 구현 여부에 따라 위험 식별 ID(우선순위 지정 요건), 위험 식별 코드를 부여하여 위험 처리의 정당성, 유효성을 입증한다.
- 조직은 적용성 보고서의 정당성을 효과적으로 관리하기 위해 인증 기준에서 권장하는 추가 통제를 선택 및 구현(구현, 부분 구현, 구현되지 않음, 모든 통제 구현)하고, 이행 여부를 정기적으로 업데이트(위험 평가 프로세스 활동 시)한다.
- 통제 유형은 정보보안 사고 발생의 위험 결과에 언제, 어떻게 영향을 미치는가의 관점에서 통제를 바라본다(Preemptive – 위협이 발생하기 전에 통제 적용, Detective – 위협이 발생하면 통제 적용, Corrective – 위협이 발생한 후 통제 적용).

- 사이버보안 통제는 ISO/IEC TS 27110 사이버보안 프레임워크의 지침으로 속성값은 Identify, Protect, Detect, Respond, Recover로 구성된다.
- 조직의 보안 목적 및 목표에 따라 추가 통제와 섹터 통제(국제기준, 국가기준, 산업표준 등), 사이버보안 통제, 클라우드 서비스 보안 및 개인정보보호 통제를 적합한 수준으로 구현한다.
- 추가 통제 방법 및 통제 메커니즘은 ISO/IEC 27017, 27018, ISO/IEC 27701, NIST 사이버보안 프레임워크(CSF) 등에서 위험 수용과 위험 감수 원칙에 따라 선택 및 구현한다.

통제 카테고리	서브 카테고리		정보보안과 사이버보안 속성 (선택 및 구현)			위험 처리와 위험 완화			구현 현황	위험 ID
	통제	통제 유형	정보보안 속성	사이버보안 통제	선택	구현	부분 구현	구현 되지 않음	운영 현황	위험 완화 ID
조직 통제 (Organizational Controls)	5.1	정보보안 정책	Preventive	기밀성 무결성 가용성	식별 (Identify)	Yes	○			
	5.34	개인정부 보호 및 PII 보호	Preventive	기밀성 무결성 가용성	식별 (Identify) 보호 (Protect)	Yes		○		Risk-01 (High)
인적 통제 (People Controls)										
물리적 통제 (People Controls)										
기술적 통제 (Technological Controls)	5.15	접근 통제	Preventive	기밀성 무결성 가용성	보호 (Protect)	Yes		○		Risk-02 (High)
	5.23	클라우드 서비스 이용을 위한 정보보안	Preventive	기밀성 무결성 가용성	보호 (Protect)	Yes			○	Risk-03 (High)

∷ ISO 27002:2022 속성 기반 SOA(예시)

- 조직은 ISO 27001 위험 평가 및 위험 처리 인증 기준에 따라 ISO 27002:2022 속성 기반의 정보보안, 사이버보안, 개인정보보호 통제를 적용할 수 있다.
- 속성 기반의 메커니즘을 적용하여 통제를 효과적으로 구현한다.

A.8		Technological Controls		
ID 및 액세스 관리(IAM ; Identity and Access Management)				
ISO 27001:2022 Annex A 통제		속성 기반의 정보보안, 사이버보안 통제 적용		
		Control Type	Information Security Properties	Cybersecurity Concepts
A.5.15	접근 통제 (Access Control)			
A.5.16	아이덴티티 관리 (Identity Management)			
A.5.17	인증 정보 (Authentication Information)			
A.5.18	접근 권한 (Access Rights)			
A.8.2	특권 접근 권한 (Privileged Access Rights)			
A.8.3	정보 접근 제한 (Information Access Restriction)			
A.8.4	소스 코드 액세스 (Access Source Code)			
A.8.5	보안 인증 (Secure authentication)			

- 중소기업의 위협 분석 및 위험 평가에 대한 예시는 다음과 같다.

구현 프레임워크	ISO/IEC 27002:2022 정보보안 사이버보안	통제 카테고리	정보보안 사이버보안 핵심 통제	조직 식별 (보안 요구 사항)	위험 기반 통제		통제 구현	정보보안과 사이버보안 통제		
					위험 평가	구현 단계	선택 구현	구현	부분 구현	구현 하지 않음
추가 통제 옵션	사이버보안 통제 섹터 통제 (선택사항)	섹터 추가 통제	개인정보보호 클라우드 서비스 보안 데이터 보호 섹터별 사이버보안 (자율주행차 사이버보안) OT/IoT 사이버보안 헬스케어 사이버보안 메타버스/NFT 보안							

| Section 03 | 사이버보안 공격 벡터 분석 실무

1 정보보안과 사이버보안 공격 벡터 사례

:: 정보보안과 사이버 위협 카테고리 Top 10 예시

- 사이버 공격의 영향으로 새로운 공격 벡터 기술은 위협 환경을 지속적으로 변화시키고 있으며, 조직은 사이버 공격에 대응하기 위한 강력한 위험 기반 통제 프레임워크를 권장한다.
- 정보보안과 사이버보안 직무 이해 관계자는 가장 취약한 연결 고리(공격 벡터)를 식별하고, 사이버 위험을 통제 및 완화할 수 있는 방법론을 구현한다.
- 정보보안 위험은 정보자산이나 그룹의 취약성을 악용하여 조직에 피해를 줄 가능성이 있으므로 조직과 이해 관계자는 정보보안 위험을 관리해야 한다.
- 정보보안과 사이버보안 통제는 조직의 사이버 위협 완화를 목적으로 하고, 위협 카테고리 기준은 CIS Top 5 공격, 글로벌 사이버 위협 보고서의 통계 및 심각도를 기준으로 분류한다.
- 조직은 조직(Context) 유형에 해당되는 위험 카테고리를 참고하여 재분류하거나 신규로 위협 유형(공격 벡터, 위협 및 취약점)을 추가하여 위험 평가와 위험 완화 활동을 수행한다.

구분	공격 표면(Attack Surface)								
공격 벡터 (Attack Vectors)	Infrastructure	Application	Endpoints	Device	클라우드 서비스(IaaS, PaaS, SaaS)	Supply Chain	People	PII	Data
맬웨어									
랜섬웨어									
내부자 위협									
Mis-Configuration									
취약한 접근 통제									
취약한 네트워크 접근 제어									

- 위험 기반 원칙에 따라 취약한 보안 관행은 ISO/IEC 27002 통제의 약점이 조직에 영향을 미치므로 위험 요인에 해당될 경우 위험 완화 활동을 수행하고, 추가 통제를 고려하여 선택 및 구현한다.

- 조직 기반의 위험 카테고리 유형(내외부 이해 관계자)에서 위험 요소 카테고리인 People, Process, Technical의 약점을 고려하는 것이 잠재적인 위험을 식별하는 데 효과적이다.

위험 카테고리		위험 평가			위험 처리										
		위험 분석/평가			정보보안과 사이버보안 통제 (선택 및 구현)					위험 처리 (위험 완화)			구현 현황	위험 ID	
		위협	취약점	위험도	정보보안 (통제 선택)	사이버 보안 통제	통제			선택	구현	부분 구현	구현되지 않음	운영 현황	위험식별 ID
							ISO 27002	NIST CSF	추가 통제						
1	맬웨어(Malware) 랜섬웨어 (Ransomware)														
2	데이터 침해 (데이터 유출)														
3	공급망 위협(위험)														
4	웹 애플리케이션 위험(취약점)														
5	내부자 위협(Insider Privilege and Misuse)														
6	목표 공격 (Target Intrusions)														
7	클라우드 서비스 위협과 취약점														
8	컴플라이언스 위험(정보보안, 사이버보안, 개인정보보호)														
9	취약한 보안 관행 또는 통제의 취약점 (ISO 27002:2022 정보보안과 사이버보안 통제 기준)														

| 10 | 추가 공격 벡터 (위협과 취약점 카테고리) | | | | | | | | | | | | |

:: 위험 기반 정보보안과 사이버보안 통제 구현

위험 평가				위험 처리									구현 현황	위험 ID
	위험 분석과 평가			정보보안과 사이버보안 통제 (선택 및 구현)					위험 처리 (위험 완화)					
위험 카테고리						통제								
	위협	취약점	위험도	정보보안 (통제 선택)	사이버보안 통제	ISO 27002	NIST CSF	추가 통제	선택	구현	부분 구현	구현되지 않음	운영 현황	위험 식별 ID
데이터 유출		정보 데이터 전송과 저장 관리 취약	High	A.8.12 데이터 유출 방지	식별 (Identify)	○	○		Yes	○				Risk-01
				8.7 맬웨어로부터 보호	보호 (Protect)	○	○		Yes			○		Risk-02
취약한 보안 관행			High	선택 구현 (위험 분석 결과)	보호 (Protect)									
클라우드 서비스 위협			High	A.5.23 클라우드 서비스 정보보안	보호 (Protect)	○		○	Yes			○		Risk-03

:: ISO 27002:2022 정보보안과 사이버보안 통제 구현 예시

구현 프레임워크 (Step)	ISO/IEC 27002: 2022 정보보안 사이버보안	통제 카테고리	정보보안 사이버보안 핵심 통제	조직 식별 (보안 요구사항)	위험 기반 통제		통제 구현	정보보안과 사이버보안 통제		
					위험 평가	구현 단계	선택 구현	구현	부분 구현	구현 하지 않음
Step 1 (Core)	식별 (Identify)	Organizational Controls	위험 평가 위험 완화							
Step 2 (Core)	보호 (Protect)	Technological Controls	접근 통제 네트워크 통제							
			인증							
			암호화							
			맬웨어 방어 (악성코드)							
			보안 내재화							
			안전한 보안 설정							
			위협 및 취약점 관리							
		공통 (4개 통제 카테고리)	취약한 보안 관행							
Step 2 (Core)	보호 (Protect)	People Controls	취약한 사이버보안 인식 수준							
		Organizational Controls	컴플라이언스 (데이터 보호 및 개인정보보호)							
Step 3 (Support)	탐지 (Detect) 대응 (Respond) 복구 (Recover)	Organizational Controls	연속성/ 공급망 보안 정보보안 사고 관리 사이버보안 복원력							

제 03 장

국제표준 개인정보보호 및 클라우드 보안 실무

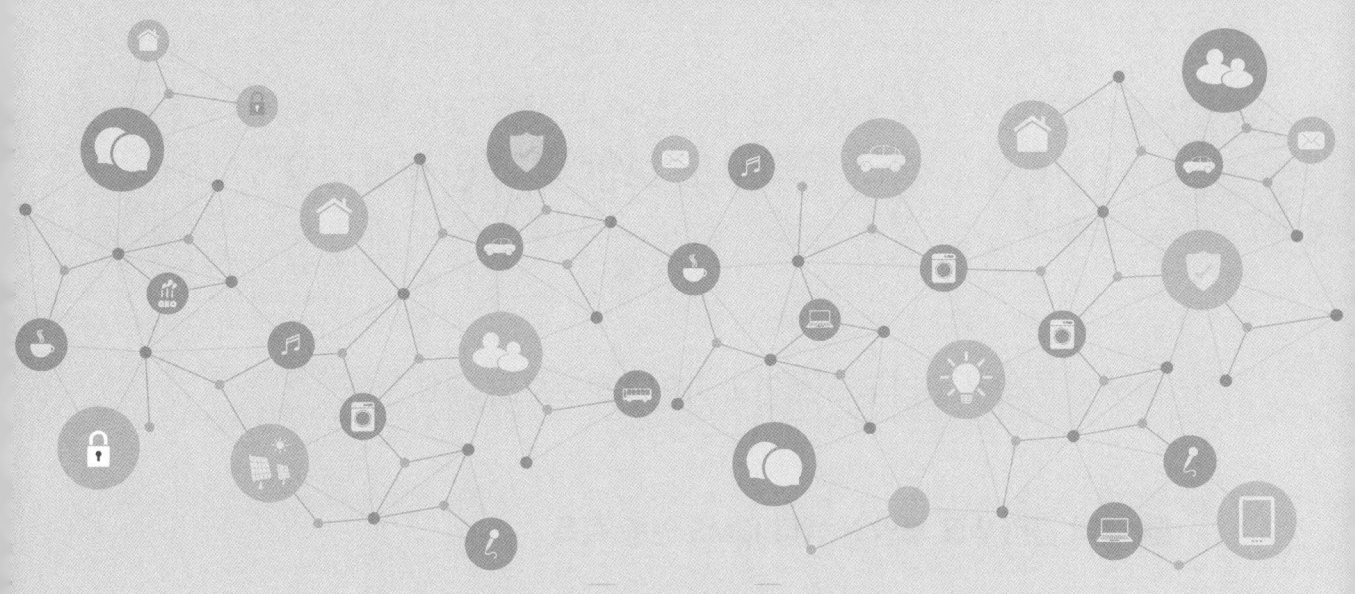

정보보안
사이버보안
개인정보보호

≫ Chapter 1 섹터 클라우드 보안 및 개인정보보호

≫ Chapter 2 국제표준 ISO 27701 개인정보보호 실무

≫ Chapter 3 국제표준 ISO 27701과 GDPR

≫ Chapter 4 국제표준 ISO 27017 클라우드 정보보안 실무

≫ Chapter 5 국제표준 ISO 27018 클라우드 개인정보보호 실무

• Chapter •

01 섹터 클라우드 보안 및 개인정보보호

| Section 01 | 섹터 클라우드 보안과 개인정보보호의 개요

1 섹터 클라우드 보안과 섹터 ISMS 인증 획득

:: 섹터 클라우드 보안과 개인정보보호 표준의 배경

- 정보보안 경영시스템의 대표적 표준인 ISO 27001은 정보보안 경영시스템의 수립, 구현, 유지 및 지속적 개선을 위한 요구사항을 정의하는 표준으로 ISO 27001의 요구사항은 일반적이면서 유형, 규모, 속성에 관계없이 모든 조직에 적용할 수 있다.
- ISO 27002는 조직의 정보보안 위험 환경을 고려하여 통제의 선정, 구현 및 관리를 포함하는 정보보안 경영 실무의 지침을 제공하는 표준으로 해당 지침은 절(Clauses), 통제 목표, 통제, 구현 지침 및 기타 정보로 구성된 계층적 구조를 갖는다.
- ISO 27001과 ISO 27002가 상업적인 기업, 정부 기관 및 비영리 기관을 포함하는 조직에서 광범위하게 적용되고 있으며, 섹터 기반 표준에 대한 요구가 높아지고 있다.
- ISO 27001을 만족하는 정보보안 경영시스템을 수립, 운영하는 실무자의 경우 특정 산업 분야, 응용 영역 또는 시장 부문에 추가적인 요구사항과 통제의 필요성을 인식하게 되었다.
- 기존의 ISO 27001을 통해 일반적인 기술, 서비스 환경의 정보보안 경영시스템을 구축, 운영하는 것은 가능하지만 특정 분야의 기술, 산업 분야, 서비스의 정보보안 요구사항을 모두 포함하는 데는 한계가 있다. → 이러한 한계를 극복하기 위해 해당 분야, 특정 기술 및 서비스 특성을 반영하여 기존의 ISO 27001, ISO 27002 표준을 확장한 것을 섹터 ISMS라고 한다.

:: 섹터 ISMS 인증 획득 방안

- 섹터 ISMS에 대한 인증을 획득하기 위해서는 기본적으로 ISO 27001 인증을 획득, 유지한 상태에서 해당 섹터 ISMS에 대한 인증심사를 진행해야 한다.

- 인증심사 진행 시 섹터 ISMS의 인증범위는 ISO 27001 경영시스템의 인증범위와 동일하거나 해당 인증범위 안에 포함되어야 한다(섹터 ISMS의 인증범위는 ISO 27001 인증범위를 벗어나면 안 됨).
- 다음은 클라우드 정보보안 경영시스템인 ISO 27017 인증을 획득하는 경우의 예시이다.

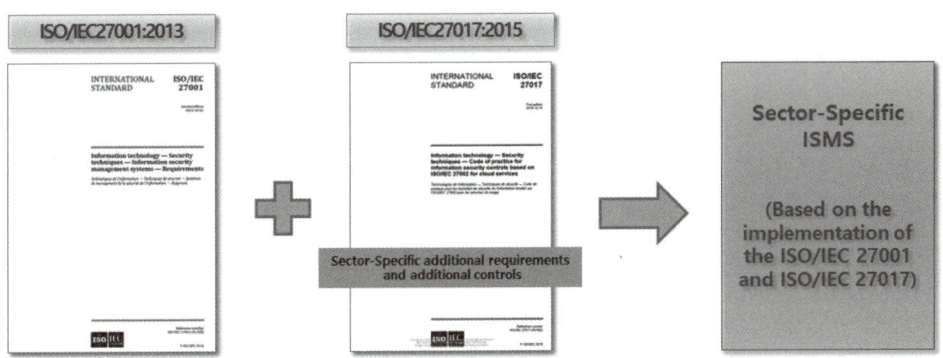

| Section 02 | 섹터 ISMS 표준 구성 원칙

1 섹터 ISMS 확장 방안

:: 관련 표준의 이해

- 섹터 ISMS 표준의 구성 방안에 대해서는 ISO 27009 표준에서 메커니즘을 정의하고 있다.
- 섹터 표준은 정보보안 경영시스템의 요구사항과 일관성이 있어야 하며 ISO 27001의 요구사항을 추가, 정교화 또는 해석하고, ISO 27002의 지침을 추가하거나 수정하는 방법으로 구성된다.
- 섹터 표준의 요구사항은 정보보안 경영시스템의 요구사항 표준인 ISO 27001에서 확장된 개념이며, 부문별 통제를 위한 적용 지침은 정보보안 경영시스템 통제에 대한 상세 지침인 ISO 27002를 확장하는 개념으로 적용된다.
- 섹터 ISMS에 관련한 ISO 표준은 ISO 27001, ISO 27002 표준을 확장하는 개념으로 기존 ISO 27001의 요구사항과 ISO 27002의 통제 구현 지침 중 해당 분야의 특성이 반영되어 추가 또는 수정된 내용이 포함되지만 모든 기존 항목에 분야별 특성이 반영되는 것은 아니다.
- 특정 요구사항과 특정 통제에 있어 추가되는 내용이 있는 반면에 해당 분야의 특성에서 특별한 사항이 없는 경우에는 기존 ISO 27001의 요구사항과 ISO 27002의 지침이 동일하게 적용되기도 한다.

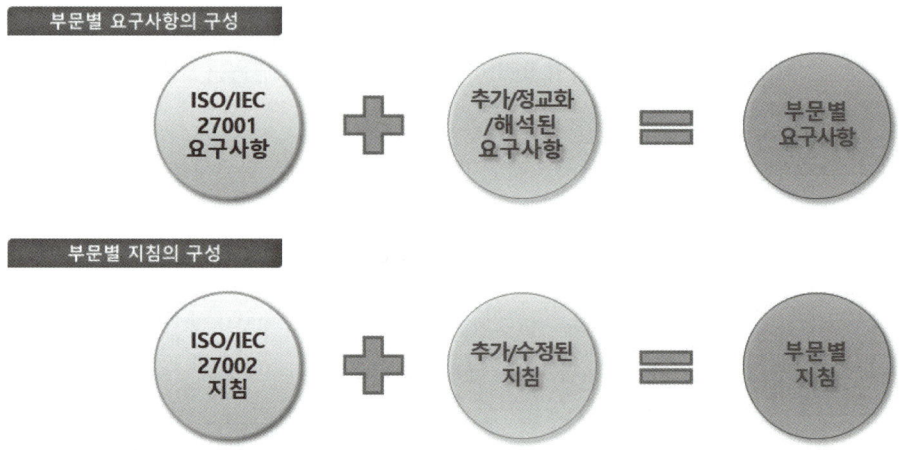

2 섹터 ISMS의 분류

:: 클라우드 정보보안 경영시스템 ISO 27017

- ISO 27017의 표준명은 Code of practice for information security controls based on ISO 27002 for cloud services로 클라우드 분야에 대한 정보보안 경영시스템이다.
- 클라우드 정보보안을 위한 통제를 소개하는 표준으로 클라우드 서비스 이용자(Cloud Service Customer)와 클라우드 서비스 제공자(Cloud Service Provider)를 대상으로 하는데 클라우드 서비스 이용자 입장에서 정보보안을 위한 통제를 적용해야 하는 사항과 클라우드 서비스 제공자 입장에서 고려해야 하는 통제를 소개하고 있다.

:: 클라우드 개인정보보호 경영시스템 ISO 27018

- ISO 27018의 표준명은 Code of practice for protection of personally identifiable information(PII) in public clouds acting as PII processors로 클라우드 분야에서의 개인정보보호 경영시스템이다.
- 클라우드 환경에서의 개인정보보호를 위한 통제를 소개하고 있는 표준으로 퍼블릭 클라우드 환경에서 개인정보 프로세서 역할을 수행하는 조직이 개인정보보호를 위해 적용해야 하는 통제를 설명하고 있다.

개인정보보호 경영시스템 ISO 27701

- ISO 27701의 표준명은 Extention to ISO 27001 and ISO 27002 for privacy information management – Requirements and guidelines로 개인정보보호 경영시스템이다.
- 개인정보보호를 위한 통제를 소개하고 있는 표준으로 개인정보 처리 목적을 정의하는 컨트롤러(PII Controller)뿐만 아니라 계약에 의해 컨트롤러를 대신하여 개인정보 처리 업무를 담당하는 프로세서(PII Processor)에 대해서 정보보안 및 개인정보보호를 위한 요구사항과 통제를 설명하고 있다.

의료정보보안 경영시스템 ISO 27799

- ISO 27799의 표준명은 Information security management in health using ISO 27002로 의료정보보안 분야의 경영시스템이다.
- 보건 의료 부문에서 개인 건강 정보의 기밀성, 무결성 및 가용성을 보호하면서 그와 같은 정보에 대한 접근을 감사하고, 책임성을 추적하기 위해 적절하게 파악된 보안 통제를 설명하고 있다.

Chapter 02 국제표준 ISO 27701 개인정보보호 실무

Section 01 | 정보보안 경영시스템의 개인정보보호

1 개인정보보호의 이해와 원칙

:: 개인정보보호의 필요성

- 개인정보는 전자상거래, 금융거래 등 다양한 산업 분야에서 서비스 이용 및 제공을 위한 필수적인 요소이며, 최근 데이터 경제 시대가 본격화되면서 부가가치를 창출할 수 있는 중요한 자산이다.
- 개인정보의 범위 및 종류는 사물인터넷(IoT), 인공지능(AI) 등과 같은 새로운 기술과 서비스의 출현, 특히 정보화 사회에서 4차 산업혁명의 시대로 발전함에 따라 그 범위와 영역은 크게 확장되고 있다.
- 개인정보는 개인정보처리자뿐만 아니라 정보 주체의 핵심 자산이므로 누군가에 의해 악의적인 목적으로 유출되어 이용될 경우 개인의 사생활이나 안전 그리고 재산에 피해를 줄 수 있다.
- 개인정보는 개인정보의 유출 그 자체만으로도 정보 주체와 개인정보처리자에게 피해를 주지만 유출된 개인정보가 스팸 메일, 불법 마케팅, 광고성 정보 전송 등 다양한 2차 피해를 양산하고 있어 피해의 심각성은 날로 증가하고 있다.

:: 개인정보보호의 원칙

- 개인정보보호를 위한 각종 ISO 표준 및 각국의 개인정보보호 관련 컴플라이언스에는 개인정보보호를 위한 원칙을 정의하고, 이러한 원칙을 이행하기 위한 구체적인 통제 또는 조항들을 정의하고 있다.
- ISO 국제표준에서 개인정보보호를 위한 표준은 ISO 27701, ISO 27018이 대표적이며, 해당 표준이 따르고 있는 개인정보보호에 대한 원칙은 ISO 29100에서 정의하고 있다.
- 개인정보보호를 위한 대표적인 원칙으로 OECD 개인정보보호 원칙, 국내 개인정보보호법,

국외 GDPR 그리고 ISO 29100의 개인정보보호 원칙이 있는데, 이러한 원칙 간에는 큰 차이가 없다.
- 개인정보보호를 위한 ISO 국제표준의 내용 및 개인정보보호 관련 법률, 법규 등의 내용에서는 유사점들을 많이 찾아볼 수 있다.

ISO 29100의 개인정보보호 원칙

개인정보보호를 위한 원칙과 관련해서 국제표준인 ISO 29100이 있으며, 해당 표준에서 제시하고 있는 개인정보보호 원칙은 다음과 같다.

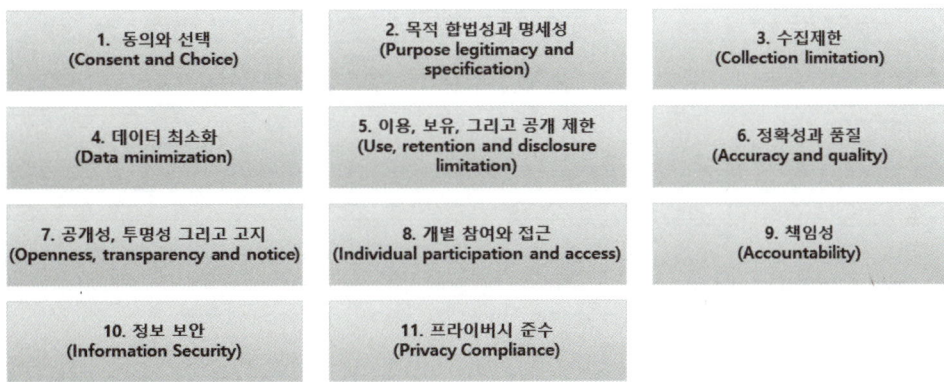

컴플라이언스 상의 개인정보보호 원칙

- 개인정보보호와 관련된 대표적인 컴플라이언스로 국내에는 개인정보보호법이 있으며, 개인정보보호법 제3조에는 개인정보보호에 대한 원칙을 정의하고 있다(초기 개인정보보호법을 제정할 때 OECD 개인정보보호 8원칙을 참고함).

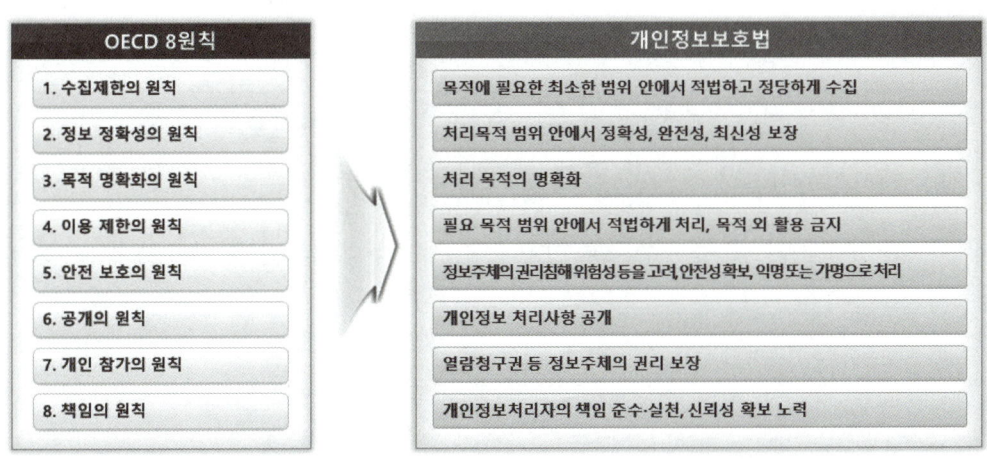

- 국외의 대표적인 개인정보보호 관련 컴플라이언스에는 EU 일반 개인정보보호법(GDPR ; General Data Protection Regulation)이 있으며, GDPR 제5조에는 개인정보를 처리하는 경우 준수해야 할 7가지 원칙을 제시하고 있다.

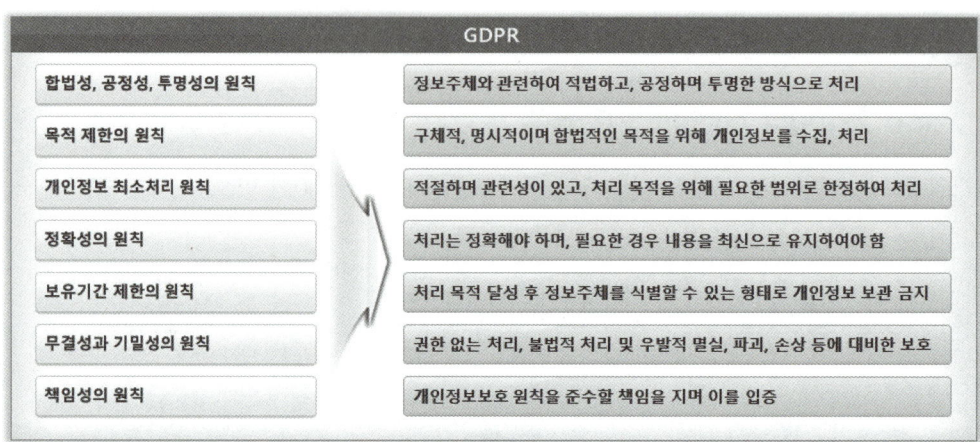

2 개인정보 주체 권리(PII)

:: 개인정보 주체 권리의 개요

개인정보보호를 위한 각종 ISO 표준 및 각국의 개인정보보호 관련 컴플라이언스에는 정보 주체의 권리 보장을 위한 구체적인 통제 또는 조항들을 정의하고 있다.

:: 개인정보보호법

개인정보보호법에서 정의하고 있는 정보 주체의 대표적인 권리로는 개인정보의 열람, 개인정보의 정정 및 삭제, 개인정보 처리 정지, 피해 구제 등이 있다.

정보 주체 권리	주요 내용
개인정보의 열람	정보 주체는 개인정보처리자가 처리하는 자신의 개인정보에 대한 열람을 해당 개인정보처리자에게 요구할 수 있음
개인정보의 정정 및 삭제	자신의 개인정보를 열람한 정보 주체는 개인정보처리자에게 해당 개인 정보의 정정 또는 삭제를 요구할 수 있음
개인정보 처리 정지	정보 주체는 개인정보처리자에게 자신의 개인정보 처리 정지를 요구할 수 있음
피해 구제	정보 주체는 개인정보처리자가 해당 법을 위반한 행위로 인해 손해를 입으면 개인정보처리자에게 손해배상을 청구할 수 있음

:: GDPR

GDPR에서 정의하고 있는 정보 주체의 대표적인 권리로는 접근권, 정정권, 삭제권, 처리 제한권, 개인정보 이동권, 반대권, 프로파일링을 포함한 자동화된 의사결정의 대상이 되지 않을 권리 등이 있다.

정보 주체 권리	주요 내용
정보를 제공받을 권리 (Right of to be provided information)	• 정보 주체는 자신의 개인정보를 누가, 어떤 목적으로 무엇을 하는지 등에 대하여 명확하고 간결하게 제공받을 권리가 있음 • 컨트롤러는 정보 주체의 주어진 요청에 따라 취해진 조치에 대하여 정보를 제공하여야 함
접근권 (Right of access by the data subject)	• 정보 주체는 본인과 관련된 개인정보의 처리 여부와 관련하여 컨트롤러로부터 확인을 받을 수 있는 권리를 가짐 • 컨트롤러는 정보 주체의 접근 요구가 있을 경우에 조치하여야 함
정정권 (Right to rectification)	• 정보 주체는 본인의 개인정보에 대하여 정확하지 않은 부분을 수정하도록 컨트롤러에게 요구할 수 있음 • 정보 주체는 처리 목적을 고려하여 컨트롤러에게 추가 정보를 제공함으로써 불완전한 정보를 보완할 수 있는 권리를 가짐
삭제권 (Right to erasure)	• 정보 주체는 컨트롤러에게 본인의 개인정보를 삭제할 수 있는 권리를 가짐 • 해당 권리는 정보 주체가 원하는 경우 자신의 개인정보를 삭제함으로써 개인정보 처리가 더 이상 이루어지지 않도록 하기 위한 권리임
처리 제한권 (Right to restriction of processing)	• 정보 주체는 자신의 개인정보 처리를 차단하거나 제한할 권리를 가짐 • 개인정보 처리가 제한되면 컨트롤러는 해당 정보를 보유만 할 수 있고, 이용 및 제공 등의 처리는 제한됨
개인정보 이동권 (Right to data portability)	• 정보 주체의 개인정보를 다른 컨트롤러에게 전송할 수 있게 해줌으로써 정보 주체에게 자신과 관련한 개인정보에 대하여 많은 통제력을 부여함 • 정보 주체가 컨트롤러에게 제공한 자신의 개인정보를 체계적으로 구성하거나 사용하며, 기계 판독이 가능한 형식으로 제공받음 • 기술적으로 가능한 경우 해당 정보를 다른 컨트롤러에게 직접 이전할 것을 요구할 수 있음
반대권 (Right to object)	• 정보 주체는 컨트롤러에 대하여 자신의 개인정보 처리에 반대할 권리를 가짐 • 직접 마케팅(프로파일링 포함), 컨트롤러의 적법한 이익 또는 공적 업무 수행에 근거한 개인정보의 처리, 과학적/역사적 연구 및 통계 목적의 처리 등이 있음
프로파일링 등 자동화된 개별 의사결정 (Automated individual decision-making, including profiling)	• 프로파일링은 자동화된 형태의 정보처리일 것, 개인정보에 대하여 수행될 것, 자연인에 대한 개인적 측면의 평가일 것의 세 가지 요소로 구성됨 • 자동화된 의사결정이란 인적 개입 없이 기술적 수단에 의해서만 이루어지는 완전 자동화의 의사결정을 의미 • 정보 주체는 프로파일링을 포함한 자동화된 의사결정의 대상이 되지 않을 권리를 가짐

3 개인정보보호 관련 주요 인증제도

:: ISMS-P

- 정보보안 및 개인정보보호를 위한 일련의 조치와 활동이 인증기준에 적합함을 한국인터넷진흥원 또는 인증기관이 증명하는 제도이다.
- 관리체계 수립 및 운영(16개)은 관리체계의 메인프레임으로 전반적인 관리체계 운영 라이프 사이클을 구성하고 있다.
- 보호 대책 요구사항(64개)은 총 12개 분야에 대한 인증기준으로 정책, 조직, 자산, 교육 등 관리적 부문과 개발, 접근 통제, 운영 및 보안 관리 등 물리적/기술적 부문의 보호 대책에 관한 사항으로 구성되어 있다.
- 개인정보 처리단계별 요구사항(22개)은 개인정보 생명주기에 따른 보호조치 사항으로 구성되어 있다.

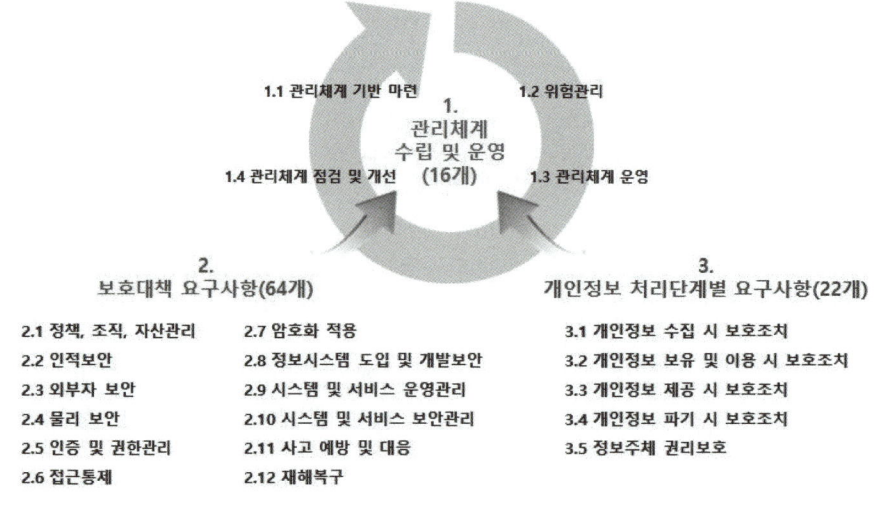

| Section 02 | ISO 27701 표준의 이해

1 ISO 27701 표준의 개요

:: 표준 소개

- ISO 27701 표준은 조직이 개인정보(본 표준에서는 개인식별 가능 정보(PII ; Personally Identifiable Information)로 정의됨) 보안을 위해 ISO 27001 및 ISO 27002의 확장 형식으로

개인정보보호 경영시스템(PIMS ; Personal Information Management System)을 설정, 구현, 유지 관리 및 지속적으로 개선하기 위한 기준을 제공한다.
- PIMS 관련 요구사항을 지정하고 개인정보 처리 및 보안을 위하여 PII 컨트롤러와 PII 프로세서에 대한 지침을 제공한다.

∷ 적용 대상

- 첫 번째는 개인정보를 처리하는 조직으로 개인정보를 수집하고, 해당 정보가 처리되어야 하는 목적과 방법을 결정하는 PII 컨트롤러(Controller)이다(PII 컨트롤러는 단독 또는 제3자와 공동으로 할 수 있음).
- 두 번째는 PII 컨트롤러를 대신해 PII를 처리하는 조직인 PII 프로세서(Processor)로 컨트롤러의 지시에 따라 개인정보를 처리한다(컨트롤러는 반드시 구속력 있는 서면 계약에 의해 프로세서를 지정).
- ISO 27001에서는 PII 컨트롤러와 PII 프로세서의 여부에 따라 적용되는 조항이 달라지므로 조직이 PII 컨트롤러인지 또는 프로세스인지를 명확히 결정할 필요가 있다.
- 조직이 PII 컨트롤러인지 PII 프로세서인지를 결정할 때 다음의 사항을 참고하여 판단할 수 있다.

PII 컨트롤(Controller)	PII 프로세서(Processor)
• 개인정보 수집 및 처리 여부 • 개인정보 처리의 목적이나 결과에 따른 결정 여부 • 개인정보 수집의 결정 여부 • 수집하는 정보 주체의 개인정보 항목 결정 여부 • 개인정보의 처리로부터 상업적인 이득이나 기타 이익 획득 여부 • 정보 주체와의 사이에 계약 결과로서 개인정보를 처리하는지 여부 • 정보 주체와 직접적인 관계 여부 • 개인정보가 처리되는 방법에서 완전한 자율성의 확보 여부 • 개인정보를 처리하는 프로세서의 결정 권한 보유 여부	• 개인정보의 처리와 관련하여 제3자의 지시 이행 여부 • 개인으로부터 개인정보를 수집하는 것을 결정하지 않음(컨트롤러의 지시에 따름) • 고객(컨트롤러 등) 또는 제3자로부터 개인정보를 받거나 수집 항목에 대해 지시를 받음 • 해당 개인정보의 이용을 위한 법적 근거를 결정하지 않음 • 해당 개인정보의 이용 목적을 결정하지 않음 • 개인정보 공개 여부 및 제공 대상에 대해 결정하지 않음 • 개인정보 보유 기간에 대해 결정하지 않음

2 ISO 27701 표준의 구성

:: 표준 문서의 구조

- ISO 27701 표준은 요구사항(Requirement)에 해당되는 조항 5와 지침(Guidance)에 해당하는 조항 6, 조항 7, 조항 8로 본문이 구성되고, 부속서는 A에서 F까지로 되어 있다.
- 조항 5는 PII 컨트롤러 또는 PII 프로세서 역할에 적합한 ISO 27001의 정보보안 요구사항에 따라 PIMS 특정 요구사항 및 기타 정보를 제공한다.
- 조항 6은 ISO 27002의 정보보안 통제에 관한 PIMS 특정 지침 및 기타 정보와 PII 컨트롤러 또는 PII 프로세서 역할을 위한 PIMS 특정 지침을 제공한다.
- 조항 7은 PII 컨트롤러에 대한 추가 ISO 27002 지침을 제공하고, 조항 8은 PII 프로세서에 대한 추가 ISO 27002 지침을 제공한다.
- 부속서 A에는 PII 컨트롤러 역할을 하는 조직, 부속서 B에는 PII 프로세서 역할을 하는 조직에 대한 PIMS 관련 통제 목표 및 통제가 나열되어 있다.
- 부속서 C에는 개인정보 프레임워크 및 원칙을 제공하는 ISO 29100의 개인정보보호 원칙과 ISO 27701의 요구사항 및 통제와의 관련성을 매핑(Mapping)하여 표시하고 있다.
- 부속서 D에는 ISO 27701의 요구사항 및 통제가 GDPR 조문과 어떻게 관련이 있는지를 매핑하여 표시하고 있다(해당 표준의 요구사항 및 통제 준수에 대해 GDPR 의무 이행과의 관련 방법을 제시).
- 부속서 E에는 ISO 27018 및 ISO 29151(개인정보보호를 위한 통제의 실무 지침)과 ISO 27701 요구사항 및 통제가 어떻게 관련되어 있는지를 매핑하여 표시하고 있다.
- 부속서 F에는 ISO 27001, ISO 27002에서의 정보보안 관련 용어가 ISO 27701에서 어떻게 확장되었는지를 제시하고 있다.
- ISO 27701 표준의 구성을 정리하면 다음과 같다.

Clause 1 ~ 3	ISO defaults
Clause 4	General
Clause 5	PIMS **Requirements** + ISO/IEC27001
Clause 6	PIMS **Guidance** + ISO/IEC27002
Clause 7	PIMS **Guidance for PII Controllers** + ISO/IEC27002
Clause 8	PIMS **Guidance for PII Processors** + ISO/IEC27002
Annex A	Reference control objective for Controllers
Annex B	Reference control objective for Processors
Annex C	Mapping to ISO29100
Annex D	Mapping to GDPR
Annex E	Mapping to ISO27018 and ISO29151
Annex F	How to apply ISO27701 to ISO27001/27002

:: PIMS에 특화된 요구사항 및 지침

- ISO 27701에서 조항 5는 정보보안 경영시스템의 요구사항과 관련된 ISO 27001을 기반으로 일부 조항에 대해 PIMS에 특화된 요구사항을 추가하고 있다.

ISO 27001 조항	조항명	ISO 27701 조항	추가된 요구사항
4	조직의 상황	5.2	5.2.1 조직과 상황에 대한 이해 5.2.2 이해 관계자의 요구와 기대에 대한 이해 5.2.3 정보보안 경영시스템의 범위 결정 5.2.4 정보보안 경영시스템
5	리더십	5.3	PIMS 추가 요구사항 없음
6	계획	5.4	5.4.1.2 정보보안 위험 평가 5.4.1.3 정보보안 위험 처리
7	지원	5.5	PIMS 추가 요구사항 없음
8	운영	5.6	PIMS 추가 요구사항 없음
9	성과 평가	5.7	PIMS 추가 요구사항 없음
10	개선	5.8	PIMS 추가 요구사항 없음

- ISO 27701에서 조항 6은 정보보안 경영시스템의 지침과 관련된 ISO 27002를 기반으로 일부 조항에 대해 PIMS에 특화된 지침을 추가하고 있다(6절의 지침은 PII 컨트롤러 및 PII 프로세서에 공통적으로 적용되는 지침).

ISO 27002 조항	조항명	ISO 27701 조항	추가된 구현 지침
5	정보보안 정책	6.2	6.2.1.1 정보보안을 위한 정책
6	정보보안 조직	6.3	6.3.1.1 정보보안 역할과 책임 6.3.2.1 모바일 기기 정책
7	인적 자원 보안	6.4	6.4.2.2 정보보안 인식, 교육, 훈련
8	자산 관리	6.5	6.5.2.1 정보 등급 분류 6.5.2.2 정보 표식 6.5.3.1 이동식 매체 관리 6.5.3.2 매체 폐기 6.5.3.3 물리적 매체 이송
9	접근 통제	6.6	6.6.2.1 사용자 등록 및 해지 6.6.2.2 사용자 접근 권한 설정 6.6.4.2 안전한 로그온 절차

10	암호화	6.7	6.7.1.1 암호 통제 사용 정책
11	물리적 및 환경적 보안	6.8	6.8.2.7 장비 안전 폐기 또는 재사용 6.8.2.9 책상 정리 및 화면 보호 정책
12	운영 보안	6.9	6.9.3.1 정보 백업 6.9.4.1 이벤트 로그 기록 6.9.4.2 로그 정보보호
13	통신 보안	6.10	6.10.2.4 기밀 유지 협약 또는 비밀 유지 서약
14	시스템 도입, 개발, 유지보수	6.11	6.11.1.2 공중망 응용 서비스 보안 6.11.2.1 개발 보안 정책 6.11.2.5 보안 시스템 공학 원칙 6.11.2.7 외주 개발 6.11.3.1 시험 데이터 보호
15	공급자 관계	6.12	6.12.1.2 공급자 협약 내 보안 명시
16	정보보안 사고 관리	6.13	6.13.1.1 책임 및 절차 6.13.1.5 정보보안 사고 대응
17	업무 연속성 관리의 정보보안 측면	6.14	PIMS 추가 가이던스 없음
18	준거성	6.15	6.15.1.1 적용 법규 및 계약 요구사항 식별 6.15.1.3 기록 보호 6.15.2.1 정보보안 독립적 검토 6.15.2.3 기술 준거성 검토

| Section 03 | PIMS의 추가 요구사항

1 조직의 상황

:: 조직과 상황에 대한 이해

- 조직은 PII 컨트롤러(공동 PII 컨트롤러 포함)와 PII 프로세서의 역할을 결정해야 한다.
- 조직이 두 가지 역할(예 : PII 컨트롤러 및 PII 프로세서)을 모두 수행하는 경우는 분리된 역할이 결정되어야 하며, 각 역할은 별도의 통제 대상이다.
- 조직은 상황과 관련이 있으므로 PIMS의 의도된 결과를 달성하는 데 영향을 미치는 외부 및 내부 요인을 결정해야 한다. 이에 고려해야 할 사항은 다음과 같다.
  - 적용 가능한 개인정보보호법 및 관련 규제

- 적용 가능한 조직의 상황, 거버넌스, 정책 및 절차
- 적용 가능한 계약 요건

:: 이해 관계자의 요구와 기대

- 조직은 이해 관계자를 식별할 때 PII 주체를 포함하여 PII 처리와 관련된 이해 관계 또는 책임 있는 당사자를 포함해야 한다.
- 이해 관계자로는 고객, 감독(규제) 기관, 기타 PII 컨트롤러, PII 프로세서 및 그 하청 업체 등이 있다.
- PII 처리와 관련된 요구사항은 법적 및 규제 요구사항과 계약 의무 및 자체 부과된 조직 목표에 의해 결정될 수 있다(ISO 29100에 명시된 개인정보보호 원칙은 PII 처리에 관한 지침을 제공).
- 조직의 의무 준수를 입증하기 위한 요소로 일부 이해 관계자는 조직의 프라이버시와 관련된 특정 표준을 준수할 것을 기대할 수 있으며, 이러한 이해 관계자는 해당 표준의 요구사항에 대해 독립적인 감사 준수를 요구할 수 있다.

:: 개인정보보호 경영시스템의 범위

- PIMS의 범위를 결정할 때 조직은 PII의 처리를 포함하되 개인정보 처리에 대한 범위, 개인정보 처리를 위한 담당자 및 조직적 범위, 개인정보 처리와 관련된 시스템 범위를 정확히 정의해야 한다.
- 우리나라의 개인정보보호법에서는 개인정보 처리에 대하여 개인정보의 수집, 생성, 연계, 연동, 기록, 저장, 보유, 가공, 편집, 검색, 출력, 정정, 복구, 이용, 제공, 공개, 파기 등 그 밖에 이와 유사한 행위를 개인정보와 관련된 모든 처리의 행위로 보고 있다.
- 조직적인 범위에서는 기존 정보보안 경영시스템의 일반적인 조직에 고객센터, 물류센터 등 직접적인 개인정보를 처리하는 조직, 부서 등이 추가로 고려되어야 한다.

- 정보시스템 범위와 관련해서는 개인정보 처리시스템이라고 하는 대상을 정확히 식별, 정의하여야 한다.
- 개인정보 처리시스템에 대해서는 단순히 개인정보가 포함된 또는 개인정보가 저장된 데이터베이스 시스템뿐만 아니라 수집, 생성, 편집, 검색, 출력, 이용, 제공, 공개 등을 담당하는 웹, WAS 등 응용 시스템, 연계 및 연동을 담당하는 연계 시스템 등이 모두 개인정보 처리시스템에 해당된다.
- 개인정보 처리시스템의 유형 및 범위는 IoT 기기, 영상 정보 처리 기기, 위치 정보 시스템, RFID 시스템 등 신규 서비스 및 신기술 출현에 따라 확대되고 있다.

2 세부 계획

:: 정보보안 위험 평가

- 조직은 정보보안 위험 평가 프로세스를 적용하여 PIMS 범위 내에서 기밀성, 무결성 및 가용성 상실과 관련된 위험을 식별하고, 개인정보보호 위험 평가 프로세스를 적용하여 PII 처리와 관련된 위험을 식별해야 한다.
- 조직은 위험 평가 프로세스 전반에 걸쳐 정보보안과 개인정보보호 사이의 관계가 적절하게 관리되도록 한다.
- 조직은 정보보안 및 PII 처리와 관련된 위험에 대해 통합된 정보보안 및 개인정보보호 위험 평가 프로세스를 별도로 적용할 수 있다.
- ISMS를 구축, 운영하는 과정에서 수행하는 위험 평가는 정보보안과 개인정보보호 측면의 위험 평가를 동시에 진행하거나 정보보안과 개인정보보호 측면의 위험 평가를 각각 구분하여 진행하는 방안이 있다.
- 개인정보보호 측면의 위험 평가와 관련해서는 ISO 29134라는 국제표준이 있는데 이는 정보시스템 구축 또는 정보시스템의 중대한 변경이 있을 경우 개인정보 침해 위험을 살펴보고 보호 대책을 제시하기 위한 일련의 과정으로 구성되며, 이를 공개하기 위한 영향평가 보고서가 존재한다.
- ISO 29134는 개인정보 영향 평가(PIA)를 위한 준비 과정, 수행 과정, 사후 과정으로 각 단계별 세부 가이드라인을 제시한다(이에 대한 개인정보 영향 평가 보고서는 범위, 위험 평가, 위험 처리 및 계획, 결론으로 구성되어 있음).

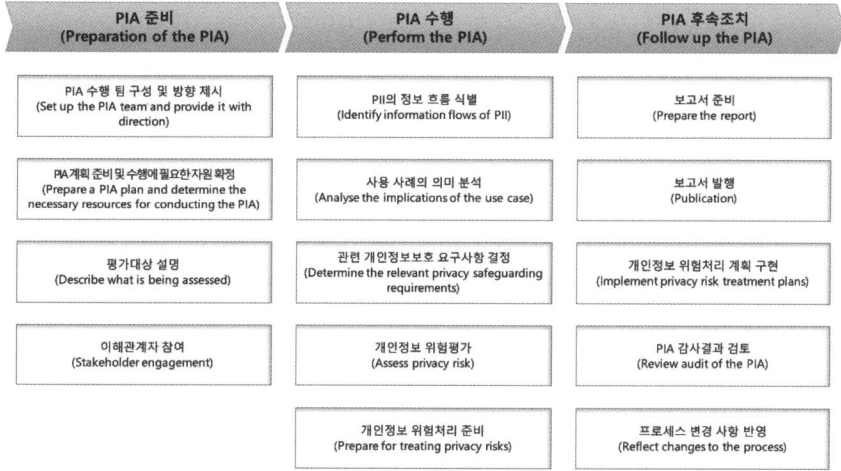

- 다음은 ICO(Information Commissioner's Office)에서 제시하고 있는 개인정보 영향 평가(Data Protection Impact Assessments)의 수행 절차이다.

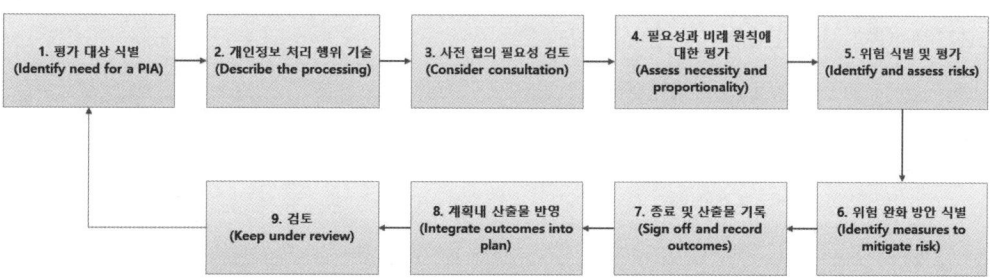

- 다음은 국내의 개인정보보호위원회 및 한국인터넷진흥원에서 제시하고 있는 개인정보 영향 평가 제도(PIA)의 수행 절차이다.

:: 개인정보보호 위험 처리

- 위험 처리를 위한 ISO 27001 Annex A의 통제 목표 및 통제의 적용 가능성을 평가할 때 정보보안에 대한 위험뿐만 아니라 PII 주체에 대한 위험을 포함하여 PII 처리 관련 위험 상황까지 고려한다.
- 부속서에 나열된 모든 통제 목표 및 통제가 PIMS 구현에 포함되어야 하는 것은 아니지만 제외에 대한 정당성은 위험 평가에 의해 통제가 필요하지 않은 것으로 간주되는 경우 및 PII 주체에 적용되는 법률 또는 규제에 의해 요구되지 않는 경우에 포함할 수 있다.
- 선택된 통제와 관련해서는 적용성 보고서(Statement of Applicability, SOA)에 구현 여부, 구현 근거 및 증적들을 작성하고, ISO 27701과 관련해서는 기존 ISO 27001 적용성 보고서에 PII 컨트롤러(Annex A) 또는 PII 프로세서(Annex B)에 따른 추가 통제에 대한 내용을 포함하여야 한다.

| Section 04 | PIMS의 추가 가이던스

1 정보보안 정책과 조직

:: 개인정보보호를 위한 정책 마련 및 검토

- 조직은 별도의 개인정보보호 정책을 개발하거나 정보보안 정책을 보강하여 해당 PII 보호 법률, 규제 준수 및 조직간 합의된 계약 조건을 준수하기 위해 지원 및 책무에 관한 사항을 작성해야 한다.
- 조직은 파트너, 하청 업체 및 해당 제3자(고객, 공급 업체 등)에게 책임을 명확하게 할당해야 한다.
- PII 컨트롤러든 PII 프로세서든 PII를 처리하는 모든 조직은 정보보안 정책을 개발 및 유지 관리하는 동안 적용 가능한 PII 보호 법률, 규제를 고려해야 한다.

:: 개인정보보호를 위한 담당자 지정

- 조직은 PII 처리와 관련하여 고객이 사용할 창구를 지정해야 한다(조직이 PII 컨트롤러인 경우 PII 처리와 관련하여 PII 주체의 창구를 지정).
- 조직은 PII 처리에 관한 모든 법률과 규제를 준수할 수 있도록 조직 차원의 거버넌스 및 개인

정보보호 프로그램을 개발, 구현, 유지 관리, 모니터링하는 담당자를 한 명 이상 임명해야 한다. 이때, 담당자는 다음을 수행해야 한다.
- PII 위험을 효과적으로 관리하기 위해 독립적이고, 적절한 관리 수준에서 직접 보고
- PII 처리와 관련된 모든 문제점 관리에 관여
- 데이터 보호 법률, 규제 및 실무의 전문 지식을 보유
- 감독 당국의 접점 역할을 수행
- 최고 경영자와 직원에게 PII 처리에 관한 의무를 고지
- 조직이 수행하는 개인정보 영향 평가에 관한 조언을 제공

- 국내법(개인정보보호법)상 개인정보보호책임자의 자격 요건은 공무원 또는 사업주, 대표자, 임원 등 일정 지위로 구분하지만 GDPR상 DPO(Data Protection Officer)는 전문적 자질, 특히 개인정보보호법과 실무에 대한 전문적 지식 및 언급된 직무를 완수할 능력에 근거하여야 한다.
- 국내 개인정보보호법에서 정의하고 있는 개인정보보호책임자와 GDPR에서 정의하고 있는 DPO 제도를 비교하면 다음과 같다.

구분	개인정보보호책임자(CPO)	DPO

자격 요건	• 사업주 또는 대표자, 임원 등
	• 공공기관의 경우 일정한 지위 이상의 직무자를 대상으로 지정
		• 다음의 전문성을 보유한 자
		  - GDPR 등 개인정보 관련 법률에 대한 전문지식
		  - 개인정보 처리 작업 이해
		  - 정보기술 및 보안 이해
		  - 기업 및 조직에 대한 지식
		  - 조직 내 개인정보보호 문화 활성화 능력

주요 역할 및 책임	• 개인정보 처리 실태 및 관행의 정기적인 조사와 개선 • 개인정보 처리와 관련한 불만 처리 및 피해 구제 • 개인정보 유출 및 오·남용 방지를 위한 내부 통제 시스템 구축 • 개인정보 보호 교육 계획의 수립 및 시행 • 개인정보 파일의 보호 및 관리와 감독 • 개인정보 처리 방침의 수립과 변경 및 시행 • 개인정보 보호 관련 자료의 관리 • 처리 목적을 달성하고, 보유 기간이 지난 개인정보는 파기	• GDPR 등 개인정보보호 법규 인식 제고 및 자문 • 내부 정보보안 활동 관리와 GDPR 모니터링 • 정보 제공, 조언, 권고사항 제시 • 영향 평가에 대한 자문 및 평가 이행 감시

지위 및 책임	업무 독립성 제한		• 개인정보보호 관련 문제와 적시에 관여 보장 • 시간, 재정적 자원, 인프라, 훈련 등 지원 • GDPR 미준수에 따른 개인적 책임 없음 • 독립성 보장
고용 형태	내부자만 가능		• 내부자 및 외부자에 대한 제한 없음 • 공동 또는 외부 전문가 가능

2 인적 자원 보안과 자산 관리

:: 개인정보보호를 위한 인식, 교육, 훈련

- 개인정보보호 또는 보안 규칙과 절차, PII 처리 위반에 따른 조직(예 : 법적 결과, 비즈니스 및 브랜드 손실 또는 평판 손상), 직원(예 : 징계 결과), PII 주체(예 : 신체적, 물질적, 정서적 결과)에 미칠 수 있는 결과의 인지 보장, 사고 보고에 대한 조치를 취해야 한다.
- 해당 조치에는 PII에 접근할 수 있는 직원을 위한 주기적인 교육이 포함될 수 있다.

:: 개인정보의 등급 분류

- 조직의 정보 등급 분류 시스템은 PII를 구현 체계의 일부로 고려해야 한다.
- 전체 분류 시스템 내에서 PII를 고려하는 것은 조직이 처리하는 PII(예 : 유형, 특수 범주)과 PII가 저장되는 위치 및 이를 통과할 수 있는 시스템을 이해하는 데 필수적이다.
- 주요 개인정보 유형 및 종류별 분류 체계와 등급에 대한 예시는 다음과 같다.

등급	설명	위험성	자산 가치	분류	개인정보 종류
1등급	그 자체로 개인 식별이 가능하거나 매우 민감한 개인정보 또는 관련 법령에 따라 처리가 엄격하게 제한된 개인정보	• 정보 주체의 경제적/사회적 손실을 야기하거나 사생활을 현저하게 침해 • 범죄에 직접적으로 악용 가능 • 유출 시 민/형사상 법적 책임 부여 가능 및 대외 신임도 크게 저하	5	고유식별 정보	주민등록번호, 여권번호, 운전면허번호, 외국인등록번호
				민감 정보	사상/신념, 노동조합/정당의 가입/탈퇴, 정치적 견해, 병력, 신체적/정신적 장애, 성적 취향, 유전자 검사 정보, 범죄경력 정보 등 사생활을 현저하게 침해할 수 있는 정보
				인증 정보	비밀번호, 바이오 정보(지문, 홍채, 정맥 등)
				신용 정보/금융 정보	신용 정보, 신용카드번호, 계좌번호 등 (신용 정보의 이용 및 보호에 관한 법률)
				의료 정보	건강 상태, 진료 기록 등(의료법)
				위치 정보	개인의 위치 정보 등(위치 정보의 보호 및 이용 등에 관한 법률)

			기타 중요 정보	해당 사업의 특성에 따라 별도 정의
2등급	조합되면 명확히 개인 식별이 가능한 개인정보	• 정보 주체의 신분과 신상 정보에 대한 확인 또는 추정 가능 • 광범위한 분야에서 불법적인 이용 가능 • 유출 시 민/형사상 법적 책임 부여 가능 및 대외 신임도 저하	개인식별 정보	이름, 주소, 전화번호, 핸드폰번호, 이메일 주소, 생년월일, 성별 등
		3	개인 관련 정보	학력, 직업, 키, 몸무게, 혼인 여부, 가족 상황, 취미 등
			기타 중요 정보	해당 사업의 특성에 따라 별도 정의
3등급	개인식별 정보와 조합되면 부가적인 정보를 제공하는 간접 개인정보	• 정보 주체의 활동 성향 등에 대한 추정 가능 • 제한적인 분야에서 불법적인 이용 가능 • 대외 신인도 다소 저하	자동 생성 정보	IP 정보, MAC 주소, 사이트 방문 기록, 쿠키(Cookie) 등
		1	가공 정보	통계성 정보, 가입자 성향 등
			제한된 본인 식별 정보	회원 정보, 사번, 내부용 개인식별 정보 등
			기타 간접 개인 정보	해당 사업의 특성에 따라 별도 정의

[출처 : 개인정보 영향 평가 수행 안내서(개인정보보호위원회, 한국인터넷진흥원)]

:: 개인정보를 포함한 매체 관리

- 조직은 PII 저장을 위한 이동식 매체 및 장치 사용을 문서화 해야 한다(가능한 경우 조직은 PII를 저장할 때 암호화가 적용되는 이동식 물리적 매체 및 장치를 사용).
- 암호화되지 않은 매체는 불가피한 경우에만 사용해야 하며, 이러한 장치를 사용하는 경우 조직은 PII에 대한 위험을 완화하기 위해 절차 및 보완 통제(예 : 변조 방지 패키징)를 구현해야 한다.
- PII가 저장된 이동식 매체 폐기와 관련하여 문서화된 정보에 안전한 폐기 절차를 포함하고, 이전에 저장된 PII에 접근할 수 없도록 구현해야 한다.
- 물리적 매체가 정보 전송에 사용되는 경우 물리적 매체의 유형, 승인된 발신자 및 수신자, 날짜 및 시간, 물리적 매체 수를 포함하여 PII를 포함하는 물리적 매체의 반입/반출 기록 시스템을 설치하며, 데이터가 전송되지 않고 대상 지점에서만 접근할 수 있도록 암호화 같은 추가 조치를 구현해야 한다.
- 조직은 PII가 포함된 물리적 매체 반출 시 승인 절차를 거치도록 하고, 승인된 직원 이외의 사람이 PII에 접근할 수 없도록 한다.

3 접근 통제와 암호화

:: 사용자 등록 및 해지

- PII를 처리하는 시스템 및 서비스를 관리하거나 운영하는 사용자의 등록 및 해지 절차는 비밀번호와 사용자 등록 정보의 손상(예 : 부주의한 공개, 관련 정보의 유출 등) 등 해당 사용자에 대한 사용자 접근 통제가 손상되는 상황에 대하여 대응 방안 및 절차를 고려하여야 한다.
- 조직은 PII를 처리하는 시스템 및 서비스에 대해 비활성화되었거나 만료된 사용자 ID를 사용자에게 재발급해서는 안 된다.
- 조직이 PII 처리를 제공하는 경우 PII 컨트롤러는 사용자 ID 관리의 일부 또는 모든 측면을 담당할 수 있으며, 이는 문서화된 정보에 포함되어야 한다.
- 일부 관할지에서는 PII를 처리하는 시스템과 사용되지 않는 인증 자격 증명 검사 빈도에 관련된 특정 요구사항이 적용된다(해당 관할지에서 운영되는 조직은 이러한 요구사항을 준수해야 함).

:: 사용자 접근 권한 설정

- 조직은 정보시스템 및 PII에 대한 접근 권한이 있는 사용자를 위해 사용자 프로필(예 : 개인정보취급자 정보 및 목록 등)에 정확한 기록을 최신으로 유지해야 한다.
- 프로파일은 인증된 접근을 제공하면서 식별된 기술 통제를 구현하는데 필요한 사용자 ID를 포함하여 해당 사용자에 대한 데이터 세트를 구성한다.
- 개별 사용자 ID를 구현하면 시스템이 PII에 접근한 사람과 추가, 삭제, 변경한 사항을 식별할 수 있다(조직을 보호할 뿐만 아니라 사용자는 처리한 것과 처리하지 않은 것을 식별할 수 있음).
- 조직이 PII 처리를 제공하는 경우 고객은 접근 관리의 일부 또는 모든 면을 책임질 수 있다.
- 조직은 고객에게 접근을 관리하거나 종료하기 위한 관리 권한을 제공하는 등 접근 관리를 수행할 수 있는 수단을 제공해야 한다(이러한 경우 문서화된 정보에 포함되어야 함).

:: 암호 통제 사용 정책

- 일부 관할지에서는 건강 데이터, 주민등록번호, 여권번호, 운전면허번호 같은 특정 종류의 PII를 보호하기 위해 암호화를 사용해야 한다.
- 조직은 PII를 보호하기 위해 암호화를 사용하는 환경 정보를 고객에게 제공해야 한다.

- 조직은 자신의 PII 암호화 보호를 적용하는 데 도움이 될 수 있는 기능 정보를 고객에게 제공해야 한다.
- 국내 개인정보의 암호화 보호 조치(개인정보의 안전성 확보 조치 등)의 요구사항은 다음과 같다.

구분	대상 정보	암호화 기준
정보통신망, 보조 기억 매체를 통한 송수신 시	고유식별 정보, 비밀번호, 신용카드번호, 계좌번호, 생체인식 정보	암호화 송수신
정보처리시스템에 저장 시	비밀번호	일방향 암호화 저장
	신용카드번호, 계좌번호, 생체인식 정보	암호화 저장
	고유식별 정보(주민등록번호, 여권번호, 운전면허번호, 외국인등록번호)	암호화 저장
업무용 컴퓨터, 모바일 기기에 저장 시	고유식별 정보, 비밀번호, 신용카드번호, 계좌번호, 생체인식 정보	암호화 저장(단, 비밀번호는 일방향 암호화 저장)

4 물리적/환경적 보안과 운영 및 통신 보안

:: 장비의 안전한 폐기 또는 재사용

- 조직은 저장 공간이 재할당될 때마다 해당 저장 공간에 있던 PII에 접근할 수 없도록 해야 한다.
- 안전한 폐기 또는 재사용을 위해 PII를 포함할 수 있는 저장 매체를 포함하는 장비는 PII를 포함하는 것처럼 취급해야 한다.

:: 정보 백업

- 조직에는 PII의 복구 및 복원 요구사항과 백업 요구사항에서 정보에 포함된 PII 삭제에 대한 추가 요구사항(예 : 계약 또는 법적 요구사항)을 다루는 정책이 있어야 한다.
- PII 관련 책임은 고객에 따라 달라질 수 있으며, 조직은 고객에게 백업과 관련된 서비스 제한 정보를 제공해야 한다.
- 조직이 고객에게 백업 및 복구 서비스를 명시적으로 제공하는 경우 PII의 백업 및 복구와 관련하여 해당 기능에 대한 명확한 정보를 제공해야 한다.
- 일부 관할지에서는 PII 백업 빈도와 검토, 테스트 빈도, PII 복구 절차와 관련하여 특정 요구사항을 적용하며, 이러한 관할지에서 운영되는 조직은 관련 요구사항의 준수함을 입증해야 한다.

- 시스템 오작동, 공격 또는 재해로 PII를 복구해야 할 경우 PII의 무결성을 보장할 수 있는 상태, PII의 부정확성 및 불완전성이 식별되고 이를 해결하기 위한 프로세스 상태로 복구해야 한다.
- 조직에는 PII 복구 활동에 대한 절차와 기록이 있어야 하며, 최소한 복구 담당자의 이름이나 복구된 PII에 대한 설명 등의 PII 복원 활동 로그가 관리되어야 한다.
- 일부 관할지에서는 PII 복구 활동의 로그 내용을 규정하고, 조직은 복구 로그 내용에 대한 해당 관할지 요구사항의 준수 여부를 문서화할 수 있어야 한다.

:: 이벤트 로그 기록 및 보호

- 지속적이고 자동화된 모니터링 및 경고 프로세스를 사용하여 이벤트 로그를 검토하거나 불규칙성을 식별하고, 개선 노력을 제안하기 위해 문서화된 주기로 검토를 수행해야 한다.
- 이벤트 로그는 누가, 언제, 어떤 PII 주체로 접근했는지와 함께 이벤트 결과로 변경된 사항(추가, 수정, 삭제)을 포함하여 PII에 대한 접근을 기록해야 한다.
- 여러 서비스 제공업체가 서비스를 제공하는 경우 해당 통제를 구현하는데 다양하면서 공유된 역할이 있을 수 있다(이러한 역할은 문서화된 정보에 명확하게 정의되어야 하며, 공급자 간의 모든 로그 접근에 동의가 있어야 함).
- 보안 모니터링 및 운영 진단과 같이 기록된 로그 정보에 PII가 포함될 수 있으며, 기록된 정보가 의도한 대로 사용되도록 접근 통제와 같은 조치를 취해야 한다.
- 보존 일정에 명시된 대로 기록된 정보를 삭제하거나 식별할 수 없도록 절차를 자동으로 수행하는 것이 바람직하다.
- 국내 개인정보보호법에서는 개인정보 처리시스템에 대한 접속 기록(이벤트 로그)과 관련하여 다음과 같은 보호 조치의 요구사항이 있다.

구분	보호 조치
이벤트 로그 기록	• 개인정보 취급자가 개인정보 처리시스템에 접속한 기록 • 계정, 접속 일시, 접속지 정보(IP 정보 등), 처리한 정보 주체 정보, 수행 업무(조회, 수정, 삭제, 다운로드 등)에 관한 사항은 필수적으로 기록 • 개인정보 처리 업무 환경에 따라 책임 추적성 확보에 필요한 항목은 추가적으로 기록
접속 기록의 보관	• 1년 이상 보관 및 관리(단, 5만 명 이상의 정보 주체에 관하여 개인정보를 처리하거나 고유식별 정보 또는 민감 정보를 처리하는 개인정보 처리시스템의 경우는 2년 이상 보관 및 관리) • 개인정보 취급자의 접속 기록이 위변조되지 않도록 별도의 물리적 저장 장치에 보관하며, 정기적인 백업 수행

접속 기록의 검토	• 월 1회 이상 검토(개인정보의 오남용, 분실/도난/유출/위조/변조/훼손 여부 등)
	• 개인정보를 다운로드한 것이 발견되었을 경우 내부 관리 계획으로 정하는 바에 따라 그 사유를 반드시 확인
	• 접속 기록 내 비정상 행위의 예시
	   – 계정 : 접근 권한이 부여되지 않은 계정으로 접속한 행위 등
	   – 접속 일시 : 출근 시간 전, 퇴근 시간 후, 새벽 시간, 휴무일 등 업무 시간 외에 접속한 행위 등
	   – 접속지 정보 : 인가되지 않은 단말기 또는 지역(IP)에서 접속한 행위 등
	   – 처리한 정보 주체 정보 : 특정 정보 주체에 대하여 과도하게 조회, 다운로드 등의 행위 등
	   – 수행 업무 : 대량의 개인정보에 대한 조회, 정정, 다운로드, 삭제 등의 행위 등
	   – 그 밖의 짧은 시간에 하나의 계정으로 여러 지역(IP)에서 접속한 행위 등

:: 기밀유지 협약 또는 비밀유지 서약

- 조직은 PII에 대한 접근 권한으로 자신의 통제하에 있는 개인에게 기밀 유지 의무가 적용되도록 해야 한다.
- 비밀 계약은 계약의 일부이든, 별도이든 의무를 이행해야 하는 기간을 명시해야 한다.
- 조직이 PII 프로세서인 경우 조직, 직원 및 에이전트 간의 모든 기밀 유지 계약은 직원 및 에이전트가 데이터 처리 및 보호와 관련된 정책과 절차를 준수해야 한다.

5 시스템 도입과 개발 및 유지보수

:: 공중망을 통한 응용 서비스 보안

조직은 신뢰할 수 없는 데이터 전송 네트워크(예 : 공용 인터넷 및 조직의 운영 통제 외부에 있는 기타 시설 등)를 통해 전송되는 PII가 암호화되도록 해야 한다.

:: 개발 보안 정책

- 시스템 개발 및 설계 정책에는 PII 주체, 해당 법률, 규제에 대한 의무 및 조직에서 수행하는 처리 유형에 따라 PII 요구 처리 지침을 포함해야 한다.
- Privacy by design이란 설계 단계에서부터 기술적으로 프라이버시를 보호하는 구조를 의미한다(캐나다 온타리오주 프라이버시 커미셔너 앤 카부키안(Ann Cavoukian) 박사가 제안).
- Privacy by design and Privacy by default의 이행은 정보 주체의 개인정보 유출 및 침해와 관련된 위험을 최소화할 수 있고, PII 컨트롤러와 PII 프로세서의 개인정보보호 의무 준수에도 도움이 된다.

- Privacy by design and Privacy by default의 개인정보보호에 기여하는 정책은 다음을 고려해야 한다.
    - 소프트웨어 개발 생명주기에서 PII 보호 및 개인정보보호 원칙(ISO 29100 참조)에 대한 지침
    - 프라이버시 위험 평가 또는 개인정보 영향 평가의 결과를 기반으로 설계 단계의 프라이버시 및 PII 보호 요구 사항
    - 프로젝트 마일스톤 내의 PII 보호 체크 포인트
    - 개인정보보호 및 PII 보호 요구 지식과 기본적인 PII 처리 최소화
- Privacy by default는 기본 설정을 통해 처리 목적에 필요한 범위 내에서 개인정보가 처리될 수 있도록 적절한 기술적/관리적 조치를 이행하되 이러한 조치는 수집되는 개인정보의 양, 해당 처리의 범위, 개인정보의 보유 기간 및 접근 가능성에 대해서 적용된다.
- 캐나다 IPC의 Privacy by design에서 7대 기본 원칙은 다음과 같다.

구분	원칙	주요 내용
1	사후 조치가 아닌 사전 예방 (Proactive not reactive – Preventative not remedial)	프라이버시 침해 사고가 발생한 뒤 조치하는 것이 아니라 침해 사건을 예상하고 사전에 예방하는 것
2	초기 설정부터 프라이버시 보호 조치 (Lead with privacy as the default setting)	IT 시스템 또는 사업 진행 과정에서 개인정보가 보호될 수 있도록 기본적으로 설정하여 프라이버시가 최대한 보장되도록 하는 것
3	프라이버시 보호를 내재한 설계 (Embedded privacy into design)	프라이버시 보호를 설계에 내재화함으로써 프라이버시를 IT 시스템 또는 개인정보 처리와 통합/적용하도록 하는 것
4	프라이버시 보호와 사업 기능의 균형 – 제로섬이 아닌 포지티브섬 (Retain full functionality / positive-sum not zero-sum)	서비스 제공을 위한 기능성, 편리성 등과 프라이버시 보호 중 어느 하나도 포기하지 않고 프라이버시의 안전한 보호와 사업의 기능성 두 가지를 모두 확보하기 위해 노력하는 것
5	개인정보 생애주기 전체에 대한 보호 (Ensure end-to-end security)	개인정보의 수집/이용/저장/제공/파기의 전 단계에 걸쳐 보호될 수 있도록 안전 조치를 적용하는 것
6	개인정보 처리 과정에 대한 가시성 및 투명성 유지 (Maintain visibility and transparency – Keep it open)	개인정보의 처리 과정에 대해 정보 주체가 완전하고 명확하게 이해하도록 신뢰성을 제고시키는 것
7	이용자 프라이버시 존중 (Respect for user privacy – Keep it user centric)	현재의 프로그램, 프로세스 등에서 명시적인 보호 체계가 없더라도 사용자의 프라이버시를 보장하기 위한 활동을 수행하는 것

- GDPR에서의 Data Protection by Design은 다음과 같다.

구분	주요 내용	비고
1	최신 기술과 비용, 개인정보 처리의 성격과 범위, 상황, 목적 등을 포함하여 처리에 따른 개인의 자유와 권리에 대해 발생할 위험성을 고려	권리와 자유 침해 방지
2	컨트롤러는 처리 수단을 결정한 시점 및 처리 시점에서 데이터 처리 최소화 등 개인정보보호 원칙을 효과적인 방식으로 이행하고, GDPR의 요건을 충족하여야 함	처리 최소화
3	정보 주체의 권리를 보호하기 위한 적절한 기술 및 관리 조치(처리에 필요한 안전 조치를 포함하기 위해 고안된 가명처리 등)를 이행하여야 함	정보 주체의 권리 보장 및 안전 조치
4	컨트롤러는 기본 설정(by Default)을 통해 개별적인 특정 목적에 따라 필요한 정도에 한하여 개인정보가 처리될 수 있도록 보장하기 위해 적절한 기술 및 관리 조치를 이행하여야 함	기본 설정에 따른 개인정보보호
5	Data Protection by Default는 수집되는 개인정보의 양, 해당 처리의 범위, 개인정보의 보관 기간 및 접근 가능 기간을 설정하는 시점에 적용하여야 함	적용 부분 및 시점
6	개인정보가 정보 주체의 개입 없이 불특정 다수에게 열람되지 않도록 기본 설정(by Default)을 통해 보장하여야 함	접근 제한

- EU-ENISA에서 Privacy by Design 적용을 위한 8가지 핵심 전략은 다음과 같다.

구분	원칙	주요 내용
1	최소화 (Minimize)	프라이버시 침해 가능성을 최소화하기 위해 개인정보의 명확한 활용 목적에 따라 처리되는 개인정보의 양을 최소화하여야 함
2	숨기기 (Hide)	개인정보가 처리되는 과정에서 평문 전송 등으로 인해 외부에서 해당 내용을 볼 수 없도록 조치하여야 함
3	분리 (Separate)	개인에 대한 다양한 정보들을 가능한 분리해서 저장하고, 하나의 DB에서 한 사람이 식별되지 못하도록 하여야 함
4	총계화 (Aggregate)	많은 양의 개인정보를 처리할 경우 가능한 개인이 식별되지 않도록 식별자를 최소화하고, 처리 결과는 범주화 등을 통해 식별이 불가능하도록 하여야 함
5	정보 제공 (Inform)	어떤 정보가 어떤 목적으로 어떻게 사용되는지 등 개인정보 처리 과정에 대해 정보 주체가 투명하게 알 수 있도록 제공하여야 함
6	통제 (Control)	정보 제공(Inform) 전략을 기반으로 정보 주체가 개인정보 처리 과정에 대해 명확하게 이해하고, 자신의 잘못된 개인정보 활용이나 보안 수준에 대하여 권리 행사가 가능하여야 함
7	집행 (Enforce)	내부 개인정보보호 정책은 법과 제도의 의무사항을 모두 반영하고, 강제적으로 시행되어야 함
8	입증 (Demonstrate)	컨트롤러는 개인정보보호 정책이 효과적으로 운영되고, 데이터 유출 사고에 즉시 대응할 수 있도록 법적 의무사항을 준수하고 있는 것을 입증할 수 있어야 함

:: 테스트 데이터 보호

- PII는 테스트 목적으로 사용해서는 안 되며, 가공 또는 합성화된 형태의 PII를 사용해야 한다.
- 테스트 목적으로 PII의 사용을 피할 수 없는 경우 위험을 최소화하기 위해 운영 환경에서 사용되는 것과 동등한 기술적 및 조직적 보호 조치를 구현해야 한다.
- 동등한 조치를 수행할 수 없는 경우 위험 완화 평가를 수행하여 적절한 완화 통제를 적용한 후 사용해야 한다.

6 공급자 관계와 준거성

:: 공급자 협약 내 보안

- 조직은 PII의 처리 여부와 정보보안 및 PII 보호 의무를 만족하기 위해 공급자가 충족해야 하는 최소 기술 및 조직적 보호 조치를 공급자와 협약에 명시해야 한다.
- 공급자 협약에는 처리된 PII 유형을 고려하여 조직, 파트너, 공급 업체 및 해당 제3자(고객, 공급자 등)간에 책임을 명확하게 할당해야 한다.
- 조직과 공급자간 협약은 조직이 해당 법률, 규제를 준수하도록 지원하고 관리할 수 있는 메커니즘을 제공해야 하며, 고객이 수용할 수 있는 독립적 준수 여부에 대한 감사 관련 요구사항을 포함해야 한다.
- 개인정보 처리 업무에 대하여 공급자 협약 내용에 포함되어야 할 사항으로 국내 개인정보보호법 관련하여 권고하고 있는 내용은 다음과 같다.
  - 개인정보의 기술적/관리적 보호 조치 및 개인정보의 처리 금지
  - 위탁 업무의 목적 및 범위 그리고 재위탁 제한
  - 개인정보에 대한 접근 제한 등 안전성 확보 조치
  - 위탁 업무와 관련하여 보유하고 있는 개인정보의 관리 현황 점검에 대한 감독
  - 수탁자가 준수해야 할 의무를 위반한 경우 손해배상 등의 책임

:: 기록 보호

- 현재와 과거 정책 및 절차에 대한 검토가 필요할 수 있다(예 : 고객 분쟁 해결 및 감독 기관의 조사).
- 조직은 보존 일정에 설정된 기간 동안 개인정보보호 정책 및 관련 절차의 사본을 보관해야 한다(해당 문서가 업데이트될 때 이전 버전의 보존이 포함됨).

:: 정보보안 검토

- 조직이 PII 프로세서 역할을 하면서 개별 고객 감사가 효율적이지 않거나 보안 위험을 증가시킬 경우 조직은 고객이 계약을 체결하기 전에 계약 기간 동안 정보보안의 정책 및 절차에 따라 구현되고 운영되는 것에 대한 객관적인 증거를 제공해야 한다.
- 조직에서 선택한 독립 감사는 예상 사용자의 요구를 충족시키면서 결과가 투명한 방식으로 제공되는 경우 조직의 처리 작업을 검토하는 데 있어 고객의 관심을 만족시킬 수 있는 적절한 방법이어야 한다.

7 정보보안 사고 관리

:: 정보보안 사고 대응 책임 및 절차

- 정보보안 사고 관리 프로세스의 일부로 조직은 PII 위반을 식별하고 기록하기 위한 책임과 절차를 수립해야 한다.
- 조직은 해당 법률, 규제를 고려하여 PII 위반 사항 발생 시 당사자에게 통지하고, 관계 당국에 공개하는 것과 관련된 책임과 절차를 수립해야 한다.
- 일부 관할지에서는 통지를 포함하여 위반 대응에 관한 특정 규제를 적용하기 때문에 관할 구역에서 운영되는 조직은 해당 규제의 준수 여부를 확인할 수 있어야 한다.

:: 정보보안 사고 대응

- PII와 관련된 사건은 정보보안 인시던트 관리 프로세스의 일부로 조직이 검토를 시작하면 대응 면에서 PII과 관련된 위반이 발생했는지 확인해야 한다.
- PII에 대한 침해가 발생한 경우 대응 절차에는 관련 통지 및 기록이 포함되어야 한다.
- 일부 관할지에서는 감독 기관에 통보(신고)하는 경우와 PII 주체에게 통보(통지)되는 경우를 정의한다. 이때, 통지는 다음과 같은 세부 사항을 포함한다.
  - 더 많은 정보를 얻을 수 있는 연락처
  - 위반에 대한 설명 및 가능한 결과
  - 관련된 개인의 수와 관련된 기록의 수를 포함하여 위반에 대한 설명
  - 취하거나 취해야 할 조치
- 국내 개인정보보호법에서 개인정보 유출 시 통지에 관련된 정의 기준은 다음과 같다.

구분	제34조에 따른 유출 통지 등	제39조의4에 따른 유출 등 통지/신고
통지 시기	유출 사실을 인지 시 5일 이내 통지	유출 등 사실을 인지 시 24시간 이내 통지
통지 내용	• 유출된 개인정보 항목 • 유출된 시점과 그 경위 • 유출로 인하여 발생할 수 있는 피해를 최소화하기 위해 정보 주체가 할 수 있는 방법 등에 관한 정보 • 개인정보처리자의 대응 조치 및 피해 구제 절차 • 정보 주체에게 피해가 발생한 경우 신고 등을 접수할 수 있는 담당 부서 및 연락처	• 유출 등이 된 개인정보 항목 • 유출 등이 발생한 시점 • 이용자가 취할 수 있는 조치 • 정보통신서비스 제공자 등의 대응 조치 • 이용자가 상담 등을 접수할 수 있는 부서 및 연락처
통지 방법	• 서면 등 • 1천 명 이상 정보 주체의 개인정보 유출 시 7일 이상 홈페이지 게재(홈페이지 미운영 시 사업장 등에 게시 가능)	• 서면 등 • 이용자 연락처를 알 수 없는 등 정당한 사유가 있는 경우 홈페이지 게시(30일 이상) • 홈페이지 게시가 어려운 경우 일간신문 공고로 갈음 가능

- PII와 관련된 침해가 발생한 경우 다음과 같은 규제 및 포렌식 목적에 대한 보고서를 제공할 수 있도록 충분한 정보를 기록해야 한다.
    - 사고에 대한 설명 및 기간과 사고의 결과
    - 보고자 이름과 사건에 보고된 사람
    - 사고를 해결하기 위해 취한 단계(담당자 및 복구된 데이터 포함)
    - 사고로 인해 PII를 사용할 수 없거나 손실, 공개 또는 변경한 사실
- PII와 관련된 위반(침해, 유출 등)이 발생한 경우 기록에 알려졌거나 통지된 PII에 대한 설명, PII 주체, 규제 기관 또는 고객에게 알린 절차가 포함되어야 한다.
- PII 컨트롤러와 프로세서는 PII와 관련된 위반 통지의 조항에서 조직과 고객 간 계약의 일부를 구성해야 한다.
- 계약은 고객이 관련 당국에 통지할 의무 이행을 위해 필요한 정보를 조직이 제공하는 방법으로 명시해야 한다(통지 의무는 고객, PII 주체 또는 고객이 담당하는 시스템 구성 요소에서 발생한 위반에 대해 적용되지 않음).
- 계약은 통지 응답 시간에 대한 예상 및 외부 규정 제약을 정의해야 한다.
- 일부 관할지에서 PII 프로세서는 PII 컨트롤러가 적절한 조치를 취할 수 있도록 발견되는 즉시 빠르게 위반(침해)이 존재한다는 사실을 PII 컨트롤러에 알려야 한다.

| Section 05 | 컨트롤러의 추가 가이던스

1 수집 및 처리 조건

:: 주요 추가 통제

통제 목적은 해당 관할지에 따라 법적 근거가 있고, 명확하게 정의된 목적으로 처리되는 것이 합법적임을 판단하여 문서화하기 위함이다.

통제(Controls)	7.2.1 식별 및 문서화 목적(Identify and document purpose)
ISO 27701 통제	조직은 PII가 처리될 구체적인 목적을 식별하고 문서화해야 함
ISO 27701 Guidance	• 조직은 PII 주체들이 PII가 처리되는 목적을 이해하도록 하되 이를 PII 주체에게 명확히 문서화하고 전달하는 것은 조직의 책임임 • 처리 목적에 대한 명확한 내역이 없으면 동의와 선택을 적절하게 제공할 수 없음 • PII 처리 목적에 대한 문서는 PII 주체에게 제공되는 필수 정보에 사용할 수 있도록 명확하고 상세해야 함(동의를 얻는데 필요한 정보와 정책 및 절차 기록이 포함됨)

권장 사항 (Recommendation)	• 기획 단계에서 해당 서비스를 제공함에 있어 PII 항목의 필요성에 대해 엄격히 검토하도록 함
	  - 제공 서비스 본연의 목적에 필요한 PII
	  - 부가 서비스 제공 및 추가 목적에 필요한 PII
	  - 필수 PII로의 목적이 명확하지 않을 경우에는 선택 PII로 분류
	• 필수 PII, 선택 PII를 구분하고, 이에 대한 검토 결과 등은 내부 문서 및 기획서 등에 문서화 하도록 함
	• PII 처리 목적에 대해서는 주기적으로 검토하여 해당 PII의 필수 처리 여부 등에 대해 관리하도록 함

통제(Controls)	7.2.2 합법적 근거 식별(Identify lawful basis)
ISO 27701 통제	조직은 식별된 목적을 위해서 PII를 처리하기 위한 합법적 근거를 결정하고, 문서화 및 준수해야 함
ISO 27701 Guidance	• 일부 관할지에서는 조직이 처리하기 전에 적법한 절차가 이루어졌음을 입증할 수 있어야 함 • 조직은 각 PII 처리 활동에 대해 해당 근거를 문서화해야 함 • PII의 특성(예 : 건강 정보) 또는 관련 PII 주체(예 : 아동과 관련된 PII)에 의해 PII의 특수 범주를 정의할 때 조직은 해당 PII 범주를 분류 체계에 포함시켜야 함 • 범주에 속하는 PII의 분류는 관할지마다 다를 수 있으며, 다른 종류의 비즈니스에 적용되는 여러 규제 체제에 따라 차이가 있으므로 조직은 PII 처리에 적용되는 유형을 알고 있어야 함 • 특별한 유형의 PII 사용은 보다 엄격한 통제를 받을 수도 있음

	• PII 처리 목적을 변경하거나 확장하려면 법적 근거를 업데이트 또는 수정해야 하며, PII 주체로부터 추가 동의를 받아야 할 수도 있음
권장 사항 (Recommendation)	• PII 주체의 동의를 원칙으로 하며, 관련 법률에서 동의 없이 처리할 수 있는 근거가 있는 경우에는 해당 근거에 따라서 처리하도록 함 • PII 처리에 대한 합법적 근거 예시에는 PII 주체의 동의, 계약 이행, 법적 의무 준수, PII 주체의 주요 이익 보호, 공익을 위해 진행된 업무 수행, PII 컨트롤러의 정당한 이익 등이 있음 • 민감 정보 및 기타 특수한 유형의 PII(고유식별 정보, 운전면허번호, 여권번호, 외국인등록번호 등) 처리에 있어서는 동의 획득 및 보호 조치 적용 시 유의

통제(Controls)	7.2.3 동의 시점과 동의 방법 결정 (Determine when and how consent is to be obtained)
ISO 27701 통제	조직은 PII 처리에 대한 동의를 PII 주체로부터 얻은 경우 언제, 어떻게 시연될 수 있는지에 대한 프로세스를 결정하고 문서화해야 함
ISO 27701 Guidance	• 합법적인 근거가 적용되지 않는 한 PII 처리에 대한 동의가 필요하며, 조직은 동의가 필요할 때와 동의를 얻기 위한 요구사항을 명확하게 문서화해야 함 • 일부 관할지에는 동의를 수집하고, 기록하는 방법에 대한 특정 요구사항이 있음 • 특정 유형의 데이터 수집(예 : 민감 정보) 및 특정 유형의 PII 주체(예 : 아동)에는 추가 요구사항이 적용될 수 있음 • 조직은 해당 요구사항을 고려하고 동의 메커니즘이 요구사항을 어떻게 충족시키는지를 문서화해야 함

권장 사항
(Recommendation)
	• PII 수집 및 동의와 관련된 법적 요구사항을 식별하여 이에 따른 동의 메커니즘을 구현(민감 정보, 고유식별 정보, 만 14세 미만 아동의 개인정보, 제3자 제공, 홍보 및 마케팅 등)
	• 동의가 필요한 시점에 대한 고려
	  – 필수 PII : 초기에 동의를 받음
	  – 필수가 아닌 PII : 초기에는 선택 항목으로 동의를 받거나 필요한 시점에 동의를 얻음

통제(Controls)	7.2.4 동의 획득 및 기록(Obtain and record consent)
ISO 27701 통제	조직은 문서화된 프로세스에 따라 PII 주체의 동의를 얻어 기록해야 함
ISO 27701 Guidance	조직은 요청에 따라 제공된 동의 세부 사항(예 : 동의가 제공된 시간, PII 주체의 식별 및 동의 진술)을 제공할 수 있는 방식으로 PII 주체의 동의를 얻어 기록해야 함

권장 사항
(Recommendation)
	• 동의는 다음과 같아야 함
	  – 자유롭게 주어지고, PII 주체가 스스로 선택할 수 있도록 함
	  – 구체적인 처리 목적, 처리 항목, 보유 기간 등을 상세히 제시
	  – 분명하고 명백한 표현으로 PII 주체가 정확히 인식, 판단할 수 있도록 함
	• 필수 동의 항목과 선택 동의 항목을 통하여 PII 주체의 선택권을 보장

통제(Controls)	7.2.5 개인정보 영향 평가(Privacy impact assessment)
ISO 27701 통제	조직은 새로운 PII 처리 또는 기존의 PII 처리 변경이 될 때마다 개인정보 영향 평가의 필요성을 평가하고 적절한 경우 시행해야 함
ISO 27701 Guidance	• PII 처리는 PII 주체에게 위험을 초래할 수 있으므로 이러한 위험은 개인정보 영향 평가를 통해 평가해야 함 • 일부 관할지에서는 개인정보 영향 평가가 요구되는 경우를 정의 • 기준에는 PII 보안 주체에 대한 법적 영향, 특수 PII 범주(예 : 건강 관련 정보, 인종 또는 민족, 정치적 견해, 종교적 또는 철학적 신념, 노동조합 구성원, 유전자 데이터 또는 생체 정보)의 대규모 처리 또는 공개적으로 액세스 가능한 영역을 모니터링하는 자동화된 의사 결정이 포함될 수 있음 • 조직은 개인정보 영향 평가를 완료하는데 필요한 요소를 결정하되 여기에는 처리된 PII 유형 목록, PII가 저장된 위치 및 전송할 수 있는 위치를 포함할 수 있음(데이터 흐름 다이어그램과 데이터 맵이 유용)

권장 사항 (Recommendation)	• 다음의 경우 개인정보 영향 평가 수행을 고려
	  – 개인정보 처리시스템을 신규로 개발하거나 기존 시스템을 변경하기 전
	  – 개인정보보호 경영시스템의 중대한 변경이 발생하는 경우
	• 개인정보 영향 평가의 절차 및 방법과 보고서 등에 대하여 다음의 사항을 참조
	  – ISO/IEC 29134와 Data Protection Impact Assessments
	  – 개인정보보호위원회/한국인터넷진흥원의 개인정보 영향 평가 안내서

통제(Controls)	7.2.6 PII 프로세서와의 계약(Contracts with PII processors)
ISO 27701 통제	조직은 모든 PII 프로세서와 서면 계약을 체결하되 PII 프로세서와의 계약이 적절한 통제 구현을 다루도록 해야 함
ISO 27701 Guidance	• PII를 처리하는 조직과 PII 프로세서 간 계약에는 정보보안 위험 평가 프로세스와 PII 프로세서에 의한 PII 처리 범위를 고려하여 적절한 통제를 구현해야 함 • 계약은 각 당사자의 책임을 다르게 정의할 수 있지만 표준에서의 요구사항과 일치하도록 모든 통제를 고려하여 문서화된 정보에 포함시켜야 함

권장 사항 (Recommendation)	• PII 프로세서와의 계약에 개인정보보호를 위한 통제 관련 사항을 포함하도록 함
	  – 관할지의 개인정보 관련 법률, 법규 등에 명시된 보호 조치 사항
	  – PII 컨트롤러가 고객과의 안전한 PII 처리를 위하여 주어진 의무
	  – 개인정보보호 관련 국제표준의 요구 통제(ISO 27701, ISO 27018 등)
	  – 기타 안전한 PII 처리를 위한 참조 통제

통제(Controls)	7.2.8 PII 처리 관련 기록(Records related to processing PII)
ISO 27701 통제	조직은 PII 처리에 대한 의무를 지원하기 위해 필요한 기록을 결정하고 안전하게 유지해야 함

ISO 27701 Guidance	• PII 처리 기록을 유지하기 위해 조직이 수행하는 PII 처리 활동의 목록 또는 재고를 보유 및 운영하도록 함 • 재고 품목에는 정확성과 완전성을 책임지는 소유자가 있어야 함

권장 사항
(Recommendation)
	• PII 처리 관련 기록에는 다음의 사항을 고려해야 함
	  – 처리 유형 및 목적 그리고 개인정보 영향 평가 보고서
	  – PII 및 PII 주체(예 : 어린이)의 범주에 대한 설명
	  – 기술 및 조직의 보안 조치에 대한 설명
	  – 제3국 또는 국제기구, PII가 공개되었거나 공개될 수령인의 범주
	• PII 처리 기록을 위한 시스템을 구현함으로써 관계자들이 수시로 관련 기록을 등록, 관리, 조회할 수 있도록 함(중앙 집중적 재고 품목을 통해 해당 기록들이 산재되지 않도록 함)
	• 재고 품목에 대한 검토를 통하여 누락되는 기록이 없도록 지속적으로 관리

2 PII 주체에 대한 의무

:: 주요 추가 통제

통제 목적은 PII 주체에게 PII 처리에 대한 적절한 정보를 제공하고, PII 처리와 PII 주체에 대한 기타 적용 의무를 충족시키기 위함이다.

통제(Controls)	7.3.1 PII 주체에 대한 의무 결정 및 이행 (Determining and fulfilling obligations to PII principals)
ISO 27701 통제	조직은 PII 처리와 관련된 PII 주체의 법적 규제 및 비즈니스 의무를 결정한 후 문서화하고, 해당 의무를 이행할 수 있는 수단을 제공해야 함
ISO 27701 Guidance	• PII 주체에 대한 의무와 이를 지원하는 방법은 관할지마다 다를 수 있음 • 조직은 PII 주체 의무를 충족하고 적시에 접근할 수 있는 수단을 제공하며, PII 주체에게 자신의 의무 이행 정도와 요청을 처리할 수 있는 최신 연락처와 문서를 제공해야 함 • 연락처는 PII를 수집하고 동의하는데 사용된 것과 유사한 방식으로 제공되어야 함
권장 사항 (Recommendation)	• PII 주체에 대한 의무는 PII 주체의 권리와 직접 관련이 있으므로 관할지 법률 및 법적 요구사항, 계약적 요구사항을 고려하여 결정하도록 함 • PII 주체에게 제공하는 의무 이행 방법은 일관성이 있고, PII 주체 입장에서 용이하도록 함(PII가 온라인으로 회원 가입을 한 경우 온라인에서 회원 탈퇴가 가능하도록 처리)

통제(Controls)	7.3.2 PII 주체에 대한 정보 결정 (Determining information for PII principals)
ISO 27701 통제	조직은 PII의 처리 및 규정 시기에 관하여 PII 주체에게 제공할 정보를 결정하고 문서화해야 함
ISO 27701 Guidance	• 조직은 정보가 PII 주체에게 제공될 때(예 : 처리 전, 요청된 후 특정 시간 내)와 제공될 정보 유형에 대한 법적 규제 및 비즈니스 요구사항을 결정해야 함 • 요구사항에 따라 정보는 통지의 형태를 취할 수 있음 • 조직은 PII 처리 목적이 변경되거나 확장된 경우 업데이트된 정보를 제공해야 함

권장 사항 (Recommendation)	• PII 주체에 제공할 수 있는 정보 유형의 예는 다음과 같음
	  - 처리 목적에 관한 정보와 처리의 합법적 근거에 관한 정보
	  - PII 컨트롤러 또는 해당 담당자의 연락처 정보
	  - PII 주체로부터 직접 얻지 못한 경우 PII를 어디에서 얻었는지에 관한 정보
	  - PII 제공이 법적 요구사항인지 계약 요구사항인지 그리고 적절한 경우 PII 제공의 실패 결과에 대한 정보
	  - PII 주체에 대한 의무 정보 및 PII 주체(열람, 수정, 삭제 요청), PII 사본 수신 및 처리에 대한 PII 주체의 이점 정보
	  - PII 주체가 동의를 철회할 수 있는 방법에 관한 정보
	  - PII의 양도에 관한 정보
	  - PII의 수신자 또는 수신자 범주에 대한 정보
	  - PII가 유지되는 기간에 대한 정보
	  - PII의 자동 처리를 기반으로 자동 의사 결정 사용에 관한 정보
	  - 불만을 제기할 권리와 해당 불만을 제기하는 방법에 관한 정보
	  - 정보가 제공되는 빈도에 관한 정보
	• PII 주체에게 정보를 제공하는 방법은 해당 정보의 특성 및 관련 법적 요구사항 등을 고려하여 주기적인 통지 또는 상시 접근할 수 있는 공개 방법이 있음

통제(Controls)	7.3.3 PII 주체에게 정보 제공 (Providing information to PII principals)
ISO 27701 통제	조직은 PII 주체에게 PII 컨트롤러를 식별하면서 PII 처리를 설명하고, 쉽게 접근할 수 있는 정보를 제공해야 함
ISO 27701 Guidance	• 조직은 PII 처리와 관련된 정보를 대상 주체에게 명확하고 평범한 언어를 사용하여 적시에 간결하면서 투명하고 이해하기 쉬운 형태로 PII 주체에게 제공해야 함 • 적절한 경우 정보는 PII 수집 시점에 제공되며, 영구적으로 접근할 수 있어야 함
권장 사항 (Recommendation)	• PII 수집 시 필수 고지 사항을 포함하여 PII 처리와 관련된 사항들을 PII 주체에게 공개해야 함(수집 및 이용 목적, 수집하는 PII, 보유 기간 등) • 홈페이지 내 개인정보 처리 방침 등을 통하여 PII 주체가 조직의 PII 처리에 대한 정책을 상시 접근할 수 있도록 공개해야 함(공개가 필요한 정책들에 대하여 PII 주체가 이해하기 쉽도록 작성하며, 변경 사항 발생 시 즉시 현행화할 수 있도록 관리)

통제(Controls)	7.3.4 동의 수정 또는 철회 메커니즘 제공 (Providing mechanism to modify or withdraw consent)
ISO 27701 통제	조직은 PII 주체들이 동의를 수정하거나 철회할 수 있는 메커니즘을 제공해야 함
ISO 27701 Guidance	• 조직은 언제든지 PII 주체에게 동의 철회와 관련된 권리를 알리고 해당 메커니즘을 제공해야 함(메커니즘은 동의를 얻는 데 사용되는 메커니즘과 동일한 수준으로 구현) • 동의 수정은 PII 처리에 대한 제한을 포함할 수 있으며, 일부의 경우 PII 컨트롤러가 PII를 삭제하지 못하도록 제한할 수 있음 • 조직은 동의 자체의 기록과 유사한 방식으로 동의 철회 또는 변경 요청을 기록해야 함 • 승인된 사용자 및 관련 제3자에게 적절한 시스템을 통하여 동의 변경을 배포해야 함 • 조직은 응답 시간을 정의해야 하며, 그에 따라 요청을 처리해야 함 • PII의 특정 처리에 대한 동의가 철회될 때 철회 전에 수행된 PII의 모든 처리는 적절한 것으로 간주되어야 하지만 처리 결과는 새로운 처리에 사용되어서는 안 됨
권장 사항 (Recommendation)	• 철회는 가입과 동일한 방법, 절차, 난이도로 구현해서 PII를 제공해야 함(동의가 전자 메일 또는 웹 사이트에서 수집된 경우 철회 메커니즘은 전화나 팩스 같은 대체 솔루션이 아니라 동일하게 구현) • PII 주체가 원하는 경우 철회는 즉시 이루어질 수 있도록 하며, 관할지 법률 및 법규 등에 따라 예외 사항이 있는 경우는 사전에 식별하여 탈퇴 정책에 반영하도록 함(PII 주체의 요청에 따라 동의 수정 및 철회가 제한된 경우에는 절차에 따라 PII 주체에게 해당 사실을 알려야 함)

통제(Controls)	7.3.5 PII 처리 거부 메커니즘 제공 (Providing mechanism to object to PII processing)
ISO 27701 통제	조직은 PII 주체가 PII 처리를 거부할 수 있는 메커니즘을 제공해야 함
ISO 27701 Guidance	• 일부 관할지에서는 PII 주체에게 PII 처리에 반대할 권리를 제공해야 함 • 관할지의 법률 또는 규제를 받는 조직은 PII 주체가 권리를 행사할 수 있도록 적절한 조치를 이행해야 함 • 조직은 PII 주체 처리에 대한 이의 제기와 관련된 법적 및 규제 요구사항을 문서화해야 함 • 조직은 해당 상황에서 반대할 수 있는 능력에 대한 정보를 주체에게 제공해야 하며, 반대하는 메커니즘은 제공되는 서비스 유형과 일치해야 함

권장 사항
(Recommendation)
	• 처리 거부의 예시는 다음과 같음
	  – 원하지 않는 홍보 및 마케팅 관련 PII 처리(이메일 발송, 전화 등)
	  – PII 처리가 불법적으로 이행되는 경우
	  – PII 처리가 더 이상 불필요하다고 판단되는 경우
	• PII 주체가 처리 거부에 대한 의사를 표현하기 위한 메커니즘을 제공(온라인 홈페이지 또는 고객센터 등)

통제(Controls)	7.3.6 열람, 수정, 삭제 (Access, correction and erasure)
ISO 27701 통제	조직은 PII 주체에 대한 PII의 열람, 수정, 삭제 의무를 충족시키기 위하여 정책, 절차, 메커니즘을 구현해야 함
ISO 27701 Guidance	• 조직은 요청이 있을 경우 과도한 지연 없이 PII 주체가 PII에 대한 열람, 수정, 삭제를 수행할 수 있도록 정책, 절차, 메커니즘을 구현해야 함 • 조직은 응답 시간을 정의하고, 그에 따라 요청을 처리해야 함 • 모든 수정 또는 삭제는 시스템과 승인된 사용자에게 배포되어야 하며, PII가 이전된 제3자에게 전달되어야 함 • 조직은 PII 주체에 대한 데이터 정확성 또는 수정에 관한 분쟁이 있는 경우에 사용할 수 있는 정책, 절차, 메커니즘을 구현해야 함 • 정책, 절차, 메커니즘에는 PII 주체에게 변경된 사항 및 수정이 불가능한 이유를 알리는 것이 포함되어야 함 • 일부 관할지에서는 PII 주체가 PII의 수정 또는 삭제를 요청할 수 있는 시기와 방법에 제한을 두고 있으며, 조직은 이러한 제한 사항을 적용 가능한 것으로 결정하여 최신 제한 사항을 유지해야 함
권장 사항 (Recommendation)	• PII 주체가 본인의 PII 및 PII 처리와 관련된 수정, 삭제의 권리를 보장할 수 있는 메커니즘을 제공해야 함 • PII 주체가 원하는 경우 철회는 즉시 이루어질 수 있도록 하되 관할지 법률 및 법규 등에 따라 예외 사항이 있는 경우에는 사전에 식별하여 탈퇴 정책에 반영하도록 함 • PII 주체의 요청에 따라 동의 수정 및 철회가 제한된 경우에는 절차적으로 PII 주체에게 해당 사실을 알려야 함

통제(Controls)	7.3.7 제3자에게 알리는 PII 컨트롤러의 의무 (PII controllers' obligations to inform third parties)
ISO 27701 통제	조직은 PII를 공유한 제3자에게 PII와 관련된 수정, 철회 또는 이의 제기를 알리고 적절한 정책, 절차, 메커니즘을 구현해야 함
ISO 27701 Guidance	• 조직은 이용 가능한 기술을 염두하고 PII와 관련된 수정, 철회, 이의 제기를 제3자에게 알리기 위해 적절한 조치를 취해야 함 • 일부 관할지에서는 제3자에게 해당 조치를 알리기 위해 법적 요구사항을 적용해야 함 • 조직은 제3자와의 커뮤니케이션 채널을 결정 및 유지하며, 운영과 유지 관리 담당자에게 관련 책임을 할당할 수 있음
권장 사항 (Recommendation)	• 제3자에게 공유가 필요한 PII 주체의 의무 변경 예시로는 PII 주체의 요청에 따라 동의 수정 또는 철회, 수정 요청, 삭제 또는 처리 제한, PII 처리의 이의 제기 등이 있음 • PII 주체와 관련된 변경 사항이 발생한 경우 PII 컨트롤러는 해당 사항을 지체없이 제3자에게 알릴 수 있는 절차 및 방법을 결정해야 함(변경 사항이 반영된 PII 파일의 공유, 변경 사항에 대한 반영 요청 메일, 유선 전화 등) • PII 처리 변경 사항에 대하여 제3자의 반영 및 조치 사항에 대한 점검을 수행

통제(Controls)	7.3.8 가공된 PII 사본 제공 (Providing copy of PII processed)
ISO 27701 통제	조직은 PII 주체가 요청할 때 처리되는 PII 사본을 제공할 수 있어야 함
ISO 27701 Guidance	• 조직은 PII 보안 주체가 접근할 수 있는 구조적 및 일반적 형식으로 PII 사본을 제공해야 함 • 조직은 PII 주체에게 제공되는 PII 사본이 해당 PII 주체와 구체적으로 관련되어 있는지 확인해야 함 • 요청된 PII가 보존 및 폐기 정책에 따라 이미 삭제된 경우 PII 컨트롤러는 PII가 삭제되었음을 PII 주체에게 알려야 함 • 조직이 더 이상 PII 주체를 식별할 수 없는 경우(예 : 비식별 처리 프로세스의 결과) 조직은 PII 사본 제공을 위하여 PII 주체를 식별하지 않아야 함 • 기술적으로 가능한 경우 PII 주체의 요청에 따라 PII 사본을 한 조직에서 다른 조직으로 직접 이전할 수 있어야 함

권장 사항
(Recommendation)
	• PII 주체에 관련한 PII과 PII 처리 현황에 대한 사본 요청 시 이에 대한 지원 절차 및 방법을 다음과 같이 마련해야 함
	  – 발급 가능한 PII 사본 정의
	  – 발급 요청을 위한 절차, 요청 방법, 소요 기간
	  – 요청된 발급 사항에 대한 처리 담당자
	  – 요청 사항에 대한 발급이 어려운 경우와 이를 처리하기 위한 절차
	• PII 사본 발급과 관련된 절차, 방법 등에 대해서는 PII 주체가 쉽게 확인 및 이행할 수 있도록 홈페이지 등에 공개(개인정보 처리 방침 또는 관련된 홈페이지 서비스)

통제(Controls)	7.3.9 요청 처리(Handling requests)
ISO 27701 통제	조직은 PII 주체의 합법적인 요청을 처리하고, 이에 대응하기 위한 정책과 절차를 정의하고 문서화해야 함
ISO 27701 Guidance	• 합법적인 요청에는 처리된 PII 사본 요청 또는 불만 제기 요청이 포함될 수 있음 • 일부 관할지에서는 특별한 경우(예 : 과도하거나 반복적인 요청)에 조직이 요금을 청구할 수 있음 • 요청은 정의된 응답 시간 내에 처리해야 함 • 일부 관할지에서는 요청의 복잡성과 요청 수에 따라 응답 시간을 정의하고, PII 주체에게 지연을 알리기 위한 요구사항을 정의하고 있음 • 적절한 응답 시간은 개인정보보호 정책에 정의되어 있어야 함

권장 사항
(Recommendation)
	• PII 주체에게 보장된 권리와 관련된 요청의 처리 기준을 마련하고 적용
	  – PII 주체가 요구할 수 있는 요청 사항의 종류 및 내용을 정의
	  – PII 주체의 요청 사항을 접수할 수 있는 연락처 등의 담당자를 지정
	  – 고객센터 등을 단일 창구로 해서 요청 사항을 접수하고, 처리 과정 및 결과에 대한 추적과 관리가 가능하도록 함
	  – 요청 유형별 내부에 처리 담당자 및 의사소통 등의 정보 공유 방안 정의
	• PII 주체가 합법적인 요청 사항에 대한 접수, 처리 절차, 방안 등에 대하여 인지할 수 있도록 관련 사항을 공개하도록 함(개인정보 처리 방침 등)

통제(Controls)	7.3.10 자동화된 의사 결정(Automated decision making)
ISO 27701 통제	조직은 PII의 자동화된 처리를 기반으로 PII 주체와 관련된 조직의 결정으로 발생하는 PII 주체의 법적 의무를 식별하고 해결해야 함
ISO 27701 Guidance	일부 관할지에서는 자동화된 의사 결정의 존재를 알리고, PII 주체가 의사 결정에 이의를 제기할 수 있도록 하거나 사람의 개입으로 얻는 것과 같이 PII의 자동 처리를 기반으로 하는 결정이 PII에 영향을 미치는 경우 PII 주체에게 특정 의무를 정의하고 있음
권장 사항 (Recommendation)	• 자동화된 의사 결정과 관련된 사항을 PII 주체가 인지할 수 있도록 항상 공개 • 자동회된 의사 결정에 따른 서비스 제공을 거부할 수 있는 권리를 알리고, 이에 대하여 PII 주체가 직접 해당 사항에 대한 결정을 할 수 있도록 방안을 제공

3 Privacy by Design and Privacy by Default

:: **주요 추가 통제**

통제 목적은 수집 및 처리(사용, 공개, 보유, 전송 및 처리)가 식별된 목적에 필요한 것으로 제한된 프로세스 및 시스템을 설계하기 위함이다.

통제(Controls)	7.4.1 수집 제한(Limit collection)
ISO 27701 통제	조직은 PII 수집을 식별된 목적과 관련되어 필요한 최소 수준으로 제한해야 함
ISO 27701 Guidance	• 조직은 식별된 목적과 관련하여 필요한 것으로 PII 수집을 제한해야 함 • 조직이 간접적으로 수집(예 : 웹 로그, 시스템 로그 등)하는 PII 양을 제한하는 것이 포함됨 • 개인정보보호는 PII의 수집 및 처리에 선택 사항이 존재하는 경우 각 옵션에서 기본적으로 사용하지 않도록 설정하되 PII 주체가 명시적으로 선택해야만 사용할 수 있음
권장 사항 (Recommendation)	• 수집되는 PII의 유형 및 항목을 문서화하되 해당 PII의 필요성을 명확히 판단하여 그 정당성을 함께 기록함 • 필요 최소한에 대해서는 주기적으로 검토를 수행하여 더 이상 PII가 필요 없게 되면 이에 따른 조치(삭제 등)를 이행하도록 함 • 본연의 서비스 제공에 필요하지 않다면 PII는 필수가 아닌 선택 항목으로 구분하여 PII 주체가 직접 수집, 이용, 제공 여부를 선택할 수 있도록 함

통제(Controls)	7.4.2 처리 제한(Limit processing)
ISO 27701 통제	조직은 PII의 처리를 식별된 목적에 적합하면서 필요한 것으로 제한해야 함

ISO 27701 Guidance	• PII 처리 제한은 정보보안 및 개인정보보호 정책과 문서화된 절차를 통해 관리되어야 함 • 공개 제한, PII 보관 기간, PII에 접근할 수 있는 인력 통제를 포함하여 PII를 처리함 • 기본적으로 식별된 목적과 관련하여 최소한으로 제한되어야 함
권장 사항 (Recommendation)	• 수집, 이용 시 목적 및 보유 기간을 명확히 함 • 목적 범위 내에서 PII를 처리하되 목적 외 이용 및 제공을 하지 않도록 함 • 보유 기간이 경과하면 PII를 처리해서는 안 되고, 지체없이 파기 또는 분리 보관 등을 실시 • PII가 저장된 파일, 정보 시스템에 대해서는 업무 목적을 고려하여 접근이 필요한 최소 인원에게 접근을 허용하는 통제 정책을 구현

통제(Controls)	7.4.3 정확성과 품질(Accuracy and quality)
ISO 27701 통제	조직은 PII의 생명주기 내내 PII가 처리 목적에 부합하고 완전하며 최신 상태를 보장한 상태에서 문서화해야 함
ISO 27701 Guidance	• 조직은 PII의 부정확성을 최소화하기 위해 정책, 절차, 메커니즘을 구현해야 함 • 부정확한 PII 사례에 대응하기 위해 정책, 절차, 메커니즘도 있어야 함 • 정책, 절차, 메커니즘은 문서화된 정보에 포함되고, PII 생명주기 전체에 적용되어야 함
권장 사항 (Recommendation)	• PII에 의해 중대한 혜택을 주거나 거부하는 경우, 부정확한 PII가 PII 주체에게 심각한 피해를 주는 경우 매우 중요 • 웹사이트의 경우 PII 주체가 수시로 본인의 PII를 확인할 수 있으며, 필요 시 수정(업데이트)할 수 있는 방법을 제공 • 고객센터 등 PII 주체가 쉽게 연락하여 본인의 PII를 확인할 수 있으며, 필요 시 해당 PII를 수정(업데이트)할 수 있는 서비스를 제공

통제(Controls)	7.4.4 PII 최소화 목표(PII minimization objectives)
ISO 27701 통제	조직은 데이터 최소화 목표와 이러한 목표를 달성하기 위해 사용되는 메커니즘(예 : 비식별 처리)을 정의하고 문서화해야 함
ISO 27701 Guidance	• 조직은 PII 처리 목적을 정의하고, 목적 이행에 필요한 최소한의 PII가 처리될 수 있도록 함 • 식별된 목적은 PII의 처리를 요구하지 않으며, 식별되지 않은 PII(비식별 조치가 된 PII)의 처리는 식별된 목적을 달성하기에 충분할 수 있음 • 조직은 비식별 처리 또는 PII 최소화 목표가 달성되도록 PII를 PII 주체와 연관시킬 필요가 있는 정도 그리고 PII를 처리하도록 설계된 메커니즘 및 기술을 정의하고 문서화해야 함 • PII를 최소화하는데 사용되는 메커니즘은 처리 유형 및 처리에 사용된 시스템에 따라 다르며, 조직은 데이터 최소화를 구현하는데 사용된 모든 메커니즘(기술 시스템 구성 등)을 문서화해야 함 • 비식별된 데이터 처리가 목적에 충분한 경우 조직이 설정한 비식별 처리 목표를 적시에 구현하도록 설계된 모든 메커니즘을 문서화해야 함

권장 사항
(Recommendation)
	• 처리되는 개인정보를 최소화하고, 개인정보가 공개되거나 접근 가능한 프라이버시 이해 당사자 및 사람 수를 최소화함
	• 알 필요성(Need-to-Know) 원칙의 채택을 보증한 후 취급자는 개인정보 처리의 합법적 목적에서 자신의 공적 임무를 수행하기 위해 필요한 개인정보로 접근이 주어져야 함
	• PII 최소화를 위한 다양한 비식별 기법을 적용하여 PII 가명화 또는 익명화를 실행함
	  – PII 주체와 연관된 속성을 제거(조직이 식별된 목적을 달성하기에 충분한 수준)
	  – 일반화(예 : 라운딩) 또는 랜덤화(예 : 노이즈 추가) 기술과 같은 비식별 기술을 사용하여 적절한 수준의 비식별화를 달성

통제(Controls)	7.4.5 처리 종료 시 PII 비식별 및 삭제 (PII de-identification and deletion at the end of processing)
ISO 27701 통제	조직은 원래의 PII가 더 이상 식별된 목적에 필요하지 않으면 즉시 PII를 삭제하거나 PII 주체의 식별 또는 재식별을 허용하지 않는 형태로 변환해야 함
ISO 27701 Guidance	• 조직은 더 이상의 처리가 불필요할 때 PII를 삭제하는 메커니즘을 가져야 함 • 대안으로 결과의 비식별된 데이터가 PII 주체의 재식별을 합리적으로 허용할 수 없는 한 일부 비식별 기술을 사용할 수 있음

권장 사항
(Recommendation)
	• 원칙적으로 목적 달성 시 PII는 파기 및 폐기를 원칙으로 함
	• 다른 합법적 근거(관련 법률 등)가 있는 경우 파기하지 않고 보관 가능
	  – 합법적인 목적을 고려하여 최소한의 PII만 별도 보관
	  – 분리 보관, 접근 통제 등 안전한 관리를 위한 보호 조치 적용
	• 비식별 조치 등을 통하여 PII 주체를 식별할 수 없는 형태로 보관이 가능한 경우에는 안전한 비식별 조치 후 보관(관련 법률 등 합법적인 근거의 범위 내에서 이행)

통제(Controls)	7.4.6 임시 파일(Temporary files)
ISO 27701 통제	조직은 PII 처리 결과 생성된 임시 파일을 문서화된 기간 내에서 절차에 따라 폐기(예 : 삭제 또는 파기)해야 함
ISO 27701 Guidance	조직은 식별된 기간 내에서 사용하지 않은 임시 파일의 삭제 유무를 정기적으로 확인해야 함

권장 사항
(Recommendation)
	• 가급적 임시 파일에 PII가 포함되지 않도록 설계 및 구현하며, 불가피한 경우에는 제한적으로 임시 파일에 PII가 포함될 수 있도록 함
	• PII 처리 과정에서 발생하는 임시 파일을 식별해야 함
	  – 해당 파일에 포함되는 PII 항목과 처리 시 유의해야 할 보호 조치를 식별(암호화 등)
	  – 해당 임시 파일이 저장되는 위치를 확인
	• PII가 포함된 임시 파일에 보관 주기를 정의하고, 해당 주기가 경과되면 자동 삭제 또는 파기될 수 있도록 구현함
	• 임시 파일의 자동 삭제 및 파기의 적절성에 대하여 주기적으로 검토함

통제(Controls)	7.4.7 보유(Retention)
ISO 27701 통제	조직은 PII가 처리되는 목적에서 필요 이상으로 PII를 보유해서는 안 됨
ISO 27701 Guidance	• 조직은 필요 이상으로 PII를 유지해야 하는 요구사항을 고려하여 보유 정보에 대한 보유 기간 기준을 개발하고 유지해야 함 • 보유 기간의 기준은 법적 규제 및 비즈니스 요구사항을 고려하며, 해당 요구사항이 상충하는 경우에는 비즈니스 결정을 내리고, 위험 평가에 근거하여 적절한 일정을 문서화해야 함
권장 사항 (Recommendation)	• PII는 동의 시 고지된 보유 기간이 경과하거나 PII 주체가 보유를 거부할 경우 지체없이 파기하도록 함 • 목적 달성, PII 주체의 요구사항에도 불구하고 관련 법률 및 법규 등에 따라 보유가 허용된 경우이거나 보유를 해야 하는 경우는 파기하지 않도록 함

통제(Controls)	7.4.8 폐기(Disposal)
ISO 27701 통제	조직은 PII 폐기를 위한 정책, 절차, 메커니즘을 문서화해야 함
ISO 27701 Guidance	• PII 폐기 기술의 선택은 기술의 특성과 결과가 다르기(예 : 물리적 미디어의 세분성 또는 전자 매체에서 삭제된 정보를 복구하는 능력) 때문에 여러 요소에 따라 달라짐 • 폐기 기술을 선택할 때 고려해야 할 요소에는 폐기할 PII의 특성 및 범위, PII와 관련된 메타 데이터의 존재 여부, PII가 저장된 매체의 물리적 특성이 포함됨

권장 사항 (Recommendation)	• 파기 방법은 다음과 같음
	  - 기록물, 인쇄물, 서면, 기록 매체 : 파쇄 또는 소각
	  - 전자적 파일 형태 : 복원이 불가능한 방법으로 영구 삭제(디가우징, 천공 등)
	• PII의 파기에 관한 사항을 기록 및 관리, 파기 시행 후 파기 결과 확인

통제(Controls)	7.4.9 PII 전송 통제(PII transmission controls)
ISO 27701 통제	조직은 데이터 전송 네트워크를 통해 이전된 PII가 의도한 대상에 도달하도록 적절한 통제를 받도록 해야 함
ISO 27701 Guidance	PII 전송은 권한이 있는 개인만 전송 시스템에 접근할 수 있도록 하고, 적절한 프로세스 (감사 로그 보관)를 통해 PII가 올바른 수신자에게 전송되도록 통제해야 함
권장 사항 (Recommendation)	• 네트워크를 통해 개인정보 처리 시스템간 PII가 공유 및 이전되는 경우 상호 인증 등 PII 전송 전에 전송 대상에 대한 진위 여부와 정확성에 대하여 검증하는 절차를 시스템 기능으로 구현하도록 함 • 담당자가 이메일 등을 통해 PII를 전송하는 경우는 미리 전송 대상에 대하여 검토 및 등록하도록 하며, 등록된 대상에 한해서 발송할 수 있도록 함 • 네트워크를 통해 전송하는 경우는 로그 등의 기록을 남기되 로그에 대해서는 주기적인 검토를 통하여 의도한 대상에 정확히 전송되었는지의 여부 등을 검증하도록 함

4 PII 공유와 전송 및 공개

:: 주요 추가 통제

통제 목적은 PII가 공유되면서 다른 관할지 또는 제3자에게 양도되고, 해당 의무에 따라 공개될 때를 결정하여 문서화하기 위함이다.

통제(Controls)	7.5.1 관할지간 PII 이전의 근거 (Identify basis for PII transfer between jurisdictions)
ISO 27701 통제	조직은 관할지간에 PII를 이전하기 위한 관련 근거를 식별하고 문서화해야 함
ISO 27701 Guidance	• PII 전송은 데이터가 이전될 관할지나 국제 조직에 따라 법률, 규제를 받을 수 있으며, 조직은 이전의 기준과 같은 요구사항에 대한 준수를 문서화해야 함 • 일부 관할지에서는 지정된 감독 기관이 정보 이전 계약을 검토하도록 요구할 수 있으므로 관할 구역에서 운영되는 조직은 해당 요구사항을 알고 있어야 함

권장 사항 (Recommendation)	• 국외 이전의 경우 미리 고객에게 국외 이전 사항을 알리고, 이에 대하여 승인을 취득한 후 이전될 수 있도록 함
	• 국외 이전 시 알려야 할 주요 사항
	  – 이전되는 PII 항목, 이전받는 자의 이름
	  – PII가 이전되는 국가, 이전 일시 및 이전 방법
	  – PII를 이전받는 자의 PII 이용 목적 및 보유, 이용 기간

통제(Controls)	7.5.2 PII를 양도할 수 있는 국가 및 국제 조직(Countries and international organizations to which PII can be transferred)
ISO 27701 통제	조직은 PII가 이전될 수 있는 국가 및 국제 조직을 지정하고 문서화해야 함
ISO 27701 Guidance	• PII가 정상적인 운영으로 전환될 수 있는 국가 및 국제 기구의 정보는 고객에게 제공되어야 하며, 하도급 업체 관련 국가 정보도 포함되어야 함 • 정상적인 운영 외에는 법 집행 기관의 요청에 따라 국가 정보를 사전에 명시할 수 없거나 법 집행 조사의 기밀성을 유지하기 위해 해당 관할지에 금지된 이전 사례가 있을 수 있음
권장 사항 (Recommendation)	GDPR의 적정성 결정(Adequacy decision)을 통하여 PII 보안 관련 법제가 적절한 수준의 보호를 보장하고 있는 국가를 참조

통제(Controls)	7.5.3 PII 이전 기록(Records of transfer of PII)
ISO 27701 통제	조직은 PII의 제3자로부터 전송을 기록하고, PII 주체에 대한 의무와 향후 요청을 지원하기 위해 해당 당사자와 협력해야 함

ISO 27701 Guidance	• 기록에는 PII 컨트롤러의 의무 관리 결과로 수정된 PII의 제3자로부터 이전 또는 PII 삭제 요청(예 : 동의 철회 후)을 포함하여 PII 주체의 합법적인 요청을 구현하기 위해 제3자에게 전송을 포함할 수 있음 • 조직은 기록의 보존 기간을 정의하는 정책이 있어야 하며, 반드시 필요한 정보를 유지함으로써 데이터 최소화 원칙을 전송 기록에 적용해야 함
권장 사항 (Recommendation)	• PII 이전은 기록에 남기고, 필요 시 PII 주체에게 이전 기록을 공유할 수 있도록 함(이전된 대상(제3자 관련 정보), 일시, 이전 근거, 이전된 PII 주체 및 PII 항목, 이전 건수, 이전 담당자 및 승인자, 기타 특이사항 등) • PII 이전 후 관리 활동과 관련된 기록도 포함하도록 함(PII 주체의 요청 사항, PII 변경 사항에 대하여 제3자에게 조치 사항 및 결과 등) • PII 이전 기록과 보유 기간에 대한 기준을 마련하고, 이에 따라 기록을 보관 및 관리하도록 함(해당 기록은 가급적 인벤토리에 통합 관리가 될 수 있도록 함)

통제(Controls)	7.5.4 제3자에게 PII 공개 기록 (Records of PII disclosure to third parties)
ISO 27701 통제	조직은 PII가 공개된 대상과 일시를 포함하여 제3자에게 PII의 공개를 기록해야 함
ISO 27701 Guidance	• PII는 정상 운영 중에 공개될 수 있으며, 이러한 공개는 기록되어야 함 • 합법적인 조사 또는 외부 감사로 인해 발생하는 제3자에 대한 추가 공개 사항도 기록해야하며, 기록에는 공시 출처와 공시 권한의 출처가 포함되어야 함
권장 사항 (Recommendation)	제3자 제공과 관련된 관리 대장을 마련하고, 공개 시 관리 대장에 기록 및 관리해야 함(공개된 대상(제3자 관련 정보), 일시, 공개 근거, 공개된 PII 주체 및 PII 항목, 공개 건수, 공개자(담당자) 및 승인자, 기타 특이사항 등)

| Section 06 | 프로세서의 추가 가이던스

1 수집 및 처리 조건

:: 주요 추가 통제

통제 목적은 해당 관할지에 따라 법적 근거가 있고, 명확하게 정의된 목적으로 처리되는 것이 합법적임을 판단하고 문서화하기 위함이다.

통제(Controls)	8.2.1 고객 계약(Customer agreement)
ISO 27701 통제	조직은 PII를 처리하기 위한 계약이 고객의 의무(처리 성격 및 조직이 이용할 수 있는 정보를 고려)를 지원하는 데 있어 조직의 역할을 다루어야 함

ISO 27701
Guidance
	• 조직과 고객의 계약에서 고객의 역할(PII 컨트롤러 또는 PII 프로세서)에 따라 다음과 같은 내용을 포함해야 함
	   – Privacy by design and privacy by default
	   – 처리 보안 확보와 개인정보 영향 평가(PIA) 수행
	   – 감독 당국에 PII와 관련된 위반 통지
	   – 고객 및 PII 주체에게 PII와 관련된 위반 통지
	   – PII 보호 기관과의 사전 협의가 필요한 경우 PII 프로세서의 지원 보장
	• 일부 관할지에는 계약의 처리 주제 및 기간, 처리 성격 및 목적, PII 유형 및 PII 주체 범주가 포함되어야 함

권장 사항
(Recommendation)
	• 표준 PII 처리 계약서를 마련하고, 다음과 같은 내용을 포함해야 함
	   – PII 컨트롤러에 대한 의무 이행
	   – PII 처리 관련 관할지 규제 기관에 대한 의무 이행
	   – 안전한 PII 처리를 위한 보호 조치 적용 사항
	   – PII 프로세서가 준수해야 할 사항
	   – 법률 및 법규에서 요구사항이 있는 의무사항 등

통제(Controls)	8.2.2 조직의 목적(Organization's purposes)
ISO 27701 통제	조직은 고객을 대신하여 처리된 PII가 문서화된 지침에 명시된 목적으로만 처리되도록 해야 함
ISO 27701 Guidance	• 조직과 고객간 계약에는 서비스의 달성 목표와 기간이 포함되어야 함 • 고객의 목적을 달성하기 위해 조직은 고객의 일반적인 지시와 일치하지만 고객의 명시적인 지시없이 PII 처리 방법을 결정하는 것은 기술적 이유가 있을 수 있음 • 조직은 고객이 PII 처리 목적 및 제한 원칙을 준수하는지 확인해야 하며, 고객이나 하도급 업체가 고객의 문서화된 지침에 명시된 것 이외의 다른 목적으로 PII를 처리하지 않도록 해야 함
권장 사항 (Recommendation)	• 조직은 고객(PII 컨트롤러 또는 PII 프로세서)과의 계약에서 명시된 목적 외에 다른 목적으로 PII를 처리해서는 안 됨 • 조직은 처리 목적에 대한 구체적인 사항과 예외적으로 처리할 수 있는 경우 허용 가능한 처리 범위를 고객과 협의하고, 이를 계약서 또는 계약서에 준하는 문서에 명시적으로 정의하도록 함

통제(Controls)	8.2.3 마케팅 및 광고 이용(Marketing and advertising use)
ISO 27701 통제	조직은 PII 주체로부터 사전 동의를 얻지 않고 마케팅 및 광고 목적으로 계약에 따라 처리된 PII를 사용해서는 안 되며, 그러한 동의를 서비스 수신 조건으로 제공해서도 안 됨
ISO 27701 Guidance	• 마케팅 및 광고가 계획된 경우 고객의 계약 요구사항을 준수하는 PII 프로세서의 준수 여부를 문서화해야 함 • 조직은 PII 주체로부터 명시적 동의를 얻지 못한 마케팅 및 광고 사용을 포함해서는 안 됨

권장 사항 (Recommendation)	• 마케팅 및 광고 목적으로 PII를 처리해서는 안 됨 • 마케팅 및 광고 목적으로 PII 처리가 필요한 경우는 PII 수집, 이용 동의 절차에서 사전에 마케팅 및 광고 목적의 처리에 대하여 PII 주체로부터 동의를 받도록 함 • 마케팅 및 광고 목적의 동의는 선택 동의로 진행하며, 선택 동의에 동의하지 않았다는 이유로 서비스 제공에 제약을 주어서는 안 됨

통제(Controls)	8.2.4 침해 통지(Infringing instruction)
ISO 27701 통제	조직은 고객의 의견에 따라 처리 지침이 해당 법률, 규제를 위반하는 경우 고객에게 알려야 함
ISO 27701 Guidance	지시 사항이 법률, 규제를 침해하는지 검증할 수 있는 조직의 능력은 기술적 상황, 지시 사항 자체 및 조직과 고객 간의 계약에 따라 달라질 수 있음

권장 사항
(Recommendation)
	• PII 침해 대응 매뉴얼 등의 절차서를 다음과 같이 마련함
	  - PII 침해 유형 정의
	  - PII 침해 통지와 관련된 법적, 규제적 요구사항과 계약적 요구사항을 명확히 식별 및 정의하여야 함
	  - 침해 발생 시 고객에게 통지 및 관계 기관의 신고 등 기준과 절차 정의
	  - 사전에 통지 예시문 등을 마련하여 실제 통지 상황 발생 시 신속 대응

통제(Controls)	8.2.5 고객의 의무(Customer obligations)
ISO 27701 통제	조직은 고객이 자신의 의무 준수를 입증할 수 있도록 적절한 정보를 고객에게 제공해야 함
ISO 27701 Guidance	고객이 필요로 하는 정보에는 고객이 위임하거나 달리 합의한 다른 감사자가 수행한 감사를 허용하고, 기여하는지의 여부가 포함될 수 있음
권장 사항 (Recommendation)	• 고객의 의무사항에는 PII 주체 또는 규제 기관 대응에 필요한 사항이 될 수 있음 • 실제 PII 컨트롤러가 수행해야 하는 의무사항에 대해서는 계약에 따라 PII 프로세서에게 위임된 사항이 될 수 있음 • 개인정보 수집에서 파기까지의 라이프 사이클 동안 법률 및 법규, 계약적 요구사항에 포함된 의무 준수를 입증하기 위한 정보가 제공되어야 함 • PII 보호를 위한 관리적, 물리적, 기술적 보호 조치 관련 이행 증적 등이 제공되어야 함

통제(Controls)	8.2.6 PII 처리 관련 기록(Records related to processing PII)
ISO 27701 통제	조직은 고객을 대신하여 PII 처리에 대한 의무(계약서에 명시된 적용 가능한 내용) 준수를 입증하기 위해 필요한 기록을 결정하고 유지해야 함

ISO 27701 Guidance	• 일부 관할지에서는 조직이 다음과 같은 정보를 기록하도록 요구할 수 있음
	  - 각 고객을 대신하여 수행되는 처리 범주
	  - 제3국 또는 국제 기구로의 이전
	  - 기술 및 조직의 보안 조치에 대한 일반적인 설명

권장 사항
(Recommendation)
	• PII 프로세서는 PII 처리와 관련된 사항들에 대하여 필요한 기록을 유지
	   - 대상 기록에는 법률 및 법규, 계약적 요구사항에 명시된 활동의 입증 자료
	   - 향후 고객(PII 컨트롤러)의 법적 의무 준수, 관계 기관 자료 요청 등에 대비하기 위한 요구 자료
	• 기록 유지 대상의 예시는 다음과 같음
	   - 수집 및 이용 동의, 제3자 제공 이력, 파기 이력
	   - 개인정보 처리 시스템에 대한 접근 권한 부여 이력 및 접속 이력(로그)
	   - 기타 법률 및 법규, 계약적 요구사항에 명시된 관리적, 물리적, 기술적 보호 조치 관련 이행 증적

2 PII 주체에 대한 의무

:: 주요 추가 통제

통제 목적은 PII 주체에게 PII 처리에 대한 적절한 정보를 제공하고, PII 처리와 PII 주체에 대한 기타 해당 의무를 충족시키기 위함이다.

통제(Controls)	8.3.1 PII 주체에 대한 의무(Obligations to PII principals)
ISO 27701 통제	조직은 고객에게 PII 주체와 관련된 의무 준수의 수단을 제공해야 함
ISO 27701 Guidance	• PII 컨트롤러의 의무는 법률, 규제, 계약에 의해 정의될 수 있으며, 이러한 의무는 고객이 해당 의무를 이행하기 위해 조직의 서비스 사용 내역을 포함할 수 있음 • 고객이 PII 주체에 대한 의무를 이행하기 위해 정보나 기술적 조치를 조직에 의존하는 경우 관련 정보 또는 기술적 조치를 계약서에 명시해야 함
권장 사항 (Recommendation)	• 고려 대상에는 법률, 법규 및 계약적 요구사항 이행에 필요한 의무사항 준수 지원과 PII 주체 권리 보장에 필요한 지원 등이 있음 • 지원 유형에는 개인정보 처리 시스템의 시스템 관리 및 지원 기능과 PII 주체 등에 대한 업무 지원 절차 및 조직(고객센터 등) 운영 등이 있음

3 Privacy by Design and Privacy by Default

:: 주요 추가 통제

통제 목적은 PII의 수집 및 처리(사용, 공개, 보유, 전송 및 처리)가 식별된 목적에 필요한 것으로 제한된 프로세스 및 시스템을 설계하기 위함이다.

통제(Controls)	8.4.1 임시 파일(Temporary files)
ISO 27701 통제	조직은 PII 처리 결과 생성된 임시 파일을 문서화된 기간 내에 절차에 따라 폐기(삭제 또는 파기)해야 함

ISO 27701 Guidance	조직은 식별된 기간 내에 사용되지 않은 임시 파일이 삭제되었는지 정기적으로 확인해야 함

권장 사항 (Recommendation)	• 가급적 임시 파일에 PII가 포함되지 않도록 설계 및 구현하며, 불가피한 경우는 제한적으로 PII가 포함될 수 있도록 함
	• PII 처리 과정에서 발생하는 임시 파일을 식별
	  – 해당 파일에 포함되는 PII 항목과 처리 시 유의해야 할 보호 조치 기준을 식별 (암호화 등)
	  – 해당 임시 파일이 저장되는 위치를 확인
	• PII가 포함된 임시 파일에 보관 주기를 정의하고, 해당 주기가 경과하면 자동 삭제 또는 파기될 수 있도록 구현함
	• 임시 파일의 자동 삭제 및 파기의 적절성에 대하여 주기적으로 검토하도록 함

통제(Controls)	8.4.2 PII의 반환, 이전 또는 처분(Return, transfer or disposal of PII)
ISO 27701 통제	조직은 안전한 방식으로 PII의 반환, 이전, 폐기 기능을 제공해야 함(고객에게 정책 제공)
ISO 27701 Guidance	• PII는 어떤 시점과 방식으로 폐기될 필요가 있으며, PII를 고객에게 반환하거나 다른 조직의 PII 컨트롤러(예 : 합병 결과)로 이전, 삭제, 대체 파기, 식별 해제, 보관 등이 포함될 수 있음 • PII의 반환, 이전, 폐기 기능은 안전하게 관리해야 함 • 조직은 계약에 따라 처리된 PII가 백업 및 비즈니스 연속성을 포함하여 더 이상 식별된 고객의 목적으로 필요하지 않게 되면 바로 계약에 처리된 PII가 저장된 위치에서 삭제되도록 필요한 보증을 제공해야 함 • 조직은 PII 폐기와 관련된 정책을 개발 및 구현하며, 요청 시 고객에게 해당 정책을 제공해야 함 • 계약 종료 후 고객이 PII를 잃지 않도록 보호하기 위해 폐기하기 전에 PII의 보존 기간을 정책에 적용해야 함

권장 사항 (Recommendation)	• PII 파기 기준의 마련 및 적용
	  – 파기 시점, 파기 방법 절차 및 방법 정의
	  – 파기 시 추가적인 보유가 필요한 경우 관련 근거, 보유 기간, 유지 목적에 부합하는 미삭제 대상 PII과 분리 보관 등의 안전한 보유 방법
	• PII 처리 관련 계약 종료 시 PII의 반환 및 파기에 대한 기준 마련
	• 타 업체로 제공된 경우(재위탁 또는 제3자 제공 등) 제공된 PII 처리 제한 및 파기 등의 의사소통 방안 마련

통제(Controls)	8.4.3 PII 전송 통제(PII transmission controls)
ISO 27701 통제	조직은 데이터 전송 네트워크를 통해 이전된 PII가 의도한 대상에 도달하도록 설계된 통제를 받도록 해야 함
ISO 27701 Guidance	PII 전송은 권한이 있는 개인만 전송 시스템에 접근할 수 있도록 허용하고, 적절한 프로세스에 따라 PII가 올바른 수신자에게 전송되도록 해야 함

권장 사항 (Recommendation)	• 네트워크를 통해 개인정보 처리 시스템간 PII 공유 및 이전되는 경우 상호 인증 등 PII 전송 대상의 진위여부 및 정확성에 대하여 검증 절차를 시스템 기능으로 구현하도록 함 • 담당자가 이메일 등을 통하여 PII를 전송하는 경우 미리 전송 대상에 대하여 검토 및 등록하며, 등록된 대상에 한해서 발송할 수 있도록 함 • 기존 네트워크를 통해 전송하는 경우는 로그 등의 기록을 남기도록 하며, 로그에 대해서는 주기적인 검토를 통하여 의도한 대상에 정확히 전송되었는지의 여부를 검증하도록 함

4 PII 공유와 전송

:: 주요 추가 통제

통제 목적은 PII가 공유되면서 다른 관할지 또는 제3자에게 양도되고, 해당 의무에 따라 공개될 때를 결정하여 문서화하기 위함이다.

통제(Controls)	8.5.1 관할지간 PII 이전의 근거 (Basis for PII transfer between jurisdictions)
ISO 27701 통제	조직은 관할지간 PII 이전 및 이와 관련하여 의도된 변경 사항을 고객에게 알려주어야 고객이 이를 반대하거나 계약을 종료할 수 있음
ISO 27701 Guidance	• 관할지간 PII 이전은 PII가 이전될 관할지 또는 조직에 따라 법률 및 규제를 받을 수 있으며, 조직은 이전 근거와 같은 요구사항 준수를 문서화해야 함 • 조직은 고객에게 PII의 이전을 포함한 모든 내용을 알려야 할 의무가 있음 • 변경이 있을 경우 조직은 합의된 일정에 따라 고객에게 미리 알려야 하며, 고객은 해당 변경에 반대하거나 계약을 종료할 수 있음 • 조직과 고객간 계약에는 조직이 고객에게 알리지 않고 변경을 구현할 수 있는 조항이 있을 수 있지만 이 경우 허용 한도를 설정해야 함(예 : 조직은 고객에게 알리지 않고, 공급 업체를 변경할 수 있지만 PII를 다른 국가로 이전할 수는 없음) • PII를 국외로 이전하는 경우 계약 조항, 구속력 있는 회사 규칙 또는 국경간 프라이버시 규칙 같은 계약, 관련 국가 및 해당 계약이 적용되는 상황을 식별해야 함

권장 사항
(Recommendation)
	• 국외 이전의 경우 사전에 고객(PII 컨트롤러 등)에게 이전 사항을 미리 알리고, 이에 대하여 승인을 획득한 후 이전될 수 있도록 함
	• 국외 이전 시 알려야 할 주요 사항
	  – 이전되는 PII 항목, 이전받는 자의 이름
	  – PII가 이전되는 국가, 이전 일시 및 이전 방법
	  – PII를 이전받는 자의 PII 이용 목적 및 보유, 이용 기간

통제 (Controls)	8.5.2 PII를 양도할 수 있는 국가 및 국제 조직 (Countries and international organizations to which PII can be transferred)
ISO 27701 통제	조직은 PII를 양도할 수 있는 국가 및 국제 조직을 지정하고 문서화해야 함
ISO 27701 Guidance	• PII가 정상 운영으로 전환될 수 있는 국가 및 국제 기구의 정보는 고객에게 제공되어야 하며, 하도급 업체 관련 국가의 정보도 포함되어야 함 • 정상적인 운영 외에는 법 집행 기관의 요청에 따라 국가 정보를 사전에 명시할 수 없거나 법 집행 조사의 기밀성을 유지하기 위해 해당 관할지에 금지된 이전 사례가 있을 수 있음
권장 사항 (Recommendation)	GDPR의 적정성 결정(Adequacy decision)을 통하여 PII 보안 관련 법제가 적절한 수준의 보호를 보장하고 있는 국가를 참조

통제(Controls)	8.5.3 제3자에게 공개된 PII 기록 (Records of PII disclosure to third parties)
ISO 27701 통제	조직은 PII가 공개된 대상 및 시기를 포함하여 제3자에게 PII의 공개를 기록해야 함
ISO 27701 Guidance	• 모든 PII 공개는 기록되어야 하며, 법적인 조사 또는 외부 감사로 인해 발생하는 것과 같은 제3자의 추가 공개 사항도 기록해야 함 • 기록에는 공시 출처와 공시 권한의 출처가 포함되어야 함
권장 사항 (Recommendation)	제3자 제공과 관련된 관리 대장을 마련하고, 공개 시 관리 대장에 기록 및 관리(공개된 대상(제3자 관련 정보), 일시, 공개 근거, 공개된 PII 주체 및 PII 항목, 공개 건수, 공개자(담당자) 및 승인자, 기타 특이사항 등)

통제(Controls)	8.5.4 PII 공개 요청 알림 (Notification of PII disclosure requests)
ISO 27701 통제	조직은 PII 공개에 대한 법적 구속력이 있는 요청을 고객에게 알려야 함
ISO 27701 Guidance	• 조직은 PII 공개에 대한 법적 구속력이 있는 요청을 받을 수 있으며(예 : 법 집행 기관), 이러한 경우 합의된 시간과 절차(고객 계약에 포함될 수 있음)에 따라 해당 요청을 고객에게 통지해야 함 • 경우에 따라 법적 구속력이 있는 요청에는 조직의 공개 요청에 대해 알리지 말아야 하는 요구사항이 포함될 수 있음(공개 금지의 예는 법 집행 조사의 기밀성을 유지하기 위해 형사법에 의한 금지 등)

권장 사항
(Recommendation)
	• 법적 구속력에 대한 판단 기준 및 이행 절차를 사전에 마련하도록 함
	  – 관계 법률 및 규제 등을 사전에 파악
	  – PII 컨트롤러 등 고객에게 PII 공개 요청 사실을 알리면 안 되는 경우
	  – PII 컨트롤러 등 고객 통보 시 담당자 정보, 정보 공유 방법
	• 관계 기관에 의하여 PII 공개 요청을 받게 되면 PII 컨트롤러에게 해당 사실을 알리고 협의하도록 함

통제(Controls)	8.5.5 법적 구속력이 있는 PII 공개 (Legally binding PII disclosures)
ISO 27701 통제	조직은 법적 구속력이 없는 PII 공개 요청을 거부하고, PII 공개를 하기 전에 해당 고객에게 문의하고, 고객이 승인한 PII 공개에 대해서만 요청을 수락해야 함
ISO 27701 Guidance	• 통제 구현과 관련된 세부 사항은 고객 계약에 포함될 수 있음 • 필요한 요청은 법원, 재판소 및 행정 당국을 포함한 여러 출처에서 발생할 수 있으며, 이는 모든 관할지에서 발생할 수 있음
권장 사항 (Recommendation)	• 법적 구속력에 대한 판단 기준 및 이행 절차를 마련하도록 함(관계 법률 및 규제 등을 사전에 파악, PII 공개를 거부할 수 있는 기준과 거부 시 수행 절차 등) • 관계 기관의 PII 공개 요청 시 해당 공문 등을 통해 적법한 근거 및 절차에 따라 요청된 건에 한해서 접수 및 처리하도록 함 • 관계 기관에 의해 PII 공개 요청을 받게 되면 PII 컨트롤러에게 해당 사실을 알리고, 협의와 승인된 공개 건에 한해서 공개를 하도록 함

통제(Controls)	8.5.6 PII를 처리하는데 활용되는 하도급 업체 공개 (Disclosure of subcontractors used to process PII)
ISO 27701 통제	조직은 사용 전에 고객에게 PII를 처리하기 위해 하도급 업체 활용을 공개해야 함
ISO 27701 Guidance	• PII를 처리하기 위해 하도급 업체 사용 규정이 고객 계약에 포함되어야 함 • 공개된 정보에는 하도급이 사용된다는 사실과 관련 업체명을 포함해야 함 • 공개된 정보에는 하도급 업체가 정보를 이전할 수 있는 국가 및 국제 기구와 조직의 의무를 이행하거나 초과할 의무가 있는 수단도 포함되어야 함 • 하도급 업체 정보의 공개가 수용 가능한 한계를 초과하여 보안 위험을 증가시키는 경우 공개는 비공개 계약 또는 고객의 요청에 따라 이루어져야 함
권장 사항 (Recommendation)	• PII 프로세서는 PII 컨트롤러 등 고객과의 계약에서 재위탁(하도급 업체 사용)이 허용된 경우에 한해서 하도급 업체를 활용하도록 함 • 하도급 업체를 활용할 경우에는 PII 컨트롤러에게 재위탁에 대한 사실을 미리 알리고, 승인을 획득한 후 하도급 업체 선정 및 활용 절차를 이행하도록 함(하도급 필요성, 재위탁 업무 내용, 업체 선정 조건, 하도급 업체 정보 등) • 하도급 업체를 통한 PII 처리 사실은 PII 주체 등이 언제든지 확인할 수 있도록 상시 공개하며(개인정보 처리 방침 등을 통함), 해당 위탁 사실 및 관련 업체 정보는 항상 현행화될 수 있도록 관리해야 함

통제(Controls)	8.5.7 PII를 처리하기 위한 하도급 계약 (Engagement of a subcontractor to process PII)
ISO 27701 통제	조직은 고객 계약에 따라 하도급 업체에만 PII를 처리해야 함

ISO 27701 Guidance	• 조직이 해당 PII의 처리 중 일부 또는 전부를 다른 조직에 위탁하는 경우 고객의 서면 승인이 필요 • 조직은 PII 처리에 사용하는 하도급 업체와 서면 계약을 체결해야 하며, 하도급 업체와의 계약 시 적절한 통제 이행을 다루도록 함 • PII를 처리하는 조직과 하도급 업체간 계약은 정보보안 위험 평가 프로세스와 PII 프로세서가 수행하는 PII 처리 범위를 고려하여 하도급 업체가 적절한 통제를 구현하도록 요구해야 함 • 계약은 각 당사자의 책임을 다르게 정의할 수 있지만 모든 통제를 고려하여 문서화된 정보에 포함시켜야 함

권장 사항
(Recommendation)
	• PII 처리를 하도급 업체에 위탁하는 경우 PII 프로세서는 사전에 PII 컨트롤러에게 하도급 업체 재위탁에 대한 사실을 알리고, 사전 승인을 획득한 후 재위탁을 하도록 함
	• PII 하도급 업체 선정 시 다음의 사항을 고려해야 함
	  - PII를 안전하게 처리할 수 있는 정보보안 역량을 확보한 업체 선정
	  - 하도급 업체와 계약 체결 시 개인정보의 안전한 처리와 관련된 통제 요구사항, PII 프로세서의 관리 및 감독 권한, 피해 발생 시 손해배상 등에 대하여 명시하도록 함
	  - 개인정보보호를 위한 통제 및 보호 조치는 PII 프로세서가 준수해야 할 통제와 동일한 수준으로 이루어질 수 있도록 명시해야 함

통제(Controls)	8.5.8 PII 처리를 위한 외주 업체 변경 (Change of subcontractor to process PII)
ISO 27701 통제	조직은 일반 서면 승인이 있는 경우 PII를 처리하기 위해 하도급 업체의 추가 또는 교체와 관련된 변경 사항을 고객에게 알려야 함
ISO 27701 Guidance	조직이 해당 PII의 처리 중 일부 또는 전부를 변경하는 경우 새로운 하도급 업체가 처리한 PII보다 원하는 변경을 위해 고객의 서면 승인이 필요함
권장 사항 (Recommendation)	• PII 처리를 하도급 업체에 위탁하는 경우 PII 프로세서는 사전에 PII 컨트롤러에게 하도급 업체 재위탁에 대한 사실을 알리고, 사전 승인을 획득한 후 재위탁을 하도록 함 • 하도급 업체를 변경할 경우에는 하도급 업체 선정과 동일한 절차로 미리 PII 컨트롤러에게 알리고, 승인을 얻은 후 추진해야 함

Chapter 03 국제표준 ISO 27701과 GDPR

| Section 01 | ISO 27701과 GDPR의 개요

1 GDPR의 개요

:: GDPR의 개념과 준수

- GDPR은 세계에서 가장 강력한 데이터 보호 준수 규정 중 하나로 EU 시민의 개인정보보호 강화에 중점을 두고 있는 일련의 규칙이다.
- GDPR은 조직이 데이터를 수집하는 방법을 규제하면서 해당 데이터로 수행할 수 있는 작업에 대해 제한을 부과한다(EU 외부의 개인 데이터 전송에 대해서도 다룸).
- GDPR은 EU에 설립된 모든 조직과 데이터 주체에게 상품 및 서비스를 제공하는 조직에 따라 적용되는데 이는 GDPR이 미국에서 EU 시민과 상호 작용하는 회사에 적용됨을 의미합니다(전 세계의 모든 주요 기업에는 GDPR 준수 전략이 필요).
- GDPR 준수는 EU 시민의 데이터를 보호하기 위한 개인정보보호 프레임워크로 조직은 모든 개인 데이터가 오용되지 않도록 보호해야 한다(특정 데이터 수집만 허용하며 조직에서 해당 데이터를 악용하지 않도록 관리하고 보호).
- EU 시민의 개인 데이터를 처리하는 모든 조직은 이러한 지침을 준수해야 하며, 그렇지 않을 경우는 처벌을 받을 수 있다.

전문(Recital) 173개 항	
본문 11장(Chapter) 99개 조항(Article)	• 제1장 일반 규정(General Provisions) • 제2장 원칙(Principles) • 제3장 정보 주체의 권리(Rights of the Data Subject) • 제4장 컨트롤러와 프로세서(Controller and Processor) • 제5장 제3국 및 국제기구로의 개인정보 이전(Transfer of Personal Data to Third Countries or International Organizations) • 제6장 독립적인 감독 기구(Independent Supervisory Authorities) • 제7장 협력과 일관성(Cooperation and Consistency) • 제8장 구제책, 책임, 벌칙(Remedies, Liability and Penalties)

- 제9장 특정 정보 처리 상황에 관한 규정(Provisions Relating to Specific Data Processing Situations)
- 제10장 위임 입법 및 이행 입법(Delegated Acts and Implementing Acts)
- 제11장 최종 규정(Final Provisions)

2 ISO 27701과 GDPR

:: ISO 27701과 GDPR의 유사점

- ISO 27701은 ISO 27001에 대한 개인정보보호 영역으로 확장된 국제표준이며, GDPR과 같은 데이터 보호 규정에 명시된 모든 요구 사항과 관련이 있다.
- ISO 27701과 GDPR은 개인정보보호를 강화하고 데이터를 획득, 관리 및 보호하는 프로세스에 중점을 두는 것을 목표로 한다.
- ISO 27701과 GDPR은 다음과 같은 유사점을 정의할 수 있다.

구분	유사점
기밀 정보에 대한 보호	• GDPR은 데이터 수집 및 처리에 대한 기본 원칙을 정의하는 데 중점을 두고 있으며, 승인되지 않거나 불법적인 데이터 처리 및 데이터 손실을 방지하기 위해 조직에 기준을 제공 • ISO 27701은 조직이 데이터의 기밀성과 무결성을 준수하도록 지원하고, 여러 조항에서 데이터 보안을 정의하고 있음 • ISO 27701은 조직이 보안과 관련된 위협을 식별하고, 안전 프로그램을 생성하여 IT 보안을 결정해야 한다고 정의하고 있음
위험 평가에 기반	• GDPR과 ISO 27701은 모두 데이터 보안에 대한 위험 기반 접근 방식을 사용 • GDPR은 기업이 고위험 데이터를 처리하기 전에 개인 데이터의 위험을 평가하도록 규정하고, 민감한 정보를 처리하기 전에는 위험을 식별하도록 규정하고 있음 • ISO 27701에서도 조직은 정보보안을 손상시킬 수 있는 위협을 식별하기 위해 엄격한 평가를 수행해야 한다고 명시하고 있음 • ISO 27701은 조직에 여러 위험을 최소화하기 위한 조치를 취하도록 정의하고 있음
데이터 유출에 대한 조직의 책임	• GDPR에서는 보안 침해가 발생한 후 72시간 이내에 감독자에게 이를 전달하고, 지체없이 당국에 알리도록 요구하고 있음 • ISO 27701은 조직이 모든 보안 위반 또는 사고를 당국에 즉시 보고해야 한다고 정의하고 있지만 GDPR과 달리 구체적인 시간 제한을 지정하지는 않음 • ISO 27701은 조직이 지체없이 시정 조치를 취할 수 있도록 보고할 것을 권고

모든 단계에서의 개인정보보호	• GDPR은 조직이 설계 단계에서 데이터를 처리할 때 기술적/조직적 조치를 취하도록 요구하고 있으며, 데이터는 다른 당사자로부터 기밀로 유지해야 함 • GDPR은 조직이 각 처리 단계에서 필요한 정보 또는 데이터만 사용해야 한다고 명시하고 있음 • ISO 27701에서 조직은 사용자로부터 수집한 개인정보의 상황과 범위를 이해하고, 모든 단계에서 기밀을 유지해야 함(회사가 완전한 보안을 보장하기 위해 정기적인 위험 평가를 수행하도록 정의하고 있음)
이행 활동에 대한 기록 및 유지	• GDPR은 조직이 데이터 범주 및 처리 목적을 포함하여 모든 처리 활동에 대해서 정확한 기록을 유지하도록 요구(기업은 조직 및 기술 보안 조치에 대한 설명을 보관해야 하며, 해당 기록은 보안 침해 시 관계 당국의 대응에 도움이 될 수 있음) • ISO 27701은 기업에 보안 프로세스 기록을 유지하도록 요구하고, 기업이 위험 평가 결과에 따른 조치 및 대응에 대한 문서를 유지하도록 요구

ISO 27701과 GDPR의 차이점

- 가장 큰 차이점은 적용에 있는데 GDPR은 개인 데이터 보호, 데이터 기밀성, 개인 권리에 대한 위험 관리 등에 중점을 둔 법적 요구사항으로 모든 조직이 반드시 준수해야 하는 규칙이다(의무사항을 제시하고 있으며, 이를 준수하지 않을 경우 그에 따른 처벌을 받을 수 있음).
- ISO 27701은 조직이 보안 조치를 강화할 수 있는 방법, 구현할 수 있는 정책, 사고의 위험을 줄이는 방법 등에 대한 지침을 제공하는데 개인정보를 처리하는 조직이 ISO 27701에 있는 조항 내용을 준수하지 않았다고 해서 법적 책임을 지는 것은 아니다(해당 인증 획득을 위해서는 요구사항의 준수 및 통제를 적용).
- GDPR를 준수해야 하는 대상 조직은 개인정보에 대한 보안 처리를 제공해야 하며, 개인정보보호를 보장하기 위해 적절한 조치를 적용해야 한다(GDPR은 조직이 필수 보안 수준을 유지해야 하는 방법의 기술적인 세부 정보를 제공하지는 않음).
- ISO 27701은 조직이 보안 위협을 줄이기 위해 채택할 수 있는 조치를 제공한다(GDPR은 요구사항을 식별 및 정의하고, ISO 27701은 이에 대한 구현 방안을 제공).
- ISO 27701 준수가 GDPR 준수와 동일하지는 않지만 조직이 ISO 27701을 준수한다면 GDPR 준수에 있어 유리하고, 상당한 수준을 보장할 수 있다.
- ISO 27701과 GDPR을 함께 적용하면 조직에서 수집한 개인정보와 데이터를 보호할 수 있는 강력한 조치를 개발할 수 있다.

| Section 02 | ISO 27701과 GDPR의 연계

1 ISO 27701과 GDPR의 조항간 연계

:: 관련 조항간 현황

- 다음은 ISO 27701의 각 조항과 GDPR의 제5조에서 제49조 사이의 조항간 매핑(Mapping) 현황으로 GDPR의 제43조(인증 기관, Certification bodies)를 제외한 대부분의 조항이 ISO 27701 조항과 연관이 있다.
- ISO 27701에서 각 조항의 요구사항과 통제를 적용 및 이행하는 것은 GDPR의 의무 이행과 관련성이 있으며, GDPR의 이행 방법을 제시할 수 있다.
- GDPR을 준수해야 하는 조직은 ISO 27701 인증을 획득하기 위하여 프라이버시 경영시스템을 구축 및 운영함에 따른 개인정보보호 활동과 결과의 작성으로 GDPR의 법적 의무사항 이행 및 이행에 대한 증거를 유지하는 데 도움이 된다.

ISO 27701 조항(Clause)		GDPR 조항(Article)	
5.2.1	조직과 상황에 대한 이해(Understanding the organization and its context)	Article 24.3	개인정보처리자의 책임(Responsibility of the controller)
		Article 25.3	설계 및 기본 설정에 의한 개인정보보호 (Data protection by design and by default)
		Article 28.5, 28.6, 28.10	수탁 처리자(Processor)
		Article 32.3	처리 보안(Security of processing)
		Article 40	행동강령(Codes of conduct)
		Article 41	승인된 행동강령의 모니터링(Monitoring of approved codes of conduct)
		Article 42	인증(Certification)
5.2.2	이해 관계자의 요구와 기대에 대한 이해(Understanding the needs and expectations of interested parties)	Article 31	감독 기관과의 협력(Cooperation with the supervisory authority)
		Article 35.9	개인정보보호 영향 평가(Data protection impact assessment)
		Article 36	사전 자문(Prior consultation)

ISO 27701 조항(Clause)		GDPR 조항(Article)	
5.2.3	정보보안 경영시스템의 범위 결정(Determining the scope of the information security management system)	Article 32.2	처리의 보안(Security of processing)
5.2.4	정보보안 경영시스템((Information security management system)	Article 32.2	처리의 보안(Security of processing)
5.4.1.2	정보보안 위험 평가(Information security risk assessment)	Article 32.1.(b), 32.2	처리의 보안(Security of processing)
5.4.1.3	정보보안 위험 처리(Information security risk treatment)	Article 32.1.(b), 32.2	처리의 보안(Security of processing)
6.2.1.1	정보보안을 위한 정책(Policies for information security)	Article 24.2	개인정보처리자의 책임(Responsibility of the controller)
6.3.1.1	정보보안 역할과 책임(Information security roles and responsibilities)	Article 27	유럽연합에 설립되지 않은 개인정보처리자 또는 수탁 처리자의 대리인(Representatives of controllers or processors not established in the Union)
		Article 37	개인정보보호 담당관의 지정(Designation of the data protection officer)
		Article 38	개인정보보호 담당관의 지위(Position of the data protection officer)
		Article 39	개인정보보호 담당관의 업무(Tasks of the data protection officer)
6.3.2.1	모바일 기기 정책(Mobile device policy)	Article 5.1.(f)	개인정보 처리 원칙(Principles relating to processing of personal data)
6.4.2.2	정보보안 인식, 교육, 훈련(Information security awareness, education and training)	Article 39.1.(b)	개인정보보호 담당관의 업무(Tasks of the data protection officer)
6.5.2.1	정보 등급 분류(Classification of information)	Article 5.1.(f)	개인정보 처리 원칙(Principles relating to processing of personal data)
		Article 32.2	처리의 보안(Security of processing)
6.5.2.2	정보 표식(Labelling of information)	Article 5.1.(f)	개인정보 처리 원칙(Principles relating to processing of personal data)
6.5.3.1	이동식 매체 관리(Management of removable media)	Article 5.1.(f)	개인정보 처리 원칙(Principles relating to processing of personal data)
		Article 32.1.(a)	처리의 보안(Security of processing)

ISO 27701 조항(Clause)		GDPR 조항(Article)	
6.5.3.2	매체 폐기(Disposal of media)	Article 5.1.(f)	개인정보 처리 원칙(Principles relating to processing of personal data)
6.5.3.3	물리적 매체 이송(Physical media transfer)	Article 5.1.(f)	개인정보 처리 원칙(Principles relating to processing of personal data)
		Article 32.1.(a)	처리의 보안(Security of processing)
6.6.2.1	사용자 등록 및 해지(User registration and de-registration)	Article 5.1.(f)	개인정보 처리 원칙(Principles relating to processing of personal data)
6.6.2.2	사용자 접근 권한 설정(User access provisioning)	Article 5.1.(f)	개인정보 처리 원칙(Principles relating to processing of personal data)
6.6.4.2	안전한 로그인 절차(Secure log-on procedures)	Article 5.1.(f)	개인정보 처리 원칙(Principles relating to processing of personal data)
6.7.1.1	암호 통제 사용 정책(Policy on the use of cryptographic controls)	Article 32.1.(a)	처리의 보안(Security of processing)
6.8.2.7	장비 안전 폐기 또는 재사용(Secure disposal or re-use of equipment)	Article 5.1.(f)	개인정보 처리 원칙(Principles relating to processing of personal data)
6.8.2.9	책상 정리 및 화면 보호 정책(Clear desk and clear screen policy)	Article 5.1.(f)	개인정보 처리 원칙(Principles relating to processing of personal data)
6.9.3.1	정보 백업(Information backup)	Article 5.1.(f)	개인정보 처리 원칙(Principles relating to processing of personal data)
		Article 32.1.(c)	처리의 보안(Security of processing)
6.9.4.1	이벤트 로그 기록(Event logging)	Article 5.1.(f)	개인정보 처리 원칙(Principles relating to processing of personal data)
6.9.4.2	로그 정보 보호(Protection of log information)	Article 5.1.(f)	개인정보 처리 원칙(Principles relating to processing of personal data)
6.10.2.1	정보 전송 정책 및 절차(Information transfer policies and procedures)	Article 5.1.(f)	개인정보 처리 원칙(Principles relating to processing of personal data)
6.10.2.4	기밀 유지 협약 또는 비밀 유지 서약(Confidentiality or non-disclosure agreements)	Article 5.1.(f)	개인정보 처리 원칙(Principles relating to processing of personal data)
		Article 28.3.(b)	수탁 처리자(Processor)
		Article 38.5	개인정보보호 담당관의 지위(Position of the data protection officer)
6.11.1.2	공중망 응용 서비스 보안(Securing application services on public networks)	Article 5.1.(f)	개인정보 처리 원칙(Principles relating to processing of personal data)
		Article 32.1.(a)	처리의 보안(Security of processing)

ISO 27701 조항(Clause)		GDPR 조항(Article)	
6.11.2.1	개발 보안 정책(Secure development policy)	Article 25.1	설계 및 기본 설정에 의한 개인정보보호(Data protection by design and by default)
6.11.2.5	보안 시스템 공학 원칙(Secure systems engineering principles)	Article 25.1	설계 및 기본 설정에 의한 개인정보보호(Data protection by design and by default)
6.11.3.1	시험 데이터 보호(Protection of test data)	Article 5.1.(f)	개인정보 처리 원칙(Principles relating to processing of personal data)
6.12.1.2	공급자 협약 내 보안 명시(Addressing security within supplier agreements)	Article 5.1.(f)	개인정보 처리 원칙(Principles relating to processing of personal data)
		Article 28.1, 28.3	수탁 처리자(Processor)
		Article 30.2.(d)	처리 활동의 기록(Records of processing activities)
		Article 32.1.(b)	처리의 보안(Security of processing)
6.13.1.1	책임 및 절차(Responsibilities and procedures)	Article 5.1.(f)	개인정보 처리 원칙(Principles relating to processing of personal data)
		Article 33	감독 기관에 대한 개인정보 침해 통지(Notification of a personal data breach to the supervisory authority)
		Article 34	개인정보 주체에 대한 개인정보 침해 통지(Communication of a personal data breach to the data subject)
6.13.1.5	정보보안 사고 대응(Response to information security incidents)	Article 33	감독 기관에 대한 개인정보 침해 통지(Notification of a personal data breach to the supervisory authority)
		Article 34.1, 34.2	개인정보 주체에 대한 개인정보 침해 통지(Communication of a personal data breach to the data subject)
6.15.1.1	적용 법규 및 계약 요구사항 식별(Identification of applicable legislation and contractual requirements)	Article 5.1.(f)	개인정보 처리 원칙(Principles relating to processing of personal data)
		Article 28.1, 28.3	수탁 처리자(Processor)
		Article 30.2.(d)	처리 활동의 기록(Records of processing activities)
		Article 32.1.(b)	처리의 보안(Security of processing)

ISO 27701 조항(Clause)		GDPR 조항(Article)	
6.15.1.3	기록 보호(Protection of records)	Article 5.2	개인정보 처리 원칙(Principles relating to processing of personal data)
		Article 24.2	개인정보처리자의 책임(Responsibility of the controller)
6.15.2.1	정보보안 독립적 검토(Independent review of information security)	Article 32.1.(d), 32.2	처리의 보안(Security of processing)
6.15.2.3	기술 준거성 검토(Technical compliance review)	Article 32.1.(d), 32.2	처리의 보안(Security of processing)
7.2.1	식별 및 문서화 목적(Identify and document purpose)	Article 5.1.(b)	개인정보 처리 원칙(Principles relating to processing of personal data)
		Article 32.4	처리의 보안(Security of processing)
7.2.2	합법적 근거 식별(Identify lawful basis)	Article 5.1.(a)	개인정보 처리 원칙(Principles relating to processing of personal data)
		Article 6	처리의 적법성(Lawfulness of processing)
		Article 8.3	정보사회 서비스와 관련하여 아동의 동의에 적용되는 조건(Conditions applicable to child's consent in relation to information society services)
		Article 9	특정 범주의 개인정보 처리(Processing of special categories of personal data)
		Article 17.3	삭제권(잊혀질 권리)(Right to erasure (right to be forgotten))
		Article 18.2	처리에 대한 제한권(Right to restriction of processing)
		Article 22.2, 22.4	프로파일링 등 자동화된 개별 의사결정(Automated individual decision-making, including profiling)
7.2.3	동의 시점과 동의 방법 결정(Determine when and how consent is to be obtained)	Article 8.1, 8.2	정보사회 서비스와 관련하여 아동의 동의에 적용되는 조건(Conditions applicable to child's consent in relation to information society services)
7.2.4	동의 획득 및 기록(Obtain and record consent)	Article 7.1, 7.2	동의의 조건(Conditions for consent)
		Article 9.2.(a)	특정 범주의 개인정보 처리(Processing of special categories of personal data)

ISO 27701 조항(Clause)		GDPR 조항(Article)	
7.2.5	개인정보 영향 평가(Privacy impact assessment)	Article 35	개인정보보호 영향 평가(Data protection impact assessment)
		Article 36	사전 자문(Prior consultation)
7.2.6	PII 프로세서와의 계약(Contracts with PII processors)	Article 5.2	개인정보 처리 원칙(Principles relating to processing of personal data)
		Article 28.3.(e), 28.9	수탁 처리자(Processor)
7.2.7	공동 PII 컨트롤러(Joint PII controller)	Article 26	공동 개인정보처리자(Joint controllers)
7.2.8	PII 처리 관련 기록(Records related to processing PII)	Article 5.2	개인정보 처리 원칙(Principles relating to processing of personal data)
		Article 24.1	개인정보처리자의 책임(Responsibility of the controller)
		Article 30.1, 30.3, 30.4, 30.5	처리 활동의 기록(Records of processing activities)
7.3.1	PII 주체에 대한 의무 결정 및 이행(Determining and fulfilling obligations to PII principals)	Article 12.2	개인정보 주체의 권리 행사를 위한 투명한 정보, 통지 및 형식(Transparent information, communication and modalities for the exercise of the rights of the data subject)
7.3.2	PII 주체에 대한 정보 결정 (Determining information for PII principals)	Article 11	신원 확인을 하지 않는 개인정보의 처리(Processing which does not require identification)
		Article 13	개인정보가 개인정보 주체로부터 수집되는 경우 제공되는 정보(Information to be provided where personal data are collected from the data subject)
		Article 14	개인정보가 개인정보 주체로부터 수집되지 않는 경우 제공되는 정보(Information to be provided where personal data have not been obtained from the data subject)
		Article 15	개인정보 주체의 열람권(Right of access by the data subject)
		Article 18.3	처리에 대한 제한권(Right to restriction of processing)
		Article 21.4	반대할 권리(Right to object)

ISO 27701 조항(Clause)		GDPR 조항(Article)	
7.3.3	PII 주체에게 정보 제공(Providing information to PII principals)	Article 11.2	신원 확인을 하지 않는 개인정보의 처리(Processing which does not require identification)
		Article 12.1, 12.7	개인정보 주체의 권리 행사를 위한 투명한 정보, 통지 및 형식(Transparent information, communication and modalities for the exercise of the rights of the data subject)
		Article 13.3	개인정보가 개인정보 주체로부터 수집되는 경우 제공되는 정보(Information to be provided where personal data are collected from the data subject)
		Article 21.4	반대할 권리(Right to object)
7.3.4	동의 수정 또는 철회 메커니즘 제공(Providing mechanism to modify or withdraw consent)	Article 7.3	동의 조건(Conditions for consent)
		Article 13.2.(c)	개인정보가 개인정보 주체로부터 수집되는 경우 제공되는 정보(Information to be provided where personal data are collected from the data subject)
		Article 14.2.(d)	개인정보가 개인정보 주체로부터 수집되지 않는 경우 제공되는 정보(Information to be provided where personal data have not been obtained from the data subject)
		Article 18.1	처리에 대한 제한권(Right to restriction of processing)
7.3.5	PII 처리 거부 메커니즘 제공(Providing mechanism to object to PII processing)	Article 13.2.(b)	개인정보가 개인정보 주체로부터 수집되는 경우 제공되는 정보(Information to be provided where personal data are collected from the data subject)
		Article 14.2.(c)	개인정보가 개인정보 주체로부터 수집되지 않는 경우 제공되는 정보(Information to be provided where personal data have not been obtained from the data subject)
		Article 21	반대할 권리(Right to object)

ISO 27701 조항(Clause)		GDPR 조항(Article)	
7.3.6	열람, 수정, 삭제(Access, correction and/or erasure)	Article 5.1.(d)	개인정보 처리 원칙(Principles relating to processing of personal data)
		Article 13.2.(b)	개인정보가 개인정보 주체로부터 수집되는 경우 제공되는 정보(Information to be provided where personal data are collected from the data subject)
		Article 14.2.(c)	개인정보가 개인정보 주체로부터 수집되지 않는 경우 제공되는 정보(Information to be provided where personal data have not been obtained from the data subject)
		Article 16	정정권(Right to rectification)
		Article 17.1, 17.2	삭제권(잊혀질 권리)(Right to erasure (right to be forgotten))
7.3.7	제3자에게 알리는 PII 컨트롤러의 의무(PII controllers' obligations to inform third parties)	Article 19	개인정보의 정정이나 삭제 또는 처리 제한에 관한 고지 의무(Notification obligation regarding rectification or erasure of personal data or restriction of processing)
7.3.8	가공된 PII 사본 제공(Providing copy of PII processed)	Article 15.3, 15.4	개인정보 주체의 열람권(Right of access by the data subject)
		Article 20	개인정보 이전권(Right to data portability)
7.3.9	요청 처리(Handling requests)	Article 12.3, 12.4, 12.5, 12.6	개인정보 주체의 권리 행사를 위한 투명한 정보, 통지 및 형식(Transparent information, communication and modalities for the exercise of the rights of the data subject)
		Article 15.1	개인정보 주체의 열람권(Right of access by the data subject)
7.3.10	자동화된 의사결정 (Automated decision making)	Article 13.2.(f)	개인정보가 개인정보 주체로부터 수집되는 경우 제공되는 정보(Information to be provided where personal data are collected from the data subject)
		Article 14.2.(g)	개인정보가 개인정보 주체로부터 수집되지 않는 경우 제공되는 정보(Information to be provided where personal data have not been obtained from the data subject)
		Article 22.1, 22.3	프로파일링 등 자동화된 개별 의사결정 (Automated individual decision-making, including profiling)

ISO 27701 조항(Clause)		GDPR 조항(Article)	
7.4.1	수집 제한(Limit collection)	Article 5.1.(b)/(c)	개인정보 처리 원칙(Principles relating to processing of personal data)
7.4.2	처리 제한(Limit processing)	Article 25.2	설계 및 기본 설정에 의한 개인정보보호(Data protection by design and by default)
7.4.3	정확성과 품질(Accuracy and quality)	Article 5.1.(d)	개인정보 처리 원칙(Principles relating to processing of personal data)
7.4.4	PII 최소화 목표(PII minimization objectives)	Article 5.1.(c)/(e)	개인정보 처리 원칙(Principles relating to processing of personal data)
7.4.5	처리 종료 시 PII 비식별 및 삭제(PII de-identification and deletion at the end of processing)	Article 5.1.(c)/(e)	개인정보 처리 원칙(Principles relating to processing of personal data)
		Article 6.4.(e)	처리의 적법성(Lawfulness of processing)
		Article 11.1	신원 확인을 하지 않는 개인정보의 처리(Processing which does not require identification)
		Article 32.1.(a)	처리의 보안(Security of processing)
7.4.6	임시 파일(Temporary files)	Article 5.1.(c)	개인정보 처리 원칙(Principles relating to processing of personal data)
7.4.7	보유(Retention)	Article 13.2.(a)	개인정보가 개인정보 주체로부터 수집되는 경우 제공되는 정보(Information to be provided where personal data are collected from the data subject)
		Article 14.2.(a)	개인정보가 개인정보 주체로부터 수집되지 않는 경우 제공되는 정보(Information to be provided where personal data have not been obtained from the data subject)
7.4.8	폐기(Disposal)	Article 5.1.(f)	개인정보 처리 원칙(Principles relating to processing of personal data)
7.4.9	PII 전송 통제(PII transmission controls)	Article 5.1.(f)	개인정보 처리 원칙(Principles relating to processing of personal data)

ISO 27701 조항(Clause)		GDPR 조항(Article)	
7.5.1	관할지간 PII 전송 근거 식별(Identify basis for PII transfer between jurisdictions)	Article 15.2	개인정보 주체의 열람권(Right of access by the data subject)
		Article 30.1.(e)	처리 활동의 기록(Records of processing activities)
		Article 44	이전을 위한 통칙(General principle for transfers)
		Article 45	적정성 결정에 따른 이전(Transfers on the basis of an adequacy decision)
		Article 46	적정한 안전 조치에 의한 이전(Transfers subject to appropriate safeguards)
		Article 47	의무적 기업 규칙(Binding corporate rules)
		Article 48	유럽연합 법률로 승인되지 않은 정보의 이전 또는 제공(Transfers or disclosures not authorized by Union law)
		Article 49	특정 상황에 대한 적용의 일부 제외(Derogations for specific situations)
7.5.2	PII 양도할 수 있는 국가 및 국제 조직(Countries and international organizations to which PII can be transferred)	Article 15.2	개인정보 주체의 열람권(Right of access by the data subject)
		Article 30.1.(e)	처리 활동의 기록(Records of processing activities)
7.5.3	PII 이전의 기록(Records of transfer of PII)	Article 30.1.(e)	처리 활동의 기록(Records of processing activities)
7.5.4	제3자에게 PII 공개 기록(Records of PII disclosure to third parties)	Article 30.1.(d)	처리 활동의 기록(Records of processing activities)
8.2.1	고객 계약(Customer agreement)	Article 28.3.(e)/(f), 28.9	수탁 처리자(Processor)
		Article 35.1	개인정보보호 영향 평가(Data protection impact assessment)
8.2.2	조직의 목적 (Organization's purposes)	Article 5.1.(a)/(b)	개인정보 처리 원칙(Principles relating to processing of personal data)
		Article 28.3.(a)	수탁 처리자(Processor)
		Article 29	개인정보처리자 및 수탁 처리자의 권한에 따른 처리(Processing under the authority of the controller or processor)
		Article 32.4	처리의 보안(Security of processing)

ISO 27701 조항(Clause)		GDPR 조항(Article)	
8.2.3	마케팅 및 광고 이용(Marketing and advertising use)	Article 7.4	동의의 조건(Conditions for consent)
8.2.4	침해 통지(Infringing instruction)	Article 28.3.(h)	수탁 처리자(Processor)
8.2.5	고객 의무(Customer obligations)	Article 28.3.(h)	수탁 처리자(Processor)
8.2.6	PII 처리 관련 기록(Records related to processing PII)	Article 30.2.(a)/(b), 30.3, 30.4, 30.5	처리 활동의 기록(Records of processing activities)
8.3.1	PII 주체에 대한 의무(Obligations to PII principals)	Article 15.3	개인정보 주체의 열람권(Right of access by the data subject)
8.3.1	PII 주체에 대한 의무(Obligations to PII principals)	Article 17.2	삭제권(잊혀질 권리)(Right to erasure (right to be forgotten))
8.3.1	PII 주체에 대한 의무(Obligations to PII principals)	Article 28.3.(e)	수탁 처리자(Processor)
8.4.1	임시 파일(Temporary files)	Article 5.1.(c)	개인정보 처리 원칙(Principles relating to processing of personal data)
8.4.2	PII의 반환, 이전 또는 처분(Return, transfer or disposal of PII)	Article 28.3.(g)	수탁 처리자(Processor)
8.4.2	PII의 반환, 이전 또는 처분(Return, transfer or disposal of PII)	Article 30.1.(f)	처리 활동의 기록(Records of processing activities)
8.4.3	PII 전송 통제(PII transmission controls)	Article 5.1.(f)	개인정보 처리 원칙(Principles relating to processing of personal data)
8.5.1	관할지간 PII 이전의 근거(Basis for PII transfer between jurisdictions)	Article 44	이전을 위한 일반 원칙(General principle for transfers)
8.5.1	관할지간 PII 이전의 근거(Basis for PII transfer between jurisdictions)	Article 46	적정한 안전 조치에 의한 이전(Transfers subject to appropriate safeguards)
8.5.1	관할지간 PII 이전의 근거(Basis for PII transfer between jurisdictions)	Article 48	유럽연합 법률로 승인되지 않은 정보의 이전 또는 제공(Transfers or disclosures not authorized by Union law)
8.5.1	관할지간 PII 이전의 근거(Basis for PII transfer between jurisdictions)	Article 49	특정 상황에 대한 적용의 일부 제외(Derogations for specific situations)
8.5.2	PII를 양도할 수 있는 국가 및 국제 조직(Countries and international organizations to which PII can be transferred)	Article 30.2.(c)	처리 활동의 기록(Records of processing activities)

ISO 27701 조항(Clause)		GDPR 조항(Article)	
8.5.3	제3자에게 공개된 PII 기록(Records of PII disclosure to third parties)	Article 30.1.(d)	처리 활동의 기록(Records of processing activities)
8.5.4	PII 공개 요청 알림(Notification of PII disclosure requests)	Article 28.3.(a)	수탁 처리자(Processor)
8.5.5	법적 구속력이 있는 PII 공개(Legally binding PII disclosures)	Article 48	유럽연합 법률로 승인되지 않은 정보의 이전 또는 제공(Transfers or disclosures not authorized by Union law)
8.5.6	PII를 처리하는 데 활용되는 하청 업체 공개(Disclosure of subcontractors used to process PII)	Article 28.2, 28.4	수탁 처리자(Processor)
8.5.7	PII를 처리하기 위한 하도급 계약(Engagement of a subcontractor to process PII)	Article 28.2, 28.3.(d)	수탁 처리자(Processor)
8.5.8	PII 처리를 위한 하청 업체 변경(Change of subcontractor to process PII)	Article 28.2	수탁 처리자(Processor)

• Chapter •

04 국제표준 ISO 27017 클라우드 정보보안 실무

| Section 01 | 정보보안 경영시스템의 클라우드 정보보안

1 클라우드 서비스 보안의 이해

:: 클라우드 위험 관리의 원칙 및 기준

- 클라우드 컴퓨팅 환경에서는 클라우드 서비스 이용자의 데이터가 클라우드 서비스에 의해 저장, 전송, 처리되므로 이용자의 업무 프로세스는 클라우드 서비스의 정보보안에 의존한다.
- 클라우드 서비스에 충분한 통제가 없다면 서비스 이용자는 자신의 정보보안에 각별한 주의가 필요하다.
- 클라우드 컴퓨팅 환경의 정보보안과 온프레미스 환경의 정보보안에서 가장 큰 차이는 클라우드 서비스 이용자와 제공자간 책임 공유 모델에 대한 부분인데 온프레미스 환경에서 정보보안의 역할은 모두 이용자의 영역이지만 클라우드 컴퓨팅 환경에서는 서비스 모델 및 특성에 따라 클라우드 서비스 이용자와 제공자간 정보보안의 역할과 책임이 나눠진다(역할과 책임이 공유되는 것).
- 공급자와 관계를 맺기 전에 클라우드 서비스 이용자는 자신에게 필요한 정보보안의 요구사항과 서비스에 따라 정보보안 기능 및 서비스 차이(Gap)를 고려하여 클라우드 서비스를 선택한다.
- 클라우드 서비스를 선택한 후 클라우드 서비스 이용자는 자신의 정보보안 요구사항을 충족할 수 있도록 클라우드 서비스 이용을 관리하고, 클라우드 서비스 제공자는 클라우드 서비스 이용자의 정보보안 요구사항을 충족하는데 필요한 정보와 기술을 지원한다.
- 클라우드 서비스 제공자의 정보보안 통제가 미리 정해져서 서비스 이용자가 이를 변경할 수 없는 경우 클라우드 서비스 이용자는 위험을 줄이기 위해 추가적인 통제를 직접 구현할 수도 있다.
- 클라우드 서비스 이용자와 클라우드 서비스 제공자는 정보보안의 위험 관리 절차를 준비하되 클라우드 컴퓨팅 환경에서 위험 관리 활동은 클라우드 서비스 이용자뿐만 아니라 제공자도 같이 수행해야 한다.

- 클라우드 컴퓨팅은 네트워킹 시스템의 확장성과 탄력성, 자원 공유, 셀프서비스 프로비저닝, 온디맨드 관리, 여러 사법권의 서비스 프로비저닝, 통제 구현의 제한된 가시성 등으로 생기는 위협과 취약성을 포함한 고유의 위험원을 갖는다.
- 클라우드 컴퓨팅 환경에서의 위험 관리는 기존 온프레미스 환경에서 고려하지 않았던 클라우드 컴퓨팅 서비스의 특징이 추가로 고려된다.

클라우드의 주요 보안 위협

- 클라우드 서비스에 대한 보안 위협은 주체와 관점에 따라 다양하게 분류될 수 있으며 NIST, 가트너, CSA(Cloud Security Alliance), UC Berkely 등에서 클라우드 보안 위협에 대해 발표한 바 있다.
- 클라우드 보안 위협의 연구는 현재 CSA를 중심으로 이루어지고 있으며, 클라우드 서비스의 도입 및 이용이 활성화됨에 따라 보안 위협의 종류도 점차 늘어나고 있다.
- 다음은 CSA에서 제시하는 클라우드 서비스의 보안 위협에 대한 내용이다.

구분	주요 내용
데이터 유출	• 잘못된 인증 및 인가로 인한 데이터 유출 • 공격자의 목표는 조직 데이터 • 데이터 접근 권한이 있는 사람을 식별하는 일은 데이터를 보호하는 데 중요 • 인터넷을 통해 접근이 가능한 데이터는 잘못된 보안 설정이나 탈취 공격에 매우 취약 • 클라우드 서비스에서 사고가 발생할 수 있음을 염두하고 사고 대응 계획을 마련
잘못된 설정과 부적절한 변경 관리	• 잘못된 보안 설정으로 인해 발생하는 에러는 대부분 변경 설정 프로세스가 제대로 갖춰지지 않아서 발생 • 클라우드 기반 자원의 복잡도로 인해 인프라 구성의 한계 • 기존 제어 방식 및 변경 관리 기법이 클라우드에서 효과적일지는 미정 • 잘못 설정된 리소스를 계속 검사하는 자동화 및 기술 활용
클라우드 보안 아키텍처 및 전략 미흡	• 클라우드 기반의 보안 아키텍처 및 프레임워크 수립과 실행 • 클라우드 기반의 위협 모델 최신화 • 모니터링 역량을 지속적으로 구축
신분, 크리덴셜, 접근, 키 관리 불충분	• 비즈니스 요구사항과 최소 권한 원칙에 의한 분리 및 접근 권한 관리 • 이중 인증 등 다중 인증(MFA)을 사용하여 계정 보호 • 클라우드에 접근 가능한 신원을 엄격하게 통제(루트 계정 사용을 제한) • 사용되지 않는 크리덴셜과 접근 권한 제거
계정 하이재킹(탈취)	• 계정 유출 및 도난 주의 • 계정 크리덴셜이 탈취되었을 때 비밀번호만 바꾸지 말고 근본적인 원인을 해결 • 심층 방어 기법 및 IAM(Identity Access Management) 관리

내부자 위협	• 임직원 및 계약업체 직원의 부주의로 잘못된 인증 • 클라우드 서버를 잘못 구성하거나, 민감한 데이터를 개인 기기에 저장하거나, 피싱 이메일에 속는 등의 행위 • 데이터와 시스템을 보호할 수 있도록 직원들에게 올바른 교육을 주기적으로 실시 • 구성이 잘못된 클라우드 서버는 규칙적인 감사를 통해 수정 • 중요한 시스템은 액세스를 제한하고, 접근 권한에 대한 지속적인 검토
불안전한 인터페이스 및 API	• 유저 인터페이스와 관련된 경우 공격자는 API의 취약점을 이용해 사용자나 직원의 크리덴셜을 탈취할 수 있음 • API와 사용자 인터페이스는 시스템에서 가장 많이 노출된 지점이라는 것을 이해하고, 설계에 의한 보안(Security by Design) 접근법 적용을 권고 • 인벤토리 감독, 테스팅, 감사, 비정상적 활동 감지 등 우수한 API 관행을 적용
취약한 제어 영역	• 인프라 논리, 보안, 검증을 완전하게 통제 및 관리하지 못할 때 제어 영역이 취약 • 제어를 담당하고 있는 이들은 보안 구성, 데이터 흐름, 아키텍처의 맹점과 약점을 이해할 필요가 있음 • 클라우드 서비스 제공자의 관점에서 서비스 제어 방안 검토
클라우드 사용의 가시성 제한	• 클라우드 환경에서 악성 활동을 탐지 및 예방하는데 필요한 데이터가 대부분 감추어져 있는 점에 유의 • 보안 솔루션을 통해 위협 가시성 확보(아웃바운드 및 인바운드 연결 분석 등)
클라우드 서비스 오용 및 악용	• 서비스 오용 및 악용 모니터링(깃허브(Github) 사이트에 위장된 악성 코드를 호스팅, 디도스 공격을 실시, 피싱 이메일을 전송, 암호화 화폐를 채굴, 클릭 사기를 시도, 브루트 포스 공격 등으로 크리덴셜을 탈취) • 직원들이 클라우드를 오용 및 악용하고 있는지 모니터링 실시 • 데이터 손실 방지(DLP) 솔루션을 이용해 데이터 유출을 탐지 및 방지

:: 보안 멀티테넌시(Secure Multi-tenancy)

- 클라우드 서비스에서 멀티태넌시는 동일한 자원을 동시에 여러 이용자가 사용하는 것으로 클라우드 서비스 제공자가 구축 및 운영 중인 네트워크, 보안 등의 플랫폼과 서비스를 많은 이용자들이 동시에 사용하는 환경을 의미한다.
- 초기 클라우드 서비스의 특징은 하나의 자원을 서로 다른 많은 이용자들이 사용하는 것으로 기존에 자신만의 자원을 직접 구축 및 운영하던 이용자들은 다른 이용자와 인프라 등을 함께 사용하는 것에 따른 거부감과 보안상 취약할 것이라는 보수적 개념을 가지고 있었다.
- 보안 멀티테넌시 개념을 통해 물리적 자원을 공동 사용하는 이용자마다 완벽한 End-to-End의 격리성을 보장함으로써 기존의 구축 운영 환경과 동일한 수준의 통제를 제공하여 공유 인프라에 대한 위험을 최소화하였다.

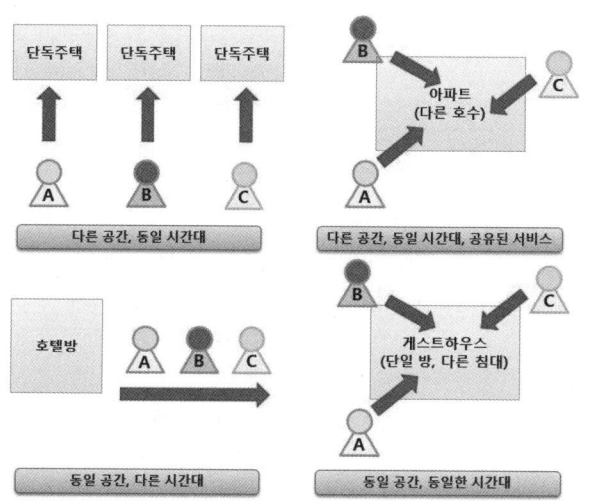
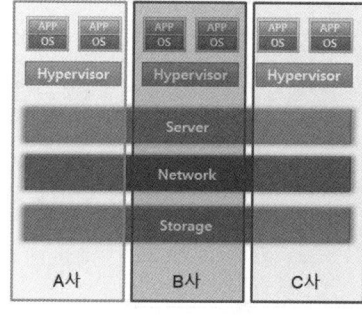

:: 기존 서비스 환경과 클라우드 서비스 환경의 차이

- 기존 서비스 환경인 온프레미스(On-Promise) 환경과 클라우드 서비스 환경은 보안 업무의 수행 주체, 아키텍처, 인프라 구성 및 운영, 계정 및 권한 관리, 보안 사고 대응 체계 등 정보보안의 요소와 영역에서 많은 차이점이 있다.
- 온프레미스와 클라우드 서비스의 차이점을 인지하고, 이를 고려한 경영시스템 구축 및 운영, 보안 아키텍처의 설계, 통제의 선정 및 적용 등이 되지 않을 경우는 보안 위협에 노출된다.
- 실제 CSA가 발표한 클라우드 보안의 위협 중 클라우드 보안 아키텍처 및 전략 미흡, 잘못된 설정과 부적절한 변경 관리 등은 클라우드 서비스가 기존 서비스 환경과의 다름을 정확히 이해하지 못하여 발생할 수 있는 위협으로 볼 수 있다.
- 다음은 기존 서비스 환경과 클라우드 서비스 환경과의 대표적인 차이점이다.

구분	On-Promise	Cloud Service
보안 업무 범위	물리적인 영역을 포함한 서비스 전체의 보안 영역	물리적인 보안을 제외한 서비스 영역(서비스 유형에 따라 달라짐)
계약 및 SLA	• B to B 계약 • 서비스 전체에 대한 SLA	• B to B 또는 B to C 계약 • 서비스 전체에 대한 SLA 또는 서비스별 SLA
아키텍처	물리적인 공간에서 단일 아키텍처 설계	가상의 논리적인 환경에서 단일 또는 멀티 아키텍처 설계
자산 관리	물리적인 자산 식별 및 관리	• 가상 자원에 대한 식별 및 관리 • 이용자가 생성한 자산 • 클라우드 서비스에서 제공받은 자산

구분		
네트워크 접근 통제	HW 형태의 보안 솔루션을 통한 접근 통제	• SW 형태의 솔루션을 이용한 접근 통제 • 클라우드 서비스에서 제공하는 네트워크 가상화를 통한 접근 통제
보안 솔루션 구축	• HW 형태의 네트워크 보안 솔루션 및 Host 보안 솔루션 • HW 형태의 DDoS 보안 솔루션, ISP 제공 DDoS 차단 서비스, CDN 업체 서비스	• SW 형태의 네트워크 보안 솔루션 및 Host 보안 솔루션 • SW 형태의 DDoS 보안 솔루션, 클라우드 서비스 제공, DDoS 차단 서비스, Auto Scaling
계정 및 권한 관리	OS 접속에 대한 권한 관리	• 가상 자원 생성 및 사용에 대한 권한 관리 • OS 접속에 대한 권한 관리
서버(OS) 보안	설치된 OS, Web, WAS, DBMS에 대한 보안	• OS, Web, WAS, DBMS 등 대상은 동일 • 배포 현황에 따라 범위가 달라짐(전체 서버 또는 표준 이미지)
암호화 및 키 관리	• 저장 시 암호화 및 전송 구간 암호화 • 별도의 키 관리 서버 구축	• 저장 및 전송 구간 암호화 • 별도의 키 관리 서버 구축 또는 클라우드 서비스 제공의 키 관리 서비스 이용
취약점 점검	인프라, 애플리케이션 취약점 점검	• 인프라, 애플리케이션 취약점 점검 • 가상 자원의 사용 권한 점검 • HW Appliance 자체 취약점 점검 제외
침해사고 대응	고정 IP 사용으로 책임 추적 및 이력 관리 가능	• 유동 IP 사용으로 별도의 책임 추적 및 이력 관리 방안 마련 • IP 기반 서비스에서 Domain 기반 서비스로 전환
보안 관제 및 모니터링	침입 및 정보 유출에 대한 모니터링	• 침입 및 정보 유출에 대한 모니터링 • 가상 자산의 생성, 변경, 삭제 등 가용성에 대한 모니터링
재해 복구	별도의 물리적인 복구 시스템 구축	클라우드 서비스 제공 복구 시스템 활용

2 클라우드 보안의 특징

:: 클라우드 컴퓨팅의 책임 공유 모델

- 클라우드 서비스 제공자와 이용자가 보안에 대한 책임을 공유하는 것으로 IaaS 서비스의 경우 클라우드 컴퓨팅 서비스 제공자는 물리적인 인프라(Compute, Storage, DB, Network 등)에 대한 보안 책임을 지고, 이용자는 자신이 생성, 운영하는 가상 자원(서버/DB/애플리케이션 운영, 네트워크 접근 통제, 데이터 등)에 대한 보안 책임을 진다.
- 책임 공유(Shared Responsibility) 모델은 이용자가 사용하는 클라우드 서비스의 유형에 따라 이용자와 제공자의 역할 범위가 달라질 수 있다(제공자가 제시하는 보안 역할도 사업자별로

달라질 수 있으므로 클라우드 서비스 이용자는 제공자가 제공하는 역할의 면밀한 검토를 통해 역할과 책임을 명확히 한 후 서비스를 이용).

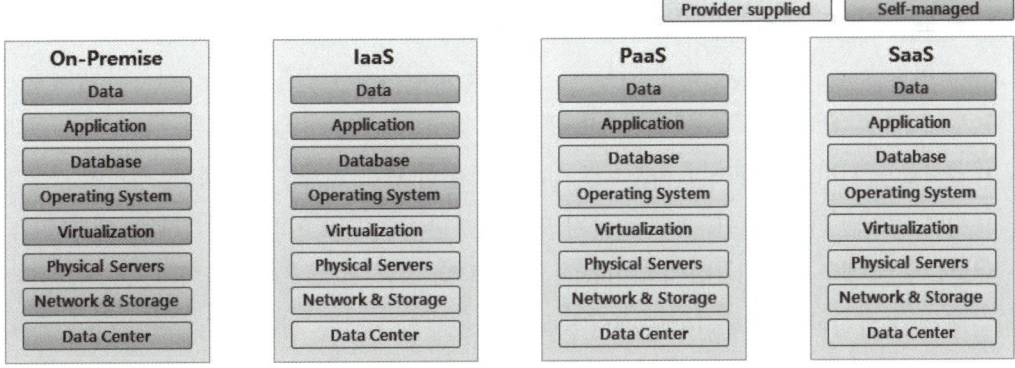

- 다음은 대표적인 클라우드 서비스 제공자인 아마존(Amazon)의 AWS 서비스와 MS의 Azure 서비스에서 제시하는 클라우드 컴퓨팅의 책임 공유 모델이다. (출처 : Amazon, Microsoft 홈페이지)

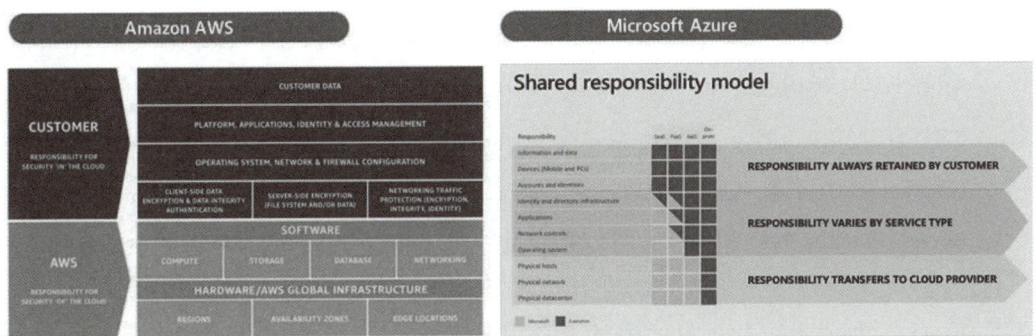

:: 클라우드 서비스 이용자와 제공자의 관계

- 클라우드 컴퓨팅 환경에서는 클라우드 서비스 이용자의 데이터가 클라우드 서비스에 의해 저장, 전송, 처리된다.
- 클라우드 서비스 이용자의 업무 프로세스는 정보보안에 의존적이므로 클라우드 서비스에 충분한 통제가 없으면 서비스 이용자는 자신의 정보보안 실무에 각별한 주의가 필요하다.
- 공급자와의 관계에서 클라우드 서비스 이용자는 자신에게 필요한 정보보안 요구사항과 클라우드 서비스 제공자가 제공하는 정보보안 서비스, 역량 등의 차이(GAP)를 고려하여 클라우드 서비스를 선택한다.

- 클라우드 서비스를 선택한 후 클라우드 서비스 이용자는 자신의 정보보안 요구사항을 충족할 수 있도록 클라우드 서비스 이용을 관리하고, 클라우드 서비스 제공자는 이용자의 정보보안 요구사항을 충족하는데 필요한 정보와 기술을 지원한다.
- 클라우드 서비스 제공자가 제공한 정보보안 통제가 미리 정해져서 클라우드 서비스 이용자가 이를 변경할 수 없는 경우 이용자는 위험을 경감시키기 위해 직접 추가적인 통제를 구현할 수도 있다.
- 클라우드 서비스 이용자와 제공자는 정보보안 위험 관리 절차를 마련하고, 절차에 따른 위험 평가와 위험 처리 업무를 계획된 주기 또는 중대한 변경 사항이 발생할 경우 이행한다.
- 클라우드 서비스를 이용함에 있어 이용자 영역뿐만 아니라 제공자가 담당하고 있는 영역에서의 보안 위험이 전체 클라우드 서비스 보안에 영향을 줄 수도 있다.

3 클라우드 정보보안 관련 주요 인증제도

:: 해외 인증제도

- ISO 27017은 ISO 27002를 기준으로 클라우드 서비스 이용자(CSC ; Cloud Service Customer)뿐만 아니라 클라우드 서비스 제공자(CSP ; Cloud Service Provider)가 적용해야 할 클라우드 서비스의 보안 통제 구현을 위한 인증제도이다.
- CSA STAR(Security, Trust & Assurance Registry)는 클라우드 통제 매트릭스(Cloud Control Matrix)를 기준으로 부여된 인증제도로 CSA STAR와 다른 인증제도의 차이점은 통제 항목에 대한 이행 여부만을 확인하는 것이 아니라 성숙도를 평가하고 점수를 부여하는 것이다.
- 대부분의 클라우드 보안 인증제도는 ISO 27001 또는 ISO 27002에 기반하여 확장된 기준을 인증기준으로 마련하고 있는데 이러한 인증제도는 주로 공공기관에 도입되는 민간 클라우드 서비스의 안전성에 대하여 공인된 기관을 검증하기 위한 목적으로 운영되고 있다.
- ISO 27017, CSA STAR과 더불어 대표적인 해외 인증제도는 다음과 같다. (출처 : 클라우드 컴퓨팅 해설서)

구분	인증명	인증기준	인증기관	평가기관
미국	FedRAMP	NIST SP800-53	FedRAMP PMO (운영사무국)	공인기관
영국	UK G-클라우드	ISO 27001 + 자체 규정	CESG (국가정보보증기술국)	-

일본	JCISPA	클라우드 정보보안 관리 기준	JASA (일본정보보안감사협회)	JASA (인증심사위원회)
	ASP-SasS 인증 IaaS-PaaS 인증 데이터센터 인증	클라우드 서비스의 안전과 신뢰성에 관한 정보 공개 지침	ASPIC (일본ASP산업협회)	ASPIC (인증심사위원회)
싱가포르	MTCS-SS	ISO 27001 + 자체 규정	ITSC (정보기술표준위원회)	공인기관
호주	ASD CCSL	ISO 27001 + 자체 규정	ASD (호주신호국)	IRAP (인증심사위원회)

:: 국내 인증제도(클라우드 보안 인증제)

- 클라우드 보안 인증제(CSAP ; Cloud Security Assurance Program)는 클라우드 서비스 제공자가 제공하는 서비스에 대해 [클라우드 컴퓨팅 발전 및 이용자 보호에 관한 법률]에서 정보보안 기준의 준수 여부를 인증기관이 평가 및 인증하여 이용자들이 안심하고 클라우드 서비스를 이용할 수 있도록 지원하는 제도이다.
- IaaS 분야 및 DaaS 분야 인증의 유효기간은 5년으로 운영하고, SaaS 분야 인증은 표준 등급의 경우는 5년, 간편 등급의 경우는 3년으로 운영한다.
- 평가 및 인증 범위에 대한 기준은 공공기관 업무를 위하여 클라우드 서비스의 모든 서비스를 포함하며, 해당 클라우드 서비스에 포함되거나 관련 있는 자산(시스템, 설비, 시설 등), 조직, 지원 서비스 등도 모두 포함하여 설정한다.
- 클라우드 보안 인증제는 [클라우드 컴퓨팅 서비스 정보보호에 관한 기준 고시]의 관리적/물리적/기술적 보호 조치 및 공공 기관용 클라우드 서비스의 추가 보호 조치를 인증 기준으로 한다.
- 민간기업의 경우는 클라우드 서비스 제공자 선정에 제약이 없지만 행정 및 공공기관의 경우는 민간 클라우드 서비스 제공자 선정 시 클라우드 보안 인증을 획득한 사업자의 서비스만을 이용하도록 제한하고 있다.

4 클라우드 정보보안을 위한 주요 참조 통제

:: CSA CCM(Cloud Control Matrix)

- 클라우드 기술의 모든 측면을 다루는 17개 도메인에서 197개의 통제 항목으로 구성되어 있다.
- 클라우드 구현에 체계적인 평가를 위한 도구로 사용할 수 있으며, 클라우드 서비스 공급망

내에서 조직이 어떤 보안 통제를 구현하는지에 대한 지침을 제공한다.

구분	통제 영역(도메인)	통제 항목 수
1	Audit & Assurance – A&A	6
2	Application & Interface Security – AIS	7
3	Business Continuity Management and Operational Resilience – BCR	11
4	Change Control and Configuration Management – CCC	9
5	Cryptography, Encryption & Key Management – CEK	21
6	Data Center Security – DCS	15
7	Data Security and Privacy Life Cycle Management – DSP	19
8	Governance, Risk and Compliance – GRC	8
9	Human Resources – HRS	13
10	Identity & Access Management – IAM	16
11	Interoperability & Portability – IPY	4
12	Infrastructure & Virtualization Security – IVS	9
13	Logging and Monitoring – LOG	13
14	Security Incident Management, E-Discovery & Cloud Forensics – SEF	8
15	Supply Chain Management, Transparency and Accountability – STA	14
16	Threat & Vulnerability Management – TVM	10
17	Universal Endpoint Management – UEM	14

:: FedRAMP(NIST SP800-53)

- FedRAMP JAB(Joint Authorization Board)는 PMO 분석을 기반으로 보안 통제를 선택했으며, NIST SP 800-53r4(Security Controls Catalog Revision 4)에서 낮음(Low), 보통(Moderate), 높음(High) 수준의 보안 분류에 대해 정의된 기준선에서 통제를 선택했다.
- 낮음(Low), 보통(Moderate), 높음(High) 영향 수준의 보안 분류는 연방 정보처리 표준(FIPS)에서 정의하고 있으며 기밀성, 가용성, 무결성에 따라 데이터를 보호하는 세 가지 방법을 정의하였다.
- '낮은 영향 보안 수준'은 관리 중인 정보 시스템에 공개적으로 사용 가능한 데이터가 포함된 경우 낮은 보안 수준이 필요하며, 데이터가 손상될 경우 영향이 상대적으로 적다.
- '중간 영향 보안 수준'은 데이터에 개인정보(PII)가 포함된 경우 중간 보안 수준이 필요하며, 정보 시스템이 손상되면 심각한 영향을 미치게 된다.

- '높은 영향 보안 수준'은 정보 시스템에 발생하는 문제가 정부기관 및 운영에 심각한 영향을 미치고, 재정적 파탄이나 경제 위기로 이어질 수 있다.
- JAB는 NIST SP 800-53r4(Security Controls Catalog Revision 4)에서 추가 통제 및 개선사항을 선택하고, 해당 통제에 대한 추가 지침 및 요구사항을 제공한다.
- 통제는 멀티테넌시, 가시성, 통제/책임, 공유 리소스 풀링 및 신뢰를 포함하되 이에 국한되지 않는 클라우드 컴퓨팅 환경의 고유한 위험을 해결하기 위해 선택되었다.
- 연방 정부에 대한 클라우드 컴퓨팅의 고유 요구사항을 해결하기 위해 선택된 통제 및 개선사항 중 일부는 표준 NIST 지침 및 Low, Moderate, High 시스템에 대한 요구사항보다 높다.

구분	통제 영역(도메인)	통제 항목 수		
		Low	Moderate	High
1	Access Control	11	43	54
2	Awareness Training	4	5	7
3	Audit and Accountability	10	10	30
4	Security Assessment and Authorization	9	16	16
5	Configuration Management	11	26	36
6	Contingency Planning	6	23	35
7	Identification and Authentication	15	27	32
8	Incident Response	7	17	26
9	Maintenance	4	12	14
10	Media Protection	4	10	12
11	Physical and Environmental Protection	10	20	26
12	Planning	3	6	6
13	Personnel Security	8	9	10
14	Risk Assessment	4	10	12
15	System and Service Acquisition	6	22	26
16	System and Communication Protection	10	32	39
17	System and Information Integrity	7	28	38

:: 클라우드 보안 인증제(CSAP)

- 클라우드 보안 인증 제도의 통제 항목은 이용하는 서비스 모델에 따라 IaaS, SaaS/PaaS 표준, SaaS 간편으로 유형을 구분하고 있다.

- 클라우드 서비스 모델은 각각의 인증 기준 항목에 차등화를 두고 있다(IaaS 인증은 총 14개 분야 117개 통제 항목, SaaS/PaaS 표준 등급 인증은 총 13개 분야 78개 통제 항목, SaaS 간편 등급 인증은 총 11개 분야 30개 통제 항목으로 구성).
- 정보보안 관리 체계의 주요 통제에 클라우드 보안의 특성을 포함하고 있으며, 가상화 보안 등에 대한 통제와 인증 제도의 목적인 공공 조달을 위해 민간 클라우드 서비스의 안전성 검증 측면에서 공공 부문 추가 보안 요구사항이 포함되어 있다.

통제 분야	통제 항목	통제 항목 수		
		IaaS 표준	SaaS/PaaS 표준	SaaS 간편
1. 정보보안 정책 및 조직	1.1 정보보안 정책 수립	3	3	–
	1.2 정보보안 정책 검토 및 변경	2	2	2
2. 인적 보안	2.1 내부 인력 보안	6	4	1
	2.2 외부 인력 보안	3	–	–
	2.3 정보보안 교육	3	1	1
3. 자산 관리	3.1 자산 식별 및 분류	3	1	–
	3.2 자산 변경 관리	3	1	–
	3.3 위험 관리	4	1	–
4. 서비스 공급망 관리	4.1 공급망 관리 정책	2	2	–
	4.2 공급망 변경 관리	2	1	–
5. 침해 사고 관리	5.1 침해 사고 대응 절차 및 체계	3	3	1
	5.2 침해 사고 대응	2	2	1
	5.3 사후 관리	2	2	–
6. 서비스 연속성 관리	6.1 장애 대응	4	4	1
	6.2 서비스 가용성	3	2	1
7. 준거성	7.1 법 및 정책 준수	2	1	–
	7.2 보안 감사	2	2	–
8. 물리적 보안	8.1 물리적 보호 구역	6	–	–
	8.2 정보처리 시설 및 장비 보호	6	–	–
9. 가상화 보안	9.1 가상화 인프라	6	2	1
	9.2 가상 환경	4	4	–
10. 접근 통제	10.1 접근 통제 정책	2	2	1
	10.2 접근 권한 관리	3	3	–
	10.3 사용자 식별 및 인증	5	5	4

11. 네트워크 보안		6	5	2
12. 데이터 보호 및 암호화	12.1 데이터 보호	6	6	2
	12.2 매체 보안	2	–	–
	12.3 암호화	2	2	2
13. 시스템 개발 및 도입 보안	13.1 시스템 분석 및 설계	5	5	1
	13.2 구현 및 시범	4	4	1
	13.3 외주 개발 보안	1	1	–
	13.4 시스템 도입 방안	2	–	–
14. 공공 부문 추가 보안 요구사항		8	7	7
총계		117	78	30

Section 02 | ISO 27017 표준의 이해

1 표준 소개와 적용 대상

:: 표준 소개

- ISO 27017 표준은 ISO 27002에 기초하여 클라우드 환경에서 추가적인 구현 지침을 제공하며, 클라우드 특유의 정보보안 위협과 위험 고려사항을 다루기 위한 추가적인 통제를 제공한다.
- 표준의 사용자는 통제, 구현 지침, 추가 정보가 필요한 경우 ISO 27002의 조항 5에서 조항 18을 참조한다(대부분의 통제, 구현 지침, 추가 정보는 조직의 상황과 클라우드 컴퓨팅 상황에 모두 적용할 수 있음).
- ISO 27002의 확장판으로 클라우드 서비스의 기술적 운영 특성에 따른 위험을 완화시키기 위해 클라우드 서비스에 적합한 통제, 구현 지침, 추가 정보를 제공한다.
- 클라우드 서비스 이용자와 제공자는 구현 지침과 함께 통제를 선택하기 위해 ISO 27002와 해당 표준을 참조할 수 있고, 필요에 따라 다른 통제를 추가할 수 있다(해당 과정은 클라우드 서비스를 사용하거나 제공하는 조직과 사업 환경에서 정보보안 위험 평가 및 위험 처리를 수행하여 완료할 수 있음).

:: 적용 대상

- 본 표준은 클라우드 서비스를 이용하는 이용자(Cloud Service Customer)뿐만 아니라 클라우드

서비스를 제공하는 제공자(Cloud Service Provider)에게도 적용이 가능하다.
- 클라우드 서비스의 공급과 사용은 클라우드 서비스 이용자가 구매자이고, 클라우드 서비스 제공자가 공급자이다.
- 클라우드 서비스 이용자와 제공자는 공급 사슬을 형성할 수 있는데 클라우드 서비스 제공자가 인프라 서비스를 제공할 경우(또는 다른 클라우드 서비스 제공자가 애플리케이션 서비스를 제공할 경우) 클라우드 서비스 제공자는 클라우드 서비스 이용자이자 해당 서비스를 사용하는 클라우드 서비스 이용자에 대해 클라우드 서비스 제공자이다.
- SaaS 서비스 제공자가 IaaS 서비스를 이용하여 인프라를 구성하고, 해당 인프라 위에서 SaaS 서비스를 제공할 경우 사업자는 IaaS 서비스 이용 측면에서는 이용자(Customer)이지만 최종 사용자(User) 입장에서는 서비스 제공자가 될 수 있다.
- 본 표준의 각 조항(Clause)에서는 이용자가 적용해야 하는 통제와 제공자가 적용해야 하는 통제를 구분하여 제시하고 있으므로 이용자 및 제공자의 구분이 중요하며, 각 조직의 역할에 따라 해당 통제를 선택하여 적용하는 것이 필요하다.

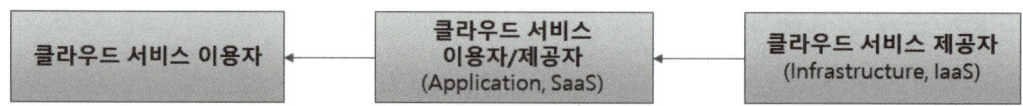

2 인증 범위와 표준 구성

:: 인증 범위의 정의

- 섹터 ISMS에서 범위 선정은 섹터 ISMS의 근간이 되는 ISO 27001에서 정의한 범위와 동일한 범위 또는 해당 범위 내로 정의해야 한다.
- ISO 27001에서 벗어난 범위가 포함되어 있다면 인증 획득 시 문제가 될 수 있으므로 섹터 ISMS에서는 ISO 27001의 정보보안 경영시스템에서 확장되었다는 기본적인 메커니즘을 이해해야 한다.
- 다음의 그림은 ISO 27001의 정보보안 경영시스템 범위와 섹터 ISMS에 해당하는 ISO 27017, ISO 27018 경영시스템의 범위를 도식화한 것으로 ISO 27017, 27018의 범위는 ISO 27001의 범위 안에 포함되어 있고, ISO 27018의 범위는 ISO 27017에서 정의된 범위 안에 포함되어 있다.

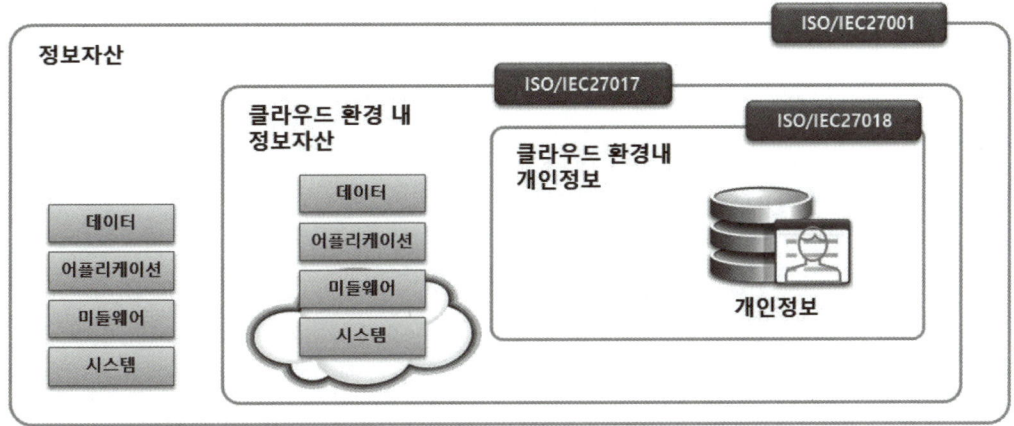

:: 표준의 구성

- 본 표준은 ISO 27002와 유사한 형식으로 구성되며, 각 조항 중 ISO 27002의 조항 5에서 조항 18의 적용 가능성을 명시함으로써 해당 내용을 포함한다.
- ISO 27002에 명시된 목적과 통제가 추가적인 정보 없이 적용될 경우는 ISO 27002에 대한 참조만 제공한다.
- 기존 ISO 27002의 통제에서 클라우드 정보보안을 위하여 확장된 내용이 있는 경우는 해당 내용이 기재 되어 있지만 확장된 내용이 없는 경우는 기존 ISO 27002의 통제 지침을 그대로 따른다.
- ISO 27002에 있는 것 외의 통제 목적 또는 어떤 목적에 대한 통제가 필요한 경우는 부속서 A (클라우드 서비스 확장 통제 Set)에 서술되어 있다.
- ISO 27002 또는 해당 표준의 부속서 A상 통제에 클라우드 서비스의 구현 지침이 필요한 경우는 소제목 [클라우드 서비스를 위한 구현 지침]에 제공된다(ISO 27017에서는 기존 ISO 27002의 통제 114개 부속서 A에 클라우드 서비스 확장 통제로 7개의 통제가 추가되어 있음).
- ISO 27017에는 클라우드 서비스 제공자뿐만 아니라 이용자에게 적용되는 통제 내용이 있으며, ISO 27017에서 정의하고 있는 지침은 클라우드 서비스 이용자 및 제공자 각각을 위한 별도의 지침이 있을 유형과 클라우드 서비스 이용자 및 제공자를 위한 지침이 같을 때 사용하는 유형이 있다.

| Section 03 | 이용자 및 제공자의 클라우드 정보보안

1 추가 구현 지침

:: 구현 지침의 내용

- ISO 27017은 기존 ISO 27002의 통제에서 확장되거나 신규로 추가된 확장 통제로 구성되어 있다.
- 다음은 기존 ISO 27002 통제에서 ISO 27017에 추가된 통제 현황으로 추가로 구현해야 하는 통제 중 주요 적용 대상 통제를 소개한다.

통제 영역	통제	세부 통제	ISO 27017 추가 구현 지침 이용자 (CSC)	ISO 27017 추가 구현 지침 제공자 (CSP)
5. 정보보안 정책	5.1 정보보안을 위한 경영 방침	5.1.1 정보보안을 위한 정책	O	O
		5.1.2 정보보안 정책의 검토	—	—
6. 정보보안 조직	6.1 내부 조직	6.1.1 정보보안 역할 및 책임	O	O
		6.1.2 직무 분리	—	—
		6.1.3 관계 당국과의 연락	O	O
		6.1.4 전문가 그룹과의 연락	—	—
		6.1.5 프로젝트 관리에서의 정보보안	—	—
	6.2 모바일 기기 및 원격 근무	6.2.1 모바일 기기 정책	—	—
		6.2.2 원격 근무	—	—
7. 인적 자원 보안	7.1 고용 전	7.1.1 적격 심사	—	—
		7.1.2 경영진 책임	—	—
	7.2 고용 중	7.2.1 경영진 책임	—	—
		7.2.2 정보보안 인식, 교육, 훈련	O	O
		7.2.3 징계 처분	—	—
	7.3 고용 종료 및 직무 변경	7.3.1 고용 책임의 종료 또는 변경	—	—

8. 자산 관리	8.1 자산에 대한 책임	8.1.1 자산 목록	O	O
		8.1.2 자산 소유권	–	–
		8.1.3 자산의 제한적 사용	–	–
		8.1.4 자산 반환	–	–
	8.2 정보 등급 분류	8.2.1 정보 등급 분류	–	–
		8.2.2 정보 표식	O	O
		8.2.3 자산 취급	–	–
	8.3 매체 취급	8.3.1 이동식 매체 관리	–	–
		8.3.2 매체 폐기	–	–
		8.3.3 물리적 매체 이송	–	–
9. 접근 통제	9.1 접근 통제 업무 요구사항	9.1.1 접근 통제 정책	–	–
		9.1.2 네트워크 및 네트워크 서비스 접근 통제	O	–
	9.2 사용자 접근 관리	9.2.1 사용자 등록 및 해지	–	O
		9.2.2 사용자 접근 권한 설정	–	O
		9.2.3 특수 접근 권한 관리	O	O
		9.2.4 사용자의 비밀 인증 정보 관리	O	O
		9.2.5 사용자 접근 권한 검토	–	–
		9.2.6 접근 권한 제거 또는 조정	–	–
	9.3 사용자 책임	9.3.1 비밀 인증 정보 사용	–	–
	9.4 시스템 및 애플리케이션 접근 통제	9.4.1 정보 접근 제한	O	O
		9.4.2 안전한 로그인 절차	–	–
		9.4.3 패스워드 관리 시스템	–	–
		9.4.4 특수 유틸리티 프로그램 사용	O	O
		9.4.5 프로그램 소스 코드 접근 통제	–	–
10. 암호화	10.1 암호 통제	10.1.1 암호 통제 사용 정책	O	O
		10.1.2 키 관리	O	–
11. 물리적 및 환경적 보안	11.1 보안 구역	11.1.1 물리적 보안 경계	–	–
		11.1.2 물리적 출입 통제	–	–
		11.1.3 사무 공간 및 시설 보안	–	–
		11.1.4 외부 및 환경 위협에 대비한 보호	–	–
		11.1.5 보안 구역 내 작업	–	–
		11.1.6 배송 및 하역 구역	–	–

11. 물리적 및 환경적 보안	11.2 장비	11.2.1 장비 배치 및 보호	-	-
		11.2.2 지원 설비	-	-
		11.2.3 배선 보안	-	-
		11.2.4 장비 유지보수	-	-
		11.2.5 자산 반출	-	-
		11.2.6 구외 장비 및 자산 보안	-	-
		11.2.7 장비 안전 폐기 및 재사용	O	O
		11.2.8 방치된 사용자 장비	-	-
		11.2.9 책상 정리 및 화면 보호 정책	-	-
12. 운영 보안	12.1 운영 절차 및 책임	12.1.1 운영 절차 문서화	-	-
		12.1.2 변경 관리	O	O
		12.1.3 용량 관리	O	O
		12.1.4 개발, 시험, 운영 환경 분리	-	-
	12.2 악성 코드 방지	12.2.1 악성 코드 통제	-	-
	12.3 백업	12.3.1 정보 백업	O	O
	12.4 로그 기록 및 모니터링	12.4.1 이벤트 로그 기록	O	O
		12.4.2 로그 정보보호	-	-
		12.4.3 관리자 및 운영자 로그	O	-
		12.4.4 시각 동기화	O	O
	12.5 운영 소프트웨어 통제	12.5.1 운영 시스템 소프트웨어 설치	-	-
	12.6 기술적 취약점 관리	12.6.1 기술적 취약점 관리	O	O
		12.6.2 소프트웨어 설치 제한	-	-
	12.7 정보 시스템 감사 고려사항	12.7.1 정보 시스템 감사 통제	-	-
13. 통신 보안	13.1 네트워크 보안 관리	13.1.1 네트워크 통제	-	-
		13.1.2 네트워크 서비스 보안	-	-
		13.1.3 네트워크 분리	O	O
	13.2 정보 전송	13.2.1 정보 전송 정책 및 절차	-	-
		13.2.2 정보 전송 협약	-	-
		13.2.3 전자 메시지 교환	-	-
		13.2.4 기밀 유지 협약 또는 비밀 유지 서약	-	-

14. 시스템 도입, 개발, 유지보수	14.1 정보 시스템 보안 요구사항	14.1.1 정보보안 요구사항 분석 및 명세	O	O
		14.1.2 공중망 응용 서비스 보안	–	–
		14.1.3 응용 서비스 거래 보호	–	–
	14.2 개발 및 지원 프로세스 보안	14.2.1 개발 보안 정책	O	O
		14.2.2 시스템 변경 통제 절차	–	–
		14.2.3 운영 플랫폼 변경 후 애플리케이션의 기술적 검토	–	–
		14.2.4 소프트웨어 패키지 변경 제한	–	–
		14.2.5 시스템 보안 공학 원칙	–	–
		14.2.6 개발 환경 보안	–	–
		14.2.7 외주 개발	–	–
		14.2.8 시스템 보안 테스트	–	–
		14.2.9 시스템 인수 시험	–	–
	14.3 시험 데이터	14.3.1 시험 데이터 보호	–	–
15. 공급자 관계	15.1 공급자 관계 정보보안	15.1.1 공급자 관계 정보보안 정책	O	–
		15.1.2 공급자 협약 내 보안 명시	O	O
		15.1.3 정보통신기술 공급망	–	O
	15.2 공급자 서비스 전달 관리	15.2.1 공급자 서비스 모니터링 및 검토	–	–
		15.2.2 공급자 서비스 변경 관리	–	–
16. 정보보안 사고 관리	16.1 정보보안 사고 관리 및 개선	16.1.1 책임 및 절차	O	O
		16.1.2 정보보안 이벤트 보고	O	O
		16.1.3 정보보안 취약점 보고	–	–
		16.1.4 정보보안 이벤트 평가 및 의사결정	–	–
		16.1.5 정보보안 사고 대응	–	–
		16.1.6 정보보안 사고로부터 학습	–	–
		16.1.7 증거 수집		O
17. 업무 연속성 관리의 정보보안 측면	17.1 정보보안 연속성	17.1.1 정보보안 연속성 계획	–	–
		17.1.2 정보보안 연속성 구현	–	–
		17.1.3 정보보안 연속성 검증, 검토, 평가	–	–
	17.2 이중화	17.2.1 정보처리 시설 가용성	–	–

18. 준거성	18.1 법적 및 계약 요구사항 준수	18.1.1 적용 법규 및 계약 요구사항 식별	O	O
		18.1.2 지적 재산권	O	O
		18.1.3 기록 보호	O	O
		18.1.4 프라이버시 및 개인정보보호	-	-
		18.1.5 암호 통제 규제	O	O
	18.2 정보보안 검토	18.2.1 정보보안 독립적 검토	O	O
		18.2.2 보안 정책 및 표준 준수	-	-
		18.2.3 기술 준거성 검토	-	-

:: 클라우드 서비스 확장 구현 지침

통제(Controls)	5.1.1 정보보안을 위한 정책(Policies for information security)
ISO 27017 통제	정보보안을 위한 정책 집합을 정의하고, 경영진의 승인을 거쳐 직원 및 관련 외부자에게 공표하고 소통하여야 함

클라우드 서비스 이용자 (CSC) 구현 지침	• 클라우드 컴퓨팅을 위한 정보보안 정책은 클라우드 서비스 이용자의 주제별 정책으로 정의되어야 함
	• 클라우드 서비스 이용자의 클라우드 컴퓨팅을 위한 정보보안 정책은 조직의 정보 및 기타 자산에 대하여 허용 가능한 정보보안 위험 수준과 일관성이 있어야 함
	• 클라우드 컴퓨팅을 위한 정보보안 정책을 정의할 때 클라우드 서비스 이용자는 다음을 고려해야 함
	  - 클라우드 컴퓨팅 환경에 저장된 정보는 클라우드 서비스 제공자가 접근 및 관리하는 대상이 될 수 있음
	  - 자산은 클라우드 컴퓨팅 환경에서 관리될 수 있음(예 : 응용 프로그램)
	  - 멀티테넌트, 가상화된 클라우드 서비스에서 프로세스가 실행될 수 있음
	  - 클라우드 서비스 이용자와 클라우드 서비스를 사용하는 환경
	  - 특수 접근 권한을 가진 클라우드 서비스 이용자의 클라우드 서비스 운영자
	  - 클라우드 서비스 제공자의 지리적 위치와 클라우드 서비스 제공자의 이용자 데이터를 일시적으로 저장할 수 있는 국가

클라우드 서비스 제공자 (CSP) 구현 지침	• 클라우드 서비스 제공자는 자신의 클라우드 서비스 제공과 이용을 다루기 위해 다음을 고려하여 정보보안 정책을 강화해야 함
	  - 클라우드 서비스의 설계와 구현에 적용이 가능한 정보보안 요구사항
	  - 인가된 내부자로부터의 위험과 가상화 보안
	  - 멀티테넌시와 가상화를 포함하는 클라우드 서비스 이용자의 격리
	  - 클라우드 서비스 제공자 직원의 클라우드 서비스 이용자의 자산 접근
	  - 클라우드 서비스에서 관리적 접근에 대한 강한 인증과 접근 통제 절차
	  - 변경 관리 시 클라우드 서비스 이용자에게 연락
	  - 클라우드 서비스 이용자 데이터에 접근과 보호
	  - 클라우드 서비스 이용자 계정의 수명 주기 관리
	  - 수사와 범죄 과학 수사를 돕기 위한 약점 소통과 정보 공유 지침

권장 사항 (Recommendation)	• 클라우드 정보보안을 위한 정책(지침)을 마련(정책의 주요 반영 사항은 표준에 있는 내용을 참고하되 통제 항목 중 반영이 필요한 사항 등을 명시) • 클라우드 정보보안을 위한 별도 정책(지침)을 마련할 수 있고, 기존 지침에서 관련 조항들을 추가할 수 있음 • 별도의 지침 형태를 마련할 경우 상위 정책에 관련 프레임워크를 준비하고, 상위에서 하위 지침으로 위임 체계를 마련하도록 함(해당 지침은 상위 문서 및 기타 지침과 일관성이 유지될 수 있도록 함)

통제(Controls)	6.1.1 정보보안 역할 및 책임 (Information security roles and responsibilities)
ISO 27017 통제	모든 정보보안 책임을 정의하고 할당하여야 함
클라우드 서비스 이용자 (CSC) 구현 지침	• 클라우드 서비스 이용자는 적절한 정보보안 역할 및 책임 할당에 대해 클라우드 서비스 제공자에 동의하고, 할당된 역할 및 책임을 이행할 수 있는지 확인해야 함 (양 당사자의 정보보안 역할 및 책임은 계약서에 명시되어야 함) • 클라우드 서비스 이용자는 클라우드 서비스 제공자의 이용자 지원 및 관리 기능의 관계를 식별하고 관리해야 함
클라우드 서비스 제공자 (CSP) 구현 지침	클라우드 서비스 제공자는 클라우드 서비스 이용자와 제공자 및 공급 업체와의 적절한 정보보안 역할과 책임 할당에 동의하고 문서화해야 함
권장 사항 (Recommendation)	• 클라우드 보안을 위한 CSC와 CSP간 역할 및 책임 사항을 정의하도록 함(내부에 관련 정책(지침)을 반영할 수 있도록 함) • CSC와 CSP간 역할과 책임에 대해서는 계약서 또는 협약서에 명시될 수 있도록 하고, 표준 계약서 형태의 특정 CSC만을 위한 보안 역할과 책임 내용을 포함하기 어려운 경우는 별도의 문서(회의록)를 통해 역할과 책임을 명시적으로 정의할 수 있도록 함 • 모든 업무의 역할과 책임을 명시하면 좋지만 어려운 경우에는 적절한 범위에서 역할과 책임이 정의될 수 있도록 협의하고 이를 문서화하도록 함

통제(Controls)	6.1.3 관련 기관과의 연계(Contact with authorities)
ISO 27017 통제	관련 기관에 대해 적절한 연계를 유지하여야 함
클라우드 서비스 이용자 (CSC) 구현 지침	클라우드 서비스 이용자는 클라우드 서비스 이용자와 제공자의 결합된 운영에 대해 관련된 감독 기구를 특정(Identify)해야 함
클라우드 서비스 제공자 (CSP) 구현 지침	클라우드 서비스 제공자는 클라우드 서비스 제공자 조직의 지리적 위치 정보와 클라우드 서비스 이용자 데이터를 저장할 수 있는 국가를 클라우드 서비스 이용자에게 알려야 함

권장 사항 (Recommendation)	• 클라우드 서비스 제공자의 물리적 위치(본사, 데이터 센터 등)를 확인하고, 이와 관련된 관계 당국(해당 지역의 감독기관)을 식별하도록 함 • 제공하는 서비스에 따른 이용자 및 제공자의 데이터 저장 위치에 대해 식별하도록 함 • 클라우드 서비스 이용자 데이터를 저장, 처리, 전송하는 지리적 위치 정보는 클라우드 서비스 이용자가 감독 기구와 법적 관할지를 결정하는 데 도움이 됨 • 이용자가 상시 확인할 수 있도록 관련 정보를 제공

통제(Controls)	7.2.2 정보보안 인식, 교육, 훈련 (Information security awareness, education and training)
ISO 27017 통제	조직의 모든 직원과 관련 계약직은 자신의 직무 기능에 연관된 정책과 절차에 대해 적절한 인식 교육 및 훈련과 정기적인 갱신 교육을 받아야 함

클라우드 서비스 이용자
(CSC) 구현 지침
	• 클라우드 서비스 이용자는 클라우드 서비스 업무 관리자, 클라우드 서비스 운영자, 클라우드 서비스 통합자, 관련 직원 등 계약자를 포함하는 클라우드 서비스 이용자 대상 인식, 교육, 훈련 프로그램에 다음의 항목을 추가해야 함
	  – 클라우드 서비스 사용을 위한 표준 및 절차
	  – 클라우드 서비스와 관련된 정보보안 위험과 위험 관리 방법
	  – 클라우드 서비스 사용에 관한 시스템 및 네트워크 환경 위험
	  – 적용이 가능한 법 및 규제의 고려사항
	• 클라우드 서비스 관련 정보보안 인식, 교육, 훈련 프로그램은 경영진과 업무 조직을 포함하는 상위 관리자에게 제공되며, 정보보안 활동의 효과적인 협력을 지원하게 됨

클라우드 서비스 제공자 (CSP) 구현 지침	• 클라우드 서비스 제공자는 클라우드 서비스 이용자 데이터와 클라우드 서비스에서 파생된 데이터의 적절한 처리에 대해 직원에게 인식, 교육, 훈련을 제공하고, 계약자에게도 요구해야 함 • 데이터는 클라우드 서비스 이용자에게 기밀인 정보를 포함하거나 클라우드 서비스 제공자의 접근 및 사용에 대한 규제 제한을 포함하는 구체적인 제한 대상이 될 수 있음
권장 사항 (Recommendation)	• 임직원 및 주요 직무자에 대한 교육 시 클라우드 서비스 보안 위협, 보호 대책, 클라우드 서비스 이용 절차, 기준 등을 프로그램에 포함(명시된 내용 등을 교육 내용에 포함) • 임직원 및 주요 직무자에 대한 교육 시 고객 데이터와 고객 서비스 중 파생 데이터, CSC 공유 역할 및 책임 등의 내용을 교육 프로그램에 포함

통제(Controls)	8.1.1 자산 목록(Inventory of assets)
ISO 27017 통제	정보 및 정보처리 시설과 연관된 자산을 식별하고, 자산에 대한 목록을 작성하여 유지하여야 함
클라우드 서비스 이용자 (CSC) 구현 지침	클라우드 서비스 이용자의 자산 목록은 클라우드 컴퓨팅 환경에 저장된 정보와 자산을 보고하고, 목록 레코드는 클라우드 서비스 식별과 같이 자산이 관리되는 곳을 명시해야 함

클라우드 서비스 제공자 (CSP) 구현 지침	클라우드 서비스 제공자의 자산 목록은 클라우드 서비스 이용자 데이터와 클라우드 서비스 파생 데이터를 명시적으로 식별해야 함

권장 사항
(Recommendation)
	• 클라우드 환경에서 자산 유형을 정의하고, 이에 따른 분류와 식별을 수행
	• 자산 식별 시 해당 자산의 물리적 위치에 대한 정보를 포함
	• CSC의 직접적인 자산뿐만 아니라 파생 데이터에 대한 식별도 고려
	• 자산의 목록화 방법에 대한 고려가 필요
	  – 관리 콘솔 등 CSP가 제공하는 툴(Tool)을 통해 관리
	  – 자산의 중요도 및 소유자 등에 대한 정보 관리 방안 고려
	  – 관리 콘솔 등에서 일괄 관리가 어려운 경우 자산 소유자, 자산 중요도 등은 별도로 문서화 고려(자산별이 아닌 자산 유형별 정의도 고려)

통제(Controls)	9.1.2 네트워크 및 네트워크 서비스 접근 통제 (Access to networks and network services)
ISO 27017 통제	사용자는 특별히 인가된 네트워크 및 네트워크 서비스에만 접근이 허용되어야 함
클라우드 서비스 이용자 (CSC) 구현 지침	네트워크 서비스 이용을 위한 클라우드 서비스 이용자의 접근 통제 정책은 각각의 클라우드 서비스에 대하여 사용자 접근 요구사항을 명시해야 함
클라우드 서비스 제공자 (CSP) 구현 지침	추가 구현 지침 없음
권장 사항 (Recommendation)	클라우드 영역별, 시스템 및 서비스별 접근 대상(User, System)을 정의하고, 이에 따른 접근 요구사항 명시 및 접근 통제 환경을 구현

통제(Controls)	9.2.1 사용자 등록 및 해지 (User registration and deregistration)
ISO 27017 통제	접근 권한의 할당이 가능하도록 공식적인 사용자 등록과 해지 프로세스를 구현해야 함
클라우드 서비스 이용자 (CSC) 구현 지침	추가 구현 지침 없음
클라우드 서비스 제공자 (CSP) 구현 지침	클라우드 서비스 이용자들이 클라우드 서비스에 접근하는 것을 관리하기 위해 클라우드 서비스 제공자는 사용자 등록 및 해지 기능과 해당 기능 사용 설명서를 제공해야 함
권장 사항 (Recommendation)	CSC에서 사용자에 대한 등록 및 해지 기능을 제공하고, 이에 대한 이용 안내서 등을 첨부해야 함

통제(Controls)	9.2.2 사용자 접근 권한 설정(User access provisioning)
ISO 27017 통제	사용자 유형에 대한 접근 권한을 모든 시스템과 서비스에 할당하거나 폐지하기 위하여 공식적인 사용자 접근 권한 설정 프로세스를 구현해야 함
클라우드 서비스 이용자 (CSC) 구현 지침	추가 구현 지침 없음
클라우드 서비스 제공자 (CSP) 구현 지침	클라우드 서비스 제공자는 클라우드 서비스 이용자의 접근 권한을 관리하는 기능과 해당 기능 사용에 대한 설명서를 제공해야 함
권장 사항 (Recommendation)	• CSC에서 사용자 권한에 대한 부여 및 회수 기능을 제공하고, 해당 이용 안내서 등을 첨부 • 클라우드 서비스를 위한 제3자 신원과 접근 관리 기술 그리고 운영 인터페이스를 지원(해당 기술은 클라우드 이용자 시스템, 클라우드 서비스 통합, 사용자 신원 관리 등을 용이하게 하며, 여러 클라우드 서비스 사용을 통해 싱글 사인온(SSO) 과 같은 기능을 지원)

통제(Controls)	9.2.3 특수 접근 권한 관리(Management of privileged access rights)
ISO 27017 통제	특수 접근 권한에 대한 할당과 사용을 제한하고 통제해야 함
클라우드 서비스 이용자 (CSC) 구현 지침	클라우드 서비스 이용자는 자신의 서비스 운영자를 인증하기 위하여 클라우드 서비스 운영 능력에 대해 식별된 위험과 충분한 인증 기법을 이용해야 함(예 : 다중 요소 인증(MFA))
클라우드 서비스 제공자(CSP) 구현 지침	클라우드 서비스 제공자는 서비스 이용자의 클라우드 서비스 운영자를 인증하기 위하여 클라우드 서비스 운영 능력의 식별된 위험에 따라 충분한 인증 기법을 제공해야 함
권장 사항 (Recommendation)	• 중요한 클라우드 자산 및 시스템에 접근 시 강화된 인증 수단을 구현(예 : MFA) • CSC가 중요한 클라우드 자산 및 시스템에 접근 시 강화된 인증 수단을 구현할 수 있도록 관련 기능을 제공(자체 또는 3rd party 솔루션)

통제(Controls)	9.4.4 특수 유틸리티 프로그램 사용 (Use of privileged utility programs)
ISO 27017 통제	시스템과 애플리케이션의 통제를 초월할 수 있는 유틸리티 프로그램을 제한적으로 사용하고, 철저히 통제해야 함
클라우드 서비스 이용자 (CSC) 구현 지침	유틸리티 프로그램의 사용이 허용되는 경우 클라우드 서비스 이용자는 자신의 클라우드 컴퓨팅 환경에서 유틸리티 프로그램을 식별하고, 클라우드 서비스의 통제를 방해하지 않도록 해야 함

클라우드 서비스 제공자 (CSP) 구현 지침	• 클라우드 서비스 제공자는 클라우드 서비스에서 사용되는 유틸리티 프로그램에 대한 요구사항을 식별해야 함 • 클라우드 서비스 제공자는 정상적인 운영 또는 보안 절차를 우회할 수 있는 유틸리티 프로그램의 사용이 인가된 사람만 엄격히 제한하고, 해당 프로그램의 사용을 정기적으로 검토 및 감사하도록 함
권장 사항 (Recommendation)	• 클라우드 서비스 운영, 관리를 위하여 특수 유틸리티 프로그램을 식별하고, 사용을 통제(승인된 프로그램만 설치 및 운영할 수 있도록 함) • 주기적으로 사용 중인 유틸리티 프로그램에 대한 모니터링 실시 및 필요 시 조치 이행

통제(Controls)	10.1.1 암호 통제 사용 정책 (Policy on the use of cryptographic controls)
ISO 27017 통제	정보보호를 위한 암호 통제의 사용 정책을 개발하고 구현해야 함

클라우드 서비스 이용자
(CSC) 구현 지침
	• 클라우드 서비스 이용자는 위험 평가로 정당화되는 경우 클라우드 서비스 이용을 위한 암호 통제를 구현해야 함(해당 통제가 클라우드 서비스 이용자에 의해서든 클라우드 서비스 제공자에 의해 공급된 통제는 식별된 위험을 완화시키기에 충분해야 함)
	• 클라우드 서비스 제공자가 암호를 제안할 때 클라우드 서비스 이용자는 암호가 다음과 같은 요건을 가졌는지 확인하기 위하여 서비스 제공자가 제공한 정보를 검토해야 함
	   – 클라우드 서비스 이용자의 정책 요구사항을 만족
	   – 클라우드 서비스 이용자가 사용하는 다른 암호화의 보호와 호환
	   – 저장되거나 전송되는(클라우드 서비스 내외의) 데이터에 적용

클라우드 서비스 제공자 (CSP) 구현 지침	• 클라우드 서비스 제공자는 처리하는 정보를 보호하기 위해 암호를 사용하는 상황에서 클라우드 서비스 이용자에게 정보를 제공해야 함 • 클라우드 서비스 제공자는 클라우드 서비스 이용자가 자신의 암호학적 보호를 적용하도록 지원할 수 있는 기능 또는 서비스가 있는 경우 클라우드 서비스 이용자에게 관련 정보를 제공해야 함

권장 사항
(Recommendation)
	• CSP가 제공하는 암호화 기능을 이용할 경우 표준에서 제시하고 있는 사항의 적절성을 검토
	   – 클라우드 서비스 이용자의 정책 요구사항을 만족
	   – 클라우드 서비스 이용자가 사용하는 다른 암호화의 보호와 호환
	   – 저장되거나 전송되는(클라우드 서비스 내외의) 데이터에 적용
	• 클라우드 환경을 이용할 경우 컴플라이언스 요구 암호화 조건을 충족할 수 있도록 함(개인정보의 보호 조치를 위한 저장, 전송 시 암호화에 대한 요구사항 충족)
	• CSP에서 제공하는 암호화 보호 조치와 관련된 정보를 CSC에게 제공
	• CSC가 컴플라이언스에 의해서 암호화 보호 조치를 이행할 경우 CSP가 이를 적용하고, 그에 대한 입증을 할 수 있도록 지원(적용 현황 등의 증적 제공)

통제(Controls)	10.1.2 키 관리(Key management)
ISO 27017 통제	전체 생명주기에서 암호키의 사용, 보호, 수명에 대한 정책을 개발하고 구현해야 함
클라우드 서비스 이용자 (CSC) 구현 지침	• 클라우드 서비스 이용자는 각 클라우드 서비스에 대하여 암호화 키를 식별하고, 키 관리를 위한 절차를 구현해야 함 • 클라우드 서비스 제공자가 클라우드 서비스 이용자가 사용할 키 관리 기능을 제공하면 서비스 이용자는 클라우드 서비스에 관한 키를 관리하기 위해 사용되는 절차에서 다음과 같은 정보를 요구해야 함 　- 키 유형, 키 관리 시스템 명세, 키 생명주기의 단계별 절차(예 : 생성, 변경, 갱신, 저장, 검색, 보존, 폐기 등) 　- 클라우드 서비스 이용자가 사용할 키 관리 절차 • 클라우드 서비스 이용자가 자신의 키 관리 또는 분리된 별도의 키 관리 서비스를 선택할 경우 서비스 이용자는 클라우드 서비스 제공자가 암호 운영을 위해 암호화 키를 저장 및 관리하도록 허용해서는 안 됨
클라우드 서비스 제공자 (CSP) 구현 지침	추가 구현 지침 없음
권장 사항 (Recommendation)	• 암호화 키에 대한 저장 위치를 확인하고, CSP가 암호화 키에 접근하지 못하도록 통제함 • 나머지 사항에 대해서는 내부 암호화 키 관리 기준에 따르도록 함

통제(Controls)	12.1.2 변경 관리(Change management)
ISO 27017 통제	정보보안에 영향을 주는 조직, 업무 프로세스, 정보처리 시설, 시스템 변경을 통제해야 함
클라우드 서비스 이용자 (CSC) 구현 지침	클라우드 서비스 이용자의 변경 관리 프로세스는 클라우드 서비스 제공자에 의한 변경 사항을 고려해야 함
클라우드 서비스 제공자 (CSP) 구현 지침	• 클라우드 서비스 제공자는 클라우드 서비스 이용자에게 클라우드 서비스에 악영향을 미칠 수 있는 클라우드 서비스의 변경 정보를 제공해야 함 • 다음의 사항은 클라우드 서비스 이용자의 변경이 정보보안에 미칠 수 있는 영향을 판단하는 데 도움이 될 수 있음 　- 변경 유형과 변경 일자 및 시간 　- 변경 개시 및 완료의 통보 　- 클라우드 서비스 및 하부 시스템에 대한 변경의 기술적 설명 • 클라우드 서비스 제공자가 다른 클라우드 서비스 제공자에 의존적인 클라우드 서비스를 제안할 때는 서비스 제공자로 인한 변경에 대해 클라우드 서비스 이용자에게 알려야 함

권장 사항
(Recommendation)
	• CSP의 변경 작업 시 이에 따른 영향을 고려함(CSP의 변경 작업에 대한 정보 획득, 이에 대한 분석 등의 절차를 고려)
	• CSP의 변경 관리 절차에서는 CSC에 영향이 있는 변경 사항에 대한 정보 공유 절차가 고려되어야 함
	  – 공유 대상 변경 작업의 유형 및 범위
	  – 변경 관련 정보의 공유(제공) 방안
	  – 주요 공유 사항(정보)

통제(Controls)	12.1.3 용량 관리(Capacity management)
ISO 27017 통제	필요한 시스템 성능을 보장하기 위하여 자원 사용을 모니터링 및 조절하고, 향후 용량의 요구사항을 예측해야 함
클라우드 서비스 이용자 (CSC) 구현 지침	• 클라우드 서비스 이용자는 클라우드 서비스가 제공하는 용량 합의가 자신의 요구사항을 만족해야 함 • 클라우드 서비스 이용자는 클라우드 서비스 사용을 모니터링하고, 장기적인 클라우드 서비스 성능을 보장하기 위해 필요한 용량을 예측해야 함
클라우드 서비스 제공자 (CSP) 구현 지침	클라우드 서비스 제공자는 자원 부족으로 인한 정보보안 사고를 예방하기 위하여 전체 자원의 용량을 모니터링해야 함

권장 사항
(Recommendation)
	• 클라우드 자원에 대한 용량 관리 기준을 마련하도록 함
	  – 용량 관리 대상 자원과 항목
	  – 용량 사용량의 모니터링 방안
	  – 관리 대상별 용량 기준선 설정
	  – 클라우드 자원에 대한 Scale-up, Scale-out에 대한 전략
	• 전체 자원에 대한 용량 모니터링 실시 및 결과에 따른 대응 방안을 마련함(예 : 용량 확충 등)

통제(Controls)	12.3.1 정보 백업(Information backup)
ISO 27017 통제	합의된 백업 정책에 따라 주기적으로 정보, 소프트웨어, 시스템 이미지에 대한 백업 복사본을 생성하고 시험해야 함
클라우드 서비스 이용자 (CSC) 구현 지침	• 클라우드 서비스 제공자가 클라우드 서비스 일부로 백업 기능을 제공하는 경우 클라우드 서비스 이용자는 서비스 제공자에게 백업 기능의 명세를 요구해야 함 • 클라우드 서비스 이용자는 상대가 자신의 정보 백업 요구사항을 충족하는지 검증해야 함 • 클라우드 서비스 제공자가 백업 기능을 제공하지 않으면 클라우드 서비스 이용자는 백업 기능 구현에 책임이 있음

클라우드 서비스 제공자
(CSP) 구현 지침
	• 클라우드 서비스 제공자는 클라우드 서비스 이용자에게 백업 기능의 명세를 제공해야 하며, 명세는 다음의 정보가 있는 경우 이를 포함해야 함
	   - 백업 범위 및 일정
	   - 백업 방법 및 데이터 형식(필요한 경우 암호화를 포함)
	   - 백업 데이터의 보존 기간과 무결성 검증 절차
	   - 백업으로부터의 데이터 복구에 관한 절차 및 기간
	   - 백업 기능 테스트 절차와 백업 저장소 위치
	• 클라우드 서비스 제공자는 백업 서비스를 클라우드 서비스 이용자에게 제공하는 경우 가상 스냅샷과 같이 백업에 대한 안전하고 분리된 접근을 제공해야 함

권장 사항
(Recommendation)
	• 클라우드 자원에 대한 백업 관리 기준을 마련
	   - 백업 대상 자원, 백업 방법, 주기
	   - 백업본의 저장 위치와 복구 절차
	• CSC의 백업 및 복구와 관련해서 이용 중인 클라우드 서비스 환경에서 CSC가 자체적으로 할 수 있는 부분과 CSP의 지원이 필요한 부분을 확인
	• CSC에게 제공하는 백업 서비스에 대한 세부 내용을 명세화하고, 이를 CSC가 이용할 수 있도록 제공

통제(Controls)	12.4.1 이벤트 로그 기록(Event logging)
ISO 27017 통제	사용자 활동, 예외, 고장, 정보보안 이벤트를 기록하는 이벤트 로그를 생성 및 보존하고 주기적으로 검토해야 함
클라우드 서비스 이용자 (CSC) 구현 지침	클라우드 서비스 이용자는 이벤트 로그 기록을 위한 자신의 요구사항을 정의하고, 클라우드 서비스가 해당 요구사항을 충족하는지 검증해야 함
클라우드 서비스 제공자 (CSP) 구현 지침	클라우드 서비스 제공자는 클라우드 서비스 이용자에게 로깅 기능을 제공해야 함

권장 사항
(Recommendation)
	• 관리 대상 이벤트 로그 정보에 대한 정의(기록 관리가 필요한 로그 정보)
	• 해당 로그에 대한 기록 및 접근과 관련한 방안 확인
	   - CSC가 자체적으로 기록 및 접근, 관리가 가능한 사항
	   - CSP로부터 지원이 필요한 사항 확인
	• CSC에게 제공할 로그 기록 정보 등의 서비스 명세화와 이를 CSC가 이용할 수 있도록 제공

통제(Controls)	12.4.3 관리자 및 운영자 로그(Administrator and operator logs)
ISO 27017 통제	시스템 관리자와 운영자의 활동을 기록하고, 로그를 보호하여 주기적으로 검토해야 함
클라우드 서비스 이용자 (CSC) 구현 지침	• 권한 있는 작업이 클라우드 서비스 이용자에게 위임된다면 해당 작업의 운영 및 수행을 기록해야 함 • 클라우드 서비스 이용자는 클라우드 서비스 제공자가 제공하는 로깅 기능이 적절한지 또는 클라우드 서비스 이용자가 추가 로깅 기능을 구현해야 하는지를 결정해야 함

클라우드 서비스 제공자 (CSP) 구현 지침	추가 구현 지침 없음
권장 사항 (Recommendation)	관리 및 운영 관련 로그에 대한 기능을 확인(생성되는 관리 및 운영 관련 로그 정보, 해당 로그의 저장 위치, CSC의 해당 로그 접근 및 관리 방안 등)

통제(Controls)	12.4.4 시각 동기화(Clock synchronization)
ISO 27017 통제	조직 또는 보안 영역 내에서 모든 정보처리 시스템의 시각은 동일한 출처에 있는 참조 시간으로 동기화해야 함
클라우드 서비스 이용자 (CSC) 구현 지침	클라우드 서비스 이용자는 클라우드 서비스 제공업체의 시스템에 사용되는 시각 동기화에 대한 정보를 요청해야 함
클라우드 서비스 제공자 (CSP) 구현 지침	클라우드 서비스 제공업체는 시스템에서 사용되는 시각 관련 클라우드 서비스 이용자에게 정보를 제공해야 하며, 클라우드 서비스 이용자가 로컬 시각을 클라우드 서비스 시각과 동기화 할 수 있는 필요한 정보를 제공해야 함
권장 사항 (Recommendation)	• 클라우드 환경에서 시스템 및 온프레미스 시스템간 시각 정보 동기화를 위한 Time Source를 확인(시각 동기화가 일치되는지 여부 확인, 동일한 Time Source 사용 권고) • CSC에게 시각 동기화에 대한 방안 및 관련 정보 제공

통제(Controls)	12.6.1 기술적 취약점 관리(Management of technical vulnerabilities)
ISO 27017 통제	사용 중인 정보시스템의 기술적 취약점 정보를 수집하고, 해당 취약점에 대한 조직의 노출 정도를 평가하여 관련 위험을 해결할 수 있는 적절한 조치를 취해야 함
클라우드 서비스 이용자 (CSC) 구현 지침	• 클라우드 서비스 이용자는 제공받는 클라우드 서비스에 영향을 미칠 수 있는 기술적 취약점 관리에 관한 정보를 클라우드 서비스 제공자에게 요구해야 함 • 클라우드 서비스 이용자는 관리해야 할 기술적 취약점을 파악하고, 이를 관리하기 위한 프로세스를 정의해야 함
클라우드 서비스 제공자 (CSP) 구현 지침	클라우드 서비스 제공자는 제공하는 클라우드 서비스에 영향을 미칠 수 있는 기술적 취약점 관리에 관한 정보를 클라우드 서비스 이용자가 이용할 수 있게 함

권장 사항
(Recommendation)
	• 이용하는 CSP 서비스 및 정보 자산에 대한 취약점 관리 기준을 적용
	  - 취약점 관리 대상, 취약점 진단 및 관리 방안
	  - 관리 대상 중 CSC 영역과 CSP 영역의 구분
	  - CSP 영역의 경우 취약점 관리에 대한 방안 확인
	  - 보안 패치 관리 대상 및 패치 방안
	• CSP가 관리하는 취약점 관리 대상, 관리 방안(보안 패치 포함) 등에 대한 기준을 수립하고, CSC에게 관련 정보를 제공
	• CSC의 요청이 있는 경우 취약점 관리 지원에 대한 절차를 고려

통제(Controls)	13.1.3 네트워크 분리(Segregation in networks)
ISO 27017 통제	정보 서비스, 사용자, 정보시스템을 그룹화하여 네트워크상에서 분리해야 함
클라우드 서비스 이용자 (CSC) 구현 지침	클라우드 서비스 이용자는 해당 클라우드 서비스의 공유 환경에서 태넌트 격리를 달성하기 위한 네트워크 분리의 요구사항을 정의해야 함

클라우드 서비스 제공자
(CSP) 구현 지침
	• 클라우드 서비스 제공자는 다음과 같은 경우 네트워크 접근의 분리를 강제함
	  - 멀티 태넌트 환경에서 태넌트간 분리
	  - 클라우드 서비스 제공자의 내부 운영 환경과 클라우드 서비스 이용자의 클라우드 컴퓨팅 환경간 분리
	• 클라우드 서비스 제공자는 클라우드 서비스 이용자가 구현한 분리 검증을 지원해야 함

권장 사항 (Recommendation)	클라우드 서비스 제공(IaaS)에 있어 태넌트간 네트워크의 분리(격리) 기준을 수립하고 제공(네트워크 분리 검증에 대한 방안을 마련하여 CSC 요구 시 제공)

통제(Controls)	14.1.1 정보보안 요구사항 분석 및 명세 (Information security requirements analysis and specification)
ISO 27017 통제	정보보안 요구사항을 신규 정보시스템의 요구사항이나 기존 정보시스템의 개선사항에 포함시켜야 함
클라우드 서비스 이용자 (CSC) 구현 지침	• 클라우드 서비스 이용자는 클라우드 서비스를 위한 정보보안 요구사항을 결정하고, 클라우드 서비스 제공자가 제공하는 서비스의 요구사항을 충족할 수 있는지 평가해야 함 • 평가에 대해 클라우드 서비스 이용자는 클라우드 서비스 제공자에게 정보보안 능력에 관한 정보를 요구해야 함
클라우드 서비스 제공자 (CSP) 구현 지침	• 클라우드 서비스 제공자는 클라우드 서비스 이용자에게 그들이 사용하는 정보보안 능력에 관한 정보를 제공해야 함 • 정보는 유용해야 하지만 나쁜 의도를 가진 누군가에게 이용될 수 있는 정보를 노출하지 않아야 함
권장 사항 (Recommendation)	• 클라우드 서비스 이용과 관련하여 CSC의 보안 요구사항 명세화 • 명세화된 보안 기능에 대하여 CSP의 제공 여부를 확인(제공이 되지 않을 경우 보완할 수 있는 다른 방안을 검토하고, 3rd Party 솔루션을 활용한 보안 강화와 클라우드 환경이 아닌 로컬 환경을 구현) • CSC에게 제공하거나 CSC가 이용할 수 있는 CSP의 보안 기능과 서비스에 대하여 명세화하고, CSC 요구 시 제공

통제(Controls)	14.2.1 개발 보안 정책(Secure development policy)
ISO 27017 통제	조직 내에서 소프트웨어와 시스템 개발을 위한 규칙을 수립하고, 적용해야 함

클라우드 서비스 이용자 (CSC) 구현 지침	클라우드 서비스 이용자는 클라우드 서비스 제공자에게 서비스 제공자의 안전한 개발 절차 및 실무 사용에 관한 정보를 요구해야 함
클라우드 서비스 제공자 (CSP) 구현 지침	클라우드 서비스 제공자는 자신의 안전한 개발 절차 및 실무 사용에 관한 정보 공개를 자신의 정책과 양립할 수 있는 정도로 제공해야 함
권장 사항 (Recommendation)	• 클라우드 환경에서 개발을 위한 보안 정책을 고려(PaaS, SaaS 등을 이용하는 경우 CSP의 개발 및 실무 적용 방안 등에 대한 정보를 확인) • PaaS, SaaS 등의 서비스를 제공하는 경우 CSP의 안전한 개발 정책 정보, 실무 적용 방안 등 가이드라인을 CSC에게 제공할 수 있는 방안을 마련

통제(Controls)	15.1.1 공급자 관계 정보보안 정책 (Information security policy for supplier relationships)
ISO 27017 통제	조직 자산의 공급자 접근과 관련된 위험을 감소시키기 위한 정보보안 요구사항은 공급자와 합의를 거쳐 문서화해야 함
클라우드 서비스 이용자 (CSC) 구현 지침	• 클라우드 서비스 이용자는 클라우드 서비스 제공자를 공급자 관계를 위한 정보보안 정책 내에서 공급자의 한 유형으로 포함해야 함 • 클라우드 서비스 이용자의 데이터는 클라우드 서비스 제공자의 접근 및 관리에 관한 위험 완화를 지원하게 됨
클라우드 서비스 제공자 (CSP) 구현 지침	추가 구현 지침 없음
권장 사항 (Recommendation)	공급자의 정보보안 정책에서 CSP와 관련된 정보보안 추가 정책의 필요 사항을 검토 (다른 통제 항목 중 CSP와 관련된 사항이 해당 정책에 반영될 수 있음)

통제(Controls)	15.1.2 공급자 협약 내 보안 명시 (Addressing security within supplier agreements)
ISO 27017 통제	모든 정보보안 요구사항을 수립하여 조직 정보에 대한 접근, 처리, 저장, 통신을 수행하거나 IT 기반 구성 요소를 제공하는 공급자와 합의해야 함

클라우드 서비스 이용자
(CSC) 구현 지침
	• 클라우드 서비스 이용자는 서비스 협약에 설명된 대로 클라우드 서비스에 관한 정보보안 역할 및 책임을 확인해야 함
	• 서비스 협약에는 다음의 프로세스를 포함할 수 있음
	  – 악성코드 방지, 백업, 암호 통제, 취약점 및 사고 관리, 기술적 준수 검토, 보안 테스트, 감사
	  – 로그 및 감사 증적을 포함하는 증거의 수집과 유지 및 보호
	  – 서비스 협약 종료 시 정보보호
	  – 인증 및 접근 통제와 신원 및 접근 관리

클라우드 서비스 제공자 (CSP) 구현 지침	• 클라우드 서비스 제공자와 클라우드 서비스 이용자 간에 오해가 발생하지 않도록 서비스 제공자는 협약의 일부로서 자신이 구현할 정보보안 수단을 설명해야 함 • 클라우드 서비스 제공자가 구현할 정보보안 수단은 클라우드 서비스 이용자가 사용하고 있는 클라우드 서비스의 유형에 따라 달라질 수 있음

권장 사항
(Recommendation)
	• CSP와의 협약(계약) 내에서 다음 사항의 포함을 고려
	  - 공급자의 관계에서 정보보안 정책상 명기가 필요한 사항
	  - 책임 공유 모델에 따라 CSP의 역할 및 책임 관련 사항
	  - CSP 지원 요구사항
	• 상기 사항에도 불구하고 CSP의 표준 계약서에 관련 내용을 포함하기 어려운 경우 별도의 협약 또는 이와 유사한 수준의 문서화를 추진(CSP와 직접 계약이 아닌 CSP 서비스 제공자(채널 영업사 등)와의 회의록 등)
	• CSC와의 계약 시 명기 가능한(제공 가능한 보안 서비스, 기능 등) 사항에 대하여 사전에 정의하고, 협약 시 명기를 고려

통제(Controls)	15.1.3 정보통신기술 공급망 (Information and communication technology supply chain)
ISO 27017 통제	공급자와 관련된 협약에는 정보통신기술 서비스와 제품 공급망에 연관된 정보보안 위험을 다루는 요구사항을 포함해야 함
클라우드 서비스 이용자 (CSC) 구현 지침	추가 구현 지침 없음
클라우드 서비스 제공자 (CSP) 구현 지침	• 클라우드 서비스 제공자가 다른 서비스 제공자의 클라우드 서비스를 사용할 경우 해당 클라우드 서비스 제공자는 자신의 클라우드 서비스 이용자에 대한 정보보안 수준을 유지하거나 더 높아지도록 해야 함 • 클라우드 서비스 제공자가 공급망에 기초한 클라우드 서비스를 제공할 경우 정보보안 목적을 공급자에게 제공하고, 각 공급자가 해당 목적을 달성하기 위한 위험 관리 활동을 수행하도록 요구해야 함
권장 사항 (Recommendation)	SaaS 사업자 등 다른 CSP를 통하여 클라우드 서비스를 제공하는 경우 CSC와의 계약(정보보안 제공 보호 조치 등) 사항을 고려하여 동일한 수준 또는 그 이상의 보호 조치가 적용될 수 있도록 함

통제(Controls)	16.1.1 책임 및 절차(Responsibilities and procedures)
ISO 27017 통제	정보보안 사고에 대한 신속하고 효과적인 순차적 대응을 보장하기 위하여 관리 책임과 절차를 수립해야 함
클라우드 서비스 이용자 (CSC) 구현 지침	클라우드 서비스 이용자는 정보보안 사고의 관리 책임에 할당되었는지 검증하고, 그것이 클라우드 서비스 이용자의 요구사항을 만족하는지 확인해야 함

클라우드 서비스 제공자
(CSP) 구현 지침
	• 서비스 명세의 일부분으로 클라우드 서비스 제공자는 정보보안 사고의 관리 책임 할당, 클라우드 서비스 이용자 및 클라우드 서비스 제공자간 절차를 정의해야 함
	• 클라우드 서비스 제공자는 다음의 문서를 클라우드 서비스 이용자에게 제공해야 함
	  – 클라우드 서비스 제공자가 서비스 이용자에게 보고하는 정보보안 사고의 범위
	  – 정보보안 사고 탐지 및 이에 관련된 대응의 노출 수준
	  – 정보보안 사고의 통지가 일어나는 목표 시간과 통지 절차
	  – 정보보안 사고 현안의 처리를 위한 연락처 정보
	  – 특정 정보보안 사고 발생 시 적용할 수 있는 모든 조치

권장 사항
(Recommendation)
	• 침해사고 대응 매뉴얼에서 클라우드 서비스 이용 환경에 대하여 검토
	  – 비상 대응 조직 체계에서 CSP에 대한 역할, 책임, 비상 연락망 정의
	  – 침해사고 유형에 따른 대응 과정에서 CSP와 CSC간 필요 사항 확인
	• CSP가 CSC에 제공하는 정보보안 사고의 범위, 정보에 대한 의사소통 방안 수립 등을 CSC에게 제공함(정보보안 사고 통지 방법 및 절차, 담당자 정보 등)

통제(Controls)	16.1.2 정보보안 이벤트 보고 (Reporting information security events)
ISO 27017 통제	적절한 관리 채널을 통해 가능한 신속하게 정보보안 이벤트를 보고해야 함

클라우드 서비스 이용자
(CSC) 구현 지침
	• 클라우드 서비스 이용자는 클라우드 서비스 제공자에게 다음과 같은 메커니즘 정보를 요구해야 함
	  – 클라우드 서비스 이용자가 탐지한 정보보안 사건을 클라우드 서비스 제공자에게 보고하기 위한 메커니즘
	  – 클라우드 서비스 제공자가 탐지한 정보보안 사건에 관한 보고를 클라우드 서비스 이용자가 받기 위한 메커니즘
	  – 클라우드 서비스 이용자가 정보보안 사건의 상태를 추적하기 위한 메커니즘

클라우드 서비스 제공자
(CSP) 구현 지침
	• 클라우드 서비스 제공자는 다음과 같은 메커니즘을 제공해야 함
	  – 클라우드 서비스 이용자가 클라우드 서비스 제공자에게 정보보안 사건을 보고하기 위한 메커니즘
	  – 클라우드 서비스 제공자가 클라우드 서비스 이용자에게 정보보안 사건을 보고하기 위한 메커니즘
	  – 클라우드 서비스 이용자가 정보보안 사건의 상태를 추적하기 위한 메커니즘

권장 사항
(Recommendation)
	• 보안 이벤트에 대한 의사소통 방안을 확인하도록 함
	  – 보안 이벤트 발생 시 CSC와 CSP의 공유가 필요한 경우
	  – CSC가 CSP에 정보를 공유하는 경우의 방법(침해사고 신고 등)
	  – CSP가 CSC에 정보를 공유하는 경우의 방법(침해사고 정보 공유 등)
	  – 의사소통을 위한 담당, 비상 연락망 등을 확인

통제(Controls)	16.1.7 증거 수집(Collection of evidence)
ISO 27017 통제	조직은 증거로 활용할 수 있는 정보를 식별, 수집, 획득, 보존하기 위한 절차를 정의하고 적용해야 함
클라우드 서비스 이용자 (CSC) 구현 지침	클라우드 서비스 이용자와 클라우드 서비스 제공자는 클라우드 컴퓨팅 환경 내부에서 잠재적인 디지털 증거 또는 기타 정보의 요구에 응답하기 위한 절차를 합의해야 함
클라우드 서비스 제공자 (CSP) 구현 지침	
권장 사항 (Recommendation)	침해사고 발생 시 CSP로부터 증거 수집이 필요한 경우 관련된 절차를 확인하도록 함 (제공 가능한 증거 유형, 증거 요청 및 처리 절차)

통제(Controls)	18.1.1 적용 법규 및 계약 요구사항 식별(Identification of applicable legislation and contractual requirements)
ISO 27017 통제	정보시스템과 조직에 관련된 모든 법령, 규제, 계약 요구사항과 조직의 요구사항 만족을 위한 접근 방법을 명시적으로 식별하고 문서화하며 최신 상태로 유지해야 함
클라우드 서비스 이용자 (CSC) 구현 지침	• 클라우드 서비스 이용자는 관련 법과 규제가 해당 관할지에 더하여 클라우드 서비스 제공자의 관할지가 될 수 있다는 점을 고려해야 함 • 클라우드 서비스 이용자는 해당 업무에 요구되는 관련 규제 및 표준 준수에 대한 증거를 클라우드 서비스 제공자에게 요청해야 함(증거는 제3자에 의한 인증이 될 수 있음)
클라우드 서비스 제공자 (CSP) 구현 지침	• 클라우드 서비스 제공자는 클라우드 서비스 이용자에게 클라우드 서비스의 법적 관할지를 알려야 함 • 클라우드 서비스 제공자는 자신의 법적 요구사항을 식별(예 : 개인 식별 정보(PII)를 보호하기 위한 암호의 요구사항 등)하고, 해당 정보는 클라우드 서비스 이용자가 요구할 때 제공해야 함 • 클라우드 서비스 제공자는 적용될 수 있는 법적/계약적 요구사항에 대한 준수 현황의 증거를 클라우드 서비스 이용자에게 제공해야 함
권장 사항 (Recommendation)	• 업무에 필요한 경우 CSP의 관련된 인증, 컴플라이언스 준수 등에 대한 증거를 요구하도록 함 • 홈페이지 등을 통하여 공개되어 있는 경우 해당 내용을 참조하고, CSP의 법적 관할지에 대한 정보도 확인 • CSC에게 관할지 정보 및 컴플라이언스 준수와 관련된 객관적 증거를 제공함(예 : 3자 인증서 등)

통제(Controls)	18.1.2 지적 재산권(Intellectual property rights)
ISO 27017 통제	지적 재산권 및 소프트웨어의 제품 소유권 행사에 관련된 법령, 규정, 계약 요구사항의 준수를 보장하기 위하여 적절한 절차를 구현해야 함
클라우드 서비스 이용자 (CSC) 구현 지침	• 상업적으로 허가된 소프트웨어를 클라우드 서비스에 설치하는 것이 소프트웨어 허가 조건을 위반하게 될 수 있음 • 클라우드 서비스 이용자는 허가된 소프트웨어를 클라우드 서비스에 설치하기 전에 클라우드의 허가 요구사항을 식별하는데 필요한 절차를 가지고 있어야 함 • 클라우드 서비스가 탄력적이고 확장이 가능한 경우 주의를 기울여야 함(이는 소프트웨어가 라이선스 조항에서 허용한 것보다 더 많은 시스템 또는 프로세서에서 수행될 수 있기 때문)
클라우드 서비스 제공자 (CSP) 구현 지침	클라우드 서비스 제공자는 지적 재산권의 불만에 대응하기 위하여 프로세스를 수립해야 함
권장 사항 (Recommendation)	클라우드 환경에서 운영 중인 소프트웨어의 가상화 라이선스 정책 등을 확인하여 라이선스 현황을 관리하도록 함(운영 중인 SW 목록, 해당 SW의 가상화 라이선스 정책, 보유 중인 SW 라이선스)

통제(Controls)	18.1.3 기록 보호(Protection of records)
ISO 27017 통제	기록은 법령, 규정, 계약, 업무 요구사항에 따라 분실, 파손, 위조, 비인가 접근, 비인가 공개로부터 보호해야 함
클라우드 서비스 이용자 (CSC) 구현 지침	클라우드 서비스 이용자는 클라우드 서비스 제공자가 수집하고 저장한 서비스 이용자의 클라우드 서비스 사용에 관한 기록 보호 정보를 클라우드 서비스 제공자에게 요구해야 함
클라우드 서비스 제공자 (CSP) 구현 지침	클라우드 서비스 제공자는 자신이 수집하고 저장한 클라우드 서비스 이용자의 클라우드 서비스 사용에 관한 기록 보호 정보를 클라우드 서비스 이용자에게 제공해야 함
권장 사항 (Recommendation)	• 현재 이용 중인 클라우드 서비스와 관련해서 내부 정보보안 경영시스템 운영, 컴플라이언스 준수 등에 필요한 증적을 CSP에게 요구하거나 이용할 수 있어야 함 　- 필요한 사항 기록의 목록화, 개인정보 처리시스템의 접속 기록 　- 해당 기록의 생성 및 보관, 안전한 보호 조치의 적용 현황 • CSC에게 제공이 가능한 기록의 목록화(시스템에서 자동으로 CSC가 접근하여 활용할 수 있는 기록 또는 CSP가 별도로 제공할 수 있는 기록) • 기록에 대한 안전한 보호 조치 적용 방안 수립 및 적용(예 : 접근 통제, 백업 등)

통제(Controls)	18.2.1 정보보안 독립적 검토 (Independent review of information security)
ISO 27017 통제	정보보안과 구현(정보보안에 대한 통제 목적, 정책, 프로세스, 절차)에 대한 조직의 접근 방법은 계획된 주기 또는 중대한 변경이 발생한 시점에서 독립적으로 검토해야 함
클라우드 서비스 이용자 (CSC) 구현 지침	클라우드 서비스 이용자는 클라우드 서비스에 대한 정보보안 통제 및 지침이 클라우드 서비스 제공자의 주장에 따라 구현되는 문서화된 증거를 요구해야 하며, 이러한 증거는 관련 표준의 인증서를 포함할 수 있음
클라우드 서비스 제공자 (CSP) 구현 지침	• 클라우드 서비스 제공자는 정보보안 통제 구현에 대한 자신의 주장을 입증하기 위해 문서화된 증거를 클라우드 서비스 이용자에게 제공해야 함 • 개별 클라우드 서비스 이용자의 감사는 정보보안에 대한 위험을 증가시킬 수 있기 때문에 클라우드 서비스 제공자는 정보보안이 구현되고, 제공자의 정책 및 절차에 따라 운영되고 있다는 독립적인 증거를 제공해야 함(클라우드 서비스 이용을 고려하는 자가 계약 전에 활용할 수 있어야 함) • 독립적인 감사는 클라우드 서비스 제공자가 선택하지만 서비스 제공자의 운영을 검토하고자 하는 클라우드 서비스 이용자의 이해를 만족시키기 위해 일반적인 방법과 충분한 투명성을 제공해야 함 • 독립적인 감사가 현실적이지 않을 경우 클라우드 서비스 제공자는 자체 평가를 실행하여 해당 프로세스 및 결과를 클라우드 서비스 이용자에게 공개해야 함
권장 사항 (Recommendation)	• 내부 감사 수행 시 클라우드 보안에 대한 감사 내용을 포함할 수 있도록 고려 • CSP가 제공하는 보안 통제가 적절하게 구현 및 운영되고 있는지에 대한 증적 등을 요구할 수 있음(관련된 인증서 등) • 관련된 인증 정보에 대해서는 해당 CSP 홈페이지를 통해 확인할 수 있음 • CSC에게 CSP의 정보보안 구현 및 운영에 대한 객관적인 증거를 제공(관련 인증을 획득하고, 해당 정보를 홈페이지 등에서 고지하는 방안을 고려)

2 확장된 통제 세트

:: 통제 세트의 세부 개요

- ISO 27017 표준에 포함된 부속서(Annex) A는 클라우드 서비스를 확장된 통제 세트(Control Set)에 따라 추가 통제 목적(Control Objective), 통제(Controls), 구현 지침(Implementation guidance for cloud services)을 제공한다.
- 통제와 관련된 ISO 27002 통제 목적은 변경 없이 그대로 사용된다.
- ISO 27001 준수를 목표로 하는 정보보안 경영시스템(ISMS) 환경에서 해당 통제를 구현하는 모든 조직은 부속서에 명시된 통제를 포함하도록 자신의 적용성 보고서(SOA)를 확장할 필요가 있다.

통제 영역	통제	세부 통제	ISO 27017 추가 구현 지침	
			이용자 (CSC)	제공자 (CSP)
6. 정보보안 조직	CLD.6.3 클라우드 서비스 이용자와 클라우드 서비스 제공자의 관계	CLD.6.3.1 클라우드 컴퓨팅 환경에서 공유된 역할 및 책임	O	O
8. 자산 관리	CLD.8.1 자산에 대한 책임	CLD.8.1.5 클라우드 서비스 이용자 자산 폐기	O	O
9. 접근 통제	CLD.9.5 공유 가상 환경에서 클라우드 서비스 이용자 데이터에 대한 접근 통제	CLD.9.5.1 가상 컴퓨팅 환경에서 분리	–	O
		CLD.9.5.2 가상 머신 강화	O	
12. 운영 보안	CLD.12.1 운영 절차 및 책임	CLD.12.1.5 운영자의 운영 보안	O	O
	CLD.12.4 로그 기록 및 모니터링	CLD.12.4.5 클라우드 서비스 모니터링	O	O
13. 통신 보안	CLD.13.1 네트워크 보안 관리	CLD.13.1.4 가상 및 물리적 네트워크의 보안 관리 정렬	–	O

:: 클라우드 서비스 확장 통제 세트

통제(Controls)	CLD 6.3.1 클라우드 컴퓨팅 환경에서 공유된 역할 및 책임(Shared roles and responsibilities within a cloud computing environment)
ISO 27017 통제	클라우드 서비스 이용자와 클라우드 서비스 제공자는 클라우드 서비스 사용에 있어 공유된 정보보안 역할의 책임을 식별된 당사자에게 할당 및 문서화하고 구현해야 함
목적	정보보안 관리를 위해 클라우드 서비스 이용자와 클라우드 서비스 제공자간 공유된 역할 및 책임과 관련된 관계를 명확히 함
클라우드 서비스 이용자 (CSC) 구현 지침	• 클라우드 서비스 이용자는 클라우드 서비스 이용에 따라 정책 및 절차를 정의하거나 그의 기존 정책 및 절차를 확장해야 함 • 클라우드 서비스 이용자들이 클라우드 서비스 이용에 따른 자신의 역할과 책임을 인식하도록 해야 함
클라우드 서비스 제공자 (CSP) 구현 지침	• 클라우드 서비스 제공자는 클라우드 서비스 이용을 위한 자신의 정보보안 능력, 역할 및 책임을 문서화하고 소통해야 함 • 클라우드 서비스 이용자는 클라우드 서비스 이용의 일부로서 구현하고 관리할 필요가 있는 정보보안 역할 및 책임에 따라 이루어져야 함
권장 사항 (Recommendation)	• 클라우드 컴퓨팅에 있어 역할과 책임은 클라우드 서비스 이용자와 클라우드 서비스 제공자의 직원간에 나누어짐 • 역할 및 책임의 할당은 클라우드 서비스 제공자가 관리자 입장의 클라우드 서비스 이용자 데이터와 클라우드 서비스 제공자 애플리케이션을 고려해야 함

통제(Controls)	CLD 8.1.5 클라우드 서비스 고객 자산 폐기 (Removal of cloud service customer assets)
ISO 27017 통제	클라우드 서비스 협약 종료 시 클라우드 서비스 제공자의 구내에 있는 클라우드 서비스 이용자 자산을 적시에 제거하고, 필요한 경우 반환해야 함
목적	조직의 자산을 식별하고, 적절한 보호 책임을 정의하기 위함
클라우드 서비스 이용자 (CSC) 구현 지침	• 클라우드 서비스 이용자는 해당 자산의 반환 및 폐기를 포함하는 서비스 종료 프로세스에 대해 문서화된 설명과 클라우드 서비스 제공자 시스템으로부터 해당 자산의 모든 사본 삭제를 요구해야 함 • 설명은 모든 자산을 나열하고, 서비스 종료에 대한 일정을 문서화하며 적시에 실행되어야 함
클라우드 서비스 제공자 (CSP) 구현 지침	• 클라우드 서비스 제공자는 클라우드 서비스 사용에 관한 협약 종료 시 클라우드 서비스 이용자 자산의 반환 및 폐기를 위한 준비 정보를 제공해야 함 • 자산 반환 및 폐기 준비는 협약서에 문서화하고, 적시에 수행해야 함(해당 준비는 반환되고, 폐기되는 자산을 명시해야 함)
권장 사항 (Recommendation)	• 자산 반환 및 폐기와 관련된 절차를 파악(서비스 이용 종료 시 관련된 절차, 기존에 이용 중이던 자산의 반환 및 안전한 파기 방법, 절차에 대하여 확인) • 자산 반환 및 폐기와 관련된 절차를 마련하여 CSC가 이용할 수 있도록 제공

통제(Controls)	CLD.9.5.1 가상 컴퓨팅 환경에서 분리(Segregation in virtual computing environments)
ISO 27017 통제	클라우드 서비스에서 수행되는 클라우드 서비스 이용자의 가상 환경을 다른 클라우드 서비스 이용자 및 인가되지 않은 사람으로부터 보호해야 함
목적	클라우드 컴퓨팅의 공유된 가상 환경을 사용할 때 정보보안 위험을 완화하기 위함
클라우드 서비스 이용자 (CSC) 구현 지침	추가 구현 지침 없음
클라우드 서비스 제공자 (CSP) 구현 지침	• 클라우드 서비스 제공자는 다음의 사항을 위하여 클라우드 서비스 이용자 데이터, 가상 애플리케이션, 운영 체제, 저장소 및 네트워크의 논리적 분리를 강제해야 함 　- 멀티테넌트 환경에서 클라우드 서비스 이용자가 사용하는 자원의 분리 　- 클라우드 서비스 제공자의 내부 운영은 클라우드 서비스 이용자가 사용하는 자원으로부터 분리 • 클라우드 서비스가 멀티테넌시를 포함할 때 클라우드 서비스 제공자는 서로 다른 테넌트가 사용하는 적절한 자원 분리를 보장하기 위하여 정보보안 통제를 구현해야 함 • 클라우드 서비스 제공자는 클라우드 서비스 이용자의 소프트웨어를 서비스 제공자의 클라우드 서비스에서 실행하는 데 따른 위험을 고려해야 함

권장 사항 (Recommendation)	• 논리적 분리의 구현은 가상화에 적용된 기술에 따라 다르게 적용 • 소프트웨어 가상화 기능이 가상 환경을 제공한다면(예 : 가상 운영 체제) 네트워크 및 스토리지 구성은 가상화될 수 있음(소프트웨어 가상화 환경에서 클라우드 서비스 이용자의 분리는 해당 소프트웨어의 분리 기능을 사용하여 설계 및 구현될 수 있음) • 클라우드 서비스 이용자 정보가 클라우드 서비스의 메타데이터 테이블과 함께 물리적인 공유 저장소에 저장된다면 메타데이터 테이블에 대한 접근 통제와 다른 클라우드 서비스 이용자의 정보 분리가 구현될 수 있음 • CSC별 자산에 대한 엄격한 격리 원칙 및 구현 방안 등에 대하여 기준 수립(CSC 요청 시 이에 대한 입증 방안을 고려)

통제(Controls)	CLD.9.5.2 가상 머신 강화(Virtual machine hardening)
ISO 27017 통제	클라우드 컴퓨팅 환경의 가상 머신은 업무상 필요를 충족하기 위하여 강화된 설정을 사용해야 함
목적	클라우드 컴퓨팅의 공유된 가상 환경을 사용할 때 정보보안 위험을 완화하기 위함
클라우드 서비스 이용자 (CSC) 구현 지침	가상 머신을 구성할 때 클라우드 서비스 이용자와 클라우드 서비스 제공자는 구성을 적절히 강화하고(예 : 필요한 포트, 프로토콜 및 서비스만 설정) 사용되는 각 가상 머신에 대하여 필요한 기술적 수단이 실행(백신, 기록 등)되도록 해야 함
클라우드 서비스 제공자 (CSP) 구현 지침	
권장 사항 (Recommendation)	• 클라우드 보안을 위한 기본적 보안 설정 기준 수립(관리 대상별 설정 항목, 안전한 설정값에 대한 기준 마련) • 이미지 파일의 경우 보안 설정 기준이 적용된 버전을 지속적으로 유지하고, 이를 실제 시스템 환경에 배포할 수 있도록 관리

통제(Controls)	CLD.12.1.5 운영자의 운영 보안(Administrator's operational security)
ISO 27017 통제	클라우드 컴퓨팅 환경의 운영자를 위한 절차를 정의 및 문서화하고 모니터링 함
목적	정보처리 시설의 정확하고 안전한 운영을 보장하기 위함

클라우드 서비스 이용자
(CSC) 구현 지침
	• 클라우드 서비스 이용자는 장애로 인해 클라우드 컴퓨팅 환경 자산에 복구할 수 없는 손상이 발생할 수 있는 운영 절차를 문서화해야 함
	• 핵심 운영(Operation)의 예시는 다음과 같음
	  - 서버, 네트워크 및 스토리지 같은 가상화 장치의 설치와 변경 및 삭제
	  - 클라우드 서비스 이용의 종료 프로세스와 백업 및 복구
	• 해당 문서는 감독자가 운영에 대한 모니터링을 명시해야 함

클라우드 서비스 제공자 (CSP) 구현 지침	클라우드 서비스 제공자는 핵심 운영 및 절차에 관한 문서를 클라우드 서비스 이용자에게 제공해야 함

권장 사항
(Recommendation)
	• 클라우드 컴퓨팅은 신속한 프로비저닝(Provisioning) 운영과 주문형 셀프 서비스(On-demand self service)의 이점을 가지고 있음
	• 해당 운영은 클라우드 서비스 이용자와 제공자의 담당 운영자에 의해 수행됨
	• 핵심 운영에 대한 사람의 개입은 심각한 정보보안 사고를 유발할 수 있기 때문에 운영 보호 메커니즘을 고려해야 하며, 필요한 경우 정의 및 구현해야 함(심각한 사고의 예 : 다수의 가상 서버를 제거 또는 종료하거나 가상 자산의 파기 등)
	• 클라우드 서비스 운영 관리의 절차는 다음과 같음(참조 모델 : ITSM)
	  - 자원의 신규 구성 및 운영 절차
	  - 자원의 변경 및 회수/삭제 등의 절차
	  - 주요 관리 절차 : 구성, 장애, 변경, 용량, 성능, 백업 등
	• CSP는 CSC가 클라우드 환경에 대한 운영 절차 수립 시 필요한 CSP 및 클라우드 서비스 관련 정보를 제공

통제(Controls)	CLD.12.4.5 클라우드 서비스 모니터링(Monitoring of cloud services)
ISO 27017 통제	클라우드 서비스 이용자는 클라우드 서비스 운영의 특정 측면을 모니터링하는 능력을 보유해야 함
목적	이벤트를 기록하고 증거를 생성하기 위함
클라우드 서비스 이용자 (CSC) 구현 지침	클라우드 서비스 이용자는 클라우드 서비스 제공자에게 각 클라우드 서비스에 대한 사용 가능한 서비스 모니터링 능력의 정보를 요구해야 함
클라우드 서비스 제공자 (CSP) 구현 지침	• 클라우드 서비스 제공자는 클라우드 서비스 이용자가 자신에 관련된 클라우드 서비스 운영의 특정 측면을 모니터링할 수 있는 능력을 제공해야 함 • 모니터링 기능 사용을 보호하기 위한 적절한 접근 통제가 필요하며, 해당 기능은 클라우드 서비스 이용자의 클라우드 서비스 인스턴스에 대한 정보만 접근할 수 있도록 제공해야 함 • 클라우드 서비스 제공자는 클라우드 서비스 이용자에게 서비스 모니터링에 대한 문서를 제공해야 함 • 모니터링은 이벤트 기록과 일관성 있는 데이터를 제공해야 하며, SLA 조항을 지원해야 함
권장 사항 (Recommendation)	• CSP가 제공하는 클라우드 모니터링 기능과 제공 서비스에 대한 정보를 확인 • CSP가 제공하는 모니터링 서비스(기능)를 활용하여 CSC가 모니터링 체계를 구현하는 방안에 대해 고려 • CSP가 제공하는 모니터링 기능 및 서비스를 명세화하고, 이를 CSC가 이용할 수 있도록 제공

통제(Controls)	CLD.13.1.4 가상 및 물리적 네트워크의 보안 관리 일관성(Alignment of security management for virtual and physical networks)
ISO 27017 통제	가상 네트워크 구성 시 클라우드 서비스 제공자의 네트워크 보안 정책에 기초하여 가상 및 물리적 네트워크 구성의 일관성을 검증해야 함
목적	네트워크 정보와 이를 지원하는 정보처리 시스템의 보호를 보장하기 위함
클라우드 서비스 이용자 (CSC) 구현 지침	추가 구현 지침 없음
클라우드 서비스 제공자 (CSP) 구현 지침	• 클라우드 서비스 제공자는 가상 네트워크 구성에 대한 정보보안 정책을 물리적 네트워크의 정보보안 정책과 일관성 있게 정의하고 문서화해야 함 • 클라우드 서비스 제공자는 가상 네트워크 구성을 생성하기 위해 사용한 수단과 무관하게 정보보안 정책과 일치하도록 해야 함
권장 사항 (Recommendation)	가상화 기술을 이용하여 만들어진 클라우드 컴퓨팅 환경에서 가상 네트워크는 물리적 네트워크의 가상 인프라에 구성되며, 이러한 환경에서 네트워크 정책의 불일치는 시스템 중단 또는 접근 통제의 결함을 가져올 수 있음

Chapter 05 국제표준 ISO 27018 클라우드 개인정보보호 실무

Section 01 | 정보보안 경영시스템의 클라우드 개인정보보호

1. 클라우드 개인정보보호의 이해

:: 클라우드 개인정보보호 위험 관리의 원칙 및 기준

- 이용자(PII 컨트롤러)와의 계약에서 개인정보(Personally Identifiable Information ; PII)를 처리하는 클라우드 서비스 제공자(PII 프로세서)는 개인정보보호 관련 법규 및 규제 요구사항을 양쪽 당사자가 만족할 수 있도록 서비스를 운영해야 한다.
- 클라우드 서비스 제공자와 이용자간 개인정보보호 관련 요구사항에 대한 충족 책임을 나누는 방식은 법적 관할지나 제공자 및 이용자간 계약 조항에 따라 달라진다.
- 클라우드 환경에서 PII 컨트롤러와 PII 프로세서간 개인정보보호의 역할 및 책임은 클라우드의 책임 공유 모델에서 정의한 바와 같이 이용 또는 제공하는 클라우드 서비스 모델, 서비스 특징, 서비스 계약의 세부 사항에 따라 조직간 적절하게 나눠진다.
- 클라우드 환경에서 개인정보(PII)가 처리된다는 것은 여러 국가와 같은 물리적 위치가 존재할 수 있음을 의미하며, 이는 저장 또는 처리되는 물리적 위치에 따라 관할지가 다양할 수 있고, 이에 따라 적용되는 법률 및 법규 관련 요구사항도 다양하다는 것을 의미한다.
- 개인정보(PII)는 생성, 수집, 보관, 처리, 이용, 제공에서부터 파기에 이르는 수명 주기를 갖는다(개인정보의 생명 주기).
- 개인정보(PII)에 대한 위험은 수명 주기에 따라 변할 수 있지만 개인정보의 보호는 모든 단계에서 중요성이 유지된다(개인정보의 보호 활동은 생명 주기의 특정 단계에서만 이행되는 것이 아니라 생명 주기 전반에 걸쳐서 이행됨).
- 개인정보(PII)의 보안 요구사항은 기존 및 신규 정보시스템이 해당 생명 주기를 통해 관리됨에 따라 고려할 필요가 있다.
- 개인정보(PII) 보호와 관련해서 Privacy by Design, Privacy by Default의 개념이 적용되어 개인정보 처리 이전, 개인정보 처리시스템과 같은 환경의 기획, 분석 및 설계 단계에서부터 개발 전 주기에 걸쳐 개인정보보호에 대한 활동이 이행되어야 한다.

- 클라우드 환경에서 개인정보(PII)가 처리됨에 따라 여러 이해 관계자(예 : PII 컨트롤러, PII 프로세서, 하도급 업체 등)가 존재할 수 있으며, 이들간에는 명확한 역할 및 책임, 준수사항이 정의된 협약에 의해서 개인정보가 처리되어야 한다.

2 ISO 27018 표준의 이해

:: 표준 소개

- ISO 27001에 기반한 클라우드 컴퓨팅의 정보보안 관리 체계를 구현하는 프로세스에서 개인정보보호 통제를 선택하기 위한 참조 문서와 공공의 클라우드 PII 프로세서 역할을 하는 조직의 개인정보보호 통제 구현에 필요한 지침 문서를 사용하는 조직을 위해 설계되었다.
- ISO 27018은 ISO 27002에 기초하고 있으며 PII 프로세서 역할을 하는 공공의 클라우드 컴퓨팅 서비스 제공자에 적용될 수 있는 개인정보보호의 요구사항에서 구체적인 위험 환경을 고려한다.
- 표준의 사용자는 통제, 구현 지침 및 추가 정보가 필요한 경우 ISO 27002의 조항 5에서 조항 18을 참조하되 ISO 27002는 일반적인 적용이 가능하기 때문에 대개의 통제, 구현 지침 및 추가 정보는 조직의 상황과 클라우드 컴퓨팅 상황에 모두 적용할 수 있다.
- ISO 27002의 확장판으로 클라우드 환경에서 PII 처리 서비스의 기술적, 운영적 특성에 동반하는 위험을 완화 시키기 위해 공공의 클라우드 서비스에 적합한 통제, 구현 지침 및 추가 정보를 제공한다.
- 공공의 클라우드 PII 프로세서는 구현 지침과 통제를 선택하기 위해 ISO 27002를 참조하거나 필요에 따라 다른 통제를 추가할 수 있다(해당 과정은 클라우드 환경에서 PII 처리 서비스를 사용(제공)하는 조직과 개인정보보호 위험 평가 및 처리를 수행하여 완료할 수 있음).

:: 적용 대상

- ISO 27018은 다른 조직과의 계약에 따라 클라우드 서비스를 통해 개인정보(PII) 프로세서 역할을 하며, 정보처리 서비스를 제공하는 공공기관, 민간기업, 정부기관, 비영리 조직을 포함하는 모든 유형과 조직에 적용이 가능하다.
- 개인정보(PII) 컨트롤러 역할을 하는 조직에 관련될 수 있지만 개인정보(PII) 컨트롤러는 개인정보(PII) 프로세서에게 적용되지 않는 추가적인 개인정보 보호 법규, 규제 및 의무 대상이 될 수 있다는 것에 유의할 필요가 있다.

:: 인증 범위

- 섹터 ISMS에서의 범위 선정은 ISO 27001에서 정의한 범위와 동일한 범위 또는 해당 범위 내에서 정의한다.
- ISO 27001에서 벗어난 범위가 포함된 경우는 인증 획득 시 문제가 될 수 있으므로 섹터 ISMS에서는 ISO 27001의 정보보안 경영시스템에서 확장되었다는 기본적인 메커니즘을 이해해야 한다.
- ISO 27018의 범위는 ISO 27001 범위 안에 포함되어 있으며, ISO 27017에서 정의된 범위 안에 위치해야 한다.

:: 표준 구성

- ISO 27002와 유사한 형식으로 구성되며, 각 조항과 문단에서는 ISO 27002의 조항 5에서 조항 18의 적용 가능성을 명시함으로써 해당 내용을 포함한다.
- ISO 27002에 명시된 목적과 통제가 추가적인 정보 없이 적용된 경우는 ISO 27002에 대한 참조만 제공한다.
- 기존 ISO 27002의 통제에서 클라우드 개인정보보호를 위해 확장된 내용이 있는 경우는 해당 내용이 기재되어 있지만 확장된 내용이 없는 경우에는 기존 ISO 27002의 통제 지침을 그대로 따른다.
- ISO 27002에 있는 것을 제외하고 통제에 대한 목적은(어떤 목적에 대한 통제가 필요한 경우는) 부속서 A(개인정보(PII) 보호를 위한 공공의 클라우드 PII 프로세서 확장 통제 Set)에 서술되어 있다.
- ISO 27002 또는 해당 표준의 부속서 A 통제에 클라우드 서비스의 구현 지침이 필요한 경우는 소제목 〈퍼블릭 클라우드 개인정보(PII) 보호 구현 지침〉 하에 제공된다.
- ISO 27018에서는 기존 ISO 27002의 통제 114개 부속서 A에 클라우드 서비스 확장 통제로 25개의 통제가 추가되어 있다.

| Section 02 | 프로세서의 클라우드 개인정보보호

1 추가 구현 지침

:: 개요

- ISO 27018은 기존 ISO 27002의 통제에서 확장되었거나 신규로 추가된 확장 통제 세트로 구성되어 있다.
- 다음은 기존 ISO 27002 통제에서 ISO 27018에 추가된 통제 현황이다.

통제 영역	통제	세부 통제	ISO 27018 추가 구현 지침
5. 정보보안 정책	5.1 정보보안을 위한 경영 방침	5.1.1 정보보안을 위한 정책	O
		5.1.2 정보보안 정책의 검토	-
6. 정보보안 조직	6.1 내부 조직	6.1.1 정보보안의 역할 및 책임	O
		6.1.2 직무 분리	-
		6.1.3 관계 당국과의 연락	-
		6.1.4 전문가 그룹과의 연락	-
		6.1.5 프로젝트 관리에서의 정보보안	-
	6.2 모바일 기기 및 원격근무	6.2.1 모바일 기기 정책	-
		6.2.2 원격 근무	-
7. 인적 자원 보안	7.1 고용 전	7.1.1 적격 심사	-
		7.1.2 경영진 책임	-
	7.2 고용 중	7.2.1 경영진 책임	-
		7.2.2 정보보안 인식, 교육, 훈련	O
		7.2.3 징계 처분	-
	7.3 고용 종료 및 직무 변경	7.3.1 고용 책임의 종료 또는 변경	-
8. 자산 관리	8.1 자산에 대한 책임	8.1.1 자산 목록	-
		8.1.2 자산 소유권	-
		8.1.3 자산의 제한적 사용	-
		8.1.4 자산 반환	-
	8.2 정보 등급 분류	8.2.1 정보 등급 분류	-
		8.2.2 정보 표식	-
		8.2.3 자산 취급	-
	8.3 매체 취급	8.3.1 이동식 매체 관리	-
		8.3.2 매체 폐기	-
		8.3.3 물리적 매체 이송	-
9. 접근 통제	9.1 접근 통제 업무 요구사항	9.1.1 접근 통제 정책	-
		9.1.2 네트워크 및 네트워크 서비스 접근 통제	-

9. 접근 통제	9.2 사용자 접근 관리	9.2.1 사용자 등록 및 해지	O
		9.2.2 사용자 접근 권한 설정	-
		9.2.3 특수 접근 권한 관리	-
		9.2.4 사용자의 비밀 인증 정보 관리	-
		9.2.5 사용자 접근 권한 검토	-
		9.2.6 접근 권한 제거 또는 조정	-
	9.3 사용자 책임	9.3.1 비밀 인증 정보 사용	-
	9.4 시스템 및 애플리케이션 접근 통제	9.4.1 정보 접근 제한	-
		9.4.2 안전한 로그인 절차	O
		9.4.3 패스워드 관리 시스템	-
		9.4.4 특수 유틸리티 프로그램 사용	-
		9.4.5 프로그램 소스 코드 접근 통제	-
10. 암호화	10.1 암호 통제	10.1.1 암호 통제 사용 정책	O
		10.1.2 키 관리	-
11. 물리적 및 환경적 보안	11.1 보안 구역	11.1.1 물리적 보안 경계	-
		11.1.2 물리적 출입 통제	-
		11.1.3 사무 공간 및 시설 보안	-
		11.1.4 외부 및 환경 위협에 대비한 보호	-
		11.1.5 보안 구역 내 작업	-
		11.1.6 배송 및 하역 구역	-
	11.2 장비	11.2.1 장비 배치 및 보호	-
		11.2.2 지원 설비	-
		11.2.3 배선 보안	-
		11.2.4 장비 유지보수	-
		11.2.5 자산 반출	-
		11.2.6 구외 장비 및 자산 보안	-
		11.2.7 장비 안전 폐기 및 재사용	O
		11.2.8 방치된 사용자 장비	-
		11.2.9 책상 정리 및 화면 보호 정책	-
12. 운영 보안	12.1 운영 절차 및 책임	12.1.1 운영 절차 문서화	-
		12.1.2 변경 관리	-
		12.1.3 용량 관리	-
		12.1.4 개발, 시험, 운영 환경 분리	O

12. 운영 보안	12.2 악성 코드 방지	12.2.1 악성 코드 통제	-
	12.3 백업	12.3.1 정보 백업	O
	12.4 로그 기록 및 모니터링	12.4.1 이벤트 로그 기록	O
		12.4.2 로그 정보 보호	O
		12.4.3 관리자 및 운영자 로그	-
		12.4.4 시각 동기화	-
	12.5 운영 소프트웨어 통제	12.5.1 운영 시스템 소프트웨어 설치	-
	12.6 기술적 취약점 관리	12.6.1 기술적 취약점 관리	-
		12.6.2 소프트웨어 설치 제한	-
	12.7 정보시스템 감사 고려사항	12.7.1 정보시스템 감사 통제	-
13. 통신 보안	13.1 네트워크 보안 관리	13.1.1 네트워크 통제	-
		13.1.2 네트워크 서비스 보안	-
		13.1.3 네트워크 분리	-
	13.2 정보 전송	13.2.1 정보 전송 정책 및 절차	O
		13.2.2 정보 전송 협약	-
		13.2.3 전자 메시지 교환	-
		13.2.4 기밀 유지협약 또는 비밀 유지서약	-
14. 시스템 도입, 개발, 유지보수	14.1 정보시스템 보안 요구사항	14.1.1 정보보안 요구사항 분석 및 명세	-
		14.1.2 공중망 응용 서비스 보안	-
		14.1.3 응용 서비스 거래 보호	-
	14.2 개발 및 지원 프로세스 보안	14.2.1 개발 보안 정책	-
		14.2.2 시스템 변경 통제 절차	-
		14.2.3 운영 플랫폼 변경 후 애플리케이션의 기술적 검토	-
		14.2.4 소프트웨어 패키지 변경 제한	-
		14.2.5 시스템 보안 공학 원칙	-
		14.2.6 개발 환경 보안	-
		14.2.7 외주 개발	-
		14.2.8 시스템 보안 테스트	-
		14.2.9 시스템 인수 시험	-
	14.3 시험 데이터	14.3.1 시험 데이터 보호	-

15. 공급자 관계	15.1 공급자 관계 정보보안	15.1.1 공급자 관계 정보보안 정책	-
		15.1.2 공급자 협약 내 보안 명시	-
		15.1.3 정보통신기술 공급망	-
	15.2 공급자 서비스 전달 관리	15.2.1 공급자 서비스 모니터링 및 검토	-
		15.2.2 공급자 서비스 변경 관리	-
16. 정보보안 사고 관리	16.1 정보보안 사고 관리 및 개선	16.1.1 책임 및 절차	O
		16.1.2 정보보안 이벤트 보고	-
		16.1.3 정보보안 취약점 보고	-
		16.1.4 정보보안 이벤트 평가 및 의사결정	-
		16.1.5 정보보안 사고 대응	-
		16.1.6 정보보안 사고로부터 학습	-
		16.1.7 증거 수집	-
17. 업무 연속성 관리이 정보보안 측면	17.1 정보보안 연속성	17.1.1 정보보안 연속성 계획	-
		17.1.2 정보보안 연속성 구현	-
		17.1.3 정보보안 연속성 검증, 검토, 평가	-
	17.2 이중화	17.2.1 정보처리 시설 가용성	-
18. 준거성	18.1 법적 및 계약 요구사항 준수	18.1.1 적용 법규 및 계약 요구사항 식별	-
		18.1.2 지적 재산권	-
		18.1.3 기록 보호	-
		18.1.4 프라이버시 및 개인정보보호	-
		18.1.5 암호 통제 규제	-
	18.2 정보보안 검토	18.2.1 정보보안 독립적 검토	O
		18.2.2 보안 정책 및 표준 준수	-
		18.2.3 기술 준거성 검토	-

:: 클라우드 개인정보보호 확장 구현 지침

통제(Controls)	5.1.1 정보보안을 위한 정책 (Policies for information security)
ISO 27018 통제	정보보안을 위한 정책 집합을 정의하고, 경영진의 승인을 거쳐 직원 및 관련 외부자에게 공표하며 소통해야 함

퍼블릭 클라우드 개인정보(PII) 보호 구현 지침	• 정보보안 정책은 적용될 수 있는 개인정보보호 법규 및 퍼블릭 클라우드 개인정보 프로세서와 이용자(클라우드 서비스 이용자)간에 합의된 계약 조항을 준수하겠다는 선언과 지원 내용이 추가되어야 함 • 계약 합의는 클라우드 서비스 유형(클라우드 컴퓨팅 참조 아키텍처의 IaaS, PaaS, SaaS 유형 서비스)을 고려하여 퍼블릭 클라우드 개인정보 프로세서와 하도급 업체 및 클라우드 서비스 이용자간에 책임을 명확히 할당해야 함
권장 사항 (Recommendation)	• 개인정보보호를 위한 관련 법률 및 법규, 고객과의 계약상 보안 요구사항 준수를 위한 내용들을 개인정보보호 관련 정책(지침)에 반영 • 운영 중인 정책에 조항을 추가할 수 있고, 개인정보보호를 위한 별도의 정책을 마련(별도의 문서)할 수 있음

통제(Controls)	6.1.1 정보보안 역할 및 책임 (Information security roles and responsibilities)
ISO 27018 통제	모든 정보보안 책임을 정의하고 할당해야 함
퍼블릭 클라우드 개인정보(PII) 보호 구현 지침	퍼블릭 클라우드 개인정보 프로세서는 클라우드 서비스 이용자가 계약에서 개인정보 처리에 관해 연락할 수 있는 담당자(Point of contact)를 지정해야 함
권장 사항 (Recommendation)	• 개인정보 업무 처리 관련 SPOC(Single Point of Contact)를 지정(업무가 세분화 되어 있는 경우 업무별 담당자를 지정) • 담당자가 변경되는 경우는 변경 사항 발생 시 이용자에게 통보

통제(Controls)	7.2.2 정보보안 인식, 교육, 훈련 (Information security awareness, education and training)
ISO 27018 통제	조직의 모든 직원과 관련 계약직은 자신의 직무 기능에 연관된 조직의 정책과 절차에 대해 적절한 인식 교육 및 훈련 그리고 정기적인 갱신 교육을 받아야 함
퍼블릭 클라우드 개인정보(PII) 보호 구현 지침	관련 직원이 프라이버시 및 보안 규칙 위반 시 고객, 조직, 당사자에게 끼치는 영향에 대하여 인식할 수 있도록 함

권장 사항 (Recommendation)	• 개인정보 취급자 등의 교육 프로그램 구성 시 다음의 사항을 고려함
	  – 조직의 개인정보보호 관련 업무 수행 기준 및 취급자의 준수사항
	  – PII 프로세서의 보호 조치 의무 및 미준수 시 손해배상 등의 불이익(법적 결과, 사업 및 브랜드 손실, 명성의 손상 등)
	  – 개인정보보호법 등의 법률 및 법규의 처벌 사항
	  – 개인정보보호 관련 내부 위규 기준 및 위규자에 대한 징계 등의 내용

통제(Controls)	9.2.1 사용자 등록 및 해지(User registration and de-registration)
ISO 27018 통제	접근 권한의 할당이 가능하도록 공식적인 사용자 등록과 해지 프로세스를 구현해야 함
퍼블릭 클라우드 개인정보(PII) 보호 구현 지침	• 클라우드 컴퓨팅 참조 아키텍처의 서비스 범주와 관련하여 클라우드 서비스 이용자(Customer)는 통제에 있는 클라우드 서비스 사용자(User)의 접근 관리 일부 또는 모든 측면에 책임이 있을 수 있음 • 적절한 경우 퍼블릭 클라우드 PII 프로세서는 클라우드 서비스 이용자(Customer)의 통제에서 클라우드 서비스 사용자(User)의 접근을 관리할 수 있게 함 • 사용자 등록 및 해지 절차에서는 사용자 접근 통제가 손상되는 상황을 다루어야 하며, 여기에는(예 : 우연한 노출의 결과) 패스워드 또는 다른 사용자 등록 정보가 변경 및 손상되는 경우를 포함
권장 사항 (Recommendation)	고객(PII 컨트롤러)이 해당 서비스 이용자(PII 주체)에 대한 접근 권한을 관리할 수 있는 운영 기능 및 권한 등의 제공을 고려해야 함(PII 주체에 대한 계정 발급 및 회수, PII 주체에 대한 권한 부여 및 회수 등)

통제(Controls)	9.4.2 안전한 로그인 절차(Secure log-on procedures)
ISO 27018 통제	접근 통제 정책에서 요구하는 경우 시스템과 애플리케이션에 대한 접근은 안전한 로그인 절차에 따라 통제해야 함
퍼블릭 클라우드 개인정보(PII) 보호 구현 지침	필요한 경우 퍼블릭 클라우드 PII 프로세서는 클라우드 서비스 이용자(Customer)가 통제에 있는 클라우드 서비스 사용자(User)를 위해 요구하는 모든 계정에 대하여 안전한 로그온 절차를 제공해야 함

권장 사항 (Recommendation)	• 다음의 관리 기능 제공을 고려해야 함
	  – 안전한 인증 수단 : ID/PW뿐만 아니라 다중 인증(MFA) 기능을 제공
	  – 접근 통제 수단 : 접속지를 제한할 수 있는 기능(특정 위치, 단말 지정 기능)

통제(Controls)	10.1.1 암호 통제(Policy on the use of cryptographic controls)
ISO 27018 통제	정보보호를 위한 암호 통제의 사용 정책을 개발하고 구현해야 함
퍼블릭 클라우드 개인정보(PII) 보호 구현 지침	• 퍼블릭 클라우드 PII 프로세서는 개인정보를 보호하기 위해 암호화를 사용하는 상황 정보를 클라우드 서비스 이용자에게 제공해야 함 • 퍼블릭 클라우드 PII 프로세서는 클라우드 서비스 이용자가 자신의 암호학적 보호에 대해 지원할 수 있는 기능을 제공하는 경우 이에 관한 정보를 클라우드 서비스 이용자에게 제공해야 함

권장 사항 (Recommendation)	• 암호화 정책 수립 및 관련 기능 제공에 대한 정보를 PII 컨트롤러와 공유
	  – 암호화 대상, 암호화 적용 기법 및 알고리즘, 키 관리 등의 기준 수립
	  – 법률 및 법규 요구사항의 준수, PII의 안전한 송수신 및 저장 등을 보장

통제(Controls)	12.1.4 개발, 시험, 운영 환경 분리(Separation of development, testing and operational environments)
ISO 27018 통제	운영 환경에 대한 비인가 접근 또는 변경의 위험을 감소시키기 위하여 개발 및 시험과 운영 환경은 분리해야 함
퍼블릭 클라우드 개인정보(PII) 보호 구현 지침	• 불가피하게 시험 목적으로 개인정보(PII)를 사용하는 경우 위험 평가를 수행해야 함 • 식별된 위험을 최소화하기 위해 기술적 및 조직적 조치를 구현해야 함
권장 사항 (Recommendation)	• 테스트 목적으로 운영 데이터베이스의 PII 사용을 원칙적으로 제한 • 불가피하게 운영 환경의 PII를 테스트 데이터로 활용하는 경우는 사전에 검토 및 승인을 받은 후 사용하도록 함 • 운영 환경의 PII를 테스트 데이터로 활용할 경우 운영 환경 PII에 적용된 보호 조치가 테스트 환경에서도 동일한 수준으로 적용될 수 있도록 함 • 테스트 데이터로 활용된 운영 환경의 PII는 테스트가 완료된 후 지체없이 안전하게 파기될 수 있도록 함

통제(Controls)	12.3.1 정보 백업(Information backup)
ISO 27018 통제	합의된 백업 정책에 따라 주기적으로 정보, 소프트웨어, 시스템 이미지에 대한 백업 복사본을 생성하고 시험해야 함
퍼블릭 클라우드 개인정보(PII) 보호 구현 지침	• 정보처리 시스템은 데이터를 손실로부터 보호하고 데이터 처리 운영의 연속성을 보장하며, 중단 사건 후 데이터 처리 운영의 복구 능력을 제공하기 위하여 백업 메커니즘을 도입함 • 백업과 복구를 목적으로 물리적 및 논리적으로 다양한 위치에 데이터 사본을 생성하고 유지해야 함 • 개인정보에 대한 관련 책임은 클라우드 서비스 이용자에게 부과될 수 있음 • 퍼블릭 클라우드 PII 프로세서가 명시적으로 백업 및 복구 서비스를 클라우드 서비스 이용자에게 제공하는 경우 퍼블릭 클라우드 PII 프로세서는 클라우드 서비스 이용자 데이터의 백업 및 복구 서비스 정보를 클라우드 서비스 이용자에게 제공해야 함 • 백업 및 복구 절차는 명시되고, 문서화된 주기에 따라 검토해야 함 • 퍼블릭 클라우드 PII 프로세서는 정보의 백업 요구사항 및 백업 목적으로 보유한 정보에서 개인정보 삭제를 위한 추가적인 요구사항(예 : 계약 및 법적 요구사항)을 처리하는 정책이 있어야 함
권장 사항 (Recommendation)	• PII에 대한 백업 정책을 마련하여 적용하되 백업 정책 수립 시 법률 및 법규, 계약적 요구사항과 조직의 업무 연속성 계획(BCP)을 고려해야 함(업무 연속성 계획의 복구 시간 목표(Recovery Time Objective), 복구 시점 목표(Recovery Point Objective)도 고려) • PII가 저장된 백업 파일에 대한 현황을 관리해야 함 • PII에 대한 파기가 요구되는 경우 PII가 저장된 백업본 관련 정보의 파기도 병행될 수 있도록 관리 절차를 적용해야 함

통제(Controls)	12.4.1 이벤트 로그 기록(Event logging)
ISO 27018 통제	사용자 활동, 예외, 고장, 정보보안 내용을 기록하는 이벤트 로그를 생성 및 보존하고 주기적으로 검토해야 함
퍼블릭 클라우드 개인정보(PII) 보호 구현 지침	• 이상징후를 식별하고 조치 활동을 제안하기 위해 문서화된 이벤트 로그를 주기적으로 검토할 수 있는 프로세스가 수립되어야 함 • 이벤트 로그는 개인정보가 어떤 작업의 결과로 누구에 의해 변경(추가, 수정, 삭제)되었는지의 여부를 기록해야 함 • 퍼블릭 클라우드 PII 프로세서는 클라우드 서비스 이용자가 사용이 가능한 로그 정보에서 언제, 어떻게 사용할 수 있는지에 관한 기준을 정의해야 하며, 이는 클라우드 서비스 이용자가 활용할 수 있어야 함 • 클라우드 서비스 이용자는 퍼블릭 클라우드 PII 프로세서가 통제하는 로그 기록에 접근할 때 해당 클라우드 서비스 이용자의 활동 기록에만 접근할 수 있고, 다른 클라우드 서비스 이용자의 활동 로그 기록에는 접근할 수 없도록 조치해야 함
권장 사항 (Recommendation)	• 개인정보 처리시스템에 대하여 PII 처리 관련 이벤트 로그 기록 및 관리 환경 구현 - 애플리케이션의 로그 관리 기능 - 접근 통제 시스템(또는 데이터베이스)을 이용한 로그 관리 기능 - 각종 개인정보 처리시스템에서 생성되는 로그의 통합 관리 기능 • PII 처리 관련 이벤트 로그에 대한 주기적인 검토가 필요(PII의 오남용 등 이상행위에 대한 기준을 마련하여 수동으로 로그 파일을 검토하거나 로그 관리 시스템에 검토 기준을 적용하여 자동 검토) • PII 처리 관련 이벤트 로그에 대한 접근 관리가 필요 - 고객(PII 컨트롤러)이 해당 고객 PII 처리에 대한 이벤트 로그의 접근과 검토할 수 있는 시스템 환경을 제공 - PII 컨트롤러는 해당 조직과 PII 처리 이벤트 로그에만 접근할 수 있도록 접근 통제 정책을 적용 및 관리

통제(Controls)	12.4.2 로그 정보 보안(Protection of log information)
ISO 27018 통제	로그 기록 설비와 로그 정보를 변조 및 비인가 접근으로부터 보호해야 함
퍼블릭 클라우드 개인정보(PII) 보호 구현 지침	• 보안 모니터링 및 운영 진단과 같은 목적으로 기록하는 로그 정보는 개인정보(PII)를 포함할 수 있음 • 로그 정보가 의도한 목적을 위해서만 사용될 수 있도록 접근 통제와 같은 수단이 수립되어야 함 • 기록된 정보가 명시되고 문서화된 기간 내에 삭제될 수 있는 절차가 수립되어야 하며, 가급적 자동화된 절차를 마련하는 것이 좋음
권장 사항 (Recommendation)	• 로그 정보에 PII이 저장되는 경우 해당 로그 파일과 저장된 PII를 식별 및 관리 • 로그 정보에 대해서 인가된 최소한의 인원만 접근할 수 있도록 접근 통제 • 로그 정보에 대한 삭제 기준을 마련하고, 자동으로 삭제될 수 있도록 구현(PII 처리에 대한 목적 달성 시, 로그 파일의 저장(보관) 주기 만료 후)

통제(Controls)	13.2.1 정보 전송 정책 및 절차 (Information transfer policies and procedures)
ISO 27018 통제	모든 유형의 통신 시설을 거치는 정보 전송을 보호하기 위하여 공식적인 전송 정책, 절차, 통제를 마련해야 함
퍼블릭 클라우드 개인정보(PII) 보호 구현 지침	• 정보 전송에 물리적 매체가 사용될 경우 개인정보(PII)를 저장한 매체의 반출입을 기록하는 시스템이 수립되어야 함 • 기록에는 물리적 매체의 유형, 승인된 송/수신자, 일시와 물리적 매체의 번호가 포함되어야 함 • 가능한 목적 지점에서만 데이터에 접근할 수 있고, 이동 중에는 접근할 수 없는 추가적인 수단을 고려해야 함

권장 사항
(Recommendation)
	• 인가된 매체만 사용하되 매체 관리에 필요한 대장을 기록 및 관리
	  – 등록된 매체 정보(매체 유형, 매체 관리번호 등)
	  – 매체 사용 관련 정보(반출입 일시, 사용자 및 승인자, 사용 목적 등)
	• 보조 기억 매체를 통하여 PII 전송이 필요한 경우는 보안 USB를 사용하되 인가된 사용자만 접근할 수 있도록 하며, 분실 시에는 암호화를 통해 인가되지 않은 자가 접근할 수 없도록 함
	• 기타 매체의 경우 외부로 반출 시 사전에 검토 및 승인하고, 봉인 또는 보안 스티커 등을 통하여 이동 중 인가되지 않은 열람에 대해서는 확인이 되도록 함(수령인은 봉인 및 보안 스티커의 훼손 여부를 확인함)

통제(Controls)	16.1.1 책임 및 절차(Responsibilities and procedures)
ISO 27018 통제	정보보안 사고에 대해 신속하고 효과적인 질서 있는 대응을 보장하기 위하여 관리 책임과 절차를 수립해야 함
퍼블릭 클라우드 개인정보(PII) 보호 구현 지침	정보보안 사고가 발생하면 정보보안 사고 관리 프로세스의 일부로서 개인정보에 관련된 데이터 침해가 존재하는지를 확인하기 위해 퍼블릭 클라우드 PII 프로세서의 검토가 개시되어야 함
권장 사항 (Recommendation)	• 정보보안 사고(침해) 대응 매뉴얼 및 개인정보 유출 대응 매뉴얼을 구분하여 수립 • 모든 정보보안 사건이 개인정보 관련 보안 사고로 이어지지는 않음(방화벽, 서버에 대한 핑(Ping), 브로드캐스트 공격, 포트 스캔, 실패한 로그온 시도, 서비스 거부 공격(DoS), 패킷 스니핑 등은 개인정보 침해와 무관한 정보보안 사고의 예임) • 개인정보 침해와 관련된 사고 유형을 사전에 정의하고, 보안 사고 발생 시 개인정보와 관련된 보안 사고의 여부를 우선적으로 판단하고 수행 • 판단 결과 정보보안 사고는 보안(침해) 사고 대응 절차에 따라 처리를 진행하고, 개인정보와 관련된 보안 사고는 개인정보 침해 대응 매뉴얼에 따라 처리

통제(Controls)	18.2.1 정보보안 독립적 검토 (Independent review of information security)

ISO 27018 통제	정보보안과 구현(정보보안에 대한 통제 목적, 정책, 프로세스, 절차)에 대한 조직의 접근 방법은 계획된 주기나 중대한 변경이 발생한 시점에 독립적으로 검토해야 함
퍼블릭 클라우드 개인정보(PII) 보호 구현 지침	• 개별 클라우드 서비스 이용자의 감사가 현실적이지 않거나 보안 위험을 증가시킬 수 있는 경우 퍼블릭 클라우드 PII 프로세서는 클라우드 서비스 이용자의 후보자가 계약 전 및 계약 중에 정보보안을 구현하고, 퍼블릭 클라우드 PII 프로세서의 정책과 절차에 따라 운영되고 있다는 독립적인 증거를 제공해야 함 • 퍼블릭 클라우드 PII 프로세서가 선택한 독립적 증거는 처리 운영을 검토하는 데 있어 클라우드 서비스 이용자의 이해를 만족시키기 위해 일반적으로 수용할 수 있는 방법이어야 하며 충분한 투명성을 제공해야 함

권장 사항
(Recommendation)
	• PII 프로세서는 조직의 정보보안 역량 및 위험을 적절히 통제하고 있는 객관적인 보증을 위해 공인된 감사 결과를 유지하도록 함
	  - 공인 기관을 통한 인증서 획득 및 유지
	  - 표준에 기반한 정보보안 및 개인정보보호 경영시스템의 구축 및 운영
	• PII 프로세서는 관련 정보를 지속적으로 공개(공유)함으로써 잠재적인 고객이 PII 프로세서에 대한 선정 및 계약 검토의 관련 사항을 참고할 수 있도록 하고, 계약이 성사된 고객에게는 지속적인 신뢰를 제공하도록 함

2 확장된 통제 세트

:: 개요

- ISO 27018 표준에 포함된 부속서(Annex) A는 개인정보(PII) 보호를 위한 퍼블릭 클라우드 PII 프로세서 확장 통제 세트(Control Set)로서 추가 통제 목적(Control Objective)과 통제(Controls), 구현 지침(Public cloud PII protection implementation guidance)을 제공한다 (ISO 27002 통제 목적은 변경 없이 그대로 사용).
- ISO 27001 준수를 목표로 하는 정보보안 경영시스템(ISMS) 환경에서 해당 통제를 구현하는 모든 조직은 부속서에 명시된 통제를 포함하도록 자신의 적용성 보고서(SOA)를 확장할 필요가 있다.
- ISO 29100의 개인정보보호 원칙과 연계된 ISO 27018 Annex A 항목은 다음과 같다.

ISO 29100 개인정보보호 원칙	ISO 27018 Annex A 항목
A.2 동의와 선택(Consent and choice)	A.2.1 개인정보(PII) 주체의 권리와 관련된 협력 의무
A.3 목적 부합성과 명세(Purpose legitimacy and specification)	A.3.1 퍼블릭 클라우드 PII 프로세서의 목적
	A.3.2 퍼블릭 클라우드 PII 프로세서의 상업적 이용
A.4 수집 제한(Collection limitation)	없음

A.5 데이터 최소화(Data minimization)	A.5.1 임시 파일의 안전한 삭제
A.6 이용, 보유, 공개 제한(Use, retention and disclosure limitation)	A.6.1 개인정보(PII) 공개 통지
	A.6.2 개인정보(PII) 공개 기록
A.7 정확성과 품질(Accuracy and quality)	없음
A.8 공개성, 투명성, 고지(Openness, transparency and notice)	A.8.1 하도급 개인정보(PII) 처리 공개
A.9 개별 참여와 접근(Individual participation and access)	없음
A.10 책임성(Accountability)	A.10.1 개인정보(PII)가 포함된 데이터 침해 통지
	A.10.2 운영 보안 정책 및 절차의 보존 기간
	A.10.3 개인정보의 반납, 전송, 파기
A.11 정보보안(Information security)	A.11.1 기밀 유지협약 및 비밀 유지서약
	A.11.2 종이 문서(Hardcopy) 생성 제한
	A.11.3 데이터 복구 통제 및 기록
	A.11.4 구역을 벗어난 저장 매체의 데이터 보호
	A.11.5 암호화되지 않은 이동형 저장 매체 및 장비의 사용
	A.11.6 공개된 데이터 전송망을 통해 전송된 개인정보의 암호화
	A.11.7 종이 문서의 안전한 파기
	A.11.8 고유한 사용자 ID의 사용
	A.11.9 인가된 사용자 레코드(기록)
	A.11.10 사용자 ID 관리
	A.11.11 계약 수단
	A.11.12 하도급 업체를 통한 개인정보(PII) 처리
	A.11.13 데이터 저장 공간에 대한 데이터 접근
A.12 프라이버시 준수(Privacy compliance)	A.12.1 개인정보(PII)의 지리적 위치
	A.12.2 개인정보(PII)의 의도된 목적지

:: **클라우드 서비스 확장 통제 세트**

통제(Controls)	A.2.1. 개인정보(PII) 주체의 권리와 관련하여 협력할 의무 (Obligation to co-operate regarding PII principals' rights)
ISO 27018 통제	퍼블릭 클라우드 PII 프로세서는 개인정보 주체가 자신의 개인정보에 대한 접근, 수정 및 삭제 권리를 쉽게 수행할 수 있는 수단을 제공하며, 이는 퍼블릭 클라우드 PII 프로세서의 의무를 충족시킴

퍼블릭 클라우드 개인정보(PII) 보호 구현 지침	• PII 컨트롤러의 의무는 법, 규제 또는 계약에 의해 정의될 수 있음(의무는 클라우드 서비스 이용자가 구현을 위해 퍼블릭 클라우드 PII 프로세서의 서비스를 사용할 때 문제가 될 수 있음) • PII 컨트롤러가 PII 주체의 권리 행사를 촉진하기 위해 정보 또는 기술적 조치를 퍼블릭 클라우드 PII 프로세서에 의존하는 경우 관련 정보 또는 기술적 조치를 계약서에 명시해야 함

권장 사항 (Recommendation)	• PII 컨트롤러와 PII 프로세서간 표준 계약서 작성 및 체결
	• 표준 계약 내용에 다음의 사항을 포함하도록 함
	  – PII 컨트롤러와 PII 프로세서가 법률 및 법규에 의해 준수해야 할 사항
	  – PII 컨트롤러가 PII 주체에게 제공해야 하는 권리 보장 사항
	  – PII 컨트롤러의 관리 및 감독과 관련된 사항, 각종 기록 및 정보 공유사항

통제(Controls)	A.3.1 퍼블릭 클라우드 PII 프로세서의 목적 (Public cloud PII processor's purpose)
ISO 27018 통제	계약에 따라 처리될 개인정보는 클라우드 서비스 이용자의 지시와 독립적인 목적으로 처리되어서는 안 됨
퍼블릭 클라우드 개인정보(PII) 보호 구현 지침	• PII 처리와 관련된 요구사항은 퍼블릭 클라우드 PII 프로세서와 클라우드 서비스 이용자간의 계약에 포함될 수 있음(계약에는 PII 처리의 목적 및 보유, 처리 기간 등이 포함될 수 있음) • 퍼블릭 클라우드 PII 프로세서는 클라우드 서비스 이용자가 목적 설명과 제한 원칙에 대한 퍼블릭 클라우드 PII 프로세서의 준수를 확인하고, 퍼블릭 클라우드 PII 프로세서 또는 하도급 업체가 클라우드 서비스 이용자의 지시와 독립적인 목적으로 개인정보를 처리하지 않도록 하기 위해 클라우드 서비스 이용자에게 모든 정보를 제공해야 함

권장 사항 (Recommendation)	• PII 컨트롤러와 PII 프로세서간 표준 계약서 작성 및 체결
	• 표준 계약 내용에 다음의 사항을 포함하도록 함
	  – PII 처리 목적 및 처리 내용
	  – PII 목적 외 처리, 제공, 이용 등의 금지
	  – PII의 보유 기간, 보관, 파기 및 반환 등의 기준
	• PII 프로세서가 하도급 업체와 계약 시 PII 컨트롤러의 계약 사항과 동일한 내용 및 수준으로 계약 체결

통제(Controls)	A.3.2 퍼블릭 클라우드 PII 프로세서의 상업적 이용 (Public cloud PII processor's commercial use)
ISO 27018 통제	퍼블릭 클라우드 PII 프로세서는 계약에 따라 처리되는 개인정보를 명시적 동의 없이 마케팅 또는 광고 목적으로 사용해서는 안 되며, 이러한 동의를 서비스 이용 조건으로 삼아서는 안 됨

퍼블릭 클라우드 개인정보(PII) 보호 구현 지침	추가 구현 지침 없음
권장 사항 (Recommendation)	• 마케팅 및 광고 목적으로 PII를 처리해서는 안 됨 • 마케팅 및 광고 목적으로 PII 처리가 필요한 경우는 PII 수집, 이용 동의 절차에서 사전에 마케팅 및 광고 목적의 처리에 대하여 PII 주체로부터 동의를 받도록 함 • 마케팅 및 광고 목적의 동의는 선택 동의로 진행하되 선택 동의에 동의하지 않았다는 이유로 서비스 제공에 제약을 주어서는 안 됨

통제(Controls)	A.5.1 임시 파일의 안전한 삭제(Secure erasure of temporary files)
ISO 27018 통제	임시 파일과 문서들은 명시되고 문서화된 기간 내에 삭제 또는 폐기되어야 함
퍼블릭 클라우드 개인정보(PII) 보호 구현 지침	• 정보시스템은 운영 과정에서 임시 파일들을 생성할 수 있음(임시 파일 내에 PII가 포함되는 경우가 발생하므로 이에 대해 추적 및 관리가 필요) • 임시 파일들은 시스템 또는 응용에 따라 달라질 수 있지만 파일 시스템의 롤백 일지와 데이터베이스 갱신 및 기타 응용 소프트웨어의 운영에 관련된 임시 파일을 포함할 수 있음 • 임시 파일들은 관련 정보처리 업무가 완료된 후에는 필요하지 않지만 삭제되지 않는 경우가 있으므로 개인정보 처리시스템은 명시된 시간 이상으로 사용되지 않은 임시 파일의 삭제를 주기적으로 점검해야 함

권장 사항 (Recommendation)	• 가급적 임시 파일에 PII가 포함되지 않도록 설계 및 구현하되 불가피한 경우는 제한적으로 PII가 포함될 수 있도록 함
	• PII 처리 과정에서 발생하는 임시 파일을 식별해야 함
	  – 해당 파일에 포함되는 PII 항목 처리 시 유의해야 할 보호 조치를 식별(암호화 등)
	  – 해당 임시 파일이 저장되는 위치를 확인
	• PII가 포함된 임시 파일에 보관 주기를 정의하고, 해당 주기가 경과하면 자동 삭제 또는 파기될 수 있도록 구현함
	• 임시 파일의 자동 삭제 및 파기의 적절성에 대하여 주기적으로 검토함

통제(Controls)	A.6.1 개인정보(PII) 공개 통지(PII disclosure notification)
ISO 27018 통제	퍼블릭 클라우드 PII 프로세서와 클라우드 서비스 이용자간 계약에서 법 집행기관이 퍼블릭 클라우드 PII 프로세서에게 법적 구속력이 있는 개인정보 제공 요청을 하는 경우 계약에 합의된 절차와 기간에 따라 클라우드 서비스 이용자에게 통지하도록 요구해야 함(단, 그런 통지가 금지된 경우는 제외)

퍼블릭 클라우드 개인정보(PII) 보호 구현 지침	• 퍼블릭 클라우드 PII 프로세서는 다음과 같은 계약상의 보증을 제공해야 함
	  – 법적 구속력이 없는 PII 공개 요청을 거부
	  – PII 공개를 하기 전에 법적으로 허용되는 경우 해당 클라우드 서비스 이용자와 상의
	  – 해당 클라우드 서비스 이용자가 승인한 PII 공개의 계약상 합의된 요청을 수락

권장 사항 (Recommendation)	• 법적 구속력에 대한 판단 기준 및 이행 절차를 사전에 마련하도록 함 　- 관계 법률 및 규제 등을 사전에 파악 　- PII 컨트롤러 등 고객에게 PII 공개 요청 사실을 알리면 안 되는 경우 　- PII 컨트롤러 등 고객 통보 시 담당자 정보와 정보 공유 방법 • 관계 기관에 의하여 PII 공개 요청을 받게 되면 PII 컨트롤러에게 해당 사실을 알리고 협의하도록 함 • 법 집행 기관의 비밀 유지를 위한 형법상 금지 근거가 있는 경우에는 PII 컨트롤러에게 알리지 않을 수도 있음

통제(Controls)	A.6.2 개인정보(PII) 공개 기록(Recording of PII disclosures)
ISO 27018 통제	제3자에 대한 개인정보 공개는 공개된 개인정보가 무엇이며 누구에게 언제 공개되었는지를 포함하여 기록해야 함
퍼블릭 클라우드 개인정보(PII) 보호 구현 지침	• 개인정보는 일상적인 운영 과정에서 공개될 수 있지만 이러한 공개는 정확히 기록되어야 함 • 법적 조사 또는 외부 감사에 의해 발생하는 제3자에 대한 추가 공개 역시 기록되어야 하며, 이러한 기록은 공개의 원천과 공개를 요구한 기관의 원천을 포함해야 함
권장 사항 (Recommendation)	제3자 제공과 관련된 관리 대장을 마련하고, 공개 시 관리 대장에 기록 및 관리 (공개된 대상(제3자 관련 정보), 일시, 공개 근거, 공개된 PII 주체 및 PII 항목, 공개 건수, 공개자(담당자) 및 승인자, 기타 특이사항 등)

통제(Controls)	A.8.1 하도급 개인정보(PII) 처리 공개 (Disclosure of sub-contracted PII processing)
ISO 27018 통제	퍼블릭 클라우드 PII 프로세서가 개인정보 처리를 위해 하도급 업체를 이용하는 것은 클라우드 서비스 이용자에게 사전에 공개되어야 함
퍼블릭 클라우드 개인정보(PII) 보호 구현 지침	• 개인정보 처리를 위한 하도급 업체의 이용은 퍼블릭 클라우드 PII 프로세서와 클라우드 서비스 이용자간 계약에 기록해야 하며, 계약은 동의에 기반해서 권한이 부여될 수 있음을 명시해야 함 • 퍼블릭 클라우드 PII 프로세서는 클라우드 서비스 이용자가 재위탁에 반대하거나 계약을 종료할 수 있도록 적시에 의도한 모든 변경 정보를 클라우드 서비스 이용자에게 제공해야 함 • 공개된 정보에는 하도급 업체가 정보를 이전할 수 있는 국가 및 국제기구와 퍼블릭 클라우드 PII 프로세서의 의무를 이행하거나 초과할 의무가 있는 수단도 포함되어야 함

권장 사항 (Recommendation)	• PII 프로세서는 사전에 PII 컨트롤러 등 고객과의 계약에서 재위탁(하도급 업체 사용)이 허용된 경우에 한해서만 하도급 업체를 활용하도록 함 • 하도급 업체를 활용할 경우 사전에 PII 컨트롤러들에게 재위탁에 대한 사실을 알리고, 승인을 획득한 후 하도급 업체 선정 및 활용 절차를 이행하도록 함(하도급 필요성, 재위탁 업무 내용, 업체 선정 조건, 하도급 업체 정보 등) • 하도급 업체를 통한 PII 처리에 대한 사실은 PII 주체 등이 언제든지 확인할 수 있도록 상시 공개하도록 함(개인정보 처리 방침 등을 통함). • 해당 위탁 사실 및 관련 업체 정보는 항상 현행화될 수 있도록 관리해야 함

통제(Controls)	A.10.1 개인정보(PII)가 포함된 데이터 침해 통지 (Notification of a data breach involving PII)
ISO 27018 통제	퍼블릭 클라우드 PII 프로세서는 개인정보에 승인되지 않은 접근, 분실, 노출, 변경으로 귀결될 수 있는 처리 장비 또는 시설에 승인되지 않은 접근이 발생한 경우 관련 클라우드 서비스 이용자에게 즉시 통지해야 함
퍼블릭 클라우드 개인정보(PII) 보호 구현 지침	• 개인정보를 포함하는 데이터 유출(침해)을 통보하는 것은 퍼블릭 클라우드 PII 프로세서와 클라우드 서비스 이용자간 계약의 일부로 제공되어야 함 • 계약에는 클라우드 서비스 이용자의 관계 당국에 대한 통보 의무를 충족하기 위하여 필요한 정보를 퍼블릭 클라우드 PII 프로세서가 제공하는 방법으로 명시해야 함 • 특정 관할지에서는 관련 법규 또는 규제가 퍼블릭 클라우드 PII 프로세서에게 개인정보를 포함하는 데이터 침해(유출)를 직접 규제 기관(예 : 개인정보 보호 기관)에 통보하도록 요구할 수 있음

권장 사항
(Recommendation)
	• PII 침해 대응 매뉴얼 등의 절차서를 마련해야 함
	  - PII 침해 유형 정의
	  - PII 침해 통지와 관련된 법적/규제적 요구사항과 계약적 요구사항을 명확히 식별 및 정의
	  - 침해 발생 시 고객에게 통지하고, 관계 기관에 신고 등의 기준 및 절차 정의
	  - 침해 사고 관련 기준(사고 설명, 발생 및 인지 시간, 사고 결과 및 영향, 인지 및 보고자, 시간대별 사고 대응 내용, 통지 및 신고 사항 등) 기록
	  - 사전에 통지 예시문 등을 마련하여 실제 통지 상황 발생 시 신속 대응

통제(Controls)	A.10.2 운영 보안 정책 및 절차의 보존 기간(Retention period for administrative security policies and guidelines)
ISO 27018 통제	보안 정책 및 운영 절차의 대체(갱신 포함) 시 명시되고, 문서화된 주기 동안 사본을 보존해야 함
퍼블릭 클라우드 개인정보(PII) 보호 구현 지침	현재와 이전 정책 및 절차의 검토가 필요할 수 있음

권장 사항 (Recommendation)	• 관련 예시로 고객 분쟁 해결 및 개인정보보호 기관의 조사 등이 있음 • 개인정보보호와 관련된 정책(정책서, 지침서, 절차서 등)에 대해서는 개정 후에도 지속적으로 개정 전 정책을 유지하도록 함 • 구체적인 법적 또는 계약적 요구사항이 없는 경우 최소 유지 기간은 5년으로 권장

통제(Controls)	A.10.3 개인정보의 반납, 전송, 파기 (PII return, transfer and disposal)
ISO 27018 통제	퍼블릭 클라우드 PII 프로세서는 개인정보의 반납, 전송, 파기에 관한 정책을 보유하고, 해당 정책을 클라우드 서비스 이용자가 사용할 수 있게 함
퍼블릭 클라우드 개인정보(PII) 보호 구현 지침	• 어떤 시점에서 개인정보를 특정 방식으로 폐기할 필요가 있는데 이는 개인정보를 클라우드 서비스 이용자에게 반환하거나, 다른 퍼블릭 클라우드 PII 프로세서(PII 컨트롤러)에게 전송하거나, 안전하게 삭제 또는 파기하거나, 익명화 또는 보존하는 과정에 관련될 수 있음 • 퍼블릭 클라우드 PII 프로세서는 클라우드 서비스 이용자가 계약에 따라 처리된 개인정보를 삭제할 수 있도록 필요한 정보를 제공해야 함 • 개인정보의 삭제는 저장 위치에 관계없이 백업 및 업무 연속성을 포함하여 클라우드 서비스 이용자의 특정 목적에 따라 더 이상 필요하지 않게 되면 바로 실행함 • 퍼블릭 클라우드 PII 프로세서는 개인정보의 처분에 관한 정책을 개발 및 구현하되 해당 정책을 클라우드 서비스 이용자가 사용할 수 있도록 해야 함 • 정책은 클라우드 서비스 이용자가 계약상의 실수로 개인정보가 망실되는 것을 막기 위하여 계약 종료 후 파기 전까지 개인정보의 보존 기간을 포함할 수 있음

권장 사항
(Recommendation)
	• PII 파기 기준의 마련 및 적용은 다음과 같음
	  - 파기 시점, 파기 절차 및 방법을 정의
	  - 파기 시 추가적인 보유가 필요한 경우 관련 근거, 보유 기간, 유지 목적에 부합하는 미삭제 대상 PII, 분리 보관 등의 안전한 보유 방법
	  - 주요 파기 방법에는 연결 차단(De-linking), 덮어쓰기, 자성 제거, 파기(Destruction), 기타 형태의 삭제(Erasure) 등이 있음
	• PII 처리 관련 계약 종료 시 PII의 반환 및 파기에 대한 기준을 마련 및 적용
	• 다른 업체로 제공된 경우(재위탁 또는 제3자 제공 등)는 제공된 PII 처리 제한 및 파기 등의 의사소통 방안을 마련

통제(Controls)	A.11.1 기밀 유지협약 및 비밀 유지서약 (Confidentiality or non-disclosure agreements)
ISO 27018 통제	퍼블릭 클라우드 PII 프로세서의 통제에서 개인정보에 접근하는 개인은 기밀 의무 대상이 되어야 함
퍼블릭 클라우드 개인정보(PII) 보호 구현 지침	• 기밀 유지협약은 퍼블릭 클라우드 PII 프로세서의 직원 및 대리인간에 어떠한 형태로든 이루어져야 하며, 직원과 대리인이 클라우드 서비스 이용자의 지시사항이 아닌 다른 목적으로 개인정보를 노출하지 않도록 해야 함 • 비밀 유지서약의 의무는 관련 계약이 종료될 때까지 존속해야 함

권장 사항 (Recommendation)	• 개인정보 취급자 대상의 보안 서약서를 마련하여 업무 수행 전, 수행 중, 수행 종료 시 요구하도록 함 　- 개인정보보호와 관련하여 준수해야 할 사항 　- 개인정보보호 규정 위반 시 징계 및 피해보상 관련 사항

통제(Controls)	A.11.2 종이 문서의 생성 제한 (Restriction of the creation of hardcopy material)
ISO 27018 통제	PII를 표시하는 종이 문서(Hardcopy)의 생성은 제한되어야 함
퍼블릭 클라우드 개인정보(PII) 보호 구현 지침	종이 문서(Hardcopy)는 출력으로 생성되는 문서를 포함
권장 사항 (Recommendation)	• 가급적 PII가 포함된 정보를 종이 문서로 출력하는 것을 제한함(필요한 경우 업무상 최소 인원으로 권한을 제한해서 부여) • 출력물 보안 솔루션 등 기술적 통제 환경을 구현하여 출력물에 대한 이력을 남기고, 주기적인 검토를 통하여 이상징후를 확인

통제(Controls)	A.11.3 데이터 복구 통제 및 기록 (Control and logging of data restoration)
ISO 27018 통제	데이터 복구를 위한 절차 및 로그(기록)가 존재해야 함
퍼블릭 클라우드 개인정보(PII) 보호 구현 지침	데이터 복구와 관련한 로그(기록)는 책임자와 복구된 데이터의 설명 및 수동으로 복구된 데이터를 포함해야 함
권장 사항 (Recommendation)	• PII가 포함된 백업 파일을 복구하기 위한 절차를 마련해야 함 　- 복구가 필요한 경우를 정의하고, 복구 관련 이력 정보를 기록 　- 복구 시 보고 및 승인 절차를 이행 • 복구 시 승인을 받은 후 진행하고, 복구와 관련된 사항은 기록으로 남기고 해당 기록에 대해서는 주기적으로 검토를 수행

통제(Controls)	A.11.4 구역을 벗어난 저장 매체의 데이터 보호 (Protecting data on storage media leaving the premises)
ISO 27018 통제	조직의 구역을 벗어난 매체의 개인정보는 인가 절차의 대상이 되어야 하며, 인가된 인력 외에 다른 사람이 접근해서는 안 됨
퍼블릭 클라우드 개인정보(PII) 보호 구현 지침	추가 구현 지침 없음

권장 사항 (Recommendation)	• 매체(USB, CD, DVD 등)를 통한 PII의 전송을 원칙적으로 통제 • 보조 기억 매체를 통해 PII 전송이 필요한 경우는 보안 USB를 사용하여 인가된 사용자만 접근할 수 있도록 하고, 분실 시에는 암호화를 통해 인가되지 않은 자가 접근할 수 없도록 함 • 기타 매체의 경우 외부로 반출 시 사전에 검토 및 승인을 하고, 봉인 또는 보안 스티커 등을 통하여 이동 중 인가되지 않은 열람은 확인이 되도록 함(수령인은 봉인 및 보안 스티커의 훼손 여부를 확인하도록 함)

통제(Controls)	A.11.5 암호화되지 않은 이동형 저장 매체 및 장비의 사용 (Use of unencrypted portable storage media and devices)
ISO 27018 통제	암호를 허용하지 않는 물리적 매체 및 이동형 장비는 피할 수 없는 경우 외에 사용해서는 안 되며, 이동형 매체 및 장비의 이용은 문서화 되어야 함
퍼블릭 클라우드 개인정보(PII) 보호 구현 지침	추가 구현 지침 없음

권장 사항
(Recommendation)
	• 이동식 저장 매체의 사용 기준을 마련해야 함
	  – 기본적으로 이동식 저장 매체를 통한 PII의 저장 및 전송을 금지
	  – 이동식 저장 매체 사용이 필요한 경우는 보안 USB 등 보안성이 확보된 매체를 사용함
	  – 일반형 이동식 저장 매체 사용이 필요한 경우는 업무용으로 등록된 매체만을 사용하며, 불출 및 반납에 대한 이력을 대장으로 관리
	• 이동식 매체의 사용 이력에 대한 주기적인 검토를 수행(일반형 이동식 저장 매체 사용에 대해서는 집중적으로 모니터링 수행)

통제(Controls)	A.11.6 공개된 데이터 전송망을 통해 전송되는 개인정보의 암호화 (Encryption of PII transmitted over public data-transmission networks)
ISO 27018 통제	공개 전송망을 통해 전송되는 개인정보는 전송 전에 암호화해야 함
퍼블릭 클라우드 개인정보(PII) 보호 구현 지침	• 공개 데이터 전송망의 내재적 특성은 효과적인 전송을 위해 헤더 일부나 트래픽 데이터가 노출될 것을 요구할 수도 있음 • 공중망을 통해 PII가 전송되는 경우 전송 중 허가되지 않은 PII 접근 및 위변조를 방지하기 위하여 암호화 등의 보호 조치를 적용해야 함 • 클라우드 컴퓨팅 참조 아키텍처의 다양한 서비스 카테고리를 통해 다수의 서비스 제공자가 관련된 경우 암호화 구현에 대하여 다양한 또는 공유된 역할이 있을 수 있음
권장 사항 (Recommendation)	• 인터넷을 통해 PII 정보가 전송되는 경우 안전한 알고리즘에 따라 암호화를 적용함 (SSL 적용) • 비밀번호, 민감 정보, 고유 식별 정보 등 유출 시 PII 주체에게 직접적인 피해가 우려되는 정보 또는 관할지 개인정보 관련 법률 및 법규에서 요구하는 PII 암호화 대상은 반드시 암호화를 적용함

통제(Controls)	A.11.7 종이 문서의 안전한 파기 (Secure disposal of hardcopy materials)
ISO 27018 통제	종이 문서를 파기할 경우 횡철, 파쇄, 소각, 액화 등 안전한 방법을 사용하여 파기해야 함
권장 사항 (Recommendation)	• 종이 문서는 외부 반출을 금지하고, 목적 달성 시 지체없이 완전 파쇄 또는 소각함 • 종이 문서 내용 중 일부 PII의 파기가 필요한 경우는 해당 정보를 더 이상 알아볼 수 없도록 천공 등을 함

통제(Controls)	A.11.8 고유한 사용자 ID의 사용(Unique use of user IDs)
ISO 27018 통제	한 명 이상의 사람이 저장된 개인정보에 접근한다면 이들 각각은 식별, 인증 및 인가 목적을 위해 고유한 사용자 ID를 가져야 함
권장 사항 (Recommendation)	• 1인 1 계정을 원칙으로 하고, 공용 및 공유 계정 사용을 금지 • 불가피하게 공용 및 공유 계정을 사용하는 경우는 사전에 검토와 승인 후 이용하며, 책임 추적성 확보를 위하여 추가적인 정보를 관리하도록 함

통제(Controls)	A.11.9 인가된 사용자 기록(Records of authorized users)
ISO 27018 통제	정보시스템에 접근이 허가된 사용자 또는 프로파일의 최신 기록을 유지함
퍼블릭 클라우드 개인정보(PII) 보호 구현 지침	• 퍼블릭 클라우드 PII 프로세서가 접근을 허가한 모든 사용자에 대해 사용자 프로파일을 유지해야 함 • 사용자 프로파일은 사용자에 대한 데이터의 집합으로 구성되며, 정보시스템에 허가된 접근의 기술적 통제를 구현하는데 필요한 사용자 ID를 포함

권장 사항
(Recommendation)
	• 개인정보 취급자의 현황을 작성함
	  – 계정, 이름, 소속, 연락처, 담당 업무
	  – 개인정보 처리시스템에 대한 접근 권한
	• 개인정보 취급자 정보에 대한 지속적인 관리(퇴직, 인사 이동, 부서 이동 발생 시 즉각적으로 해당 정보를 업데이트)

통제(Controls)	A.11.10 사용자 ID 관리(User ID management)
ISO 27018 통제	비활성화된 또는 만료된 사용자 ID를 다른 사람에게 부여해서는 안 됨
퍼블릭 클라우드 개인정보(PII) 보호 구현 지침	전체 클라우드 컴퓨팅의 참조 아키텍처에서 클라우드 서비스 이용자는 자신의 통제하에 있는 클라우드 서비스 사용자를 위한 사용자 ID의 일부 또는 모든 측면에 관리 책임이 있음

권장 사항
(Recommendation)
	• 계정 관리 시스템을 구현해야 함(시스템 및 수기 관리 환경)
	  – 발급된 계정 정보의 목록화
	  – 신규 계정 발행 시 이전에 발행 이력이 있는 계정은 발급 금지

통제(Controls)	A.11.11 계약 수단(Contract measures)
ISO 27018 통제	클라우드 서비스 이용자와 퍼블릭 클라우드 PII 프로세서간 계약에는 보안 조치가 존재하고, 데이터 컨트롤러의 지시 외에는 어떤 목적으로도 처리되지 않음을 보장하기 위한 최소한의 기술적 및 조직적 통제를 명시해야 함(해당 조치는 퍼블릭 클라우드 PII 프로세서에 의해 일방적으로 축소되어서는 안 됨)
퍼블릭 클라우드 개인정보(PII) 보호 구현 지침	• 퍼블릭 클라우드 PII 프로세서에 관련된 정보보안 및 개인정보보호 의무는 적용 법률 및 법규 등에 따라 정의될 수 있음(그렇지 않을 경우 퍼블릭 클라우드 PII 프로세서에 관련된 개인정보보호 의무는 계약에 따라 정의될 수 있음) • 퍼블릭 클라우드 PII 프로세서는 클라우드 서비스 이용 후보자와 계약을 체결하기 전 개인정보보호의 중요 서비스 특성에 대한 정보를 제공해야 함 • 퍼블릭 클라우드 PII 프로세서는 계약 체결 과정 중에 제공되는 서비스 및 기능에 대하여 명확한 정보를 제공해야 함 • 퍼블릭 클라우드 PII 프로세서가 구현한 수단이 의무를 만족하는 것은 궁극적으로 클라우드 서비스 이용자의 책임임

권장 사항 (Recommendation)	• 표준 PII 처리 계약서에 다음의 사항을 마련해야 함
	  - 해당 관할지 법률 및 법규에서 PII 보호를 위한 의무사항
	  - 클라우드 서비스 이용자와의 계약상 PII 보호를 위한 의무사항
	  - PII 보호 조치 이행에 대한 관리, 감독의 권한 및 의무사항
	  - 기타 PII 보호를 위한 관리적, 물리적, 기술적 보호 조치에 대한 사항

통제(Controls)	A.11.12 하도급 계약을 통한 개인정보(PII) 처리 (Sub-contracted PII processing)
ISO 27018 통제	퍼블릭 클라우드 PII 프로세서와 개인정보를 처리하는 하도급 업체간 계약은 퍼블릭 클라우드 PII 프로세서의 정보보안 및 개인정보보호 의무를 충족하는 최소한의 기술적 및 조직적 수단을 명시하되 해당 수단을 하청 업체가 제거해서는 안 됨
퍼블릭 클라우드 개인정보(PII) 보호 구현 지침	백업 사본을 저장하기 위해 하청 업체를 이용하는 것 역시 통제의 대상이 됨

권장 사항 (Recommendation)	• PII 프로세서와 하도급 업체간 표준 PII 처리 계약서를 마련해야 함
	  - PII 컨트롤러와 PII 프로세서간 체결된 계약상 보호 의무를 필수적으로 포함
	  - PII 보호 조치 이행에 대한 관리, 감독의 권한 및 의무사항을 포함
	  - PII 침해에 따른 책임, 피해보상에 대한 사항을 포함
	• PII 컨트롤러와 PII 프로세스간 또는 PII 프로세서와 하도급 업체간 계약서 내용은 주기적으로 검토

통제(Controls)	A.11.13 사용된 데이터 저장 공간에 대한 데이터 접근 (Access to data on pre-used data storage space)
ISO 27018 통제	퍼블릭 클라우드 PII 프로세서는 클라우드 서비스 이용자에게 데이터 저장 공간을 할당할 때 이전에 존재했던 모든 데이터를 보이지 않도록 해야 함

퍼블릭 클라우드 개인정보(PII) 보호 구현 지침	정보시스템에 저장된 데이터를 클라우드 서비스 이용자가 삭제하는 경우 다른 사용자가 데이터를 읽을 수 있는 위험이 발생하므로 이는 기술적 수단으로 회피해야 함
권장 사항 (Recommendation)	• 클라우드 서비스 사용자가 자신의 데이터로 덮어 씌워지지 않도록 저장 공간을 읽을 경우는 0을 반환 • 저장 공간에 대한 복구 시도에 탐지 및 차단 기능을 구현

통제(Controls)	A.12.1 개인정보(PII)의 지리적 위치(Geographical location of PII)
ISO 27018 통제	퍼블릭 클라우드 PII 프로세서는 개인정보를 저장할 수 있는 국가를 명시하고 문서화해야 함
퍼블릭 클라우드 개인정보(PII) 보호 구현 지침	• 개인정보가 저장될 수 있는 국가 목록은 클라우드 서비스 이용자가 사용할 수 있도록 제공해야 함 • 국가 목록은 개인정보 처리 하도급 계약을 통해 발생하는 것을 포함하며 모델 계약 조항, 법적 구속력이 있는 기업 규칙, 국가간 프라이버시 규칙처럼 구체적인 계약 요구사항이 국제적인 데이터 전송에 적용되는 경우 협약(합의)이 적용되는 국가 또는 환경을 식별해야 함 • 퍼블릭 클라우드 PII 프로세서는 클라우드 서비스 이용자에게 계약된 변경 정보를 제공하여 서비스 이용자가 변경에 반대하거나 계약을 종료할 수 있게 해야 함
권장 사항 (Recommendation)	• PII 프로세서는 PII가 저장된 국가의 목록을 작성하고, 이를 클라우드 서비스 이용자에게 계약 전, 계약 중에 열람할 수 있도록 제공함(관련 정보를 문서화하여 제공하거나 홈페이지에 현행화하여 고지) • PII가 저장될 수 있는 국가를 선정할 경우 GDPR의 적정성 결정(Adequacy decision)을 통하여 PII 보안 관련 법제가 적절한 수준으로 보호하는 국가를 우선적으로 검토

통제(Controls)	A.12.2 개인정보(PII)의 의도된 목적지(Intended destination of PII)
ISO 27018 통제	데이터 전송망을 통해 전송된 개인정보(PII)는 데이터가 의도한 목적지에 도달하도록 설계된 통제의 대상이 되어야 함
퍼블릭 클라우드 개인정보(PII) 보호 구현 지침	추가 구현 지침 없음
권장 사항 (Recommendation)	• 네트워크를 통하여 개인정보 처리시스템 사이에 PII가 공유 및 이전되는 경우 상호 인증 등 PII 전송 전에 전송 대상에 대한 진위 여부와 정확성에 대하여 검증하는 절차를 시스템 기능으로 구현하도록 함 • 담당자가 이메일 등을 통하여 PII를 전송하는 경우 사전에 전송 대상에 대하여 검토 및 등록하고, 등록된 대상에 한해서 발송할 수 있도록 함 • 네트워크를 통해 전송하는 경우 로그 등의 기록을 남기도록 하고, 로그에 대해서는 주기적인 검토를 통하여 의도한 대상에 정확히 전송되었는지의 여부를 검증하도록 함

제 **04** 장

자율주행차
사이버 보안 실무

정보보안
사이버보안
개인정보보호

≫ Chapter 1 UNECE WP.29 사이버 보안

≫ Chapter 2 ISO/SAE 21434와 TISAX 사이버 보안

01 UNECE WP.29 사이버 보안

| Section 01 | UNECE 자율주행차 사이버 보안 법규

1 UN Regulation R 155 CSMS

:: 7.2 CSMS(Cybersecurity Management System)의 개요

- 사이버 보안 법규는 자율주행 레벨 3 이상의 자율주행 커넥디드 차량에 적용된다.
- 사이버 보안은 차량 기능이 전기 또는 전자 부품에 있는 사이버 위협으로부터 보호되는 상태를 의미한다.
- 사이버 보안 관리 시스템(CSMS)은 차량에 대한 사이버 위협과 관련된 위험을 처리하고 사이버 공격으로부터 차량을 보호하기 위해 조직 프로세스, 책임 및 거버넌스를 정의하는 체계적인 위험 기반 접근 방식을 의미한다.

:: 7.2 CSMS(Cybersecurity Management System)의 사이버 보안 법규

- UNECE 자동차 사이버 보안 법규에 따라 제조사는 차량 기획부터 생산 및 이후 과정에 이르는 라이프 사이클(Life Cycle)을 사이버 보안 요건으로 정의하고, 해당 요건에 따른 자동차 사이버 보안 관리 체계(CSMS) 운영을 위한 업무 프로세스를 수립 및 적용해야 한다.

UNECE WP.29 – CSMS Requirements	
7.2.2.1(a) Development phase CSMS	7.2.2.1(a) 개발 단계 CSMS
7.2.2.1(a) Development phase CSMS	7.2.2.1(b) 생산 단계 CSMS
7.2.2.1(c) Post-production CSMS	7.2.2.1(c) Post-production CSMS
7.2.2.2(b) Risk identification	7.2.2.2(b) 위험 식별
7.2.2.2(c) Risk assessment / treatment	7.2.2.2(c) 위험 평가 / 처리
7.2.2.2(d) Verification of risk management	7.2.2.2(d) 위험 관리 검증
7.2.2.2(e) Cybersecurity testing	7.2.2.2(e) 사이버 보안 테스트
7.2.2.2(f) Risk assessment kept current	7.2.2.2(f) 위험 평가를 최신 상태로 유지

7.2.2.2(g) Adaptable monitoring / response	7.2.2.2(g) 적응형 모니터링 / 대응
7.2.2.2(h) Cybersecurity controls tracking	7.2.2.2(h) 사이버 보안 통제 추적

- UNECE 지침은 유일함을 강조하고 있으며, ISO/SAE 21434는 조직의 CSMS에 대한 요구사항을 구현하는 데 도움이 될 수 있음을 권장 및 링크하고 있다(Link with ISO/SAE 21434).
- 다음의 표는 7.2 CSMS의 요구사항이다(Requirements for the Cyber Security Management System).

UNECE WP.29 CSMS	UNECE WP.29 CSMS 요약	UNECE WP.29 핵심 키워드
7.2	ISO/SAE 21434는 CSMS를 입증하는데 증거 및 평가를 위한 베이스로 사용될 수 있음(ISO/SAE 21434 may be used as the basis for evidencing and evaluating the CSMS)	ISO/SAE 21434 Evidencing
	ISO 27000 시리즈, ISO 31000 시리즈는 CSMS의 해당 부분에 적용이 가능함(Applicable 적용이 가능함)	• ISO 27001(Certification) • ISO 27001(사이버 보안 통제) • ISO 31000(TARA 방법론)
7.2.2.1	사이버 보안을 입증할 수 있고, 구현된 절차와 프로세스가 있다는 증거가 있어야 함	ISO/SAE 21434는 CSMS 프로세스를 입증하고 평가하기 위한 증거로 사용될 수 있음
7.2.2.2	조직은 CSMS 구현을 관리하는 프로세스를 확인하고, Vehicle Types에서 사이버 보안과 관련된 프로세스로 제한함	사이버 보안과 관련된 프로세스
	• Annex 5 Part A의 위협 및 기타 관련 위협이 고려되어야 함 • 사이버 보안 규제 Annex 5에서 식별된 위험이(차량 외부에 연결된 서비스 또는 의존성) 포함되어야 함	사이버 보안 규제(예 : EU GDPR, 사이버 보안 법규 등 해당 국가)
	• 어떤 통제를 구현하고 언제 위험을 감수할지 선택함(Selecting what controls to implement and when to accept a risk) • ISO/SAE 21434 [RQ-09-09] Cybersecurity Goals	• 사이버 보안 통제 구현 • Cybersecurity Goals
	Residual Risk 컴포넌트 또는 Vehicle Type에 허용이 가능한 한도내에서 유지되어야 함(7.2.2 e)(Ensuring the residual risk remains within acceptable limits for components or the overall vehicle type)	Residual Risk

7.2.2.3	사이버 보안 사고 대응 절차, 모니터링, 사고 처리 절차, 취약점 발견 절차, 절차가 실행되는 방법의 시연	사이버 보안 사고 대응
7.2.2.4	차량 데이터 및 차량 로그에서 사이버 위협, 취약점 및 사이버 공격을 분석하고 탐지해야 함(정보 주체(데이터 주체)의 동의 및 소유자(운전자)의 개인정보보호)	사이버 보안 모니터링
7.2.2.5	• Shared-Responsibility Model(책임 공유 모델) : CIA • 클라우드 제공자, 정보통신 서비스 제공자 및 승인된 애프터 마켓 서비스 제공자가 포함될 수 있음 • ISO 27001 또는 TISAX 인증서로 입증할 수 있음	• 위험 비례 원칙(책임 공유 모델) • ISO 27001, TISAX(Evidenced by Certificates)
Annex 5	• Part A : 위협과 관련된 취약점 또는 공격 방법 • Part B : 차량 통신 채널, 업데이트 프로세스, 의도하지 않은 사람의 행동, 외부 연결, 잠재적인 목표/동기, 잠재적인 취약점, 데이터 손실/유출 및 물리적 조작을 포함하여 차량 위협에 대한 완화 목록 • Part C : 백앤드 서버, 의도하지 않은 사람의 행동, 물리적 데이터 손실을 포함하여 차량 외부 위협에 대한 완화 목록	

7.3 Vehicle Type Approval(차량 형식 승인)

UNECE WP.29 - Vehicle Types	
7.3.1 Certificate of compliance	제조업체는 사이버 보안 관리에 대해 유효한 준수 인증서를 보유해야 함
7.3.2 Management of type	제조업체는 승인된 차량 유형에 대해 공급업체의 위험을 식별하고 관리해야 함

7.3.3 Critical element identification	• 제조업체는 차량 유형에서 중요한 요소를 식별하고, 다음을 수행해야 함
	  - 차량 유형에 대해 철저한 위험 평가 및 식별된 위험을 처리/관리해야 함
	  - 위험 평가는 외부와의 상호 작용을 추가로 고려해야 함
	  - 위험을 평가하는 동안 차량 제조업체는 부속서 5, 파트 A에 언급된 모든 위협 및 기타 관련 위험을 고려해야 함

7.3.4 Type risk protection	• 제조업체는 해당 차량에서 식별된 위험으로부터 차량 유형을 보호해야 함 • 제조업체의 위험 평가 보호를 위해 적절한 완화 조치를 취해야 함 • 부속서 5에 언급된 모든 완화가 포함되어야 함

7.3.5 Type risk countermeasures	• 제조업체는 다음을 보장하기 위해 적절하고 비례적인 조치를 취해야 함
	  – 저장 및 실행을 위한 차량 형식(제공된 경우)의 전용 환경
	  – 애프터 마켓 소프트웨어, 서비스, 애플리케이션, 데이터

7.3.6 Sufficient testing	• 제조업체는 형식 승인 전에 적절하고 충분한 테스트를 수행해야 함 • 구현된 보안 조치의 유효성 검증(Verify)
7.3.7(a) Detect / Prevent cyber attacks	차량 유형에 대한 사이버 공격(Cyber Attacks)을 탐지하고, 예방함
7.3.7(b) Vehicle cybersecurity monitoring	• 위협 탐지와 관련하여 제조업체의 차량 사이버 보안 모니터링 • 차량 유형과 관련된 취약점 및 사이버 공격
7.3.7(c) Provide forensic capability	사이버 공격 시도 또는 성공을 분석할 수 있는 데이터 포렌식 기능을 제공
7.3.8 Use standard crypto modules	• 표준 암호화 모듈을 사용 • 사용된 암호화 모듈이 합의 표준과 일치하지 않는 경우 제조업체는 사용을 정당화해야 함

02 ISO/SAE 21434와 TISAX 사이버 보안

| Section 01 | 국제표준 ISO/SAE 21434

1 국제표준 ISO/SAE 21434 사이버 보안

:: ISO/SAE 21434 사이버 보안 프레임워크

- ISO/SAE 21434 범위는 도로 차량의 컴포넌트 및 인터페이스를 포함하여 사이버 보안 위험 관리의 엔지니어링 요구사항으로 전기 및 전자(E/E Components) 시스템의 개념, 제품 개발, 생산, 운영, 유지 관리, 폐기 단계에 해당하는 사이버 보안의 수명 주기 프로세스이다.
- 미국표준 SAE J3061 사이버 보안 프로세스의 프레임워크를 기반으로 한 국제표준으로 사이버 보안 프로세스에 대한 요구사항과 사이버 보안 위험을 관리하기 위한 공통 언어를 포함하는 사이버 보안 프레임워크(Framework)이다.
- 사이버 보안 엔지니어링과 관련된 어휘, 목적, 요구사항 및 지침을 공급망 전반에 걸쳐 공통의 이해를 위한 기반으로 제공하며, 이를 통해 조직은 사이버 보안 정책 및 프로세스의 정의, 사이버 보안 위험 관리, 사이버 보안 문화를 조성할 수 있다.
- 해당 표준은 사이버 보안 위험 관리를 포함한 사이버 보안 관리 시스템(CSMS ; Cybersecurity Management System)을 구현하는 데 활용될 수 있다.

:: 적용 대상

- 표준은 도로 차량의 구성 요소 및 인터페이스를 포함하여 사이버 보안 위험 관리를 위한 엔지니어링 요구사항을 구체화하고, 전기 및 전자(E/E) 시스템의 개념, 제품 개발, 생산, 운영, 유지 관리 및 폐기와 관련되어 있다.
- 사이버 보안 프로세스에 대한 요구사항과 사이버 보안 위험을 관리하기 위한 공통 언어를 포함하는 프레임워크가 정의된다.
- 표준은 도로 차량 개발 또는 변경이 시작된 차량의 구성 요소 및 인터페이스를 포함하여 양산형 도로 차량 E/E 시스템에 적용되며 이러한 시스템을 개발, 공급, 운영 및 유지 관리하는

조직들의 적용 대상이 될 수 있다.

:: ISO/SAE 21434 표준의 구성

- 표준의 주요 요구사항은 4항에서 15항에 걸쳐 제시되어 있다.
- 4항(일반적 고려사항, General considerations)은 정보 제공용으로 표준에서는 도로 차량의 사이버 보안 엔지니어링에 대한 접근법과 관점을 포함한다.
- 5항(조직의 사이버 보안 관리, Organizational cybersecurity management)에서는 사이버 보안 관리 및 조직의 사이버 보안 정책, 규칙 및 프로세스 기준을 포함한다.
- 6항(프로젝트 사이버 보안 관리, Project dependent cybersecurity management)에서는 프로젝트 수준의 사이버 보안 관리 및 사이버 보안 활동이 포함된다.
- 7항(배분된 사이버 보안 활동, Distributed cybersecurity activities)에서는 고객과 공급자간 사이버 보안 활동의 책임 할당에 대한 요구사항을 포함한다.
- 8항(지속적 사이버 보안 활동, Continual cybersecurity activities)에서는 사이버 보안 지원 종료 시까지 지속적인 위험 평가 정보를 제공하고, E/E 시스템의 취약점 관리에 대한 정의 활동을 포함한다.
- 9항(개념, Concept)에서는 아이템에 대한 사이버 보안 위험, 사이버 보안 목표 및 사이버 보안 요구사항을 결정하는 활동을 포함한다.
- 10항(제품 개발, Product development)에서는 사이버 보안 사양을 정의하고, 사이버 보안 요구사항을 구현 및 확인하는 활동을 포함한다.
- 11항(사이버 보안 타당성 평가, Cybersecurity validation)에서는 차량 수준에서 아이템의 사이버 보안 타당성 평가를 포함한다.
- 12항(생산, Production)에서는 아이템이나 구성 요소의 제조 및 조립에 사이버 보안 관련 측면을 포함한다.
- 13항(운영 및 유지 관리, Operations and maintenance)에서는 사이버 보안 사고 대응 및 아이템 그리고 구성 요소 업데이트와 관련된 활동이 포함된다.
- 14항(사이버 보안 지원 및 폐기 종료, End of cybersecurity support and decommissioning)에서는 아이템 또는 구성 요소의 지원 종료 및 폐기에 대한 사이버 보안 고려사항이 포함된다.
- 15항(위협 분석 및 위험 평가 방법, Threat analysis and risk assessment methods)에서는 위험 처리를 촉진할 수 있도록 사이버 보안 위험 정도를 결정하는 분석 및 평가의 모듈식 방법이 포함된다.

- 5항부터 15항까지는 각각 고유의 목적, 조항(요구사항, 권장사항, 권한) 및 작업 산출물이 있는데 작업 산출물은 하나 이상의 요구사항을 충족하는 사이버 보안 활동의 결과이다.
- 전제 조건은 이전 단계의 작업 산출물로 구성된 필수 입력이고, 추가 지원 정보는 사이버 보안 활동을 담당하는 사람이 아닌 다른 부문에서 활용할 수 있도록 고려한 정보이다.
- 사이버 보안 활동 및 작업 산출물에 대한 요약은 부속서 A(Annex A)에서 확인할 수 있다.

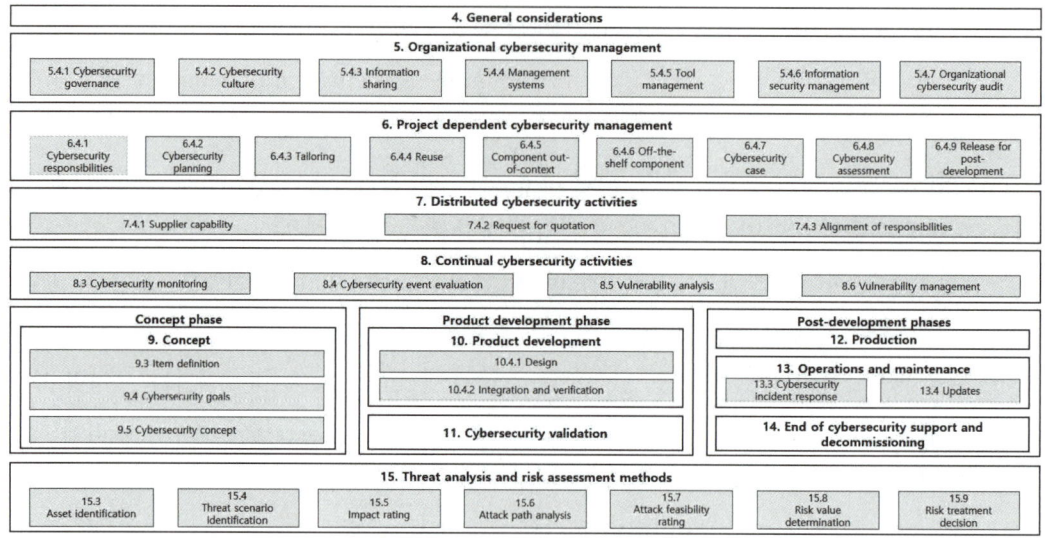

:: 일반적인 고려사항(General considerations 4항)

- 표준의 적용은 에프터마켓(aftermarket) 및 서비스 부품을 포함하여 양산형 도로 차량의 사이버 보안 관련 아이템 및 구성 요소에만 적용된다.
- 차량 외부의 시스템(예 : 백엔드 서버)은 사이버 보안 목적으로 고려할 수 있지만 표준의 범위에는 포함되지 않는다(표준은 단일 아이템 관점에서 사이버 보안 엔지니어링을 설명).
- 도로 차량의 E/E 아키텍처 아이템에 대한 적절한 기능 할당은 표준에 지정되지 않으며, 차량 E/E 아키텍처 또는 사이버 보안 아이템과 구성 요소에서 사이버 보안 집합을 고려할 수 있다.
- 표준에 설명된 사이버 보안 활동이 아이템 및 구성 요소를 수행할 경우 불합리한 차량 사이버 보안의 위험을 해결한다.
- 표준에 설명된 조직의 전반적인 사이버 보안 위험 관리는 다음의 그림과 같이 모든 수명 주기 단계에 적용된다.

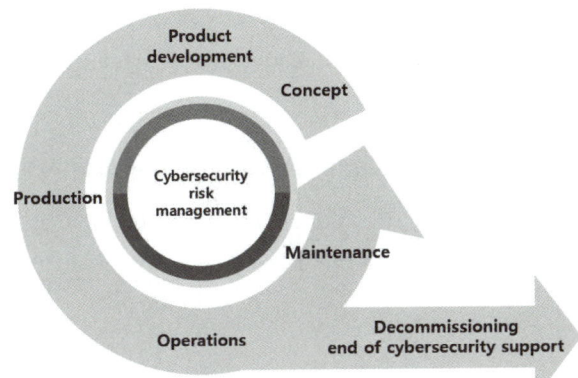

- 사이버 보안 위험 관리는 사이버 보안 엔지니어링을 지원하기 위해 공급망 전체에 적용되는데 사이버 보안 활동이 특정 프로젝트와 모든 조직에 적용되는 것은 아니다.
- 사이버 보안 활동은 특정 상황(6항 참조)의 요구사항에 맞게 조정되며, 특정 아이템 또는 구성 요소에 대한 개발 파트너는 해당 사이버 보안 활동이 수행되도록 작업을 분할할 수 있다.
- 다음의 그림은 아이템, 기능, 구성 요소 및 관련 용어의 관계를 보여준다.

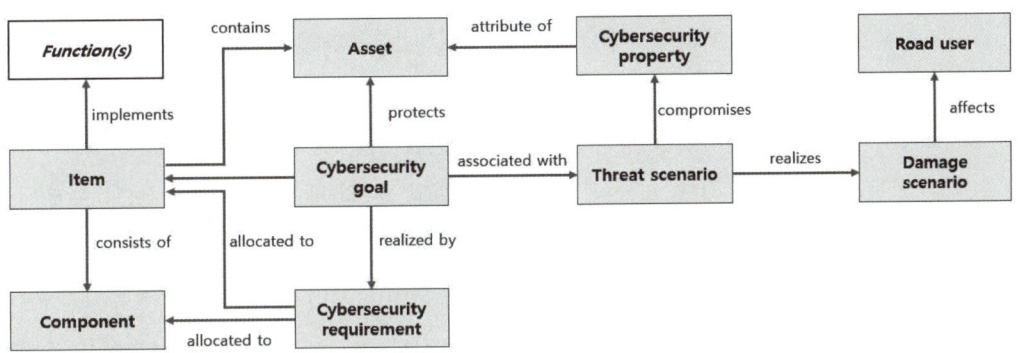

- 15항(위협 분석 및 위험 평가 방법)은 다른 조항에 설명된 사이버 보안 활동에서 발생하는 사이버 보안 위험 평가의 모듈식 방법을 설명한다.
- 사이버 보안 엔지니어링의 분석 활동은 차량 E/E 시스템에서 사이버 보안 손상으로 발생될 수 있는 피해와 악의적인 의도에 따라 추상적인 적대 행위자가 수행한 잠재적 조치를 식별하고 탐색한다.
- 사이버 보안 엔지니어링과 다른 분야의 전문 지식간 조정을 통해 특정 사이버 보안 위험의 심층 분석 및 완화를 지원할 수 있다.

- 사이버 보안 모니터링, 교정 및 사고 대응 활동은 환경 변화 조건(새로운 공격 기술)과 도로 차량 E/E 시스템의 취약점을 식별하고 관리하는 사후 접근 방식으로 개념과 제품 개발 활동을 보완한다.
- 심층 방어 접근법(Defence-in-depth approach)을 사용하여 사이버 보안 위험을 완화할 수 있는데 심층 방어 접근법은 사이버 보안 제어 계층을 활용하여 차량의 사이버 보안을 개선하거나 공격이 한 계층에 침투 또는 우회하는 경우 다른 계층의 공격을 억제하고 자산을 보호하는 데 도움이 된다.

조직의 사이버 보안 관리(Organizational cybersecurity management 5항)

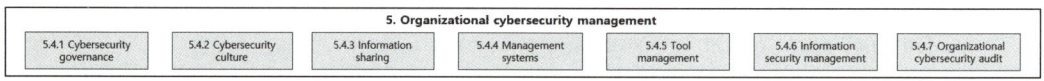

- 조직은 사이버 보안 엔지니어링을 위해 사이버 보안 인식 관리, 역량 관리 및 지속적인 개선을 포함하는 사이버 보안 거버넌스와 사이버 보안 문화를 수립하고 유지하되 여기에는 표준 목적에 독립적으로 감사하는 조직의 규칙 및 프로세스를 구체화하는 작업이 포함된다.
- 조직은 사이버 보안 엔지니어링을 지원하기 위해 도구 관리 및 품질 경영시스템을 포함한 사이버 보안 경영시스템을 구현해야 한다.
- 조항의 목적은 사이버 보안 정책과 사이버 보안을 위한 규칙 및 프로세스를 정의, 사이버 보안 활동을 수행하는 데 필요한 책임 및 권한 할당, 자원 제공 및 사이버 보안 프로세스와 관련 프로세스들간의 상호 작용을 포함하여 사이버 보안을 구현, 사이버 보안 위험을 관리, 능력 관리, 인식 관리 및 지속적인 개선을 포함한 사이버 보안 문화의 제정과 유지, 사이버 보안의 정보 공유를 지원하고 관리, 사이버 보안 유지보수를 지원하는 경영시스템을 수립하고 유지, 도구 사용이 사이버 보안에 부정적인 영향을 미치지 않는다는 증거 제공, 조직의 사이버 보안 감사를 수행하는 것 등이다.

ISO/SAE 21434 조건		요구사항(RQ)
5.4.1	사이버 보안 거버넌스 (Cybersecurity governance)	• [RQ-05-01] 조직은 다음을 포함한 사이버 보안 정책의 정의를 수립해야 함 　- 도로 차량의 사이버 보안 위험에 대한 인식 　- 해당 사이버 보안 위험을 관리하기 위한 경영진의 약속 • [RQ-05-02] 조직은 다음의 규칙과 프로세스를 수립하고 유지해야 함 　- ISO 21434 표준 요구사항의 구현 　- 관련 활동의 실행 지원

		• [RQ-05-03] 조직은 사이버 보안을 달성하고 유지하기 위한 책임과 해당 조직의 권한을 할당하고 의사소통해야 함
		• [RQ-05-04] 조직은 사이버 보안을 다루기 위한 자원을 제공해야 함
		• [RQ-05-05] 조직은 다음을 위해 사이버 보안과 관련되거나 상호작용하는 분야를 식별하고, 해당 분야간 의사소통 채널을 수립 및 유지해야 함
		   – 사이버 보안이 기존 프로세스에 통합되는지의 여부와 방법을 결정
		   – 관련 정보의 교환을 조정

5.4.2	사이버 보안 문화 (Cybersecurity culture)	• [RQ-05-06] 조직은 강력한 사이버 보안 문화를 육성하고 유지해야 함 • [RQ-05-07] 조직은 사이버 보안 역할 및 책임이 할당된 자가 이를 수행할 능력과 인식을 갖도록 보장해야 함 • [RQ-05-08] 조직은 지속적인 개선 프로세스를 수립하고 유지해야 함
5.4.3	정보 공유 (Information sharing)	[RQ-05-09] 조직은 조직 내/외부에서 사이버 보안과 관련된 어떤 정보 공유가 필요한지, 허용될지, 금지할지에 대한 상황을 정의해야 함

5.4.4	관리 시스템
	(Management systems)
		• [RQ-05-11] 조직은 사이버 보안 엔지니어링을 지원하기 위해 국제표준 또는 이에 상응하는 품질 경영시스템을 제정하고 유지 관리해야 함
		   – 변경 관리 및 구성 관리
		   – 문서화 관리 및 요구사항 관리
		• [RQ-05-12] 현장에서 제품의 사이버 보안을 유지하기 위해 구성된 정보는 해당 제품에 대한 사이버 보안 지원이 종료될 때까지 유지되어야 시정 조치가 가능함

5.4.5	도구 관리 (Tool management)	[RQ-05-14] 아이템 또는 구성 요소의 사이버 보안에 영향을 줄 수 있는 도구를 관리해야 함
5.4.6	정보보안 관리 (Information security management)	없음
5.4.7	조직의 사이버 보안 감사 (Organizational cybersecurity audit)	[RQ-05-17] 사이버 보안 감사는 조직 프로세스가 표준의 목적을 달성하는지 여부를 판단하기 위해 독립적으로 수행되어야 함

:: 프로젝트 종속 사이버 보안 관리(Project dependent cybersecurity management 6항)

6.4.1 Cybersecurity responsibilities	6.4.2 Cybersecurity planning	6.4.3 Tailoring	6.4.4 Reuse	6.4.5 Component out-of-context	6.4.6 Off-the-shelf component	6.4.7 Cybersecurity case	6.4.8 Cybersecurity assessment	6.4.9 Release for post-development

6. Project dependent cybersecurity management

- 프로젝트 종속 사이버 보안 관리에서는 특정 프로젝트에 대한 사이버 보안 개발 활동의 관리 요구사항을 설명한다.
- 프로젝트 종속 사이버 보안 관리에는 책임 할당 및 사이버 보안 활동 계획이 포함되는데 ISO 21434는 다양한 아이템과 구성 요소에 적용될 수 있도록 일반적인 방식으로 요구사항을 정의한다(이론적 근거를 바탕으로 사이버 보안 계획에 정의된 맞춤형이 적용될 수 있음).
- 맞춤형이 사용될 수 있는 경우의 예는 재사용(Reuse), Out-of-context 구성 요소, 기성품(Off-the-shelf) 구성 요소, 업데이트(Update)가 있다.
- 아이템 및 구성 요소의 재사용은 운영 환경의 수정 여부에 관계없이 적용할 수 있는 개발 전략이지만 수정은 원래의 아이템 또는 구성 요소에서 고려되지 않을 수 있는 취약점을 초래한다.
- 아이템 또는 구성 요소가 표준에 따라 개발된 경우 해당 아이템 또는 구성 요소의 재사용은 기존 작업 산출물을 기반으로 하지만 원래 표준에 따라 개발되지 않은 경우는 근거가 있는 기존 문서를 기반으로 재사용할 수 있다.
- 구성 요소(Out-of-context)는 추측된 상황을 기반으로 개발될 수 있지만 조직은 고객과의 계약이나 상업적 계약에 앞서 다양한 애플리케이션과 고객을 위해 일반적인 구성 요소를 개발할 수 있다.
- 공급자는 상황 및 의도된 사용을 가정할 수 있으며, Out-of-context 개발에 대한 요구사항을 도출할 수 있다(예 : 마이크로컨트롤러는 Out-of-context 사전에 개발될 수 있음).
- 기성품 구성 요소는 특정 고객을 대신하여 개발되지 않은 구성 요소로써 설계 또는 구현을 수정하지 않고 사용할 수 있다(예 : 타사 소프트웨어 라이브러리, 오픈 소스 소프트웨어 구성 요소 등 기성품 구성 요소는 개발된 것으로 간주되지 않음).
- 조항의 목적은 프로젝트 사이버 보안 활동에 대한 책임 할당, 맞춤형 사이버 보안 활동 정의를 포함하여 사이버 보안 활동을 계획, 사이버 보안 경우를 생성, 해당되는 사이버 보안 평가를 수행, 아이템 또는 구성 요소가 사이버 보안 관점에서 개발 이후 표출될 수 있는지의 여부를 결정하는 것이다.

ISO/SAE 21434 조건		요구사항(RQ)
6.4.1	사이버 보안 책임 (Cybersecurity responsibilities)	[RQ-06-01] 프로젝트의 사이버 보안 활동에 대한 책임은 [RQ-05-03]에 따라 할당되고 전달되어야 함

6.4.2	사이버 보안 계획
	(Cybersecurity planning)
		• [RQ-06-02] 아이템 또는 구성 요소에 필요한 사이버 보안 활동을 결정하기 위해 다음을 확인해야 함
		  – 아이템 또는 구성 요소가 사이버 보안과 관련이 있는지의 여부
		  – 아이템 또는 구성 요소가 사이버 보안과 관련된 경우 해당 아이템과 구성 요소가 새로운 개발품인지, 재사용인지의 여부
		  – 6.4.3(테일러링(Tailoring))에 따른 맞춤형이 적용되는지의 여부
		• [RQ-06-03] 사이버 보안 계획에는 다음을 포함함
		  – 활동 목적과 생산될 작업 산출물의 식별
		  – 다른 활동이나 정보에 대한 의존성
		  – 활동 수행을 담당하는 직원과 활동 수행에 필요한 자원
		  – 시작 지점 또는 종료 지점, 예상 활동 기간
		• [RQ-06-04] 사이버 보안 계획을 개발 및 유지하고, 사이버 보안 계획에서 사이버 보안 활동의 진행 상황을 추적 관리하는 책임은 [RQ-05-03] 및 [RQ-05-04]에 따라 할당되어야 함
		• [RQ-06-05] 사이버 보안 계획은 다음 중 하나이어야 함
		  – 개발을 위한 프로젝트 계획에서 참조
		  – 사이버 보안 활동을 구분할 수 있도록 프로젝트 계획에 포함
		• [RQ-06-06] 사이버 보안 계획은 9항, 10항, 11항, 15항의 관련 요구사항에 따라 개념 및 제품 개발 단계에서 사이버 보안에 필요한 활동을 구체화해야 함
		• [RQ-06-07] 사이버 보안 계획은 수행 활동의 변경 또는 개선이 확인되면 업데이트되어야 함
		• [RQ-06-09] 사이버 보안 계획에서 식별된 작업 산출물은 개발 이후를 위해 공개될 때까지 업데이트되고, 정확성을 유지 관리해야 함
		• [RQ-06-10] 사이버 보안 활동이 분산된 경우 고객과 공급자는 7항에 따라 각자의 사이버 보안 활동 및 인터페이스에 대한 사이버 보안 계획을 따로 정의해야 함
		• [RQ-06-11] 사이버 보안 계획은 5.4.4(관리 시스템(Management systems))에 따라 구성 관리 및 문서화 관리의 대상이 됨
		• [RQ-06-12] 사이버 보안 계획에서 식별된 작업 산출물은 5.4.4에 따라 구성 관리, 변경 관리, 요구사항 관리, 문서화 관리의 대상이 됨

6.4.3	테일러링 (Tailoring)	[RQ-06-14] 사이버 보안 활동이 테일러링된 경우 해당 조정이 표준의 관련 목표를 달성할 때 적절하고 충분한 이유를 제공하고 검토해야 함

6.4.4	재사용
	(Reuse)
		• [RQ-06-15] 아이템 또는 구성 요소가 개발되고, 다음과 같은 경우는 재사용 분석이 수행되어야 함
		  – 수정이 계획되어 있는 경우
		  – 다른 운영 환경에서 재사용될 계획인 경우
		  – 수정 없이 재사용될 계획에서 아이템 또는 구성 요소의 정보에 변경 사항이 있는 경우
		• [RQ-06-16] 아이템 또는 구성 요소의 재사용 분석은 다음을 수행해야 함
		  – 아이템 또는 구성 요소에 대한 수정 및 운영 환경의 수정 식별
		  – 사이버 보안 진술 및 이전에 만들어진 가정의 유효성 영향을 포함하여 수정이 사이버 보안에 미치는 영향을 분석
		  – 영향을 받거나 누락된 작업 산출물을 식별
		  – 사이버 보안 계획에서 ISO 21434를 준수하는데 필요한 사이버 보안 활동을 지정
		• [RQ-06-17] 구성 요소의 재사용 분석은 다음을 평가해야 함
		  – 구성 요소가 통합될 아이템 또는 구성 요소에서 할당된 사이버 보안 요구사항의 충족 여부
		  – 기존 문서가 아이템 또는 다른 구성 요소 통합을 지원하기에 충분한지의 여부

6.4.5	상황을 고려하지 않은 구성 요소 (Component out-of-context)	• [RQ-06-18] 외부 인터페이스를 포함하여 새로 개발된 구성 요소에 대한 의도된 사용 및 상황은 해당 작업 산출물에 문서화되어야 함 • [RQ-06-19] Out-of-context(상황을 고려하지 않은) 구성 요소의 개발을 위해 사이버 보안 요구사항은 [RQ-06-18]의 가정을 기반으로 함 • [RQ-06-20] Out-of-context(상황을 고려하지 않고) 개발된 구성 요소의 통합을 위해 [RQ-06-18]의 사이버 보안 진술 및 가정이 검증되어야 함

6.4.6	기성품 구성 요소
	(Off-the-shelf component)
		• [RQ-06-21] 기성품 구성 요소를 통합할 때 사이버 보안 문서를 수집하고 분석하여 다음의 가능 유무를 결정해야 함
		  – 할당된 사이버 보안 요구사항이 충족될 수 있는지
		  – 구성 요소가 의도된 사용의 특정 적용 상황에 적합한지
		  – 기존 문서가 사이버 보안 활동을 지원하기에 충분한지
		• [RQ-06-22] 기존 문서가 기성품 구성 요소의 통합을 지원하기에 충분하지 않은 경우 ISO 21434를 준수하기 위한 사이버 보안 활동을 식별하고 수행해야 함

6.4.7	사이버 보안 케이스 (Cybersecurity case)	[RQ-06-23] 사이버 보안 케이스는 작업 산출물에 지원되는 아이템 또는 구성 요소에서 사이버 보안에 대한 논의를 제공하기 위해 작성되어야 함

6.4.8	사이버 보안 평가
	(Cybersecurity assessment)
		• [RQ-06-24] 아이템 또는 구성 요소에서 사이버 보안 평가를 수행할지에 대한 결정은 위험 기반 접근법을 적용하는 근거에 의해 뒷받침되어야 함
		• [RQ-06-25] [RQ-06-24]의 근거는 독립적으로 검토되어야 함
		• [RQ-06-26] 사이버 보안 평가는 아이템 또는 구성 요소의 사이버 보안을 판단해야 함
		• [RQ-06-27] 사이버 보안 평가를 독립적으로 계획하고 수행하는 책임자를 [RQ-06-01]에 따라 임명해야 함
		• [RQ-06-28] 사이버 보안 평가를 수행하는 사람은 다음을 갖추어야 함
		  - 관련 정보 및 도구에 대해 접근 가능
		  - 사이버 보안 활동을 수행하는 직원의 협력
		• [RQ-06-30] 사이버 보안 평가의 범위는 다음을 포함해야 함
		  - 사이버 보안 계획 및 사이버 보안 계획에서 식별된 모든 작업 산출물
		  - 사이버 보안 위험의 처리
		  - 프로젝트를 위해 수행된 사이버 보안 통제 및 사이버 보안 활동의 적절성과 효율성
		  - ISO 21434의 목적이 달성되었음을 입증하는 근거(제공된 경우)
		• [RQ-06-31] 사이버 보안 평가 보고서에는 아이템 또는 구성 요소의 사이버 보안 수용, 조건부 수용 또는 거부에 대한 권장 사항이 포함되어야 함
		• [RQ-06-32] [RQ-06-31]에 따라 조건부 수용을 위한 권장 사항을 만들 경우 사이버 보안 평가 보고서에는 수용 조건을 포함해야 함

6.4.9	개발 이후를 위한 공개
	(Release for post-development)
		• [RQ-06-33] 다음의 작업 산출물은 개발 이후를 위한 공개 전에 사용할 수 있음
		  - 사이버 보안 케이스
		  - 해당되는 경우 사이버 보안 평가 보고서
		  - 개발 이후를 위한 사이버 보안 요구사항
		• [RQ-06-34] 아이템 또는 구성 요소의 개발 이후 공개를 위해 다음의 조건이 충족되어야 함
		  - 사이버 보안 케이스에서 제공하는 사이버 보안에 대한 주장이 설득력이 있음
		  - 해당되는 경우 사이버 보안 케이스는 사이버 보안 평가에 의해 확인됨
		  - 개발 이후 단계에 대한 사이버 보안 요구사항의 수락

:: 분산된 사이버 보안 활동(Distributed cybersecurity activities 7항)

7. Distributed cybersecurity activities		
7.4.1 Supplier capability	7.4.2 Request for quotation	7.4.3 Alignment of responsibilities

- 아이템 또는 구성 요소에 대한 사이버 보안의 분산된 활동에서 개발된 아이템 및 구성 요소, 고객과 공급자간 상호 작용, 계약이 고객과 공급자 인터페이스에 적용되는 모든 단계, 내부 방식으로 관리될 수 있는 분산된 사이버 보안 활동에 대한 관리를 설명한다.
- 조항의 목적은 고객과 공급사간 분산된 사이버 보안 활동의 상호 작용, 종속성 및 책임을 정의한다.

ISO/SAE 21434 조건		요구사항(RQ)
7.4.1	공급사 역량 (Supplier capability)	[RQ-07-01] ISO 214344에 따라 후보 공급사를 개발하고, 해당하는 경우 개발 이후 활동을 수행할 수 있는 능력을 평가해야 함

7.4.2	견적 요청
	(Request for quotation)
		• [RQ-07-03] 고객의 후보 공급사에 대한 견적 요청 시 다음의 사항을 포함해야 함
		   – ISO 21434를 준수하기 위한 공식 요청
		   – 7.4.3 책임의 부여에 따라 사이버 보안 책임이 공급사에 의해 수행될 것이라는 기대
		   – 공급사가 견적을 작성하는 아이템 또는 구성 요소의 관련된 사이버 보안 목표 또는 사이버 보안 요구사항 세트

7.4.3	책임의 부여
	(Alignment of responsibilities)
		• [RQ-07-04] 고객과 공급사는 사이버 보안 인터페이스 계약에서 다음의 사항을 포함 및 분산된 사이버 보안 활동을 구체화해야 함
		   – 사이버 보안과 관련하여 고객 및 공급사의 연락망 지정
		   – 고객과 공급자가 각각 수행할 사이버 보안 활동의 식별
		   – 6.4.3 테일러링에 따른 사이버 보안 활동의 공동 맞춤화(Joint tailoring)
		   – 공유할 정보 및 작업 산출물 지정
		   – 분산된 사이버 보안 활동의 이정표
		   – 아이템 또는 구성 요소에 대한 사이버 보안 지원 종료의 정의
		• [RQ-07-06], [RQ-08-07]에 따라 관리해야 할 파악된 취약점이 있는 경우 고객과 공급사는 해당 조치에 대한 행동과 책임에 동의해야 함
		• [RQ-07-07] 요구사항이 불명확하거나, 실현이 불가능하거나, 다른 사이버 보안 요구사항 또는 다른 분야의 요구사항과 충돌하는 경우 고객과 공급사는 적절한 결정과 조치를 취할 수 있도록 서로 통지해야 함

:: 지속적인 사이버 보안 활동(Continual cybersecurity activities 8항)

8. Continual cybersecurity activities
| 8.3 Cybersecurity monitoring | 8.4 Cybersecurity event evaluation | 8.5 Vulnerability analysis | 8.6 Vulnerability management |

- 지속적인 사이버 보안 활동은 생명주기의 모든 단계에서 수행되며, 특정 프로젝트의 범위를 넘어서도 수행할 수 있다.
- 사이버 보안 모니터링은 사이버 보안 정보를 수집하고, 정의된 계기를 기반으로 분류하기 위해 사이버 보안 정보를 분석한다(사이버 보안 이벤트 평가는 아이템 또는 구성 요소에 대한 약점을 결정).
- 취약점 분석은 약점을 조사하여 특정 약점이 악용될 수 있는지를 평가하는데 취약점 관리는 사이버 보안 지원이 종료될 때까지 아이템 및 구성 요소에서 식별된 취약점 처리를 추적하고 감독한다.
- 조항의 목적은 사이버 보안 이벤트를 식별하기 위해 사이버 보안 정보를 모니터링하고, 취약점을 식별하기 위해 사이버 보안 이벤트를 평가하며 약점에서 취약점 식별과 식별된 취약점을 관리한다.

ISO/SAE 21434 조건		요구사항(RQ)
8.3	사이버 보안 모니터링 (Cybersecurity monitoring)	• [RQ-08-01] 사이버 보안 정보를 수집하기 위해 소스를 선택해야 함 • [RQ-08-02] 사이버 보안 정보를 분류하기 위해 계기를 정의하고 유지해야 함 • [RQ-08-03] 사이버 보안 정보가 하나 이상의 사이버 보안 이벤트가 되는지 여부를 결정하기 위해 사이버 보안 정보는 수집 및 분류되어야 함
8.4	사이버 보안 이벤트 평가 (Cybersecurity event evaluation)	[RQ-08-04] 사이버 보안 이벤트는 아이템 또는 구성 요소의 약점을 식별하기 위해 평가되어야 함
8.5	취약점 분석 (Vulnerability analysis)	• [RQ-08-05] 취약점을 식별하기 위해 약점을 분석해야 함 • [RQ-08-06] 취약점으로 식별되지 않은 약점의 근거가 제공되어야 함

8.6	취약점 관리
	(Vulnerability management)
		• [RQ-08-07] 각각의 취약점에 대해 다음과 같이 관리되어야 함
		  – 해당 사이버 보안 위험은 불합리한 위험이 남아 있지 않도록 15.9 위험 처리 결정(Risk treatment decision))에 따라 평가 및 처리
		  – 취약점은 TARA(Threat Analysis and Risk Assessment)와 무관하게 사용이 가능한 개선 조치를 적용하여 제거
		• [RQ-08-08] 15.9에 따른 위험 처리 결정이 사이버 보안 사고 대응을 필요로 하는 경우 13.3 사이버 보안 사고 대응(Cybersecurity incident response)이 적용되어야 함

:: 컨셉 단계(Concept Phase 9항)

Concept phase
9. Concept
- 9.3 Item definition
- 9.4 Cybersecurity goals
- 9.5 Cybersecurity concept

- 아이템에 구현된 차량 수준 기능을 고려하며, 아이템과 운영 환경을 아이템 정의로 식별하되 이는 후속 활동의 기초를 형성한다.
- 조항은 최고 수준의 요구사항인 아이템에 대한 사이버 보안 목표를 지정하며, 이를 위해 위협 분석 및 위험 평가 방법을 사용하여 사이버 보안 위험을 평가한다.
- 조항은 사이버 보안 목표(Cybersecurity goals)의 위험 유지 또는 공유가 적절한 것으로 이유를 설명하는 데 활용되는 사이버 보안 진술(Claims)을 구체화한다.
- 사이버 보안 개념은 사이버 보안 요구사항 및 운영 환경 요구사항으로 구성되며, 이는 사이버 보안 목표에서 파생된 아이템의 포괄적인 관점을 기반으로 한다.
- 조항의 목적은 사이버 보안에서 아이템, 운영 환경 및 상호 작용을 정의하며, 사이버 보안 진술을 명시하거나 사이버 보안 목표를 달성하기 위해 사이버 보안 개념을 구체화한다.

ISO/SAE 21434 조건		요구사항(RQ)
9.3	아이템 정의 (Item definition)	• [RQ-09-01] 아이템에 대한 경계, 기능, 예비 아키텍처 정보가 식별되어야 함 • [RQ-09-02] 사이버 보안 관련 아이템의 운영 환경 정보가 기술되어야 함

9.4	사이버 보안 목표
	(Cybersecurity goals)
		• [RQ-09-03] 아이템 정의에 기반한 분석은 다음을 포함하여 수행되어야 함
		   – 15.3에 따른 자산 식별
		   – 15.4에 따른 위협 시나리오 식별
		   – 15.5에 따른 영향 등급
		   – 15.6에 따른 공격 경로 분석
		   – 15.7에 따른 공격 가능성 등급
		   – 15.8에 따른 위험 값 결정
		• [RQ-09-04], [RQ-09-03]의 결과를 기반으로 15.9 위험 처리 결정(Risk treatment decision)에 따라 각 위협 시나리오에 대한 위험 처리 옵션을 결정함
		• [RQ-09-05] 위협 시나리오에 대한 위험 처리 결정에 위험 감소를 포함하는 경우 하나 이상의 사이버 보안 목표가 지정되어야 함
		• [RQ-09-06] 위협 시나리오에 대한 위험 처리 결정이 다음을 포함하는 경우 하나 이상의 사이버 보안 진술이 구체화되어야 함
		   – 위험을 공유하는 경우
		   – [RQ-09-03]의 분석 중에 사용된 하나 이상의 가정으로 위험이 유지되는 경우
		• [RQ-09-07] 다음의 사항을 확인하기 위해 타당성 평가를 수행해야 함
		   – 아이템 정의에 대한 [RQ-09-03] 결과의 정확성 및 완전성
		   – [RQ-09-03]의 결과와 관련하여 [RQ-09-04] 위험 처리 결정의 완전성, 정확성 및 일관성
		   – [RQ-09-04]의 위험 처리 결정과 관련한 [RQ-09-05] 사이버 보안 목표 및 [RQ-09-06] 사이버 보안 진술의 완전성, 정확성 및 일관성
		   – [RQ-09-05] 모든 사이버 보안 목표의 일관성과 아이템의 [RQ-09-06] 사이버 보안 진술의 일관성

9.5	사이버 보안 컨셉
	(Cybersecurity concept)
		• [RQ-09-08] 사이버 보안 목표를 달성하기 위한 기술적 또는 운영상 사이버 보안 통제와 상호 작용은 다음을 고려하여 설명되어야 함
		   – 아이템 기능의 종속성
		   – 사이버 보안 진술
		• [RQ-09-09] 아이템의 사이버 보안 요구사항 및 운영 환경 요구사항은 [RQ-09-08]의 설명에 따라 사이버 보안 목표를 위해 정의되어야 함
		• [RQ-09-10] 사이버 보안 요구사항들은 아이템에 할당되어야 하며, 해당되는 경우 하나 이상의 구성 요소에도 할당되어야 함
		• [RQ-09-11] 다음의 사항을 확인하기 위해 [RQ-09-08], [RQ-09-09], [RQ-09-10]의 결과가 검증되어야 함
		   – 사이버 보안 목표에 대한 완전성, 정확성 및 일관성
		   – 사이버 보안 진술에 대한 일관성

:: 제품 개발 단계(Product development Phase 10~11항)

```
Product development phase
  10. Product development
    10.4.1 Design
    10.4.2 Integration and verification
  11. Cybersecurity validation
```

- 제품 개발(Product development 10항)에서는 사이버 보안 요구사항 및 아키텍처 설계 사양과 통합 및 검증 활동을 설명한다(사이버 보안 활동은 더 이상 사이버 보안 통제가 필요하지 않을 때까지 수행되며, 사이버 보안 개념의 충족을 위한 검증 활동을 통해 사이버 보안 사양이 정의되고 확정됨).
- 조항은 사이버 보안 사양의 정의, 정의된 사이버 보안 사양의 상위 수준에서 아키텍처 추상도의 사이버 보안 사양을 준수하는지 확인, 구성 요소의 약점을 식별, 구성 요소의 구현 및 통합 결과가 사이버 보안 사양의 준수 증거를 제공하는 것을 목적으로 한다.
- 사이버 보안 타당성 검증(Cybersecurity validation 11항)에서는 아이템에 대한 차량 수준의 사이버 보안 타당성 검증 활동을 설명한다.
- 조항은 사이버 보안 목표 및 사이버 보안 진술을 검증, 아이템이 사이버 보안 목표를 달성하는지 확인, 불합리한 위험이 남아 있지 않음을 확인하는 것을 목적으로 한다.

ISO/SAE 21434 조건		요구사항(RQ)
10.4.1	설계 (Design)	• [RQ-10-01] 사이버 보안 사양은 다음을 기반으로 정의되어야 함 　- 상위 수준의 아키텍처 추상도에서 나온 사이버 보안 사양 　- 해당되는 경우 구현을 위해 선정된 사이버 보안 통제 　- 해당되는 경우 기존 아키텍처 설계 • [RQ-10-02] 정의된 사이버 보안 요구사항은 아키텍처 설계의 구성 요소에 할당되어야 함 • [RQ-10-03] 해당되는 경우 구성 요소 개발 후 사이버 보안을 보장하기 위한 절차를 지정해야 함 • [RQ-10-04] 사이버 보안 사양 또는 구현 설계, 모델링 또는 프로그래밍 표기법, 언어가 사용되는 경우 해당 표기법 또는 언어를 선택할 때 다음의 사항을 고려해야 함 　- 구문과 의미론에서 모호하지 않고 이해하기 쉽게 정의 　- 모듈화, 추상화 및 캡슐화 지원 　- 구조화된 구성물(Constructs) 사용에 대한 지원 　- 안전한 설계 및 구현 기술의 사용 지원 　- 이미 존재하는 구성 요소를 통합하는 능력 　- 부적절한 사용으로 인한 취약점 언어의 회복

10.4.1	설계 (Design)	• [RQ-10-05] 언어 자체에서 다루지 않는 사이버 보안에 적합한 설계, 모델링 또는 프로그래밍 언어에 대한 기준([RQ-10-04] 참조)은 설계, 모델링 및 코딩 지침이나 개발 환경에서 다루어야 함 • [RQ-10-07], [RQ-10-01]에 정의된 아키텍처 설계를 분석하여 약점을 식별해야 함 • [RQ-10-08] 정의된 사이버 보안 사양은 상위 수준의 아키텍처 추상도에서 사이버 보안 사양의 완전성, 정확성 및 일관성을 보장하기 위해 검증되어야 함
10.4.2	통합 및 검증 (Integration and verification)	• [RQ-10-09] 통합 및 검증 활동은 구성 요소의 구현과 통합이 정의된 사이버 보안 사양을 충족하는지 검증해야 함 • [RQ-10-10], [RQ-10-09]의 통합 및 검증 활동은 다음을 고려하여 구체화되어야 함 　- 정의된 사이버 보안 사양 　- 해당되는 경우 양산 생산을 의도한 구성 　- 정의된 사이버 보안 사양에서 명시된 기능을 지원하기에 충분한 능력 　- 해당되는 경우 [RQ-10-05]의 모델링, 설계 및 코딩 지침에 대한 적합성 • [RQ-10-11] 테스팅에 의한 검증 채택 시 시험 활동의 충분함을 결정하기 위해 정의된 시험 커버리지 메트릭을 사용하여 평가해야 함 • [RQ-10-13], [RC-10-12]에 따른 테스팅이 수행되지 않을 시 근거가 제공되어야 함
11	사이버 보안 타당성 검증 (Cybersecurity validation)	• [RQ-11-01] 양산 생산을 위한 구성을 고려하여 아이템의 차량 수준 타당성 검증 활동은 다음을 확인해야 함 　- 위협 시나리오 및 해당 위험에 대한 사이버 보안 목표의 적절성 　- 아이템의 사이버 보안 목표 달성 　- 사이버 보안 진술의 유효성 　- 해당되는 경우 운영 환경에 대한 요구사항의 유효성 • [RQ-11-02] 검증 활동의 선택에 대한 근거가 제공되어야 함

:: 개발 후 단계(Post-development phases 12~14항)

```
Post-development phases
    12. Production
    13. Operations and maintenance
        13.3 Cybersecurity        13.4 Updates
        incident response
    14. End of cybersecurity support and
        decommissioning
```

- 생산(Production 12항)은 차량 수준을 포함하여 아이템 또는 구성 요소의 제조 및 조립을 포함한다(개발 후 사이버 보안 요건이 각 아이템 또는 구성 요소에 적용되고, 생산 중 취약점이 초래되지 않도록 생산 관리 계획을 수립).
- 생산(Production)은 개발 후 사이버 보안 요구사항의 적용과 생산 중 취약점 초래 방지를 목적으로 한다.
- 운영 및 유지보수(Operations and maintenance 13항)는 사이버 보안 사고의 대응과 현장의 아이템 또는 구성 요소에 대한 업데이트를 설명한다.
- 업데이트는 개발 이후 아이템 또는 구성 요소를 변경하는 것으로 기술 규격, 통합 매뉴얼, 사용자 매뉴얼 등의 정보를 포함할 수 있다(조직은 취약점 또는 안전 문제 해결, 기능 개선 제공 등 다양한 이유로 업데이트할 수 있으며, 업데이트와 관련된 작업 산출물은 다른 조항에서 문서화됨).
- 사이버 보안 사고의 대응은 조직이 취약점 관리의 일부로 이를 발동할 때 발생한다.
- 운영 및 유지보수(Operations and maintenance 13항)는 사이버 보안 사고에 대한 시정 조치 결정 및 구현, 사이버 보안 지원의 종료 시까지 업데이트 중이거나 업데이트된 아이템 또는 구성 요소의 사이버 보안 유지를 목적으로 한다.
- 조직은 아이템과 구성 요소에 대한 사이버 보안 지원을 종료할 수 있지만 해당 아이템 및 구성 요소는 현장에서 계속 작동할 수 있다(폐기는 사이버 보안 지원 종료와 다름).
- 폐기와 사이버 보안 지원 종료는 모두 사이버 보안에 영향을 미칠 수 있지만 이러한 영향은 별도로 고려되어야 한다.
- 폐기는 조직이 모르는 상태에서 그리고 폐기 절차가 시행될 수 없는 방식으로 발생할 수 있기에 폐기 행위는 표준의 범위를 벗어난다.
- 사이버 보안 지원 종료 및 폐기는 개념과 제품 개발 단계에서 고려되어야 한다.
- 사이버 보안 지원 종료 및 폐기(End of cybersecurity support and decommissioning 14항)는 사이버 보안 지원 종료 소통, 사이버 보안과 관련된 아이템 및 구성 요소의 폐기를 가능하게 하는 것을 목적으로 한다.

ISO/SAE 21434 조건		요구사항(RQ)
12	생산 (Production)	[RQ-12-01] 개발 후 사이버 보안 요구사항을 적용하는 생산 관리 계획이 수립되어야 함

12	생산
	(Production)
		• [RQ-12-02] 생산 관리 계획은 다음을 포함해야 함
		  - 생산 도구 및 장비
		  - 생산 중 무단 변경을 방지하기 위한 사이버 보안 제어
		  - 개발 후 사이버 보안 요구사항을 적용하는 일련의 단계
		  - 개발 후 사이버 보안 요구사항의 충족 여부 확인
		• [RQ-12-03] 생산 관리 계획을 이행해야 함

13.3	사이버 보안 사고 대응
	(Cybersecurity incident response)
		• [RQ-13-01] 각 사이버 보안 사고에 대해 다음을 포함하는 사이버 보안 사고 대응 계획을 수립해야 함
		  - 시정 조치와 커뮤니케이션 계획
		  - 시정 조치에 대한 할당된 책임
		  - 사이버 보안 사고와 관련된 새로운 사이버 보안 정보 기록
		  - 진행 상황을 결정하는 방법
		  - 사이버 보안 사고의 대응 종료 기준과 종료 조치
		• [RQ-13-02] 사이버 보안 사고 대응 계획이 이행되어야 함

13.4	업데이트 (Updates)	[RQ-13-03] 차량 내 업데이트 관련 기능은 ISO 21434에 따라 개발되어야 함
14.3	사이버 보안 지원 종료 (End of cybersecurity support)	[RQ-14-01] 조직이 아이템 및 구성 요소에 대한 사이버 보안 지원을 종료하기로 결정할 때 고객과 소통 절차가 마련되어야 함
14.4	폐기 (Decommissioning)	[RQ-14-02] 개발 후 폐기와 관련된 사이버 보안 요구사항의 활용이 가능해야 함

:: 위협 분석 및 위험 평가 방법(Threat analysis and risk assessment methods 15항)

15. Threat analysis and risk assessment methods

| 15.3
Asset identification | 15.4
Threat scenario identification | 15.5
Impact rating | 15.6
Attack path analysis | 15.7
Attack feasibility rating | 15.8
Risk value determination | 15.9
Risk treatment decision |

- 조항은 자산 식별, 위협 시나리오 파악, 영향 등급 평가, 공격 경로 분석, 공격 가능성 평가, 위험 값 결정, 위험 처리 결정의 모듈로 구성되어 있다.
- 조항은 도로 사용자가 위협 시나리오에 의해 영향받을 수 있는 정도를 결정하는 방법에 대하여 설명한다.
- 해당 방법과 작업 산출물을 통틀어 위협 분석 및 위험 평가(TARA ; Threat Analysis and Risk Assessment)라고 하며, 영향을 받는 도로 사용자의 관점에서 수행된다.

- 조항에서 정의된 방법은 아이템 또는 구성 요소 생명주기의 어느 지점에서나 체계적으로 적용될 수 있는 일반 모듈이다.

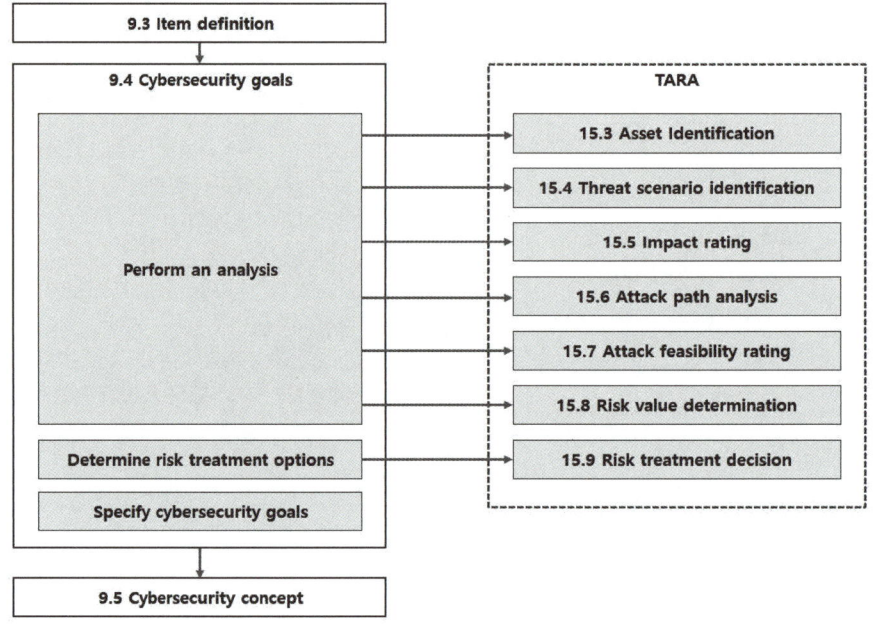

- 영향 등급 및 공격 가능성 평가 그리고 위험 값 결정에 대한 조직별 척도는 표준에서 정의된 해당 척도에 적용 및 매핑이 가능하다.
- 조항의 목적은 자산 관련 사이버 보안 속성, 피해 시나리오 파악, 위협 시나리오 파악, 피해 시나리오 영향 등급 결정, 위협 시나리오를 실현하는 공격 경로 파악, 공격 경로가 악용될 수 있는 용이성 결정, 위협 시나리오의 위험 값 결정, 위협 시나리오에 대한 적절한 위험 처리 옵션 등이 있다.

ISO/SAE 21434 조건		요구사항(RQ)
15.3	자산 식별 (Asset identification)	• [RQ-15-01] 피해 시나리오가 파악되어야 함 • [RQ-15-02] 피해 시나리오로 이어지는 사이버 보안 속성의 자산이 식별되어야 함
15.4	위협 시나리오 파악 (Threat scenario identification)	• [RQ-15-03] 위협 시나리오를 파악하고 다음을 포함해야 함 - 대상 자산 - 자산의 손상된 사이버 보안 속성 - 사이버 보안 속성의 손상 원인

15.5	영향 등급 평가 (Impact rating)	• [RQ-15-04] 피해 시나리오는 안전, 재정, 운영 및 프라이버시(S, F, O, P)의 영향 범주에서 도로 사용자에 대한 잠재적인 역효과를 평가해야 함 • [RQ-15-05] 피해 시나리오의 영향 등급은 각 영향 범주에 대해 심각함(Severe), 중대함(Major), 보통(Moderate), 경미함(Negligible) 중 하나로 결정되어야 함 • [RQ-15-06] 안전 관련 영향 등급은 ISO 26262-3:2018, 6.4.3에서 도출되어야 함
15.6	공격 경로 분석 (Attack path analysis)	• [RQ-15-08] 위협 시나리오는 공격 경로를 파악하기 위해 분석되어야 함 • [RQ-15-09] 공격 경로는 공격 경로에 의해 실현될 수 있는 위협 시나리오와 연계되어야 함
15.7	공격 가능성 평가 (Attack feasibility rating)	[RQ-15-10] 각 공격 경로에 대하여 공격 가능성 등급(높음, 중간, 낮음, 매우 낮음)을 결정해야 함
15.8	위험 값 결정 (Risk value determination)	• [RQ-15-15] 각 위협 시나리오에 대한 해당 위험 값은 피해 시나리오의 영향과 관련된 공격 경로의 공격 실현 가능성으로부터 결정되어야 함 • [RQ-15-16] 위협 시나리오의 위험 값은 1과 5 사이의 값이어야 하며, 1은 최소 위험을 나타냄
15.9	위험 처리 결정 (Risk treatment decision)	• [RQ-15-17] 각 위협 시나리오에 대해 해당 위험 값을 고려하여 다음의 위험 처리 옵션 중 하나 또는 그 이상이 결정되어야 함 - 위험 회피(Avoiding the risk) - 위험 감소(Reducing the risk) - 위험 공유(Sharing the risk) - 위험 유지(Retaining the risk)

:: ISO/SAE 21434 사이버 보안 통제 원칙 및 기준(VDA 용어 기준)

- 사이버 보안 통제는 위협 시나리오와 관련해서 사이버 보안 위험을 완화 및 방어하는 데 적절한 기술적 조치이다(예 : 암호화, 안전한 소프트웨어 설계, 강력한 접근 통제, 네트워크 접근 제어, MFA 인증 등).
- 사이버 보안 위험 관리 프로세스의 목적은 이해 관계자에 대한 피해 위험을 식별하고, 위험 처리 옵션을 지속적으로 모니터링 및 통제하는 것이다.
- 사이버 보안 위험 모니터링 및 통제는 새로운 위협 및 공격 경로에 대해 지속적인 모니터링, 완화되지 않은 위험 확인, 허용된 위험을 지속적으로 모니터링해야 한다.

- 사이버 보안 목표는 사이버 보안을 보장하기 위한 것이며(사이버 보안 속성 고려), 사이버 보안 통제는 사이버 보안 위험을 방지, 탐지, 대응, 최소화하기 위한 하나 이상의 사이버 보안 요구사항이다.
- 사이버 보안 통제는 사이버 보안 목표와 사이버 보안 요구사항을 달성하는 데 사용되며, 위험을 완화하는데 적절해야 한다.
- 사이버 보안 통제는 위협 시나리오와 관련된 사이버 보안 위험을 완화 및 방지하는 데 적절한 기술적 조치이다.

Section 02 | VDA TISAX 보안

1 VDA TISAX의 종류별 가이드

:: VDA TISAX(Information Security Assessment)

- TISAX(Trusted Information Security Assessment Exchange)는 자동차 공급망 체인에 해당되는 부품업체, OEM, 협력사를 대상으로 데이터 보호 및 정보보안의 핵심 측면에 기반한 유럽 자동차 산업표준 정보보안 평가이다.
- VDA(독일 자동차산업협회) 자동차 산업에 맞게 조정된 ISO/IEC 27001 및 ISO/IEC 27002 표준을 기반으로 하며, 2017년도 VDA 평가는 클라우드 서비스 사용에 대한 통제를 다루기 위해 ISO 27017 추가 통제를 업데이트하여 제공한다.
- AWS 영역은 데이터 보호와 관련하여 가장 높은 TISAX assessment level(AL3), Google EU 영역은 Level(AL3)의 인증을 받았으며 MS Azure, Dynamics 365 및 Microsoft 365도 (AL3) 인증을 받았다(기밀로 분류되는 데이터 등 매우 높은 보호(Protection Objectives) 수준의 TISAX 평가를 받음).
- 자율주행차 OEM 및 차량 데이터를 기반으로 하는 커넥티드 서비스는 클라우드 서비스를 사용하고, TISAX와 호환되는 공급업체와 데이터를 교환할 수 있다(이에 따라 OEM 및 Tier는 UNECE 사이버 보안 법규에 따라 클라우드 사이버 공격의 위험 완화 활동을 입증할 수 있음).

카테고리	독일 VDA TISAX	ISO 27001
개념	• ISO 27001 및 Annex A Control Based • EU General Data Protection Regulation	• ISO 27001 Certification Based • GDPR 프로세서(Processor) 심사 (ISO 27701 Annex B 프로세스 기준)

기준	• Information Security Assessment(ISO 27001 Based 52개) • Maturity Level(from level 0 to 5 SPICE based 성숙도 측정) • EU General Data Protection Regulation(GDPR) • 프로토타입 보호(Additional Prototype Protection Requirements)	• ISO 27001 Annex A Control Based(GDPR 추가 통제) • GDPR 및 Prototype Protection 추가 요구사항이 있음 • ISO 27017 클라우드 서비스 통제
가이드	• EU(유럽연합) 공급망, 글로벌 Tier 1 업체는 고객 및 계약 요구사항에 따라 인증을 요구하고, GDPR 데이터 보호 법규에 따라 차량 모빌리티 서비스와 클라우드 서비스 제공자(CSP), Tier 공급업체는 ISO 27001 및 TISAX 평가와 인증을 요구하며, 조직의 사이버 보안 수준을 지속적으로 유지 및 강화하는 것을 권장함 • UNECE WP.29 R.155 CSMS(Cybersecurity Management System) 및 사이버 보안과 데이터 보호 법규 지침에 따라 데이터 보호 수준을 입증하며, EU GDPR 법규 요구사항이 글로벌 기준으로 강화된 조직은 데이터 보호 컴플라이언스 대응이 필수적임 • 데이터 보호는 암호화 적용만 포함하는 것이 아니라 Vehicle Types에서 가능한 모든 데이터 침해 공격 유형 및 위협을 UNECE 법규에 따라 필수적으로 고려해야 함	
사례	• AWS, MS Azure, Google GCP(Google Cloud)는 글로벌 클라우드 서비스 제공자(CSP)의 공급자 보안 요구사항으로 ISO 27001, 27701, 27017, 27018, TISAX 인증을 취득하고 유지하고 있음 • 폭스바겐 협력 업체는 고객사 및 계약 요구사항으로 ISO 27001, TISAX 인증을 요구하고 있음	

:: VDA TISAX Protection Class

- TISAX(Trusted Information Security Assessment Exchange)에서 Information Security Assessment 기준은 ISO 27001 자산 관리 통제 기준을 다음과 같이 Protection Class, Protection Objectives로 구분하고 있다.
- 추가적으로 자산 식별, 분류, 등급 평가 시 VDA 평가 기준을 고려해서 구현해야 한다.

Protection Class		Protection Objectives	ISO/IEC 27002
Class 카테고리	사이버 보안 목표		
Protection Class ⟨Normal⟩	Normal	Confidentiality Classification Internal	자산 관리 (Asset Management)
Protection Class ⟨High⟩	High	Confidentiality Classification Confidential	자산 관리 (Asset Management)
Protection Class ⟨Very High⟩	Very High	Confidentiality Classification Strictly Confidential	자산 관리 (Asset Management)

- TISAX Assessment Objective는 다음과 같다.

No	ISA Criteria Catalogue	Protection Needs	TISAX Assessment Objective	Assessment Level (AL)
1	Information Security	High	Information with high protection needs	AL 2
2	Information Security	Very High	Information with very high protection needs	AL 3
3	Prototype Protection	High	Protection of prototype parts and components	AL 3
4	Prototype Protection	High	Protection of prototype vehicles	AL 3
5	Prototype Protection	High	Handling of test vehicles	AL 3
6	Prototype Protection	High	Protection of prototypes during events and film or photo shootings	AL 3
7	Data Protection	High	Data protection According to Article 28 (Processor) of the European General Data Protection Regulation (GDPR)	AL 2
8	Data Protection	Very High	Data protection with special categories of personal data According to Article 28 (Processor) with special categories of personal data as specified in Article 9 of the EuropeanGeneral Data Protection Regulation (GDPR)	AL 3

∷ VDA TISAX Protection Class CyberSecurity

- TISAX(Trusted Information Security Assessment Exchange)에서 Information Security Assessment 기준은 정보보안과 사이버 보안 통제 카테고리로 분류할 수 있으며 사이버 보안 통제 카테고리 접근 통제, 네트워크 통제 암호화, 정보 전송, 로그 관리, 정보보안 사고 관리, 공급망 보안은 ISO 27001 통제 요구사항보다 높은 수준의 Protection Class〈High〉, Protection Class〈Very High〉를 고려하여 강력한 공급망 요구사항을 구현해야 한다.
- 기술적인 접근 통제, 네트워크 통제, 암호화, E-mail 전송 시 암호화, 로그 관리는 High Level 수준의 사이버 보안 요구사항 즉, 사이버 보안 목표 달성을 고객 요구사항에 따라 입증해야 한다.

통제 카테고리		Cybersecurity 개념 ISO 27002:2022	Protection Class 〈High〉	Protection Class 〈Very High〉	ISO/IEC 27002
사이버 보안	접근 통제	Protect	접근 권한 관리(3개월 액세스 권한 검토)	특권 권한 관리	• 접근 통제 • 접근 권한 • 특권 권한 관리
	네트워크 통제	Protect	네트워크 관리 및 제어는 확장된 요구사항에 따라 결정되고 구현됨(인증, 액세스 제한)	–	• 네트워크 통제 • 네트워크 분리
	암호화	Protect	암호 키 관리(클라우드 위험을 고려해야 함)	–	암호화
	정보 전송	Protect	정보 전송 시 암호화	전송 시 이메일 암호화(End-to-end encryption)	• 정보 전송 • 데이터 유출 방지
	로그 관리	Protect	이벤트 로그는 계약 요구사항에 따라 적용 및 기록	법적 요구사항에 해당되는 로그는 매우 높은 수준으로 보호	로그 및 모니터링
	정보보안 사고 관리	Detect	중요 비즈니스 관계로 인한 요구사항(고객에 대한 보고 의무)을 결정하고 구현	–	정보보안 사고 관리
	공급망 보안	Identify	공급망 보안 수준 입증(ISO 27001, TISAX)	–	공급망 보안 관리

:: TISAX Information Security Assessment

ISA Criteria Catalogue	Information Security Assessment	Assessment Level(AL)
Information Security	• 정보보안 정책(Information Security Policies) • 정보보안 조직(Organization of Information Security) • 자산 관리(Asset Management) • 정보보안 위험 관리(IS Risk Management) • 평가(Assessments) • 사고 관리(Incident Management) • 인적 자원(Human Resources) • 물리적 보안 및 비즈니스 연속성(Physical Security and Business Continuity) • 식별 및 접근 관리(Identity and Access Management) • IT 보안, 사이버 보안(IT Security, Cyber Security) • 공급자 관계(Supplier Relationships) • 컴플라이언스(Compliance)	AL 2, AL 3
Data Protection	조직이 EU 개인정보보호법 GDPR에 적용되는 경우	AL 3

"국제표준 정보보안과 사이버보안 저자 특강 프로그램"

○ 국내 유일 국제표준 정보보안과 사이버보안 분야의 심사, 평가, 자문, 검증, 실무 교육
○ 온라인/오프라인 저자 특강 신청 메일 : cybersecuritylab@naver.com/blog.naver.com/mssinnovator

카테고리	선택 분야	저자 프로그램
정보보안	• ISO 27001 • ISO 27002 • ISO 27005	• 국제 정보보안 ISO 27001, ISO 27002:2022 Implementation • 국제 정보보안과 사이버보안 프레임워크 ISO 27002:2022 • 위험 평가 및 검증(ISO 27005 위험 기반, 공격 벡터 위험 분석)
개인정보보호	• ISO 27001 • ISO 27701	• 국제 개인정보보호 ISO 27001, ISO 27701 Implementation • ISO 27701/GDPR 데이터 보호 및 개인정보보호 평가 및 검증
클라우드보안	• ISO 27017 • ISO 27018	• 국제 클라우드 보안, 개인정보보호 ISO 27017, ISO 27018 • CSP/CSC 클라우드 보안 평가/검증(ISO 27017, ISO 27018, CCM) • IaaS, PaaS, SaaS_ISO 27001, ISO 27017, ISO 27018 심사, 평가, 검증
사이버보안	• ISO 27001 • ISO 27002 • NIST Cybersecurity	• 국제 사이버보안 ISO 27001, ISO 27002:2022 Implementation • ISO 27001, 27002 사이버보안 평가, 사이버보안 검증 • NIST 사이버보안 프레임워크(CSF) Implementation, 평가, 검증
자율주행차 사이버보안	• UNECE Cybersecurity • ISO/SAE 21434 • VDA TISAX • VDA Cybersecurity	• UNECE, ISO/SAE 21434, VDA TISAX, VDA CSMS • ISO/SAE 21434 사이버보안 평가, 사이버보안 검증 • VDA TISAX Implementation(폭스바겐, BMW 등 Supplier) • VDA Automotive SPICE for Cybersecurity(ACSMS)
저자 특강 및 교육	• ISO 27001 • ISO 27701 • ISO 27017 • ISO 27018 • ISO/SAE 21434	• 국제 정보보안 ISO 27001, ISO 27002:2022 • 국제 개인정보보호 ISO 27001, ISO 27701 • 국제 클라우드 보안 ISO 27017, ISO 27018 • 자율주행차 사이버보안 ISO/SAE 21434, VDA CSMS